Judy Schultz arbeitet als Fachredakteurin für Essen und Reisen beim *Edmonton Journal*. Sie ist Autorin einer erfolgreichen Kochbuchreihe. Mit ihrem Buch *Mamie's Children: Three Generations of Prairie Women* erhielt sie 1998 die Governor General's Award Nomination for Nonfiction. Für *Im Land des Himmelsdrachen* wurde ihr das angesehene Journalistenstipendium Asia Pacific Fellowship for Journalism zuerkannt.

JUDY SCHULTZ

IM LAND DES HIMMELSDRACHEN

Impressionen aus China

Aus dem Englischen von Regina Schneider

NATIONAL GEOGRAPHIC

Ein Buch der Partner Goldmann und National Geographic Deutschland

Die kanadische Originalausgabe erschien 1995 unter dem Titel
»Looking for China. Reflections on a Silk Road«
bei Red Deer College Press, Kanada.

Coverfotos:
Petra Dorkenwald (oben)
Getty Images, Walter Bibikow (unten)
Petra Dorkenwald (hinten)

SO SPANNEND WIE DIE WELT.

Dieses Werk erscheint in der Taschenbuchreihe
National Geographic Adventure Press
im Goldmann Verlag, München.

1. Auflage Oktober 2002, deutsche Erstausgabe

Lektorat: Diana Schaumlöffel, München
Karten: Margret Prietzsch, Gröbenzell
Umschlaggestaltung: Petra Dorkenwald, München
Herstellung: Sebastian Strohmaier, München
Satz: Uhl + Massopust, Aalen
Druck und Bindung: Clausen & Bosse, Leck
ISBN 3-442-71170-3
Printed in Germany

Das Papier wurde aus chlorfrei gebleichtem Zellstoff hergestellt.

Inhalt

Vorwort

Ich bin keine Sinologin, und dieses Buch ist kein Reiseführer durch China. Es enthält vielmehr persönliche Betrachtungen über ein Land und über Menschen, von denen ich schon immer geträumt und die zu suchen ich mich aufgemacht habe.

Zudem handelt es von Chinesen, die ich in Kindertagen aus meiner Heimat in der kanadischen Prärie gekannt und von Chinesen, die ich erst später kennen gelernt habe, als ich schließlich in der Lage war, meinen Träumen nachzugehen.

Um Privatsphäre und Menschenrechte meiner Freunde in China zu wahren, sind einige Namen und Daten sowie anderweitige Identifikationsfaktoren geändert. Doch sie wissen, wer gemeint ist, und ich danke ihnen von ganzem Herzen.

Chan, Ting, Sarah und den Mädchen –
auf dass ihr reich werdet!

Judy Schultz

RUSSLAND
KASACHSTAN
Bischkek
Almaty
Yining/
Gulja
Usu
KIRGISISTAN
T i a n s h a n
Urumchi
Turpan
Aksu
Bosten Hu
Kaschgar
Taklamakan
Yengisu
Lop Nor
G
Ruoqiang/
Qargan
Dunhuang
Hotan
Minfeng/
Niya
Hadilik
K u n l u n S h a n
Qinghai
Hu
Xinin
Ngoring
Hu
Q i n g Z a n g G a o y u a n
Huang He
Shiquanhe
Darlag
Tibet
Siling Co
Transhimalaja
Maniganggo
DELHI
Nu Jiang
Nam Co
Lhasa
Xigazê
Nyingchi
NEPAL
Yarlung
CHENG
Yalong
Heilongjiang
Xinjiang
Jilin
Dukou
Liaoning
Neimenggu
Kunming
Tianjin
Hebei
Qinghai
Ningxia
Shanxi
Shan-
dong
Pu'er
Gansu
Henan
Jiangsu
Shaanxi
Tibet (Xizang)
Anhui
Lanca
Sichuan
Hubei
MYANMAR
Zhejiang
Hunan
LAOS
Guizhou
Jiangxi
Fujian
Yunnan
Guangxi
Guangdong
Hainan
THAILAND

Baikal
RUSSLAND
Heilong
Amur
Ulan-Bator
(Ulaanbaatar)
Yichun
Songhua
Songhua
Harbin
Baicheng
CHANGCHUN
Mudanjiang
Wladiwostok
Innere Mongolei
Shenyang
Tonghua
Zhang-
Jiakou
Yingkou
NORDKOREA
Baotou
PEKING
(BEIJING)
PJÖNGJANG
Mauer
Gelber Fluß
Dalian
Taiyuan
Shijiazhuang
Yantai
Seoul
Xingtai
Weifang
SÜDKOREA
Handan
Gelber Fluß
Jinan
Gelbes
Meer
Qingdao
Hebi
JAPAN
Luoyang
Xuchang
Xian
Xuzhou
Nanyang
Bengbu
Nanking
(Nanjing)
Xinyang
Xiangfan
Nantong
Hefei
Wuhu
SHANGHAI
Wan Xian
Jangtse
WUHAN
Tai Hu
Jangtse
CHONGQING
Jiujiang
Hangzhou
Ningbo
Changde
Nanchang
Jingdezhen
Ostchinesisches
Meer
Changsha
Wenzhou
Shaoyang
Hengyang
Fuzhou
Pazifischer
Ozean
Guilin
Ganzhou
Taipeh
Xiamen
Shaoguan
Liuzhou
Xun Jiang
Kanton
(Guangzhou)
Shantou
TAIWAN
Nanning
Maoming
Macau
HONGKONG
Stonecutters
N
Zhanjiang
Südchinesisches
Meer
Golf von
Tonkin
0
400
800 km
Hainan
PHILIPPINEN

Dieses Buch
ist in Dankbarkeit
den Mitgliedern
der Civilian Air Search and Rescue Association
gewidmet.

JS

Die Leute vom Café

Im Café von Lee Wing standen an der Südwand fünf Stehtische aus Holz. Lee Wing hatte sie eigens mit grauem Lack überzogen und ganz dick über die Macke lackiert, wo einmal eines Nachts im Sommer, als es zum Schlafen viel zu heiß war, ein Besoffener seine harte Faust ins Holz gerammt hatte.

An der Nordwand zog sich eine graue, aus einem einzigen, massiven Baumstamm gearbeitete Theke entlang. Davor befanden sich ein Dutzend rote Barhocker, auf die man sich zum Essen setzen konnte. Und wenn Lee Wing gerade nicht damit beschäftigt war, den Farmern, die jeden Morgen dort zusammenkamen, Kaffee und Doughnuts zu servieren, stand er hinter dieser Theke, rauchte selbst gedrehte Zigaretten und blickte gedankenverloren zur gegenüberliegenden Seite.

Draußen, hinter der Südwand von Lee Wings Café, verlief ein schmaler Feldweg, an dessen Rändern im Sommer Fuchsschwanz und Honigklee üppig gediehen. Im Winter peitschte von dort der Wind um die Ecke, heulte wie ein Präriewolfjunges und türmte die Schneewehen bis halb unter die Dachrinne auf. Auf der anderen Seite des Feldwegs befand sich Cameron's Hardware, ein Laden, in dem die Farmer vom Elektrozaun bis zum Kickstarter alles bekamen, um sich dann eine Tür weiter in Eds Friseur- und Spielsalon zu begeben, wo sie sich den ernsteren Freizeitvergnügungen zuwandten.

Jahraus, jahrein, Winter wie Sommer, wurden die Stufen zu Eds Salon von Morley belagert. Morley litt am Downsyndrom, und er grüßte jeden, der die Hauptstraße entlangkam – »Hubba

hubba!« die Mädchen und Frauen, »Hi, Bub!« die Jungen und Männer.

»Hi Bub!«, sagte er, und jeder Farmer grüßte zurück: »Hi ya, Morley!« oder »Nice day, Morley!« Auch wenn die Unterhaltung nie über die paar Worte hinausging, war sie auf eine Art sehr wichtig, so wie der für Morley reservierte Platz auf den Stufen. Im Sommer, wenn die Männer am Samstagabend von Lee Wings Café zu Eds Friseur- und Spielsalon und zurück spazierten, kauften sie Morley Eis in Waffeltüten. Manchmal bekam er vor lauter Eis so schreckliches Bauchweh, dass er laut zu heulen anfing, mit Triefnase und tropfenden Kullertränen auf seinen Stufen stand, bis ihn jemand an der Hand nahm und nach Hause führte.

Eds Friseur- und Spielsalon lag entweder am Anfang oder am Ende der Hauptstraße, je nachdem, aus welcher Richtung man es sah. Betrachtete man es als das Ende und ging von da aus immer weiter nach Süden über den Highway 5, sah man irgendwann auf Eisenbahnschienen, sechs Erntemaschinen und den Bahnhof, wo wir in dem Trakt hinter dem Büro meines Vaters wohnten. Danach gab es nichts mehr, was groß der Rede wert gewesen wäre, nur noch Prärie und Erntemaschinen und Himmel, Himmel, Himmel, den ganzen langen Weg bis nach Regina.

Und so stand Lee Wing in seinem Café, starrte an die Südwand, wo drei oder vier Seidenstickbilder hoch über den Stehtischen hingen, so hoch, dass sie sicher nicht versaut wurden, wenn es dort während der Coca-Cola- und Pommes-mit-Soße-Orgien nach Schulschluss hoch herging. Irgendwer musste einmal ewig lange an den Bildern gestickt haben. Mit der Zeit waren sie durch den Kaffeedampf und die kalte, trockene Prärieluft aufgequollen, verzogen und wulstig locker geworden. Doch die Motive wirkten immer noch bezaubernd: Leuchtend orangerote Tiger streiften da durch grünen Bambus, und Vögel mit rotem Brustgefieder sangen von blühenden Zweigen. Auf einem der Bilder, das kreuz und quer von zierlichen Bogenbrücken und rauschenden Wasserfällen durchzogen war, sah man eine winzige Figur in der Ferne einen blaugrauen Berg erklimmen.

Ich fragte mich, ob es in China, dort, wo Lee Wing herkam, ungefähr so aussah wie auf diesen Bildern. Und wenn es in seiner Heimat wirklich so aussah, was machte er dann hier? Lee Wing sprach nicht davon, wo er herkam, und soweit ich weiß, hat ihn nie einer danach gefragt; auf die Idee würde hier auch niemand kommen, denn beinahe jeder in der Prärie kam von Gott weiß woher, und die eigene Vergangenheit war jedermanns Privatsache. Ich jedenfalls konnte mir nicht vorstellen, dass ein solch schöner Ort fernab der flachen, weißen Landschaft unserer winterstillen Felder existierte, aber das war auch egal. Hauptsache, irgendwer konnte es sich vorstellen.

Damals, Mitte der 1950er-Jahre, hatte jedes noch so kleine Präriekaff sein Chinarestaurant. Unter den Einheimischen hießen sie einfach nur *Das Café*, doch richtig hießen sie meistens *Wing's Diner*, was noch halbwegs vernünftig klang, oder *The Silver Palace*, was überhaupt keinen Sinn machte, zumindest nicht für mich. Jedenfalls war der Name für gewöhnlich noch das Chinesischste am ganzen Restaurant.

Die Chinesen gehören zu Westkanada seit 1858, als sie mit dem Goldrausch aus San Francisco kamen – heimwehkranke Landarbeiter und Tagelöhner aus dem dicht besiedelten Pearl River Delta in Südchina. Und sie träumten alle den einen Traum: reich werden und Geld nach Hause schicken. Mit etwas Glück würden sich schon bald Geld und Gold mehren, und dann – oh, welch ein Freudentag! – würden sie auf dem nächstbesten Schiff zurück in die nebelverhangenen Hügel Südchinas fahren und ihre Lieben dort reich beschenken.

Und so hätte es auch geschehen können, nur waren die Gastarbeiter weder sehr willkommen noch so erfolgreich, wie sie sich das erhofft hatten. Niemand wird reich, wenn er für andere Leute die Wäsche wäscht oder das Essen kocht oder in den Minen für jedermann der Depp vom Dienst ist. Auch für die Chinesen, die später ins Land kamen, um mitzuhelfen, die ersten Schienenstränge der Canadian Pacific Railway auf einigen der gefährlichsten Pässe in den Rocky Mountains zu verlegen, sah es nicht besser aus. Kaum einer der chinesischen Einwanderer hätte sein bevorstehendes Unglück vorhersehen oder gar verstehen können: die unmittelbare Armut, die ihnen regelrecht aufgenötigt wurde durch eine demütigende Kopfsteuer, eine restriktive Einreisegebühr, die in kürzester Zeit auf 500 kanadische Dollar pro Kopf stieg.

1902 schien es, als ob die Probleme der Chinesen schließlich doch Gehör fanden. Eine Kommission wurde einberufen, die Royal Commission on Chinese (and Japanese) Immigration, die sich der Einwanderungsproblematik annehmen sollte. Doch schon von vornherein handelte es sich dabei um ein ungleiches Match. In den Augen der Kommission war die chinesische Gemeinschaft nicht nur von Glücksspiel und Drogen durchsetzt, sondern auch eine Brutstätte für Pocken, Cholera und Lepra. Niemand hatte ein gutes Wort für die Chinesen, und nach hinlänglicher Überlegung rümpfte die Kommission einhellig die Nase und erklärte die Chinesen für *untauglich der vollen Staatsbürgerschaft… unbeliebt in der freien Gesellschaft… gefährlich für den Staat*.

Doch damit nicht genug. Am 1. Juli 1923 wurde die Einwanderung aus China offiziell eingestellt und die gesetzliche Verfügung nicht wieder aufgehoben bis 1947, als diejenigen Chinesen, die mittlerweile kanadische Staatsbürger geworden waren, schließlich das Bundes- und Provinzwahlrecht zuerkannt bekamen.

Seit den Tagen des Goldrauschs waren chinesische Einwanderer der rauen Behandlung profitorientierter Unternehmer ausgeliefert, die billige, ausbeutbare und im Notfall auch schnell entbehrliche Arbeitskräfte brauchten, und die Chinesen, von denen die wenigsten Englisch sprachen, waren leicht herumzuschubsen. Ihre Arbeitgeber (von denen manche selbst Chinesen waren, vor allem in den Fischkonservenfabriken im Küstengebiet British Columbias) bezahlten ihnen nach Lust und Laune oft weniger als die Hälfte dessen, was sie einem Weißen für die gleiche Arbeit bezahlten. Sklavenlöhne plus Kopfsteuer machten es unmöglich, mit Frau und Kindern einzureisen. Nach einer 1931 erhobenen Volkszählung waren unter den 46 000 in Kanada ansässigen Chinesen weniger als 4000 Frauen. Sein Glück in Kanada zu versuchen erwies sich für viele als ein ziemlich einsames Unterfangen.

Dennoch galten die Chinesen an sich als fleißige und ausdauernde Arbeiter, und bis Anfang der 1940er-Jahre hatten sie vor allem in Vancouver, Toronto und Montreal blühende Geschäfte gegründet. Dort in den Hinterhöfen konnte der einigermaßen bescheidene Erfolgsjäger unbehelligt sein Glück versuchen, in Wäschereien und Küchen arbeiten, Gemüse zum Verkauf auf den örtlichen Märkten anbauen, Dienstbote werden oder aber mit allen möglichen Waren und Dienstleistungen in der weißen Gesellschaft, von der er umgeben war, hausieren gehen.

Doch war es ein himmelweiter Unterschied, ob man unter seinesgleichen in Vancouvers geschäftiger Chinatown arbeitete oder als Einziger einer isolierten chinesischen Gemeinschaft das einzige chinesische Geschäft in einem kleinen Ort betrieb, inmitten der dünn besiedelten Prärie, die sich von den östlichen Hügeln der Rocky Mountains bis zu den entlegenen Ufern des Lake Winnipeg erstreckte.

Die chinesischen Cafés wurden ausschließlich von Männern betrieben, die wir kaum kannten. Das war eine unabänderliche Tatsache. Wie Wildgänse in einem Kornfeld landeten sie und blieben eine Zeit lang – Fremde unter uns, nicht unwillkommen, aber auch nicht zugehörig. Und wie bei den Wildgänsen, rechneten wir auch bei ihnen damit, dass sie wieder weiterziehen würden, was sie für gewöhnlich auch taten, woraufhin sie durch andere männliche Nachfolger ersetzt wurden, welche ebenfalls Fremde blieben.

Obwohl die Cafés mit einer geheimnisvoll kulinarischen Hochzeit der chinesischen mit der kanadischen Küche Werbung machten, waren die Speisen doch sehr stark an die kanadischen Essgewohnheiten angelehnt: Leber mit Zwiebeln, Hamburger, scharfe Rindfleisch-Sandwiches mit Suppe, Jell-O und Kaffee. Die landestypische chinesische Küche mit ihrer köstlichen, 5000 Jahre alten harmonischen Ausgewogenheit von Yin und Yang war im ländlichen Saskatchewan nicht gefragt, und so lernten die anpassungsfähigen Chinesen mit ihren klassischen, uralten Familiennamen – die Wings und die Lees, die Chans und die Mahs – schnell, wie man Pommes zubereitet und eimerweise Allzweck-Fleischsoße zusammenrührt.

Was in unserem Ort der chinesischen Küche am nächsten kam, war ein Kochrezept für *chop suey*, das unter der Rubrik *Exotische ausländische Gerichte* in einem Kochbuch für Hausmannskost stand, daneben eine Abbildung mit einem grinsenden, schlitzäugigen Mann mit vorstehenden Zähnen, Chinesenmütze und Zopf. Die Mutter eines Schulkameraden kochte für unsere Klasse einmal ganze Ladungen davon, als wir im Gemeinschaftskundeunterricht China durchnahmen. Doch abgesehen von den Bohnensprossen aus der Konserve fand ihr *chop suey* keinen großen Anklang. Es schmeckte genau wie die Hamburger mit Reis, die wir in Ausnahmefällen hinunterwürgten, wenn meine Mutter mal nicht dazu kam, uns Essen zu kochen. Lee Wing ging bestimmt nicht davon aus, dass er hierzulande mit echten chinesischen Spezialitäten seinen Umsatz steigern könnte, und hielt sich daher eher an die kanadische Küche.

Das Café hatte sieben Tage die Woche geöffnet, und in Erscheinung traten ausschließlich die Männer des Hauses. Wenn es überhaupt irgendwelche Frauen gab, hatten sie ihren Platz hinter der Küchentür, am Herd beim Kochtopf.

Lee Wing hatte zwar eine Frau, aber die bekam man so gut wie nie zu Gesicht. Sie ging nicht in den CO-OP-Markt oder zur Post, spielte weder Curling noch Bridge, gehörte keinem der örtlichen Frauenvereine an, ging nicht zu Anne's Clip 'n' Curl, um sich die Haare machen zu lassen, und erschien auch nie in der Kirche. Sie war wahrscheinlich Buddhistin oder Taoistin, aber das hätte in unserem durch und durch christlichen Dorf ohnehin nichts gegolten, wo der einzige anerkannte Exot ein Jude war. Und da sie weder Christin noch Jüdin war, wäre sie früher oder später sowieso nur in die Fänge des Missionsprojekts meiner Großmutter geraten, das sich *Die unwissenden Heiden* nannte. Für die Dorfgemeinschaft existierte Lee Wings Frau schlichtweg nicht.

Doch sie existierte – dessen war ich gewiss. Ihren Namen habe ich zwar nie erfahren, aber ich hatte ihre Bekanntschaft gemacht, als ich an einem stürmischen Halloween-Abend in meinem gruseligen Hexenkostüm in das Café stürmte und mit wildem Geschrei meinen Halloween-Zoll einforderte: »*Trickertreat,* Halloween-Äpfel.« Zum ersten Mal erlebte ich das Café völlig leer, und als Lee Wing das quietschende Knarren der Tür hörte, die mit einem lauten Schlag hinter mir zufiel, streckte er den Kopf aus der Küche und winkte mich herbei. Noch nie zuvor hatte ich die Café-Küche von innen gesehen, und beim Anblick seiner jungen Frau am Herd war ich wohl ebenso geschockt wie sie, als ich so holterdiepolter mit schwarzem Hexenhut und baumelnden Ohrringen hereinplatzte.

Bleich vor Schreck riss sie die Augen auf und brachte den Mund nicht mehr zu, während sie irgendein Bündel in ihren Armen krampfhaft umklammert hielt und an sich presste, sich von mir abwendete, um was immer sie da im Arm hielt, vor mir zu beschützen. Lee Wing lachte nervös, tätschelte sie auf die Schulter und redete in einer fremden, melodischen Sprache auf sie ein.

»Meine Frau«, sagte er zu mir. »Sie spricht kein Englisch.«

Das war nichts Neues. Die Hälfte der alten Leute in unserem Dorf sprach noch immer mit starkem Akzent: Ukrainisch, Deutsch, Russisch. Die alte Mrs. Gryba, Medizinfrau und Hexenmeisterin in Personalunion, deren geheimnisvolle Heilmethoden bis nach Canora bekannt waren, konnte kaum ein Wort Englisch. Einmal lieferte ich ein Telegramm an sie aus, stand in ihrer Küchentür und musste es ihr vorlesen, während sie mir ein frisches Marmeladebrötchen schmierte.

Gleichermaßen schwer zu verstehen waren die Hand voll ausgewanderter Briten wie William Brazier, Vorsitzender des Schulamts, des Gemeinderats der Anglikanischen Kirche und des Stadtrats – ein adretter, Pfeife rauchender, Hut tragender, kleiner Mann, den jeder außer er selbst unter dem Namen Wee Willy Brassière kannte. Für meine Ohren redeten die Ex-Briten alle, als ob sie den Mund voller Pflaumen hätten.

Doch Lee Wings Sprache klang irgendwie anders. Wenn er mit seiner Frau Kantonesisch redete, klang es fast wie ein Gesang, in den ich am liebsten eingestimmt hätte – leider fand ich nie den richtigen Einsatz.

Er streckte seine Hand nach dem Bündel aus und nahm es an sich. Es bewegte sich.

»Das ist mein Baby. Mein Sohn«, erklärte der stolze Vater und zog sacht die Decke zurück. Und wie ich staunte – ein solch schönes menschliches Wesen hatte ich noch nie gesehen.

Das goldhäutige kleine Wesen hatte Wangen so weich und sanft wie ein reifer Pfirsich, und die schwarzen Augen unter den seidenen Wimpern betrachteten mich aufmerksam. Ich musste es einfach berühren, und als ich eines der beiden winzigen vollkommenen Händchen streichelte, griff es sogleich nach meinem Finger und gluckste vergnügt. Für ein so kleines und zierliches Baby hatte es einen erstaunlich festen Griff. Mit aller Kraft zog es meinen Finger in sein rosa Mündchen, um mit seinem weichen, warmen, zahnlosen Gaumen genüsslich daran zu nuckeln. Auf der Stelle hatten wir Freundschaft geschlossen.

Lee Wings Frau hatte sich indes beruhigt. Sie lächelte sogar, und ich sah, wie hübsch sie war und wie schüchtern. Als das Baby vergnügt gluckste, brach auch sie in ein heiteres Lachen aus. So langsam fühlte ich mich in der warmen Küche, in der der Geruch von gebratenen Zwiebeln und Zigarettenqualm in der Luft hing, ganz behaglich. Doch dann ließ Lee Wing ein Päckchen Knabberzeug in meinen Kissenbezug fallen, der mir als Beutesack diente, und das war's. Ich setzte meinen Halloween-Beutezug fort und dachte nicht mehr groß an die Café-Familie.

Als Weihnachten näher rückte, drapierte Lee Wing kunterbunte Papierbänder an der Decke, und in dem rauchigen, kleinen Café hing plötzlich eine erwartungsvolle Spannung, als ob alle Welt nur darauf wartete, dass die Party endlich begann. Rot und blau, lila und gelb, grün und orange – die Bänder drehten und schlängelten sich spiralförmig oberhalb der Seidenbilder von einer Wand zur anderen. An jeder Schlinge und Schleife baumelten rote Papierlaternchen mit goldenen Quasten. Damit wollte Lee Wing auf seine Weise zum wichtigsten Fest unseres Jahreskreises beitragen.

Am Weihnachtstag selbst blieb das Café geschlossen, da die üblichen Stammgäste daheim an ihren eigenen gedeckten Tischen saßen und bei Truthahnschmaus fröhlich feierten, gefüllte Pastete und Pflaumenpudding aßen, Weihnachtskekse knabberten, sich verrückte Papierhütchen aufsetzten, über die Zukunft orakelten und auf ihre Lieben anstießen.

Die Lee Wings wurden nie von jemandem zum Weihnachtsessen eingeladen. Nicht dass es die Absicht gewesen wäre, ihnen damit die kalte Schulter zu zeigen; es war nun einmal nicht die Art der Präriebewohner. Im Unterschied zu den Briten, Ukrainern, Polen und Deutschen, die sich immer irgendwo anzupassen schienen, passten die Chinesen nie so richtig irgendwo hin. Die blassen Briten und dunkelhäutigen Slawen gingen auf dem Eis beim Curlingspiel noch irgendwie in der Menge unter, und solange sie nicht den Mund aufmachten, fielen sie auch niemandem sonderlich auf; doch die Chinesen mit ihrer goldfarbenen Haut und ihren Schlitzaugen fielen aus dem Rahmen.

Schon damals war mir bewusst, dass die Art, wie wir mit ihnen umgingen, nicht nur etwas mit ihrer Hautfarbe, ihren Augen und ihrer Sprache zu tun hatte. Vielmehr gaben sie uns das Gefühl, dass sie tief in sich ein Wissen trugen, das wir nicht hatten, und das brachte den Chinesen eine Außenseiterrolle ein, die selbst auferlegt war. Zugegeben, sie unterstützten die Hockeyteams, gaben Spenden an das Rote Kreuz, und ihre Sprösslinge waren kleine Wunderkinder, weil sie sich auf den Hosenboden setzten und ordentlich büffelten, doch in kultureller Hinsicht trennten uns Welten. Folglich wurden sie von der dörflichen Gemeinschaft wie brauchbare Möbelstücke behandelt – eher als zweckdienliches denn als schmückendes Beiwerk.

Jedes Jahr Ende Januar, Anfang Februar feiern die Chinesen ihr Mondneujahr – Chinas Frühlingsfest und die wichtigsten Feiertage in ihrem Kalender. Sich ihrer familiären Verpflichtungen bewusst und von Heimweh gepackt, machen sich die auf der ganzen Welt verstreuten Chinesen auf, zurück in die Heimat, zurück zu ihren Wurzeln. Sie scheuen weder Kosten noch Mühe. Flüge aus Nordamerika und Europa sind bereits Monate im Voraus ausgebucht, die Binnenflüge auf dem chinesischen Festland hoffnungslos überlastet. In den Zügen ist jeder verfügbare Sitzplatz belegt. In den Bussen gibt es nicht einmal mehr Stehplätze. Fahrkarten für den Schiffsverkehr entlang der chinesischen Küste sind restlos ausverkauft, und auch der Straßenverkehr bricht in diesem Chaos völlig zusammen. Doch fragt man einen erschöpften chinesischen Reisenden, ob das die Nervenprobe wert ist, wundert er sich nur über eine solch dämliche Frage.

Daheim in Guangzhou oder Shanghai hat zu dieser Zeit der Frühling bereits Einzug gehalten. Weidenkätzchen und Pfirsichblüten werden in den Straßen feilgeboten. Jede Familie ersteht einen Orangenbaum, und auf dem durchgehend geöffneten Blumenmarkt in Hongkong im Viktoria-Park gibt es bündelweise dicke weiße Narzissen, die mit den Wurzeln im Wasser stecken, sodass die Blütenknospen am nächsten Morgen aufplatzen und in den Häusern und Tempeln ihren Duft verströmen, Gesundheit und eine gute Ernte für das kommende Jahr verheißen.

Im Vorfeld der nahenden Feiertage werden sämtliche Schulden beglichen und alle Häuser von oben bis unten geschrubbt und gewienert. Sogar auf dem chinesischen Festland sind die Hauseingänge behangen und verstellt mit Bildnissen und Figuren grimmig dreinblickender Hausgötter, die Unheil abwehren, während rote und goldene Statuetten Glück, Reichtum und ein langes Leben bescheren sollen. Am ersten Abend des Festes versammelt sich die ganze Familie: Geschwister, Tanten, Onkel und Cousinen scharen sich um den Küchentisch, klatschen und tratschen, foppen und necken sich, prahlen mit diesem oder jenem, wärmen herzerfrischende »Weißt du noch, als«-Geschichten auf und machen Hunderte von *jao zhe*, mit Schweinehackfleisch gefüllte, mit Ingwer und Zwiebeln gewürzte Neujahrsklöße.

Plop fällt das gewürzte Schweinefleisch auf ein kreisrundes Teigstück; *flip* wird der Teigmantel um das Fleisch geschlagen, dann zusammendrücken; zweimal auf der einen Seite falzen und einmal auf der anderen; die Enden fest andrücken und in den größten Dampfkochtopf plumpsen lassen, den der Familienhaushalt besitzt. Von den *jao zhe* kann man für das Mondneujahrsfest nie genug machen.

Das Abendessen ist reichlich und lecker: gedämpfter Fisch, glasierte Ente und herzhaft süßer Reispudding, den man »die Acht Kostbarkeiten« nennt, über und über garniert mit roten Datteln, getrockneten Jujubes, Brustbeeren und Kirschen. Daneben gibt es jede Menge getrocknete Kürbiskerne zum Knabbern, kandierte Zitronenstückchen zum Aussaugen und Pflaumenwein im Überfluss, um die Innereien zu wärmen. Und dann, wenn alle pappsatt sind, wird ein Fingerspiel gespielt: Zwei alte Onkel spielen gegeneinander, schnellen mit einer Hand nach vorn, halten drei oder vier Finger ausgestreckt, während sie gleichzeitig eine geratene Summe hinausschreien. Wer am lautesten schreit, gewinnt meistens, und der Verlierer muss einen Becher *mao-tai*, einen feurigen Reiswein, auf ex hinunterkippen, und irgendwann verzählt man sich dann ohnehin.

Das Mondneujahrsfest dauert drei Tage. Drei unbeschwerte, wundervolle Tage mit neuen Kleidern und vielen Besuchen, mit besonderen Familienfesten am ersten Abend und Tempelbesuchen am zweiten oder dritten Tag zum ehrenden Gedenken der Vorfahren. Spaß und Festtagsfreuden den ganzen Tag! Und jedes Kind weiß, dass jeder Erwachsene in irgendeiner seiner Taschen die *lei se* bereithält, glänzende, rote Umschläge mit Geld und Glücksbringern. Und erst die Farbenpracht, der Lärm und der Trubel in den Straßen, wenn die Löwentänzer umherkarriolen und springen, während die Zimbeln schmettern und die Trommeln schlagen! Jongleure und Stelzenläufer tummeln sich im Park, und abends krachen Knallfrösche, Leuchtraketen heulen, schießen gen Himmel, hinauf in die dunkle Nacht, bevor sie dann rot, grün und weiß zerbersten und in einem funkelnden Regen vergehen.

Am zweiten Abend hören die Kinder nach dem Zubettgehen (am ersten Abend geht nämlich kein Mensch zu Bett, schon gar nicht die Kinder) noch bis spät in die Nacht das krachende Stakkato der Knallfrösche von draußen und die Rufe der Nachbarn: »*Gung Hei Fat Choy*!« – Auf dass ihr reich werdet!

Auch Lee Wings Verwandte saßen am Mondneujahrsabend irgendwo in einem abgelegenen chinesischen Dorf um den Tisch versammelt, plauderten bis spät in die Nacht und waren mit der Zubereitung der *jao zhe* beschäftigt. All seine Geschwister samt deren Kinder würden da sein, und eine der alten Tanten hatte (damals, als die chinesischen Götter noch erlaubt waren) bestimmt auch darauf bestanden, den Mund des Küchengottes mit Honig zu beschmieren, damit dieser auf seiner himmlischen Reise am zweiten Tag nur die süßesten Dinge über die Familie sagen würde. Die alten Onkel würden beisammensitzen, ein wenig spielen, rauchen und kräftig rülpsen, pappsatt von Klößen und voll mit Pflaumenwein.

Lee Wings Eltern waren in Gedanken mit Sicherheit bei ihrem

Sohn am anderen Ende der Welt. Ging es ihm gut? Hatte er ein schönes Fest? Seine Mutter hätte sich ein Mondneujahrsfest ohne Familie nicht vorstellen können, und so malte sie sich wahrscheinlich aus, wie die neuen Freunde ihres Sohnes sich die Klinke in die Hand gaben, ihm einen Weidenzweig oder einen Narzissentopf in die Hand drückten, eine Flasche Cognac und eine runde rote Schachtel, randvoll mit all den speziellen Neujahrsleckereien, brachten.

Und sein Vater hoffte für seinen Sohn, dass dessen kanadische Freunde so gescheit sein würden, dem Nachwuchs einen roten Umschlag mit guten Wünschen und etwas Barem mitzubringen. Wie viele Yuan würde sein kleiner Enkelsohn in so einer Nacht wohl zusammenbekommen? Für ein Baby vielleicht ein kleines Vermögen. Immerhin standen die Kanadier im Ruf, großzügig zu sein.

Im Stillen hatten sich Lee Wings Eltern über diese neuen Freunde, diese reichen und erfolgreichen Kanadier, von denen ihr Sohn ihnen in seinem jährlichen Brief nach Hause berichtete, bestimmt gewundert – Bauern, die Weizen statt Reis anbauten und so viele Schweine besaßen, dass immer genug Fleisch auf den Tisch kam, und die sich nie um magere Zeiten Sorgen zu machen brauchten. Aber bestimmt würden viele seiner Freunde an seinem Mondneujahrsfestessen teilhaben, auf ihn anstoßen, am Ende weinselig nach Hause wanken (aber nicht vor Morgengrauen, nicht einen Moment vorher!) und ihm zurufen: »*Gung Hei Fat Choy, Lee Wing!*« – Auf dass du reich wirst!

Doch in der kanadischen Prärie fiel das Mondneujahrsfest in den tiefsten Winter. Gleich nach Weihnachten packte man die Festtagsgarderobe weg, schottete sich ab, hockte hinterm Ofen und verdöste die stürmischen und langen, dunklen Winterabende. Sonntags konnte man von Saskatoon bis Canora fahren, ohne auch nur ein Auto auf der Straße zu sehen. An solchen Tagen, wenn der Schnee in Wellen quer über die Straße und die gefrorenen Brachäcker trieb, kam man sich vor wie in einem

Schwarzweißfilm: Reihen grauschwarzer Pappeln als Windschneisen, grau in grau der Himmel; hie und da das feste Gemäuer einer grauen Scheune, das farblos in der weißen, welligen Landschaft steht; und überall Erntemaschinen, die sich wie schwarze Bleistiftlinien gegen den Horizont abzeichneten. An den kältesten Tagen, wenn der Wind heulte und um das Café pfiff, der Schnee blies, sodass man kaum die andere Straßenseite sehen konnte, ging niemand vor die Tür, wenn er nicht musste, nicht einmal Morley. Und bis es Weidenkätzchen und Frühlingsblüten gab, waren es noch gut drei Monate und vier bis fünf Blizzards hin.

Zu dieser Jahreszeit waren auch die Lee Wings isoliert, wie so viele andere Familien in der kanadischen Prärie auch. Dabei waren die Präriebewohner weder kaltherzig oder lieblos noch gefühlsarm, sondern notgedrungen eher von pragmatischer Natur und die meiste Zeit mehr raubeinig als freundlich. Sozusagen mehr Yin als Yang. Aber damit hatten die Chinesen kein Problem.

Auch nicht damit, wenn jemand mal seine Wut abließ. Das war für sie o. k. Ein rechter Mann der Prärie trank sich samstagabends schon einmal einen Rausch an und schlug mit der bloßen Faust ein Loch direkt durch einen der Stehtische in Lee Wings Café – so ein übertriebenes Macho-Gehabe war verzeihbar, ja sogar lustig. Allen war klar, dass sich derjenige wie der letzte Idiot vorkommen würde, sobald er wieder nüchtern war, und bis zum nächsten Mittag mit einem Stück Furnierholz und einem Hammer durch die Hintertür gekrochen kam.

Selbst wenn einer am Samstag spätabends zum Tanz in die Legion Hall torkelte, dort vor dem Eingang eine Rauferei anzettelte und alle Zähne verlor, stand er trotzdem am nächsten Sonntagmorgen erhobenen Hauptes in der Kirche, auch wenn er nicht lächeln konnte.

Und wenn einer Pleite ging, waren wir anderen für ihn da und veranstalteten eine Sammlung. Wenn jemandem seine Scheune abbrannte, halfen wir zusammen und bauten ihm eine neue. Und wenn einer bei der Arbeit einen Arm verlor, molken wir seine Kühe und ernteten seinen Weizen. Solche Sachen passierten eben, und niemand dachte groß darüber nach.

Doch hätte ein Mann der Prärie gesagt, er sei einsam und seiner eigenen Gesellschaft derart überdrüssig, dass er nicht mehr in den Spiegel blicken könne, ohne anzufangen zu weinen, hätten wir ihn für komplett verrückt erklärt. Einsamkeit war etwas Unmännliches, etwas Unpräriehaftes. Da war es allemal besser, sich einen Strick um den Hals zu legen und vom Heuboden zu springen, wenn man es schon vor Einsamkeit keinen Tag länger aushielt, erst recht, wenn alle, die einem lieb waren, meilenweit über alle Meere entfernt lebten, während das eigene Neujahrsfest unbemerkt vorüberzog.

Morgens, wenn die Farmer in Lee Wings Café ihren Kaffee tranken, hörte man sie oft sagen: »Recht so, ihr Chinesen. Für sich bleiben und sich nicht herumärgern müssen!« – und das war unter Präriebewohnern das allergrößte Kompliment und durchaus ehrlich gemeint.

In jenem Januar verteilte Lee Wing chinesische Kalender mit dem astrologischen Zwölfjahreszyklus, in dem jedes Jahr nach einem Tier benannt war. Die Geschichte, die hinter dem Kalender steckte, war mir bekannt, und ich konnte mir förmlich vorstellen, wie Lee Wing sie seinem neugeborenen Sohn erklärte.

»Vor langer Zeit rief Buddha alle Tiere zu sich«, hörte ich ihn in alter Gutenachtgeschichten-Manier sagen.

»Buddha rief alle Tiere auf, zu ihm zu kommen! Aber nur zwölf folgten seinem Ruf. Nur zwölf!«

Ich stellte mir vor, wie sein kleiner Sohn juchzte, vor Wonne strahlte und mit den rundlichen Fäustchen wedelte, während die Stimme seines Vaters diese fröhliche Menagerie redlich gesinnter Tiere intonierte.

»Ratte, Ochse, Tiger, Hase, Drache, Schlange. Sechs!« Lee Wing würde sie nacheinander mit den Fingern aufzählen.

»Pferd, Ziege, Affe, Hahn, Hund, Schwein. Noch einmal sechs! So hat jedes Tier sein eigenes Jahr bekommen. Als Belohnung für seine Redlichkeit!«

Der Kalender mit den zwölf getreuen Tieren war auf dünnem, rosa Papier gedruckt, und ich las ihn von vorn bis hinten, errechnete, dass ich im Jahr des Schafes geboren bin (künstlerisch begabt, launisch) und meine Mutter im Jahr des Hundes (zuverlässig, pflichtbewusst). Mein Bruder war Tiger (kein Wunder) und mein Vater Drache.

Nach diesem Erlebnis flaute mein Interesse an allem Chinesischen erst einmal ab, bis, ja bis dann eines Tages ein Neuer in unserer Stadt auftauchte. Ich war die Erste, die ihn sah, denn ich stand zufällig auf dem Bahnsteig, als er aus dem Nachtzug stieg, der von Saskatoon kam. Mein Vater war Bahnhofsvorsteher, und der Schaffner erzählte ihm, dass der Mann den ganzen Weg von China über Vancouver und Edmonton gekommen sei.

»Viele Chinesen heute Abend dabei«, sagte der Schaffner. »Wollen ihre Million in Winnipeg machen.« Der Mann, der hier ausgestiegen war, dachte ich bei mir, wollte seine Million bestimmt in Lee Wings Café machen.

Aus den Zeitschriften *Time* und *Life* und der Wochenschau vor der Matinee am Samstag hatte ich eine ungefähre Ahnung davon, wie die Chinesen in ihrer Heimat lebten. Es schien, als ob sie die meiste Zeit vor irgendetwas davonliefen – vor Überschwemmungen im Süden, vor Erdbeben im Westen –, Tausende von ihnen, ganze Scharen kleiner, sorgenvoll dreinblickender Menschen in weiten *pajamas,* locker sitzenden Pumphosen, die sich mit riesigen Bündeln auf Schulterstangen abmühten, Babys mit sich schleiften und ältere Kinder an der Hand führten. Sie schienen immer in Eile, aber warum, wusste ich nicht so recht. Mir war nur bekannt, dass es dort eine Revolution gegeben hatte und sie jetzt in etwas verwickelt waren, das sich »der große

Sprung nach vorn« nannte, was wohl mehr »springen« als »essen« bedeutet haben muss, da ich auf den Bildern immer nur spindeldürre Menschen sah.

Spindeldürr war auch der Mann, der aus dem Zug stieg. Nach meinem chinesischen Mondkalender hatten wir das Jahr des Ochsen. Ich war fast elf. Der Neuankömmling muss so um die Mitte 20 gewesen sein, groß und so schön, dass es beinahe wehtat, ihn anzusehen. Wie die meisten elfjährigen Mädchen, so hatte auch ich meine ganz speziellen Vorstellungen vom männlichen Schönheitsideal, und er errang auf der Stelle den ersten Platz.

In den folgenden Wochen entwickelte sich dieser vornehme und schöne Mann mit der kupfergoldenen Haut und dem glänzenden, stets ordentlich gekämmten Haar zum geheimsten Schwarm meines Lebens. Seine Augen waren nicht einfach dunkel wie meine. Sie waren schwarz. »Wie Samt«, schrieb ich in mein Tagebuch, »wie Lakritze, wie Schokolade, wie Kohle, wie die Nacht ohne Sterne.« Dann, nachdem ich meinen gesamten Fundus romantischer Vergleiche durchhatte, setzte ich mich vor meinen Schlafzimmerspiegel und zog meine Augenwinkel hoch, sodass sie mandelförmig aussahen wie seine.

In der Schule durchforstete ich die Bibliothek nach allem, was auch nur ansatzweise mit China zu tun hatte. Ich las sämtliche Bücher von Pearl S. Buck aus dem Lesezirkel meiner Mutter. Ich verschlang *Die Frauen des Hauses Wu* und *Die Töchter der Madame Liang*. Im Literaturunterricht brachte mir meine leidenschaftliche Erörterung von *Die gute Erde* die seltene Bestnote A ein. Ich verzehrte mich nach Jasmintee, nach einer roten Seidenjacke mit Mandarinkragen und danach, seine Konkubine zu sein.

Seine Konkubine zu sein erschien mir weitaus romantischer als meine vorprogrammierte Zukunft als Krankenschwesternschülerin und Sonntagsschullehrerin. Von Pearl S. Buck wusste ich, dass Konkubinen Dienstmägde hatten, Seidenkleider trugen und mit ihrem Gönner jeder Party beiwohnten. Sie wurden in einem fort mit kandierten Pflaumen gefüttert und mit Schmuck überhäuft. Was in unserem Ort einer Konkubine am nächsten kam, war die rothaarige Ella, die in einem unverputzten, zweigeschossigen Haus südlich der Bahngleise wohnte. Sie war die zeitweilige Geliebte des großen Joe Bevans, eines Viehhändlers aus Winnipeg, der alle paar Wochen mit dem Nachtzug kam und hier abstieg, um sich auf den Viehhöfen umzusehen und Ella zu besuchen. Meine Großmutter sagte immer, Ella sei eine »gefallene« Frau, aber so wie sie in ihrem Pelzmantel in Joes großem Buick durch die Stadt fegte, war sie in meinen Augen sicher auf ihren Füßen gelandet.

Bis Erntedank las sich mein Tagebuch wie eine einzige orientalische Fantasiegeschichte. Chinesische Laternen und Pflaumenblüten zierten jede Seite. Bis Weihnachten war ich hoffnungslos verliebt, bis über beide Ohren, so wie man es als elfjähriges Mädchen nur sein konnte.

Mein Vater pflegte alljährlich am Weihnachtstag ein paar örtliche Geschäftsleute zu uns einzuladen. Sie kamen immer am späten Nachmittag, bevor sie dann wieder nach Hause zu ihren Familien gingen und anschließend zum Weihnachtsgottesdienst in die Kirche. In jenem Jahr war auch *er* aus irgendeinem Grund eingeladen. Als ich davon erfuhr, war ich völlig außer mir vor Freude.

Der Nachmittag zog sich ewig hin, und die Schatten auf dem schneeverwehten Hof wurden länger und länger. Der Schnee fiel in dichten, dicken Flocken, die so groß waren, dass sie schon in der Luft einander berührten und fette, weiche Klumpen formten, die man so schön mit der Zunge auffangen konnte. Meine Mutter machte die elektrischen Kerzen am Baum an, und Großmutter kam herunter, um zu verkünden, dass es draußen nach einem Blizzard aussähe. Ich sah meinem Vater zu, wie er eine Flasche Canada Dry und einen Sechserpack Coca-Cola auf den Küchenschrank stellte, die Eiswürfelschale begutachtete und einen verliebten Blick auf seine noch fast volle Flasche Korn warf.

Nach und nach trafen die Männer ein – Postvorsteher, Getreide- und Gemischtwarenhändler, Bierkutscher –, die Gesichter vom eiskalten Wind rot gefroren, stapften sie sich an der Küchentür den Schnee von den Füßen, schüttelten meinem Vater zur Feier des Tages die Hand, erklärten, wie verflucht kalt es draußen sei, wünschten meiner Großmutter frohe Weihnacht und kraulten meinen Hund hinter den Ohren.

Sie waren alle etwa im Alter meines Vaters und selbst Väter von Kindern, die mit mir in die Schule gingen, alles vertraute Gesichter. Und dann sah ich *ihn* kommen. Vom Küchenfenster aus erblickte ich seine schlanke Gestalt durch das Schneegestöber nahen, die Schultern gegen den Wind gestemmt. Geschenke brachte niemand mit. Das war nicht üblich und wurde auch nicht erwartet, doch er kam mit einem ganzen Arm voller Päckchen durch die Tür, und sogar seine Taschen beulten sich aus. Er hatte für jedes Familienmitglied ein Geschenk mitgebracht. Und all diese Geschenke waren in das Bastpapier gewickelt, in das die Leute vom Café kleine Weihnachtsgeschenke, meist Schokolade und Zigaretten, für die ganze Stadt einpackten.

Wie jedes Jahr war ich die Garderobendame vom Dienst, nahm ihm zuerst die Geschenke ab, arrangierte sie unter unseren Weihnachtsbaum, sodass sie gut zur Geltung kamen, schlang dann meine Arme um seinen dicken Mantel und trug ihn langsam nach oben ins Schlafzimmer meiner Eltern. Bevor ich den Mantel auf ihr Bett legte, grub ich mein Gesicht in den groben Tweed des Ärmels, spürte die Schneeflocken auf meinem Gesicht schmelzen und sog die vertrauten Cafégerüche tief in mich ein: Bratfett und Zigarettenrauch … und … Rasierwasser – ein Duft nach Seife und Gewürz. Etwas so nahe zu sein, das auch ihm nahe gewesen war, weckte in mir ein ganz neues und intensives Gefühl, eine Schwindel bereitende, herzzerreißende, ja Furcht erregende Beglückung. Noch Jahre später war mir jener Geruch unvergesslich. Von Zeit zu Zeit passierte es mir, dass ich in einem rauchigen Raum saß, ein Hauch von Seife und Gewürz meine Nase streifte, und mein Herz mit einem Mal grundlos höher schlug; dann war ich für einen Moment wieder das kleine, elfjährige Mädchen, das im Schlafzimmer seiner Eltern stand und jenen Mantelärmel krampfhaft umklammert hielt.

Eine Zeit lang stand er bei den anderen in der Küche, sagte nicht viel, lehnte einfach nur am Küchenschrank, trank Korn und Ingwerlimonade und rauchte Players. Ich drückte mich am Kühlschrank herum, beobachtete ihn, bis er mich auf einmal ansah und lächelte. Mir wurde ganz flau im Magen, doch zur gleichen Zeit wollte ich singen, tanzen, schreien. Er lächelte mich an! Ich war im größten Freudentaumel! War irgendjemand schon einmal vor Freude gestorben? Oder würde ich die Erste sein?

Er blieb nicht lange, und als er ging, rannte ich nach oben an mein Schlafzimmerfenster und sah ihm nach, sah ihn durch unseren Vorgarten gehen, vorbei an dem Baum mit den schaukelnden Lichtern, und im tiefblauen, funkelnden Schnee des Weihnachtsabends verschwinden.

Im Eilschritt lief ich wieder nach unten, krallte mir seinen Aschenbecher und fischte die halb gerauchte Zigarette heraus: mein ganz persönliches Andenken an ihn. Ich würde diesen Schatz hüten, für immer und ewig, Amen.

Da seine Geschenke von niemandem als Teil der rituellen Plünderung am Weihnachtsmorgen angesehen wurden, packten wir sie nach dem Abendessen aus: ein Kalender mit einem Pferdebild, eine Schachtel mit Black-Magic-Schokolade, eine Flasche Crown Royal in einem purpurroten Samtbeutel mit goldenen Troddeln. Großmutter bekam ein Paar Hausschuhe aus schwarzem Samt mit aufgestickten Schmetterlingen an den Schuhspitzen und ich einen Seidenfächer, auf den rosafarbene Pfingstrosen gemalt waren und der zusammengefaltet in einer süß duftenden Sandelholzschachtel lag.

Dann machte meine Mutter ihr Geschenk auf – ein Seidenstickbild, und sogleich wusste ich, dass es eigentlich für mich gedacht war.

Es war anders als die Bilder im Café, die Tiger im Bambusdickicht darstellten. Dieses Bild zeigte eine Landschaft, in der graublaue Berge mit seltsam gerundeten Gipfeln hinter einem chinesischen Dorf am Rand eines Reisfeldes in die Höhe ragten. Die Häuser hatten Strohdächer, und vor den offenen Fenstern warf ein mächtiger Baum seinen Schatten über das ganze Dorf. Der Baum wuchs zwischen großen Felsen hoch empor und stand in voller Pracht, war voller Früchte und Blüten. Im Vordergrund lehnte sich ein Mann in roter Seidenjacke aus einem der Fenster. Als ich mir das Bild betrachtete, wusste ich in meinem Herzen, wer dieser Mann war und dass er sich zu mir hinneigte. Meine Mutter sandte das Bild extra nach Saskatoon, um es rahmen zu lassen. Sie wollte es unbedingt hinter Glas gesetzt und mit einem zierlichen Rahmen aus lackiertem Bambus versehen haben. Als es fertig gerahmt zurückkam, empörte sich mein Vater über die hohen Kosten des extravaganten Bilderrahmens, doch er musste zugeben, dass es schön aussah, und er hängte das Bild mit der wunderschön welligen Berglandschaft, dem kleinen Mann und dem eigentümlichen Baum genau dorthin, wo meine Mutter es haben wollte: über das Klavier.

Für den jungen Chinesen, der uns das Bild geschenkt hatte, war der kleine Umtrunk, den mein Vater am Weihnachtsabend gab, Anfang und Ende der örtlichen Gastfreundschaft. Abend für Abend scharfe Rindfleisch-Sandwiches auszugeben, muss ihn zu Tode gelangweilt haben. Obwohl er jeden in der Stadt mit Namen kannte und jeder ihn, hatte er keine Freunde, niemanden, mit dem er sprechen konnte. Und was noch schlimmer war (das wusste ich aus der Lektüre der Romane von Pearl S. Buck): Er hatte auch keine goldhäutige Frau, die ihm sein Bett wärmte und ihm Söhne gebar.

Für mich waren die 1950er-Jahre eine Zeit der sexuellen Naivität, die mehr auf Unwissen als auf Unschuld basierte. Unanständige Mädchen gerieten in andere Umstände, was ihnen recht geschah, und die gramgebeugten Eltern hatten auch noch für die »Mussheirat« aufzukommen. Sex war von Natur aus sündig, von daher geheim, kein Thema, das öffentlich oder überhaupt irgendwie diskutiert wurde, obgleich die Frauen in der Küche geheimnisvoll darüber tuschelten. Nur Gott wusste, inwiefern die Männer daran teilhatten, obwohl es auch darüber Getuschel gab.

Pflichtgetreu sprach meine Mutter das Biene-und-Blümchen-Thema an, hielt einen Männer-wollen-alle-nur-das-Eine-Vortrag und sagte zum krönenden Abschluss: »Wenn du älter bist, verstehst du das.« Das Ganze war ihr so offensichtlich peinlich, dass mir klar war, dass ich bei meiner ersten größeren Krise als Frau nicht auf ihre Hilfe rechnen konnte.

Meine Großmutter wohnte im Stockwerk über uns, und als ich bei Gelegenheit einmal erwähnte, dass ich den neu zugezogenen Chinesen doppelt so super wie Elvis Presley fände, hielt sie mir eine Standpauke darüber, dass »Vögel der gleichen Art sich auch unter ihresgleichen paaren müssen«, und weiter, dass Rotkehlchen und Krähen schlau genug seien, nicht aus der Art zu schlagen, und dass der liebe Herrgott das Gleiche auch von uns Menschen erwartete. Danach wärmte sie als warnendes Beispiel wieder einmal ihre alte Lieblingsgeschichte auf, die stadtbekannte Sage vom namenlosen Mädchen aus einer namenlosen Stadt, die – Pause, um die dramatische Wirkung zu steigern – einen Farbigen heiratete.

»Und weißt du, was dann passiert ist, junges Fräulein? Der arme Vater sah den Farbigen an der Seite seiner Tochter und fiel auf der Stelle tot um. Er starb am Schock.«

Und obendrein machte sie eine ihrer düstersten Prophezeiungen: »Wenn du deinem Vater Kummer machst, wird ihn das umbringen.« Meine Großmutter würde also auch keine große Hilfe sein.

Ich konnte mein Geheimnis nicht mehr länger für mich behalten. Als Anfang März meine überaus weltoffene und dreimal verheiratete Tante mütterlicherseits aus Kalifornien zu Besuch kam, schleifte ich sie unter einem Vorwand ins Café, damit sie einen Blick auf ihn werfen konnte. Später, auf ihrem Zimmer, gestand ich ihr, dass ich total verknallt in ihn war. Süß fand sie das und völlig normal für ein Mädchen in meinem Alter. Sie wollte mehr über den Jungen wissen, und ich schwärmte ihr von ihm vor, bis ich mittendrin zu weinen anfing, aus überhaupt keinem Grund, zumindest keinem, den ich erklären konnte.

Meine Tante war weder blasiert noch übertrieben glaubenseifrig, aber sie war realistisch, und aufgrund ihrer kalifornischen Weltoffenheit verstand sie die unterschwellige Voreingenommenheit ganz gut, die in einer Kleinstadtwelt der kanadischen Prärie nun einmal existiert. »Weißt du, die Chinesen sind… anders. Wir wachsen nicht mit ihnen zusammen«, sagte sie sanft und reichte mir ein Kleenex.

»Sie haben ihre Landsleute im Nachbarort. Dort gibt es auch ein Café. Und mit denen wachsen sie zusammen.«

Dann kam Ostern. Mit einem Mal war es Frühling, und die Wildgänse schrien am Himmel, flogen durch den weiten, tiefblauen Himmel am nördlichen Horizont. Der Schnee schmolz, die Wasserläufe füllten sich. Die Morgenluft duftete süßlich, war angereichert mit dem Geruch nach frischem Pappelsaft. Rotkehlchen kehrten zurück, plusterten ihr rotes Brustgefieder auf, zwitscherten und tirilierten von Zweigen und Zäunen.

An dem Tag, als auf Bannantynes Weide die ersten purpurfarbenen Krokusse aufbrachen, sah ich meinen Chinesen in den Zug nach Westen steigen.

Er lehnte sich aus der Waggontür, um meinem Vater die Hand zu schütteln. Niemand sonst war da. Niemand sonst kam, um ihn zu verabschieden, nicht einmal Lee Wing. In dem Moment, als der Zug anfuhr, wusste ich, dass ich ihn niemals wieder sehen würde, und zum ersten Mal in meinem Leben spürte ich jenen Schmerz, irgendwo hinter den Rippen. Ob es sich so anfühlt, wenn das Herz bricht? Ob da drinnen einfach etwas explodiert und wehtut und wehtut, bis man stirbt?

In der Schule zog mich ein Mädchen, das ich nicht leiden

konnte, mit meinem schlitzäugigen Chinesenfreund auf; er sei wohl nach China zurück, um sich eine Frau zu nehmen – ha-ha-ha. Ich ging nach Hause, zerschnippelte die sorgfältig gehütete Zigarette und weinte mir die Augen aus. Als meine Mutter keine Ruhe gab und unbedingt wissen wollte, warum ich so heulte, log ich sie an und erzählte, dass ich mit der Katze geschmust hätte und meine Allergie wieder ausgebrochen sei.

Noch lange danach wanderte mein Blick bei der täglichen halben Pflichtstunde am Klavier zu dem Bild mit dem kleinen Mann in seinem Haus aus Seide, und ich fragte mich, ob China ein wirklicher Ort war oder pure Fantasie, in der die Bäume Blüten und Früchte auf einmal austrieben und die Berge von Walt Disney entworfen wurden.

Ende Mai, als ich für meine Großmutter Löcher in die Erde grub, damit sie ihre Geranien setzen konnte, sah sie mir über die Schulter und meckerte:

»Viel zu tief! Du gräbst ja bis China!«

Das klang in meinen Ohren wie die beste Idee, die sie je gehabt hatte, und ich war noch jung genug, um an Wunder zu glauben.

Das Land dazwischen: Hongkong

Von meiner Kindheit in der kanadischen Prärie bis zu meiner ersten Reise nach China in den 1970er-Jahren verlief alles in geordneten Bahnen – wie meine Großmutter gesagt hätte. Ich wurde Lehrerin, heiratete, brachte zwei Kinder zur Welt und kam eher zufällig zum Journalismus, wo ich mich auf die internationale Küche und das Reisen spezialisierte. Mein Ziel war es, mich einmal durch die Küchen rund um die Welt zu essen, und ich hatte das große Glück, auf einen Lektor zu treffen, einen Mann namens Steven Hume, der meine besondere Vorliebe für ferne Länder mit antiken Wurzeln und faszinierender Küche teilte. Steven Hume hatte sich auf das Griechenland Platons und Aristoteles' verlegt, während ich mich zu den Dynastien Ming und Han hingezogen fühlte. Wir hatten beide das Gefühl, zu spät geboren worden zu sein. Trotzdem wollte ich auf die Suche gehen. Und für dieses dringende Verlangen brachte er mir mehr Verständnis entgegen als jeder andere.

Eines Tages dann, ich war fast 40, saß ich im Flugzeug und sah beim Landeanflug die Lichter Hongkongs immer näher kommen. Es war wohl eines der spektakulärsten Erlebnisse, die einem Flugpassagier geboten werden können. Die Landebahn schien nur ein Strich auf dem Meer, und die Wolkenkratzer kamen so nahe, dass man in den Wohnungen die Fernseher flimmern sah.

Dann war ich unten, badete in der feuchtwarmen Luft, die erfüllt war von tausenderlei asiatischen Gerüchen. Ich atmete tief durch, sog jenen fremden Duft in mich ein und wusste, dass es endlich soweit war: Ich stand an der Pforte zu China.

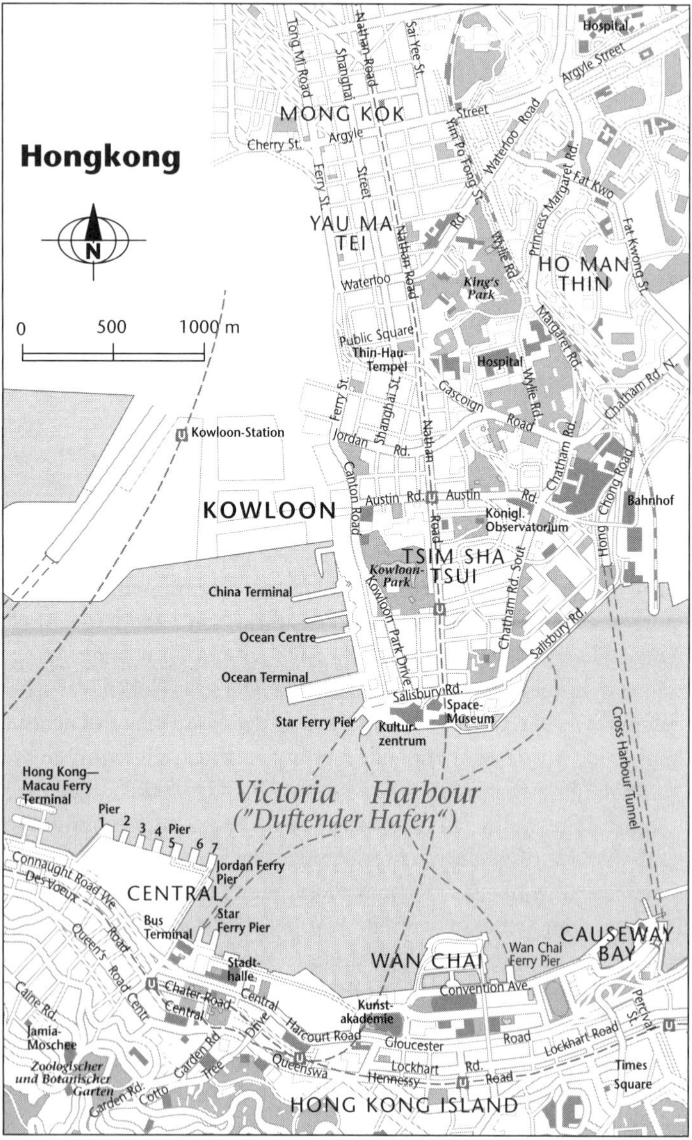
Hongkong
N
0
500
1000 m
MONG KOK
YAU MA TEI
HO MAN THIN
KOWLOON
TSIM SHA TSUI
Kowloon-Station
Tong Mi Road
Shanghai
Nathan Road
Sai Yee St.
Cherry St.
Argyle
Street
Ferry St.
Argyle Street
Hospital
Waterloo Road
Yim Po Fong St.
Princess Margaret Rd.
Fat Kwo
Fat Kwong St.
Wylie Rd.
King's Park
Waterloo
Public Square
Thin-Hau-Tempel
Margaret Rd.
Hospital
Gascoign Road
Wylie Rd.
Chatham Rd. N.
Shanghai St.
Jordan Rd.
Canton Road
Chatham Rd.
Chong Road
Hong
Bahnhof
Austin Rd.
Austin Rd.
Königl. Observatorium
Kowloon-Park
Kowloon Park Drive
Chatham Rd. Sout
Salisbury Rd.
China Terminal
Ocean Centre
Ocean Terminal
Star Ferry Pier
Salisbury Rd.
Space-Museum
Kultur-zentrum
Cross Harbour Tunnel
Victoria Harbour
("Duftender Hafen")
Hong Kong—Macau Ferry Terminal
Pier 1 2 3 4
Pier 5 6 7
Jordan Ferry Pier
Connaught Road We
Des Voeux
CENTRAL
Bus Terminal
Star Ferry Pier
Queen's Road Centr
Road
Stadt-halle
Chater Road
Central
Central
WAN CHAI
Wan Chai Ferry Pier
CAUSEWAY BAY
Convention Ave.
Caine Rd.
Jamia-Moschee
Kunst-akademie
Drive
Harcourt Road
Gloucester
Road
Lockhart Road
Percival St.
Zoologischer und Botanischer Garten
Garden Rd.
Cotto
Garden Rd.
Tree
Queenswa
Lockhart Rd.
Hennessy Road
Times Square
HONG KONG ISLAND

Die Stadt am »Duftenden Hafen«

Es gab einmal eine Zeit, da hatte sich niemand für jenen abgelegenen, felsigen Zipfel Land interessiert, der heute Hongkong heißt. Das Gebiet der einstigen britischen Kronkolonie umfasste zwar mehr als 1000 Quadratkilometer, wovon aber nur 403 über dem Meeresspiegel lagen, und auch davon war nur ein kleines Teilgebiet urbar.

Und schließlich lag das Herz Chinas in Peking. Warum also sollte sich irgendwer für dieses abgelegene Archipel aus 235 Inseln unterschiedlicher Größe, die alle wie mehr oder weniger überdimensionierte Felsbrocken schienen, groß interessieren? Und das Ganze vor einer Halbinsel, die wegen ihrer vielen Berge für die Landwirtschaft unattraktiv war. Zudem lag die Region ständig unter einem gesundheitsschädlichen Dunst- und Nebelschleier und wurde obendrein von tosenden Taifunen und ständig aufsteigenden Feuchtluftmassen heimgesucht, außer in der heißen Jahreszeit, doch dann wurden Krankheiten schnell zu Epidemien und die extreme Feuchtigkeit für Mensch und Tier schier unerträglich.

Dennoch lebten dort von jeher Menschen und Tiere. Das Südchinesische Meer barg einst reiche Fischgründe und das Land ein vielfältiges Tierleben: Tiger, Schuppentiere, Pumas, Affen, Nagetiere und Reptilien, während Vögel sich mehr in den Mai-Po-Sümpfen zu tummeln schienen. Und in jenen Gegenden, wo sich im Boden Wurzeln ausbilden konnten, gedieh bei diesem Gewächshausklima ein üppiger Pflanzendschungel.

Bis zum 19. Jahrhundert hatte das Leben in jenem Teil der chinesischen Welt zu einem recht gleichmäßigen Rhythmus gefunden. Es gab die befestigten Dörfer einzelner Sippen, verstreut liegende Dorfgemeinschaften von Bauern und Fischern sowie allerhand Piratenbanden, die von Insel zu Insel ruderten, sich gegenseitig bekriegten und die umliegenden Meere unsicher machten.

Doch dann geschahen drei Dinge in Folge, die den Lauf der chinesischen Geschichte auf immer verändern sollten. Nach einer Serie von Scharmützeln und demütigenden Niederlagen sowie schmählichen Vorkehrungen seitens der britischen Regierung, die Chinas Rolle im blühenden Opiumhandel praktisch ignorierte, unterzeichnete China 1841 das Friedensabkommen von Nanking. Aufgrund der darin getroffenen Vereinbarungen wurde die Insel Hongkong am 26. Juni 1843 offiziell an Großbritannien übergeben und dem Opiumkrieg, dem so genannten Ersten Englisch-Chinesischen Krieg, ein Ende gesetzt.

1860 fielen mit dem Abkommen von Peking und dem Ende des Zweiten Englisch-Chinesischen Krieges zwei weitere Inseln an Großbritannien: die Halbinsel Kowloon und Stonecutters Island, die von Peking aus gesehen nicht viel mehr als ein unbedeutender, kleiner Felsen zu sein schien. Damit aber war faktisch die britische Herrschaft über den besten Tiefwasserhafen zwischen Singapur und Shanghai sowie über sämtliche Einfahrten gesichert.

Innerhalb der folgenden drei Jahrzehnte wurden infolge der stark erschütterten Macht Pekings auch andere imperialistische Großmächte im südchinesischen Raum aktiv: Deutsche, Franzosen, Russen und Japaner. Es war, als wolle jeder ein Stückchen China abbekommen. Zum Schutz ihrer eigenen Interessen pachteten die Briten daher 1898 von China für die Dauer von 99 Jahren kurzerhand weitere Gebiete, die seitdem New Territories heißen. Von da an war es mit der Abgeschiedenheit Chinas vorbei. Hongkong bot einen komfortablen Sitz für die verhassten Ausländer, von wo aus sie nach Herzenslust herumschnüffeln, heimlich lauschen und sich einmischen konnten, ohne Furcht vor Repressalien.

Doch für China war Hongkong nur »ein geliehener Ort, der von geborgter Zeit lebt« – wie es in einer viel zitierten Wendung heißt. Denn von dem Tag an, an dem Hongkong britisches Eigentum wurde, begann die Uhr zu ticken – bis 1997.

Das Kuriose an der historischen Entwicklung dieses Fleckchens Erde mit seinen Wassern ist, dass Anfang wie Ende Hongkongs über die Köpfe der angestammten Einwohner hinweg entschieden wurde. Wie 1898 so war es auch 1984, als Vertreter der Volksrepublik China und der Regierung des Vereinigten Königreiches zusammenkamen und einmal mehr über Hongkongs Schicksal entschieden.

Und ebenso geschah es dann schließlich im Juli 1997, als Hongkong offiziell in die offenen Arme von Mutter China zurückgegeben wurde. Armes Hongkong – nichts als ein funkelndes Spielzeug im Südchinesischen Meer, vom dynastischen China weitergereicht über das imperialistische Großbritannien an das kommunistische China, und das alles, ohne dass die sechs Millionen Einwohner, die am meisten davon betroffen sind, gefragt worden wären.

Am nächsten Morgen machte die Zeitverschiebung meinem Körper noch zu schaffen, und so verließ ich das Hotel schon in aller Herrgottsfrühe. Ich ging am Hafen entlang in der Hoffnung, ein Kaffeehaus zu finden, das zu dieser frühen Stunde noch oder eine Nudelküche, die schon geöffnet hatte. Bereits in diesen frühen Morgenstunden war die Luft heiß und stickig, mehr eine feuchte Schwüle als ein feiner Nieselregen. Dennoch spürte ich das Wasser in meinen Haaren und auf meiner Haut rinnen.

So früh am Morgen hatte die Stadt ein sanftes Aussehen. Sie strahlte eine seltsame Verwundbarkeit aus. Ein Taxifahrer hatte sich in seinem Wagen lang gemacht. Er schlief wie ein Baby, Arme und Beine von sich gestreckt, mit offenem Mund. Ein alter Mann kroch tiefer hinein in sein Pappkartonhaus und hielt schlaftrunken seine Plastikmüllsackdecke fest umklammert. In einem kleinem Park machten drei Frauen Tai-Chi, vollführten ihre Bewegungen so langsam wie in Trance. In der grauen Morgendämmerung wirkten sie geradezu surreal.

Die ganze Nacht lang waren die blinkenden Lichter und Musik der Partyschiffe, die an meinem ufernahen Hotel vorbeischipperten, zu mir herübergedrungen. Inzwischen hatten auch sie Feierabend, und auf dem Wasser ging es vergleichsweise ruhig zu, zumal der Fährbetrieb zwischen Kowloon und Hongkong seinen Dienst noch nicht aufgenommen hatte. Und nur zu jener Tageszeit, nur etwa eine Stunde lang, schläft der »Duftende Hafen«.

Draußen vor dem »Duftenden Hafen« hatte der Tag für ein paar wenige Menschen bereits begonnen. Auf die feuchte Schwüle folgte ein warmer Regen, während ich einer abgetakelten Flottille nachsah: ein graues Polizeiboot, bemannt mit jungen Polizeibeamten in flottem Khakigrün, das vor Kanonen nur so strotzte, gefolgt von einem kaum größeren Schiff, das mit menschlicher Fracht so überladen war, dass es tief im Wasser hing. Es fuhr so dicht an mir vorbei, dass ich den Menschen an Bord in die Augen blicken konnte. Eine Frau wurde im Gedränge beinahe über Bord gedrückt und suchte Deckung unter einem rosa-blau gestreiften Stück Plastik. Mühsam versuchte sie, ihre zwei Kinder bei sich zu behalten: Sie hatte ein Baby auf dem Arm und ein Kleinkind am Bein hängen. Unsere Blicke kreuzten sich. Der starre, leere Ausdruck in ihren Augen beschämte mich, und ich fragte mich, ob es Schicksal war oder die Laune irgendeines missmutigen Gottes, der ihre Kinder zu elendiger Flucht verdammte, während meine ein so wohl behütetes und behagliches Zuhause hatten.

Doch diese morgendliche Fracht war nur eine weitere Ladung vietnamesischer Flüchtlinge, die von Tai A Chau oder den Soko-Inseln umgesiedelt wurden, da in den Flüchtlingslagern die Cholera ausgebrochen war, was der *South China Post* zufolge kein Wunder war. In den Lagern türmten sich die Abfallberge, es gab keine sanitären Anlagen, und die Lagerinsassen litten Hunger. »Eine Zumutung selbst für die Aufseher«, machte ein aufgebrachter Bürger seiner Wut in einem Brief an den Herausgeber der Zeitung Luft. »Es muss etwas getan werden!«

Wenn diese Gruppe an Bord Glück hatte, kam sie nach Hei

Ling Chau, eine Insel, auf der es zumindest die elementaren Annehmlichkeiten wie sauberes Wasser und Strom gab. In einem anderen Brief an die *Hong Kong Standard* empört sich der Medizinstudent Daniel Chung, dass die so genannten Boat People schon seit Monaten eingesperrt und ignoriert werden. Wären wegen der Wasser- und Reisrationen keine Krawalle ausgebrochen, würden sie noch immer still vor sich hin faulen, doch nun hatten sie die Aufmerksamkeit der Medien auf sich gezogen.

Das erste Schiff legte vorsichtig an dem Dock an, an dem ich stand. Ich sah, wie zwei Polizisten eine Krankenbahre die Landungsbrücke hinuntertrugen. Darauf lag eine Frau, eingewickelt in eine graue Armeedecke. Ihr Gesicht war schweißnass. Ihre Augen waren geschlossen; sie war offensichtlich bewusstlos. Während ich dastand und beobachtete, wie die Frau in die bereitstehende Polizeiambulanz geschoben wurde, fragte ich mich, ob sie nun Cholera, Malaria oder Hirnhautentzündung hatte. Im Flüchtlingslager gab es nämlich alles. Auch auf dem überfüllten Schiff stand die Menge da und sah dem Treiben zu, doch verharrte sie in totengleicher Stille. Selbst die Kinder waren still. Niemand weinte. Sie standen einfach da und warteten, bis die Landungsbrücke auf dem Polizeiboot hochgezogen wurde, die Boote wieder ablegten und sich im Regen ihren Weg durch die schäumenden Wellen bahnten.

Später, als ich im Central District mit einer Gruppe chinesischer Geschäftsleute im 32. Stock ihres Hauptfirmensitzes beim Mittagessen in einem privaten Speiselokal saß, war ich überwältigt vom Erfolgsmodell dieses vollständig integrierten Unternehmens, das in einer freien Marktwirtschaft einträgliche Geschäfte macht. Diese Männer besaßen Supermärkte, Betriebe, verkauften Videogeräte, Autoteile und Computer. Ihre Supermärkte bestückten sie mit hauseigenen Produkten: Tiefkühlsortimente, getrocknete Delikatessen, Feinkost in Dosen, Drogeriewaren und noch verschiedene Artikel mehr. Es lag ihnen sehr daran, ihre Produkte auch in Kanada zu vermarkten, und da konnte ein positiver Pressebericht auf der Branchenseite einer großen Zeitung nicht schaden.

Ich wartete, bis ich meine kernreiche, fleischige Melonenschnitte aufgegessen hatte, und stellte dann die unbequeme Frage: »Was hat es mit diesen Menschen, die ich heute Morgen gesehen habe, auf sich – den Boat People?«

Betretenes Schweigen. Stirnrunzeln und spitze Münder. Schließlich räusperte sich einer, der redselige Gastgeber, der mich zuvor bei Suppe, Fisch und Hühnchen mit seinen Späßen amüsant unterhalten hatte.

»Diese Boat People sind kein neues Problem in Hongkong. Sie sind uns seit vielen Jahren ein Dorn im Auge.« Beifälliges Kopfnicken und zustimmendes Gemurmel in der Runde. Und so ermutigt, holte er weiter aus:

»Wissen Sie, das Problem mit den Vietnamesen haben nicht wir geschaffen. Das waren die Amerikaner. Und nun erwartet die Welt von uns, dass wir es lösen. Wir haben keinen Platz für sie, keine Ressourcen, aber ihr Zustrom reißt einfach nicht ab. Was sollen wir denn mit ihnen machen?«

Ja, was nur? In den Abendnachrichten sah ich die Boat People noch einmal: Das Fernsehen zeigte, wie sie gerade in ihr neues Quartier auf Hei Ling Chau gepfercht wurden.

Hei Ling Chau ist eine einsame, von der Sonne ausgedörrte Insel mit chronischem Süßwassermangel – ein unwirtlicher Ort für alle Lebewesen, außer vielleicht für seltene Reptilien oder durchziehende Vögel. Der rege Wasserverkehr des Südchinesischen Meeres umfährt diese Insel normalerweise in weitem Bogen, da auf Hei Ling Chau sowieso niemand lebt oder hin will, wenn es nicht unbedingt sein muss. Übergangsweise allerdings ist der Ort für anspruchslose Menschen einigermaßen geeignet. Bei der Hitze und Feuchtigkeit während der Regenzeit muss es in den Wellblechhütten, in denen die Flüchtlinge hausen, wie in der Sauna sein. Eingesperrt hinter hohen Zäunen, die oben mit dreireihigem Stacheldraht versehen sind, leben sie in Hütten ohne festen Boden, versinken in einem Meer von gelbbraunem Matsch – ein Zustand, der den Fernsehkameraleuten, die in den Lagern Großaufnahmen von den nackten, schlammverdreckten Füßen machen, nicht entgeht. Es scheint wie eine Ironie der Natur, dass trotz der Wassermengen, die vom Himmel fallen, das Wasser zum Trinken und Waschen auf einen Liter pro Kopf und Tag begrenzt werden muss. Ich musste an die Frau denken, die ich heute Morgen auf dem Boot gesehen hatte. Nicht an die, die abtransportiert wurde – die befand sich inzwischen sicherlich in einer hübschen, sauberen Klinik und unter Zufuhr von Arzneimitteln in einem sanften Dämmerschlaf –, sondern an die mit dem stumpfen Blick. Ich hoffte, dass Kwan Yin, die gütige Göttin der Barmherzigkeit, dieser Frau und ihren Kindern wenigstens ein klein wenig gnädig war.

Essen, essen, essen

An einem anderen Tag in einem anderen Restaurant dieser nimmersatten Stadt saßen wir im obersten Stockwerk eines Hotels im Central District in einem strahlenden Raum, der passenderweise den Namen *Eagle's Nest*, Adlernest, trug. Dutzende Kellner servierten jedem Gast genau das gleiche Gericht genau im gleichen Moment. Als ersten Gang gab es eine jadegrüne Melone, welche die Größe einer Grapefruit hatte und deren zarter Duft direkt vom Tisch in meine Nase stieg. An jedem Melonenstiel wackelte noch ein makelloses Blatt, und neben der Frucht war eine orangegoldfarbene Melonenblüte drapiert, die so frisch war, dass die Blütenblätter sich noch ganz weich und samtig anfühlten. Die Staubgefäße hatte man sorgfältig entfernt, damit die zarten Finger nicht schmutzig werden, sollte es dem Gast belieben, ein so schönes Blütenblatt zu berühren. Abgesehen davon, was so ein Aufwand an Geld verschlingt, wie viele Stunden Zeit mag es wohl kosten – pflanzen, behacken, pflegen und jäten –, um 50 vollkommene Melonen zu produzieren, alle gleich groß und alle mit einem makellosen Blatt am Stiel? Von den Blüten ganz zu schweigen.

Aber das Gericht passte zur versammelten Menge: mehrere Geschäftsführer von American Express, ein Feuilletonist der Zeitschrift *Gourmet*, ein Senator aus Thailand, ein Verleger aus Singapur. Lauter Reiche und Mächtige, die heute Abend neben der politischen Prominenz zu Tisch saßen – Futter für die Klatschspalten der Presse am nächsten Morgen: *Lady So-und-so in umwerfend gelber Seide …* Es wurde gemunkelt, dass wir später noch mit einer *taipan*, einer Giftschlange, das Vergnügen hätten, woraus am Ende aber doch nichts wurde (sie war wohl anderweitig gefragt).

Aus heiterem Himmel bemerkte ich, dass meine Frisur nicht richtig saß. Mein Haar war bei der Schwüle ganz kraus geworden, und außerdem glänzte meine Nase. Komisch, niemand sonst hier hatte eine glänzende Nase! Dabei hätte man mit den Mengen an Designerseide, die hier zur Schau getragen wurden, leicht eine amerikanische Kleinstadt verpacken können. Diniert man hier in Hongkong chez *Eagle's Nest*, trägt man hochgeschlossen, am besten bis an die Zähne. Sogar die Band, die sich durch die Kompositionen von *Cats* spielte, steckte im Seidensmoking.

Die Kellner nahmen ihre Plätze hinter unseren Stühlen ein, kein Wunsch blieb ihnen – die Hände in weißen Handschuhen stets dienstfertig in Schwebehaltung – unbemerkt. Die Band brach plötzlich mitten in *Memories* ab und spielte einen kleinen Tusch: *ta-ta-ta-taaah*. Die behandschuhten Hände griffen alle gleichzeitig nach den Melonendeckeln, hoben sie hoch, enthüllten goldenes Fruchtfleisch und den durchsichtigen Schimmer einer Vogelnestsuppe, ein Genuss, den uns unzählige Schwalbenweibchen bereitet hatten. Ein kollektives »Ahhhh!« ging durch die Runde, und der Vertreter von Amex beugte sich über den Tisch, lächelte jungenhaft, als hätte er das alles selbst zubereitet.

»*Bon appétit*! So sagt man doch in Kanada? Auf Französisch? Ha-ha!«

Was für ein Essen! Was für ein Ort! Sollte es irgendwo noch eine Stadt geben, die ihrer Esslust mehr frönte als diese hier, dann sicher nicht auf dieser Erde. Die grenzenlose Lust am Essen und Trinken in Hongkong und die extreme Extravaganz, mit der die Küchenchefs dieser Stadt diese Begierde zu befriedigen suchen, lassen Paris wie eine fade Imbissbude erscheinen.

Und das Besondere: Inmitten dieser kulinarischen Ausschweifungen findet ein jedes Festmahl zur ausgewogenen Mitte, zur richtigen Kombination von Yin und Yang unter der verschwenderischen Beigabe von Grünzeug, Blumen und Früchten zwischen dem zuckenden Fleisch riesiger, bei lebendigem Leib gekochter Wellhornschnecken. Es gab Gänsebrust, geräuchert über dem duftenden Rauch von Rosenblättern, Orchideen, Nelken, Ingwerblüten, und die geheimnisvollen »parfümierten Nachtblumen«, zudem Tigergarnelen mit Lotussamen und jungem Ingwer in einem Bett aus honigsüßer Passionsfrucht.

Nirgendwo sonst ist die Haut der teegeräucherten Ente knuspriger und das Fleisch saftiger. Nirgendwo sonst zwinkern gebratene Jungschweine mit ihren roten elektrischen Blinkeraugen dem hungrigen Gast verschmitzter zu (die Batterie ist im Maul versteckt, hat man mir erzählt, irgendwo hinter dem Apfel).

Und wo sonst wird die Vogelnestsuppe in 50 perfekten Melonen serviert, begleitet von einer rührenden Legende von den verzweifelten, erfolglosen und angestrengten Bemühungen eines Schwalbenweibchens, ihr Nest zu Gunsten deines Abendessens zu bauen?

Doch bei alledem war der leise Hauch einer gewissen Unstimmigkeit zu spüren. Früher hätte man vielleicht von *ennui* gesprochen; heute nannte man es schlicht Langeweile, die manchen das Gefühl gab, nur ihre Zeit zu verschwenden.

»Jeden Abend die gleichen Leute, die gleiche Art Party«, sagte der Mann zu meiner Rechten und unterdrückte mühsam ein Gähnen. Er war Engländer, Bankdirektor. Den ganzen Morgen hatte er mit dem Lesen der Lokalpresse verbracht, dann im Yachtclub zu Mittag gegessen, und jetzt musste er dieses langatmige Abendessen aussitzen. Er war zum zweiten Mal verheiratet, und seine Gattin, eine eurasische Schönheit in goldfarbene Seide gehüllt mit Dutzenden von winzigen, goldenen Knöpfen, die über den Rücken ihres Kleides liefen, erlaubte sich, anderer Meinung zu sein.

»Aber Darling, wir lieben das doch. Du auch. Ich will nie mehr nach England zurück – der viele Nebel dort und lauter trübselige Leute.«

Sie mimte ein elegantes Schaudern und wandte sich ihrer Suppe zu.

Zu meiner Linken saß ein Australier. Er arbeitete im Brauereiwesen, war seit fast 30 Jahren in Hongkong und liebte diesen Ort noch immer. Wohlwollend beäugte er die eurasische Schönheit.

»Diese Frau hat einen Pass; deshalb will sie unbedingt bleiben«, erzählte er mir. »Nur die Chinesen ohne Pass wollen hier weg, und selbst die, die gegangen sind, kommen wieder zurück. Auf der ganzen Erde gibt es keinen Ort wie Hongkong«, schwärmte er und zeigte mit einem Arm, an dem eine Rolex prunkte, in Richtung der Millionen von Lichtern, die aus unserer Vogelperspektive unter uns in der Dunkelheit glitzerten. Er schielte nach dem gelangweilten Engländer zu meiner Rechten, dämpfte seine Stimme aber nur leicht.

»Die Sorte da macht mich ganz krank. Lässt kein gutes Haar an Hongkong, egal was, immer ist in England alles besser. Und was haben die dort? Arbeitslosigkeit seit Generationen und immer mehr Schwarze. Waren Sie kürzlich mal in London? Mein Gott, Zustände wie in Bombay. Meinetwegen soll er sein England haben, auf dem Servierteller! Mit dem größten Vergnügen!«

Er lachte, prostete der eurasischen Augenweide zu und sandte ihr betörende Blicke.

»Der Rest von uns wird bleiben, bis die Chinesen die Lichter ausmachen – und danke.«

Das schien ein passender Toast auf Hongkongs ungewisse Zukunft. Dass »die Chinesen die Lichter ausmachen« würden, war eine Anspielung auf die unausweichlich bevorstehende Übergabe Hongkongs an die Chinesen im Jahr 1997 und kam in dieser geselligen Runde noch des Öfteren zur Sprache. Das Unausweichliche beunruhigte die Privilegierten Hongkongs dieser Tage zutiefst, so wie es einst die Gemüter der Deutschen bewegt haben muss, die in den letzten Tagen vor dem Fall Berlins die Stadt verließen.

Hongkong am Morgen ist ein Erlebnis für sich – die Stadt setzt sich in Bewegung, frisch, munter und verheißungsvoll, mit wieder erwachter Esslust, ja, voller Heißhunger.

Der Vogelmarkt in der Hong Lok Street war schon am frühen Morgen geöffnet, um die Laufkundschaft der Grillenkäufer auf dem Weg zur morgendlichen Zeitungslektüre bei *dim sum*, den chinesischen Appetithäppchen, in einem der Teehäuser abzufangen. Langsam schob ich mich durch die schmale Gasse, wo mir von beiden Seiten die Verkäufer zu Schnäppchenpreisen alle möglichen Vögel anboten: Finken, kleine Papageien oder gar ein Liebesvogelpärchen.

»Darf's ein javanesischer Rotsperling sein? Oder lieber ein chinesischer Hirtenstar? Oder vielleicht ein hübscher Thai-Fliegenfänger?«

»Danke, nein.«

»Nein? Warum nicht?«

»Madam, sehen Sie doch nur diesen chinesischen Brillenvogel. Sehr hübsch, bitte sehr, Madam. Für Sie ein Sonderpreis.«

Und wie wäre es mit einem Käfig? Das bevorzugte Modell ist ein klassischer, runder Käfig aus Bambus oder auch aus Messing, wobei letzterer seltener ist und auch ein bisschen mehr kostet. Auch brauchbares Zubehör wurde feilgeboten, und nun, da ich mir doch einen Käfig habe aufschwatzen lassen, samt Futtertasse aus Porzellan mit passender Trinkschale, Spiegel, Plastikgrille zur Verzierung, Nadeln, um die Insekten zum leichteren Verzehr festzunageln, und eine Vogelstange in Form eines Drachen, brauchte ich natürlich auch einen Vogel.

Das ganze Aufhebens um die Vögel hatte teils darin seinen Grund, dass sich die Liebhaber sangesfreudiger Vögel allmorgendlich in einem nahe gelegenen Teehaus zusammenfinden, das unter Touristen als das »Vogelrestaurant« bekannt war. Ein jeder hatte zum *dim sum* seinen Vogel im Käfig mit dabei. Frauen hingegen tragen ihre Vögel nicht spazieren und nehmen sie auch nicht zum Frühstück mit, zumindest nicht in dieser Gegend der Stadt, und so betrat ich solo das alte Teehaus in der Shanghai Street, wo die Stammgäste bereits versammelt waren.

Neben Bergen von glänzenden Teeschalen saß der Kassier und rechnete eifrig auf seinem Abakus: klick-klick-klick – ein ordentliches Geklapper, wie sich das für einen ordentlichen Mann gehört. Da klapperte ich auch ein wenig, damit er mich bemerkte, und ohne dass ihm eine Kugel entglitt, blickte er ernst über den Rand seiner Drahtgestellbrille. Auf seinem geistigen Abakus rechnete er mich als beweglichen Faktor in die tägliche Gleichung seiner Klientel ein: kein Stammkunde, kein Vogelkäfig dabei – Ausländer, Tourist, Frau. Ist gleich null. Meine Aktien standen mehr als schlecht, eingelassen zu werden.

Zu meinem Glück befand er es nicht für wert, sich weiter mit mir abzugeben, und so war es mir vergönnt, mich in diesem männerdominierten Vogelhaus nach Herzenslust umsehen, solange ich niemandem lästig wurde.

Also ging ich vorbei am diensteifrigen Kassier mit seinem Abakus und den Teeschalen, vorbei an den Stehtischen aus Holz, wo die Gäste ohne Vögel saßen, und die baufällige Treppe hinauf zum dritten Stock. Dort lag das Vogelzimmer.

Und was für ein Zimmer! – Es war Tee- und Vogelhaus in einem. Sonnenlicht flutete durch hohe, offene Fenster, und eine frische Brise zog durch den Raum. Noch schöner als das Licht und die Luft war die Musik der unzähligen Finken, Kanarienvögel und anderen Singvögel, die in Bambuskäfigen an den Fenstern des Teehauses hingen.

Die Vögel plusterten sich auf, warfen die winzigen Köpfchen zurück, sperrten die Schnäbel weit auf und trällerten sich die Seele aus dem Leib. Den ganzen Morgen sangen und schwangen sie in ihren runden Bambuskäfigen, hielten nur kurz inne, um Wasser und Körner oder ein saftiges Stück Grillenfleisch zu picken. Ein wirklich schönes Leben, das diese verhätschelten Vögel da führen, deren fürsorgliche Besitzer die Käfige mit allem Luxus ausgestattet hatten. Sie hatten sogar spezielles Frühstücksfutter mitgebracht: fette, frische Grillen von den Verkäufern in der Hong Lok Street.

Obwohl ein reges Treiben herrschte – man kam auf einen Sprung mal hier vorbei und stattete mal dort einen Besuch ab –, frönten die meisten Gäste dem Müßiggang an den Stehtischen. Anscheinend unempfindlich gegen die musikalische Umrahmung waren sie in ihre Tageszeitungen vertieft, lasen und bestellten bei der krakeelenden, alten Frau, die mit ihrem Bambuskorb voller dampfender Klöße und einem Eimer heißem Wasser von Tisch zu Tisch humpelte. Bei einer Zigarette und einer Tasse Dragon-Well-Tee, einer teuren Sorte mit feinem, bittergrasigem Aroma, ließen sie den Morgen verstreichen. Ich fragte mich, ob dieser Tee tatsächlich mit Schneewasser aufbereitet wurde. Dieses Wasser soll besonders rein sein. Der Tradition gemäß wird es auf einem fernen Berg aufgefangen, eine Zeit lang vergraben gelagert und schließlich in Fässern hierher transportiert. Ich befand mich schon eine ganze Weile in diesem oberen Raum und spürte mit einem Mal eine seltsame Verwandlung: Ich war unsichtbar geworden. Zugegeben, meine körperliche Gestalt nahm zwar einen gewissen Raum ein, doch in diesem überdimensionierten Vogelkäfig war ein ausländischer, zumal weiblicher Eindringling von keiner bis gar keiner Bedeutung. Die Grillen, die in den kleinen Plastiktüten nach Luft rangen, waren da von größerer Wichtigkeit. Ich hätte ebenso gut umherschweben können. In dieser Welt war ich wie ein unsichtbarer Geist.

Außer mir befand sich noch eine weibliche Person im Raum, ein kleines Mädchen, nicht älter als drei Jahre, das mit verschmiertem Gesicht und schmuddelig gekleidet einem Mann gegenübersaß, der wohl ihr Vater war.

Auf dem Tisch zwischen den beiden stand ein Vogelkäfig. Der gefiederte Käfiginsasse zwitscherte, zirpte und wiegte das goldfarbene Köpfchen. Der Vater liebäugelte mit dem Tierchen, antwortete ihm mit turtelnden Vogellauten und offerierte ihm liebevoll eine lebendige Grille nach der anderen. Der Vogel war allerdings sehr verwöhnt – auf dem ganzen Tisch lagen Gras und kleine Grillenstückchen verstreut. Doch offenbar stand dem Vögelchen nicht der Sinn nach noch einer Grille. Es ignorierte die Liebesgabe des Mannes und wandte sich ab, um sich vor einem winzigen Spiegel zu putzen.

Das Mädchen saß still in seiner Ecke, gab keinen Mucks von sich, bewegte sich kaum, nahm alles nur mit großen Augen auf: Vögel, Grillen, Vogelmänner. Unter anderen Umständen hätte ich mir Sorgen um sie gemacht, doch das kleine Mädchen war nicht dumm. Die Grundregel hatte sie bereits begriffen: In chinesischen Lokalen stand es einer Frau bisweilen besser an, unsichtbar zu sein.

In den Straßen und Gassen im Hong Kong District, im Mong Kok, wo der moderne Fortschritt erst noch Einzug halten muss, gibt es auch heute noch Teehäuser, Schreinbauern, Wahrsager und Knocheneinrichter, Schlangenläden und Kräuterhändler, Briefschreiber und Holzschnitzer. Zudem zieht sich ein lieblicher Duft durch diese Straßen: Räucherwerk, Holzkohlenrauch, Gegartes und ein Hauch von Sandelholz bilden ein berauschendes Duftgemisch, wie es nur in China und sonst nirgendwo in der Welt zusammenkommt.

Zum Markt begleitete mich eine Europäerin, elegant gekleidet, mittleren Alters und sorgenfrei verheiratet mit einem wohlhabenden, britischen Anwalt. Wie sie mir versicherte, war dies der beste aller morgendlichen Märkte – ihr Dienstmädchen ginge hier immer einkaufen, die Produkte seien ausgezeichnet.

Noch ehe wir den Markt sehen konnten, hörte ich das Geschrei und den Krakeel des geschäftigen Treibens. Ich schnupperte, um herauszufinden, um welche Ecke wir meiner Nase nach biegen müssten. Das Marktgeschrei drang zunehmend lauter an meine Ohren, und auch der anregende, würzige Duft wurde immer stärker und stieg immer mehr zu Kopf. Es roch penetrant nach Fisch, Hühnern, Rauch, Urin, frisch geschlachtetem Fleisch, geschmortem Knoblauch, grünem Gemüse, überreifen Früchten – ein unwiderstehlicher Anschlag auf die Sinne.

Die lärmende Menge an diesem Morgen war ungeduldig, verging vor drückender Hitze. Für zusätzliches Durcheinander im ohnehin üblichen Chaos um den Hühnchenverkäufer sorgten zwei Frauen, beide etwa im gleichen Alter und beide mit einem Baby auf dem Rücken. Mit ihrer krausen Heimdauerwelle und ihren ähnlichen Hosenanzügen hätte man die zwei leicht für Zwillinge halten können. In einem fort rissen sie die Hühnchen der anderen Käufer rücksichtslos an sich und verursachten ein heilloses Durcheinander. Die lautstarken Proteste der anderen und die scharfen Zurechtweisungen des Verkäufers ließen sie völlig kalt. Sie packten jedes kreischende Huhn einzeln an den Beinen, ließen es mit dem Kopf nach unten baumeln und prüften es von Kopf bis Fuß, denn es ist nicht gerade einfach, einen Kapaun, einen kastrierten Masthahn, zu identifizieren. Das Geschlecht (oder vielmehr das nicht vorhandene) der Hühner ist ein wichtiges Kriterium für jeden Spitzenkoch in China, der weiß, dass ein Kapaun voll, saftig und zart schmeckt, während ein nicht kastrierter Hahn zäh und sehnig ist und eine magere, alte Henne nur in den Suppentopf gehört. Das ist die Art von konsequenter, kulinarischer Philosophie, der auch meine Großmutter anhing, und die beiden Frauen nahmen diese hohe Kochkunst eindeutig sehr ernst. Möglicherweise hatten sie vor, den Vogel teegeräuchert oder goldkrustig mit Lilienstaubblättern zu servieren, und für eine solche Zubereitung brauchte es unbedingt einen schönen, fetten Kapaun.

Doch leider sagte den Frauen am Ende dann doch keines der Tiere zu. Sie warfen das letzte der lautstark protestierenden Hühner zurück in den Korb und schlenderten, nachdem sie einen kleinen Aufstand am stark frequentierten Federviehstand verursacht und den Verkäufer zur Weißglut getrieben hatten, weiter zu den Fischen und Fröschen.

Mit den munter quakenden Fröschen machte man kurzen Prozess: Einer nach dem anderen wurde aus dem Käfig genommen und – zack! – geköpft und gehäutet, die noch zuckenden, rosa Beine zweckdienlich zusammengebunden … fertig für den Wok. Die Froschhändlerin wandte eine grauenvolle, wenn auch effektive Methode an. Sie hielt die Frösche in Bündeln von drei bis vier Stück zusammen und köpfte sie dann mit einem einzigen Beilhieb. Das war zwar grausam, ergab aber einen gewissen Sinn, denn kein Koch würde nur einen einzigen Frosch kaufen.

Gleichwohl würde kein anständiger Koch einen toten Fisch kaufen. Fische kamen lebendig auf den Markt, in geschlossenen Behältern, Kisten, Eimern oder in Eis gepackt, keuchend und röchelnd, sich windend und schlängelnd. Wer einen halben Fisch wollte, dem schnitt der Verkäufer fein säuberlich ein Filetstück zurecht und ließ den restlichen Fisch weiterzappeln, bis sich ein Käufer für die zweite Hälfte fand.

Beiderseits der Straße waren kleine Gemischtwarenläden bis an die Decke voll gestopft mit Haushaltswaren, Reiskochern, Körben, Kräutern, chinesischen Figuren und getrockneten Früchten.

Vor den Läden mit festem Standort breiteten sich die fahrenden Händler und Garküchen bis an die Straße hin aus. Viele waren illegale Einwanderer, *I-Is*, wie sie hier genannt wurden, die ständig auf der Flucht vor der Polizei waren und sich ihre tägliche Portion Reis verdienten, indem sie heute ein paar Fische oder etwas Gemüse verkauften, den Gewinn über Nacht reinvestierten und am nächsten Morgen doppelt so viel verkauften. War ihnen *joss,* was Glück im Spiel und im Geschäft meint, gewogen, hatten sie am Ende ordentlich Kasse gemacht.

Zu einem der großen Mythen Hongkongs gehört die Sage vom armen Bauern, der durch Klugheit, Glück und viel Geschick hier zu schnellem Reichtum gelangt. Wer es nicht schafft, sein Geld binnen drei Monaten zu verdoppeln, der ist entweder zu blöd oder zu faul.

Doch die Glückspilze, die sich in ihren Rolls-Royce durch die Stadt chauffieren lassen und den Nachmittagstee auf der gegenüberliegenden Halbinsel einnehmen, werden von den unglückseligen illegalen Einwanderern aus dem chinesischen Festland und Vietnam zahlenmäßig weit übertroffen. Unerwünschte Einwanderer strapazieren fortdauernd die Ressourcen dieser Sechsmillionenstadt und sind der Hongkonger Polizei und den Beamten ein Dorn im Auge. Diese improvisierenden Straßenhändler und Kapitalisten in spe hausen zumeist in Pappkartons in irgendwelchen Gassen oder mieten sich einen Vierstunden-Schlafplatz in einem Saal, in dem sich 20 bis 30 weitere Kabinen über- und nebeneinander stapeln. Insofern ist das Überleben für sie alles andere als eine Selbstverständlichkeit. Des Öfteren musste ich an diese Menschen denken: Wie ist es wohl, in einem Pappkarton leben zu müssen oder auf so engem Raum, dass man nicht einmal aufrecht stehen kann? Vielleicht sollte man sein Hab und Gut besser nur auf das Hemd auf dem Leib und eine Plastiktüte für die Regenzeit reduzieren. Trotzdem – mit harter Arbeit und einer guten Portion *joss,* wer weiß? Der Pfad zum chinesischen Glück und Erfolg war nie gerade. Für einige begann er mit einer Garküche, um das nimmersatte Hongkong zu speisen. Solche Küchen bestehen oft aus nicht viel mehr als einem flachen Korb oder einem Wok auf einer umgestülpten Holzkiste und einem tragbaren Gaskocher. Mitunter sind an die Kiste provisorisch Räder montiert, das ist praktischer, und im Notfall kann man so der Polizei auf ihren regelmäßigen Streifzügen durch den Straßendschungel von Mong Kok schneller entkommen.

Die Polizeistreife war auch an jenem Morgen unterwegs, allerdings ohne sich durch laute Warnsirenen anzukündigen. Alles was darauf hindeutete, war eine plötzlich aufkommende, kaum wahrnehmbare Unruhe unter den Verkäufern. Sowie durchsickerte, dass die Polizei im Anmarsch war, schien ein plötzlicher Windstoß durch die Straße zu fegen, der die Nachricht von einem zum andern trug, von Mann zu Frau zu Kind: »Schnell! Macht schon! Rennt!«

Eilends wurde der feilgebotene Fisch aus den Körben in Plastiktragetaschen geschöpft, dem Läufer der Familie in die Hand gedrückt, der sich dann schnurstracks in eine der zahlreichen Gassen verflüchtigte, samt Fisch und Drum und Dran. Das Geld glitt in eine andere Tüte, in eine kleinere, unauffälligere. Die schnappte sich ein Kind, stob damit in eine andere Gasse davon und brachte sich damit in einem eingeweihten Laden in Sicherheit. In Mong Kok musste man nur die richtigen Freunde haben – das zahlte sich aus. Unterdessen wurden Körbe und Kisten beiseite gekickt. Der Kopf des Familienunternehmens, ein hagerer, brauner Mann in kurzer Hose und ärmellosem Unterhemd, setzte eine verschlossene Miene auf, rauchte und las Zeitung, wobei er seine sieben Sachen keinen Moment aus den Augen ließ, während die adrett uniformierten Mannen der Hongkonger Polizeipatrouille höflich, aber bestimmt über den Markt schritten.

Einer der Illegalen hatte Pech. Er konnte den Polizisten keine Genehmigung vorweisen, und seine Garküche – Wok mit Frittieröl, Gaskocher, Plastiktüte mit Bohnenkuchen, behelfsmäßiger Ständer – wurde beschlagnahmt. Leidvoll musste er mit ansehen, wie sein Bohnenkuchen weggeworfen und sein kostbares Frittieröl kurzerhand auf die Straße geleert wurde. Dann wurde er in den Polizeiwagen gestoßen, der der Streifenpatrouille hinterherfuhr.

Ich sah in die Menge, wartete auf eine Reaktion, von der ich sicher war, dass sie kommen würde: bedrohliches Gemurmel, offene Feindseligkeit. Bestimmt würde sich gleich irgendjemand für diesen unglücklichen Mann einsetzen. Doch die Menge blieb ruhig, ließ sich nichts anmerken. War das etwa die legendäre Undurchschaubarkeit der Chinesen? Meine Begleiterin versicherte mir, dass es keinen Grund gab einzuschreiten. Der Mann würde sowieso auf Kaution wieder freikommen.

»Der ist bis heute Abend wieder draußen, und morgen früh steht er mit seinem kleinen Laden wieder hier in der Straße. Für viel Geld ausgelöst und heilfroh«, kicherte sie. Sie war in Eile. Am Abend würde sich ihr Herr Gatte Rechtsanwalt der schweren Herausforderung stellen und als Mitglied einer Jury über Hongkongs Schönheitskönigin befinden. Höchste Zeit also für den Friseurtermin und letzte Verschönerungen. Die Kandidatinnen zur Wahl der »Miss Hongkong« sollten auf der Party heute Abend nicht die einzigen Schönheiten sein, nicht wenn sie da war. Sie winkte kurz, warf mir eine Kusshand zu, und weg war sie. Nun schlenderte ich allein durch Mong Kok. Unter den Läden mit festem Standort kommt denen der Kräuterhändler und Heilkundler ein besonderer Status zu. Sie sind keine bloßen Krämer, sondern sie wissen um das entscheidende Gleichgewicht von Yin und Yang, um die richtige Mischung von Wasser und Feuer, die für jeden Menschen auf seiner irdischen Reise für sein Wohlergehen unentbehrlich ist. Jeder Chinese in Hongkong kennt einen Laden, wo ein praktischer Heilkundler seines Vertrauens über Pasten, Heiltränken und Elixieren sitzt, sie zusammenmischt aus Blättern und Samen, Stängeln und Wurzeln oder aus Lebewesen, die einst umherliefen, flogen, hüpften oder sich schlängelten.

Ich war auf der Suche nach einem gewissen Mr. Xia, der in diesen Dingen besonderes Ansehen genießen soll, und fand seinen Laden schließlich in einer Seitengasse, in der Nähe der Shanghai Street. Ein kleiner Schrein blinkte aus dem hinteren Teil des Ladens, und entlang der Wände standen Gefäße und Kästen in Reih und Glied sowie Stapelregale mit kleinen Holzschubladen. Sanftes, staubiges Licht durchflutete den Raum, der angenehm nach Süßwurz und Duftöl roch. Gleich neben der Ladentür stapelten sich dutzendweise gezackte Geweihsprossen, so hoch, dass man das obere Ende mit ausgestrecktem Arm nicht erreichen konnte. So viele Hirschgeweihe in einem Laden mitten in Hongkong! Wahrscheinlich aus Russland, dachte ich bei mir und befühlte den weichen, grauen, fasrigen Flaum. Möglicherweise stammten sie von jenen Hirschfarmen, die ständig in den Schlagzeilen waren.

»Das hier sind kanadische«, versicherte mir der junge Mann hinter der Verkaufstheke auf meine Frage hin. Kein Zweifel, das war Doktor Xia, und er war um Jahrzehnte jünger, als ich mir einen praktizierenden Heilkundler vorgestellt hatte. Kein Deut von Rauschebart und klugen Ratschlägen – dennoch umgab ihn eine Aura von Glaubwürdigkeit.

»Hirschgeweihe. Für ein langes Leben. Manche sagen für die Unsterblichkeit.«

Aus einer Holzschublade hinter sich holte er eine dünne Scheibe heraus, der Querschnitt eines Geweihs. Er hob sie hoch, und gegen das weiche Licht sah sie ganz durchsichtig aus, wie feines Porzellan.

»Geweih von einem Hirsch«, bekräftigte er noch einmal. »Ein kanadisches. Das Beste.«

Ausgezeichnetes Englisch. Wahrscheinlich sprach er noch zwei weitere Sprachen. Ein intelligenter, gebildeter Mann. Ich brannte darauf zu erfahren, was er von Schlangenwein und Naturheilkunde hielt. Doch er sah weg, hielt die Arme verschränkt, damit ich ja nicht auf die Idee kam, seine Zeit in Anspruch zu nehmen, wenn ich keine ernsthafte Bittstellerin war. Wie er richtigerweise annahm, war ich nicht hier, um eine Scheibe Hirschgeweih oder Bärentatzen zu kaufen oder seinen Rat wegen eines chronischen Hustens einzuholen, und ich hatte meinen Besuch fast schon zu lange ausgedehnt.

Sein kalter Tonfall und seine abfertigende Art trieben mich förmlich zum Weitergehen, und so lief ich an der Ladentheke entlang, wo unter einem Schauglas eine Auswahl an Ginseng und getrockneten Reptilien ausgestellt war. Ich beugte mich darüber und wünschte, ich hätte mehr Ahnung davon, denn dann hätte ich wenigstens eine intelligente Frage stellen können. Es gab so vieles, was ich gern gewusst hätte.

Natürlich könnte man die chinesische Naturheilmedizin einfach als altertümlichen Unsinn abtun, auf der anderen Seite scheint sie mehr als einer Milliarde Menschen zu helfen. An jenem Abend vertiefte ich mich in ein faszinierendes Buch, *The Chinese System of Food Cures, Prevention and Remedies* von Doktor Henry C. Lu. Anhand dieses ausführlichen Führers versuchte ich, das Prinzip der Y-Werte zu verstehen, ein hoch kompliziertes System zur Yin-Yang-Differenzierung der Nahrungsmittel, Körpertypen, Krankheiten, Stimmungen und der Jahreszeiten. Wenn ich kalte Hände oder Füße habe, so lernte ich, habe ich einen Y-Wert von minus acht, also muss ich mehr Nahrung mit einem Y-Wert von plus acht zu mir nehmen, um dadurch meine Energien auszubalancieren.

Des Weiteren las ich, dass frische Krabben die Yang-Energien steigern und gut gegen Impotenz sind, während trockene Krabben eine ausreichende Muttermilchmenge bei stillenden Frauen sichern; dass frischer Ingwersaft bei Verbrennungen schmerzlindernd und entzündungshemmend wirkt; dass eine Tinktur aus roten Chilis Frostbeulen heilt; dass Zwiebeldampf, durch die Nase inhaliert, schlaffördernd wirkt; dass Reisessig und Wasser, zu gleichen Teilen gemischt und langsam getrunken, gegen Schluckauf helfen; dass ein Stück zerstoßene Knoblauchzwiebel, auf die Fußsohle gerieben, Nasenbluten stillt; wahlweise hat der Saft aus frischem Schnittlauch, zweimal täglich schlückchenweise eingenommen, die gleiche Wirkung.

Nach Doktor Lu sind verschiedene Tierteile als Yang-Tonika sehr zu empfehlen: *Ist ein menschliches inneres Organ ge-*

schwächt, dann ist es der Gesundheit zuträglich, das entsprechende Organ eines Tieres zu verzehren – so der traditionelle chinesische Glaube. Man trinke also die Gallenflüssigkeit eines Bären und geht gestärkten Mutes in den Kampf. Oder man nehme vor einem wichtigen Examen einen kleinen Bissen Schweinehirn und besteht mit Auszeichnung. Man dekoriere ein Gericht mit Hundepenisscheibchen und wird liebestoll wie ein brünstiger Bock. Für ein stärkendes Yang-Tonikum, das sowohl gegen Unfruchtbarkeit als auch Impotenz helfen soll, empfiehlt Doktor Lu das folgende Rezept:

> *Man nehme zwei Lamm-, Schweine- oder Rinderhoden, vier Nieren und 50 Gramm schwarze Datteln. Das Ganze in Reiswein geben und umrühren, bis alles gut durchweicht ist, und anschließend dämpfen. Die gedämpften Zutaten danach in eine Weinflasche füllen, drei Monate stehen lassen und dann trinken.*

Stundenlang las ich in diesem Buch von Doktor Lu.

Eines schönen Tages dann lud mich ein Freund aus Kanton zu einem Besuch in den Laden eines Schlangenmannes in der Shanghai Street ein, obwohl ich mich insgeheim vor Schlangen fürchtete, was er aber nicht wusste.

»Du musst unbedingt einen Schlangenladen gesehen haben«, meinte der Freund hartnäckig zu mir. »Die Schlange nimmt in der chinesischen Medizin eine einzigartige Stellung ein, verbunden mit der Ernährungslehre und den Prinzipien von Yin und Yang. Das musst du verstehen lernen.«

Der lange, schmale Raum hatte einen merkwürdigen, seltsam muffigen, moderigen Geruch, der mir fremd war. Die vergitterten Holzschubladen für die Schlangen stapelten sich bis an die Decke, und die runden Drahtkäfige, die für Restaurants bestimmt waren, standen kreuz und quer auf dem Boden. Einige waren leer. In anderen lagen, anscheinend ruhend, schwarz oder gelb gestreifte und silberfarbene Schlangen, alle schön zusammengeringelt. Gut, dachte ich bei mir, dann bleibt mal schön so liegen, kein Grund, meinetwegen aufzuwachen.

Bis zur Schlangensaison war es noch einen Monat hin, und der Bestand des Schlangenmannes war daher entsprechend mager. Dennoch hatte er einen bescheidenen Vorrat an kleinen Pythons, schwarzen Mambas und Kobras auf Lager. Schluckt man die warme Flüssigkeit aus ihrer Gallenblase oder gibt einen Schuss frisch ausgedrückten Schlangenbluts in ein Glas Wein, hilft das gegen akute Beschwerden rheumatischer oder sexueller Natur.

Ab Ende November würde das Schlangenfleisch von den Speisekarten der besten Restaurants nicht wegzudenken sein: in schmale Streifen oder Scheiben geschnitten, in Fett gebacken oder zweifach gekocht, bestreut mit Chrysanthemenblättern. Doch alles zu seiner Zeit.

Es war Morgen, und das Geschäft lief zäh.

Der Schlangenmann war groß und hager. Unter seinem weißen T-Shirt zeichneten sich muskulöse Arme ab, und er war von seltsam gelblicher Hautfarbe. Er rauchte Zigaretten ohne Filter, und die, die er gerade rauchte, steckte platt gedrückt zwischen seinen Zähnen. Sie hing dort, klebte an seiner Unterlippe und verrutschte nicht einmal, als er lachte.

In Wahrheit hasse ich Schlangen. Sie jagen mir aus irgendeinem Grund Angst ein und kommen in meinen schlimmsten Albträumen vor. Mein Freund aus Kanton unterhielt sich angeregt mit dem Schlangenmann, erzählte ihm wahrscheinlich, dass ich Forschungen über das gesamte Schlangenreich anstellen würde, denn die beiden sahen mich unverwandt an, während sie miteinander sprachen. Der Schlangenmann nickte. Noch ehe ich gewahr wurde, was er gleich tun würde, zog er ein glattes, glänzendes, schwarzes Reptil aus einer Schublade und setzte das sich windende Tier auf die Verkaufstheke nur wenige Zentimeter neben meinen nackten Arm.

Nein! In diesem Moment wollte ich mich wehren – bleib mir

bloß weg mit der Schlange! –, aber ich brachte keinen Ton heraus. Der alte Albtraum – ich will um Hilfe schreien, aber alles, was dabei herauskommt, ist ein schwacher Piepser.

Und jetzt alles auf einmal: Die Schlange richtete den Kopf auf, hielt ihn angriffsbereit in der Schwebe, mein Herz hämmerte, pochte, zersprang in meiner Brust, ein Angstschrei stieg mir die Kehle hoch; der Schlangenmann ließ seine Hand über den aufgerichteten, fürchterlichen Kopf gleiten und strich am Körper der Schlange entlang, ohne sie dabei zu berühren.

Die Schlange erstarrte, war hypnotisiert.

Ihr Kopf war noch immer angriffsbereit aufgerichtet, ihr Mund stand noch immer offen, doch ihre schwarzen Glasperlenaugen blickten starr ins Leere, und ihr Atem ging so langsam, dass die Schuppen sich kaum bewegten.

Fasziniert von dieser seltsamen Schlangentrance wagte ich mich näher hin. »Was hast du mit ihr gemacht, Schlangenmann? Wie hast du das gemacht?« Der Schlangenmann lachte, griff die Schlange hinter dem Kopf und bei dieser Berührung wand sich der schwarze Schlangenkörper um seinen Arm, ringelte sich und wand sich, um nicht wieder in die Schublade zu müssen.

Auf dem Weg vom Schlangenladen zur U-Bahn-Station Mong Kok gingen mir die Bilder und Eindrücke dieses verwunderlichen Ortes nicht aus dem Kopf. Ein paar Häuserblocks weiter gab es so ziemlich alles zu kaufen – Nudelfrühstück, Zuckerrohr, das so saftig war, dass es tropfte, *bok choy* – chinesischer Senfkohl, der eine Stunde zuvor auf irgendeinem privaten Stückchen Land gepflückt worden war, Äpfel aus dem fruchtbaren Okanagan-Tal, Gallenblasen von Schlangen, alle möglichen Teile vom Schwein. Ich könnte mir auch die Haare schneiden, die Zukunft vorhersagen, einen Brief schreiben, mir die Augenbrauen zupfen oder die Zähne plombieren lassen – alles einfach so im Vorbeigehen. Wenn ich wollte, konnte ich mir einen Hausgott oder gleich einen ganzen Schrein kaufen, ja sogar einen gepolsterten Büstenhalter – »Chinesinnen sind ja so flachbrüstig«, bemerkte mein Freund mit einem gewissen medizinischen Interesse –, ein Rolex-Imitat oder eine echte Polo-Shirt-Kopie. »Die sind von einem Lastwagen gefallen«, erzählte mir ein Mann, als ich mich über den Spottpreis wunderte. Aber man konnte auch einfach nur bei einer Tasse Tee sitzen und dem Vogelgesang lauschen.

Abendstimmungen am Mondneujahrsfest

Gleich bei meinem ersten Besuch in Hongkong verliebte ich mich in die bauchigen, stupsnasigen Boote, die als *Star Ferries* bekannt sind.

Die Fährenflotte Hongkongs besteht aus zehn dieser *Stars* – zehn ungraziöse, eiförmige, grüne und weiße Wasserfahrzeuge, darunter die altehrwürdige *Celestial Star* (geschätztes Baujahr 1956), die *Morning Star* und die *Twinkling Star*.

Mit der *Star Ferry* lässt sich der »Duftende Hafen« zwischen Kowloon und Hongkong auf die schnellste, einfachste, billigste und romantischste Art überqueren – eine Fahrt, die weltweit zu den eindrucksvollsten gehört. Ich erlag dem idyllischen Charme dieser Boote, und die zehnminütige Überfahrt ging mir viel zu schnell. Viel lieber wollte ich verweilen, über die Reling lehnen und die Stadt vom Wasser aus betrachten. Also wurde ich zu einem *Sundowner*, einem Nachtschwärmer.

Die gleichnamigen nächtlichen Fähren verkehren allabendlich von sieben Uhr an und versprechen eine entspannte und beschauliche Fahrt, eine romantische Sicht auf Hongkong bei Nacht sowie einen Ausflug in die Taifunschutzzone.

Es war der Vorabend zum dreitägigen Mondneujahrsfest, und deshalb rechnete ich mit einem typisch asiatischen Riesenandrang. Die Chinesen jedenfalls schienen von Gedränge, ganz gleich wie dicht es war, völlig unerschüttert. Mir jedoch wurde in solchen Momenten jedes Mal meine westliche Klaustrophobie bewusst. Also sah ich zu, dass ich frühzeitig da war, um mir einen Platz zu sichern. Punkt Viertel vor sieben. Am Schalter des entsprechenden Drehkreuzdurchgangs gleich neben einem Buchladen, dem Family Book Store, besorgte ich mir bei einem gewissen Mr. Sung ein Ticket und heftete einen Aufkleber an meine Bluse, der mich als *Sundowner*-Passagier auswies.

Zu meiner Überraschung war von einer Drängelei feiertagswütiger Chinesen nicht das Geringste zu spüren. Tatsächlich schien ich die Einzige zu sein. Im menschenleeren Warteraum gegenüber des True Face Image Center, einem Fotogeschäft, und einem geschlossenen Miederwarengeschäft namens Next To Nothing Lingerie nahm ich Platz. Obwohl an der Tür zu meiner Linken – dem Schild nach die Männertoilette – ein reges Kommen und Gehen herrschte, schien kein anderer *Sundowner* in Sicht.

Ich sah zur Decke, wo die Flügel eines Ventilators langsam die Luft bewegten. Von den sechs Neonröhren waren zwei kaputt, und eine flackerte verdächtig. Nervös fing ich an, ständig auf meine Uhr zu sehen. Schon fünf nach sieben. Ich verspürte Langeweile, war noch immer die Einzige und fragte mich, ob die Boote am heutigen Neujahrsabend überhaupt fuhren.

Um zehn nach sieben trafen zwei kichernde Mädchen in türkisfarbenen Polyesterpullovern und weißen Uniformjacken ein. Juhu, die *Sundowner*-Hostessen. Passagiere oder keine, die Kreuzfahrt fand statt.

Es war schon beinahe Viertel nach sieben, da hetzten zwei weitere *Sundowner* in den Empfangsraum. Er, eine große, zerzauste Erscheinung mit Bernhardinergesicht – sanfter Hundeblick, leicht schusselig und recht melancholisch. Sie, krauses Blondhaar, mager und hibbelig, zitternde Hände, unruhiger Blick. Sonderbares Pärchen, dachte ich.

Dicht dahinter folgte ein Chinese in dunklem Geschäftsanzug. Er trug eine große Aktenmappe, wie sie normalerweise Werbegrafiker mit sich schleifen. Nun waren wir zu viert.

Und das war es. Die Partygesellschaft war damit komplett. Unter viel Getuschel und Gekicher beorderte uns die Crew in den vorderen Abschnitt der menschenleeren Fähre. Das sonderbare Pärchen saß in der zweiten Sitzreihe, ich eine Reihe dahinter, wie es sich für höfliche Fremde geziemt, und der mysteriöse Chinese war verschwunden. Ehe ich mich umdrehen konnte, um zu sehen, ob er vielleicht ein lauschigeres Plätzchen gefunden hatte, gingen die Motoren an, und wir tuckerten durch die schäumenden Wellen, hinein in den »Duftenden Hafen«.

In dem Moment, als die Lichter im Central District und in Wanchai aufzuleuchten begannen, wechselte die Farbe des Hafens in ein altsilbriges Jadegrün und sämtliche Regenbogenfarben schimmerten darüber. Von der Küste schüttete Hongkong seinen ganzen Malkasten über dem Wasser aus: Blutrot, Goldgelb und Königsblau. Das riesige, weiße Citizen-Schild soll angeblich noch drei Meilen vor der Küste zu sehen sein.

An jenem Abend war an fast jedem Gebäude eine Neujahrsbeleuchtung angebracht – ein 50-stöckiges Büschelfeuerwerk aus roten Rosen, ein fröhliches Pandabärenpaar, ein überdimensionierter Santa Claus. An einer Gebäudefassade tollten zwei Drachen hinab, und ein besonders großer Wolkenkratzer war von oben bis unten in einen grünen Leuchtvorhang gehüllt, der geschmeidig hin und her schwang und Hunderte von Fenstern zum Vorschein kommen ließ. Ein wahres Karnevalsaufgebot war das. Einen Augenblick lang bedauerte ich es, dass ich niemanden dabeihatte, der die »Ahs!« und »Ohs!« mit mir teilte.

Dennoch konnte ich ein leises »Oh!« beim Anblick dieses Lichterspiels nicht unterdrücken, woraufhin sich der große Mann mit dem Bernhardinergesicht zu mir umdrehte.

»Die dürfen nicht blinken«, sagte er. »Denn wenn die ganzen Lichter blinken, dann irritiert das die Jungs in Kai Tak. Dort kommen auch nachts Jumbos an, und man will keine Bruchlandungen riskieren. Nein, *ma'am*, wirklich nicht.«

Ich lächelte, und er streckte mir seine große Hand entgegen.

»Henry ist mein Name. Henry Reiger. Freut mich, Ihre Bekanntschaft zu machen, *ma'am.*«

Mr. und Mrs. Reiger kamen aus einer Kleinstadt irgendwo im Mittleren Westen Amerikas, wo Henry eine Tankstelle und eine Werkstatt unterhielt. Mrs. Reiger hatte vor kurzem bei einem Preisausschreiben mitgemacht, dafür mit einer bestimmte Marke chinesischer Nudeln ein fantastisches Rezept für einen Nudelauflauf kreiert, eine Frage zum Fachwissen korrekt beantwortet und den ersten Preis gewonnen. Und so waren sie hier und gondelten auf anderer Leute Kosten in der gesamten asiatischen Pazifikregion herum.

»Ist doch nicht zu fassen, oder?«, fragte Henry und seine Stimme war voll kindlichem Erstaunen. »Alles wegen ein paar Nudeln und ein bisschen Thunfisch!«

Er hatte wohl den Tag über etwas zu viel Bourbon gepichelt, denn er war besonders redselig, sodass er dem nächstbesten Zuhörer, in diesem Falle mir, seine Lebensgeschichte erzählte.

»Ich war schon einmal vor zwanzig Jahren hier, nachdem ich *Nam* hinter mir hatte«, sagte er, »*I don't give a damn, next stop is Vee-et-bloody-nam!* Zur Hölle damit, so etwas wie dort will ich im Leben nicht noch einmal mitmachen.«

Er hielt inne, wartete darauf, dass ich fragte, warum nicht. Ich fragte aber nicht, und so fuhr er fort. An seinem Tonfall war klar, dass Henry Reiger ein Riesenproblem mit sich herumschleppte, und angetrunken wie er war, würde er möglicherweise noch ausfällig werden, sollte ich mich blasiert geben und wegsetzen, also behielt ich Platz und versuchte, interessiert zu wirken.

Der Vietnamkrieg war für mich »Der Konflikt«, und während er das Leben von Millionen Amerikanern beeinflusste, änderte sich in meinem persönlichen Leben so gut wie nichts – außer dass es in unserem Ort von heute auf morgen ein paar mehr junge Männer in meinem Alter gab, die über die Grenze gingen, um dem Militärdienst zu entkommen, und Country Joe McDonalds, der mit seinen Protestliedern die Massen in Woodstock aufrührte:

I don't give a damn,
Next stop is VEE-ET-NAM!

Doch die Angst und die Wut, die dieser Krieg erzeugte, kannte ich aus eigener Erfahrung nicht. Und bis zu diesem Zeitpunkt hatte ich auch noch niemanden kennen gelernt, der diesen Krieg hautnah miterlebt hatte.

»Schon mal in Saigon gewesen? Die Stadt ist die Hölle. Saigon! Aber heute heißt sie ja anders. Ho-Chi-Minh-Stadt! Benannt nach dem alten Bastard, der den ganzen Mist überhaupt erst angefangen hat.« Er dachte einen Moment lang nach, dann überkam ihn das ganze Ausmaß seines Elends: »*Sheee-it*!«

Seine Frau blickte ihn durchdringend an und sagte: »Schsch, Henry, ruhig!« Und für eine Weile war er auch ruhig. Doch dann war er erneut kurz vor dem Explodieren, beugte sich über die Rückenlehne seines Sitzes und sprach im Flüsterton, da sie es offenbar nicht hören sollte. Eigenartig, dass er vor ihr flüstern musste. Die beiden sahen nämlich nicht gerade aus, als ob sie Geheimnisse voreinander hätten, auch nicht mitten in einem offenkundigen Ehezwist. Diesen Mann umgab eine gewisse Melancholie, die tiefer ging, als häusliche Zankerei das rechtfertigen würde. Er wollte reden, reden über einen Krieg, der schon seit 20 Jahren zu Ende war.

»Einige der Jungs aus meiner alten Einheit kehren zu Versöhnungstreffen dorthin zurück«, erzählte er mit seiner traurigen Stimme und hauchte mir seinen Bourbon-Atem ins Gesicht. »Zurück nach *Nam*.«

Ja, davon hatte ich gehört, ließ ich ihn wissen, von dem großen Empfang für die zurückkehrenden Amerikaner und ihrem Interesse an Nachkriegsinvestitionen.

Doch das war nicht das, was er hören wollte. Für Henry war der

Krieg noch immer im Gange. Er erquickte uns mit weitschweifigen Anekdoten, die seine Frau vermutlich schon tausendfach gehört hatte. Helden oder glorreiche Siegesepen kamen darin nicht vor – sie malten vielmehr Horrorbilder von schlangenverseuchten Sümpfen, einem toten Kameraden, der im Dschungel sein Leben ließ, einem ausgebrannten Dorf, über dem der Geruch des Todes hing. Die meiste Zeit hätten sie eine Heidenangst gehabt und sich schuldig gefühlt, erzählte er weiter und weiter, steigerte sich immer mehr hinein, zischelte immer weiter in seinem heiseren Flüsterton, als wären wir von einem Heer heimlicher *Sundowner*-Lauscher umgeben.

Ich sah mich nach den Hostessen um, hoffte auf etwas Ablenkung, aber Pech – sie waren verschwunden. Ich versuchte ein paarmal, Mrs. Reiger in ein Geplauder zu verwickeln, über belanglose Dinge zu reden, wie es unter Fremden üblich ist, doch Henry fuhr jedes Mal wie eine Dampfwalze dazwischen, und so fühlte ich mich schließlich auf seltsame Weise in seine Ausführungen hineingezogen und kam mir vor wie ein Voyeur in einer Peepshow.

»Was wollen die denen denn sagen?«, schnaubte er. »Hi, alle Mann! Erinnert ihr euch? Ich bin der, der euer scheiß kleines Dorf abgefackelt hat ...«

Seine Frau schoss aus ihrem Sitz, stakste zielsicher davon, lehnte sich gegen die Reling und kehrte uns gewollt den Rücken zu. Das war zu viel für ihn. Sie konnte ihm Ruhe gebieten, wenn sie unbedingt meinte, aber nicht ignorieren. Nicht so. Nun würde sie ihm zuhören müssen, auch wenn sie nicht wollte.

Er sah ihr nach, hob vor lauter Erregung seine Stimme und brüllte schließlich laut, während sie nur stocksteif dastand: »Zur Hölle, ich habe eueren scheiß Wasserbüffel niedergeschossen!«

Seine Stimme kippte über, verstummte und schien eine Zeit lang in der dicken, warmen Luft zu hängen. Dann drehte er sein traurig verdrossenes Gesicht wieder zu mir.

»Ja, das haben wir getan. Den Wasserbüffel von irgend so

einem armen Kerl niedergeschossen. Grundlos. Einfach so niedergeschossen.«

Mit diesem Vortrag wich alle Wut aus Henry Reiger. Er sank in sich zusammen, ließ den großen Kopf hängen, saß mit halb geschlossenen Augen da und starrte auf die gewienerten Bodenplanken der *Twinkling Star*.

Selten hatte ich so viel Schmerz in einer Stimme gehört, und ich verspürte den Drang, meine Hand nach ihm auszustrecken, seinen Arm zu berühren oder ihm auf die Schulter zu klopfen, ihn daran zu erinnern, dass das alles doch lange her sei. Ich hätte so gern irgendetwas getan, damit er sich besser fühlte.

Das alles erinnerte mich an ein Erlebnis mit zwei kambodschanischen Straßenhändlern in einer Allee abseits der Pedder Street. Auf ihrer Decke hatten sie ein ganzes Sortiment mit Kriegsrelikten ausgelegt: ramponierte Zippo-Feuerzeuge, Hundemarken, Messer mit Scheide und fünf oder sechs menschliche Schädel. Irgendjemand hatte die Schädel mit Ziermünzen geschmückt und falsche Juwelen um Augen und Ohren aufgeklebt. Ich dachte, die Schädel seien aus Plastik, bis ich einen aufhob. Er fühlte sich leicht fettig an, und als ich mit dem Finger über die Schädeldecke strich, spürte ich die verräterische Furche, wo sich die Knochen nach der Geburt nach und nach zusammenfügen, und ich begriff, dass ich die Überreste eines menschlichen Schädels in Händen hielt.

Ich ließ ihn fallen, ein falscher Rubin fiel aus dem Auge und kullerte über den Gehsteig. Einer der Straßenhändler spuckte einen Schleimklumpen aus, der mir nur knapp vor die Füße flog. Um die Schädelkollektion zu fotografieren, holte ich meine Kamera aus der Tasche, doch derjenige, der gerade ausgespuckt hatte, kam bedrohlich auf mich zu, während sein Partner die ausgelegten Waren auf die Decke kehrte. Und mit einem Mal drehten sie sich um, rannten die Straße hinunter und waren verschwunden.

Ich überlegte, ob ich Mr. Reiger von den Schädelhändlern erzählen sollte. Doch wozu? Damit er kapierte, dass er nicht der einzige Mensch war, der seine Menschenliebe im Krieg verloren hatte? Damit er merkte, dass ich mir seine blitzartigen Rückblenden vorstellen und sein Elend verstehen konnte? Doch ich würde nur lügen. Was mir allerdings gut in Erinnerung geblieben ist, sind die quälenden Fotos vom Massaker bei My Lai, insbesondere ein Bild, das mir sehr unter die Haut ging: ein dürres kleines Mädchen, das inmitten des Terrors nackt und schreiend um sein Leben lief.

Er wischte sich mit einem Papiertaschentuch den Schweiß von der Stirn und ließ sich weiter aus, bis in die kleinsten Einzelheiten. »Die Leute dort haben uns gehasst. Kann nicht behaupten, dass mich das gewundert hätte. Kann nicht behaupten, dass ich ihnen das übel genommen hätte.«

Armer, bemitleidenswerter Henry, verdammt dazu, seine ganz persönlichen Dämonen wachzurufen, nur weil seine Frau einen Kochwettbewerb gewonnen hatte.

»Wir sind schon eine Woche hier. Kommt mir vor wie ein Monat«, sagte er plötzlich ruhig. »Wie ein Jahr, verdammt.«

Er sah zu seiner stummen Frau hinüber, die weiß wie eine gekalkte Wand an der Reling lehnte, stand auf und ging müde und matt zu ihr hin. Sie stierte auf die Lichter, hätte sich ihren Henry samt seiner Dämonen wohl lieber sonstwo hin gewünscht, und ohne eigentlichen Grund stand auch ich auf, gesellte mich zu ihnen an die Reling und fühlte mich elend.

Unterdessen tuckerten wir am Swire House und dem geschichtsträchtigen Jardine House mit seinen runden Fenstern vorbei – die Chinesen nennen dieses Gebäude das »Haus der tausend Öffnungen« – und weiter, vorbei am *Jumbo*, einem schwimmenden Restaurant, dessen Silhouette sich durch Hunderte von weißen Lichtern abzeichnete und an dem auf einem großen Leuchtschild das Wörtchen Willkommen prangte, in Grün auf Englisch und in Rot auf Chinesisch. Und schließlich fuhren wir am Rand der Taifunschutzzone entlang.

Hier herrschte heute Abend Massenandrang. Die großen

Hochseeschiffe der Tanka-Fischer, die sonst die äußersten Regionen des Südchinesischen Meeres durchkreuzen, hatten für das Neujahrsfest im heimatlichen Hafen festgemacht. Auch kleinere Schiffe waren da, wie etwa die anmutigen Hochheckboote der Toklo, die in heimatnahen Gewässern fischen. Stimmengewirr drang über das Wasser herüber und die nächtlichen Geräusche eines Fischerdorfes: ein schreiendes Baby, lachende Menschen und wehmütige westliche Musik aus einem Radio.

In der Dunkelheit zeichneten sich Gestalten ab, die auf den Decks hockten, aßen, Karten spielten oder an der Reling lehnten und dem Wasserverkehr zusahen. Frauen, die Kleider mit der Hand wuschen und die nasse Wäsche an improvisierten Leinen aufhängten. Da kein Lüftchen ging, hingen die Kleider an der Leine wie nasse Säcke, völlig reglos, genau wie die vielen unbewegten Fähnchen ringsum. Wer am nächsten Morgen ein sauberes Hemd brauchte, würde unter Umständen Pech haben.

Im hinteren Teil des Bootes saß ganz allein ein Kleinkind, angeschirrt in Riemenzeug, das ihm gerade genug Bewegungsfreiheit ließ, um nicht über Bord zu fallen. Ein kleiner Hund mit kurz geschorenem Fell leistete dem Kind Gesellschaft. Der Hosenmatz hatte offensichtlich einen Heidenspaß daran, irgendwelches Zeug ins Wasser zu werfen: eine Pappschachtel, eine Pflanze, einen roten Eimer, ein Gummiboot – alles, was nicht niet- und nagelfest war. Als wir dicht an ihm vorbeifuhren, grinste er uns verschmitzt an und warf einen Stiefel über Bord. Sogar Henry verzog den Mund zu einem Lächeln, und das Kind nahm den zweiten Stiefel und schleuderte ihn durch die Luft.

»Und weg mit dem zweiten Stiefel!«, kreischte Henry, als ob er seine Heimatmannschaft anfeuerte. Auf dem Vorderdeck zog eine Frau Wäsche durch das Wasser in einer kleinen Waschschüssel, und Henry rief ihr zu: »Hey, Lady – ihr Kleiner! Er wirft alle Sachen über Bord.«

Doch als Antwort kam nur das Gebell des Schiffshundes, der seine Pfoten auf die Reling stemmte, uns ankläffte und dann, während wir vorbeiglitten, an Deck entlangrannte, bis vorne hin, um uns von dort aus noch nachzubellen. Zufrieden, dass er uns verscheucht hatte, hob er sein Bein und pinkelte auf die Waschschüssel mit der sauberen Wäsche. Henry lachte nun tatsächlich lauthals los, und sogar seine Frau ließ sich zu einem süffisanten Lächeln hinreißen.

»Braver Hund«, meinte Henry. »Geschieht ihr recht, wenn sie ihr Kind allein lässt.«

In diesem Moment stand die kleinere der beiden Hostessen auf, griff zum Mikrofon und kicherte hinein, doch da sie es zu nahe an den Mund hielt, krächzte und quäkte es nur. Auch ihre größere Kollegin kicherte, und mit einer Geste, die typisch chinesisch ist, schlug sie sich die Hand vor den Mund, um ihr Gekicher zu unterdrücken.

Sie krümmten sich beide vor Lachen, und ich fürchtete schon, die ganze alberne Ausgelassenheit würde die Feierstunde sprengen, aber schließlich kriegte sich die Zeremonienmeisterin wieder ein und verkündete, dass wir »bei einem Glas Wein auf frohe Feiertage anstoßen und romantische Musik haben werden und es für drei glückliche Menschen an Bord ein schönes Souvenir geben wird«.

Als sie beim Durchzählen feststellte, dass wir insgesamt genau drei Leute waren, fiel sie in ihren Sitz zurück und prustete so sehr vor Lachen, dass ihr Gesicht puterrot wurde. Ihre Kollegin riss sich noch so lange zusammen, bis sie jedem von uns sein Souvenir überreicht hatte – Papierfächer mit der Aufschrift »*Star Ferry*«.

Außer Atem vor Lachen sagte sie dann mit ihrer Kinderstimme: »Darf ich nun um Ihre Aufmerksamkeit bitten. Einer unserer glücklichen Gäste wird einen Preis gewinnen!«, und applaudierte kurz im Voraus.

Wie genau sie es anstellten, den Gewinner zu ermitteln, war völlig unklar, auf jeden Fall traf es mich. Als Preis bekam ich eine Privatsitzung mit Mr. Chow, dem mysteriösen vierten Passagier, der gleich verschwunden war, kaum dass wir an Bord gegangen waren. Wie sich herausstellte, war er zur Unterhaltung der *Sundowner* als Kalligraf an Bord.

Ich versuchte, meinen Preis an Mrs. Reiger weiterzugeben, für die dieser Abend bis dahin noch nicht sehr amüsant verlaufen war, doch sie schüttelte den Kopf. Henry schob seine Pranke langsam zu ihr hinüber, tätschelte ihre Hand und sagte zu mir: »Danke jedenfalls.«

Die jungen Hostessen zogen mich an Chows Tisch, wo er bereitsaß und mit seinen Pinseln herumspielte.

Er fragte nach meinem Namen, neigte dann seinen Kopf über einen Streifen Pelure und trug die fließenden eleganten Schriftzeichen in der Manier eines klassischen Schönschreibkünstlers auf das feine pergamentähnliche Papier auf. Sehr ausgeprägt und interessant sah das aus, und ich nahm mir vor, es zu behalten, vielleicht sogar rahmen zu lassen.

»Für Sie, Madam, umsonst.«

Ich dankte ihm und wollte gehen – doch halt, das war es noch nicht ganz.

»Für nur 40 Hongkong-Dollar sage ich Ihnen Ihre Zukunft voraus.«

Normalerweise vermeide ich es, Fremde in meiner Zukunft herumstochern zu lassen, doch Chow war auf sein Geschäft angewiesen, außerdem war Mondneujahrsabend, und so ließ ich ihn machen. Ich gab ihm das Geld, und sogleich kramte er aus irgendeiner Ecke seiner Aktentasche einen kleinen Aquarellvordruck, der einen exotischen Vogel mit leuchtend buntem Gefieder zeigte. Nun musste er nur mit ein paar Pinselstrichen darüberfahren, und meine Zukunft würde sich offenbaren.

»Das bedeutet Reichtum.«

Wisch – ein Pinselstrich.

»Das bedeutet Glück.«

Wisch – und noch ein Pinselstrich.

»Und das hier, ein kleiner Drache, bedeutet Kraft und Stärke.

Für zweihundert Hongkong-Dollar, Madam, rahme ich es für Sie – und liefere es höchstpersönlich in Ihrem Hotel ab.«

Danke, nein, genug war genug. Ich nahm meinen kleinen, aber starken Drachen an mich und gesellte mich wieder zu der kleinen Runde an der Reling, wo Mrs. Reiger nun weniger stocksteif dastand und auch nicht mehr so aussah, als würde sie heulen wollen. Ich fragte mich, was Henry während meiner Abwesenheit wohl angestellt hatte.

»Jetzt könnte ich einen Drink vertragen«, verkündete Henry beinahe bedächtig.

»*I Just Called to Say I Love You*«, krächzte es da schmachtvoll von irgendwoher aus der Decke, gurgelte über unsere Köpfe hinweg und urplötzlich (und gnädigerweise) gab es einen donnernden Rums, und es war still. In die plötzliche Stille hinein fingen die beiden Hostessen wieder an zu kichern, konnten sich nicht mehr beherrschen, fielen sich in die Arme, brüllten vor Lachen, husteten und bekamen einen Schluckauf. Tränen rannen ihnen übers Gesicht. Es war zu komisch. Sie waren geradezu hysterisch. Wir drei anderen konnten nur zusehen und uns wundern.

»Gooottt, ich könnte jetzt wirklich einen Drink vertragen«, wiederholte Henry, fast schon verzweifelt.

»Drink?«, fragte er die Mädchen und mimte einen Halbverdursteten. »Ihr wisst schon, ein Glas Festtagswein? Bier? Ein kaltes Bier täte jetzt gut.«

Er blickte hoffnungsvoll drein, als die kleinere der beiden Hostessen in einem Metallkoffer herumfischte, bis sie drei Dosen Diät-Pepsi geangelt hatte. Der Wein sei wohl abhanden gekommen, sie wüsste nicht wo oder warum, sagte sie. Die Pepsi war warm. Henry sah mich an, verdrehte die Augen und schüttelte den Kopf.

»Irgendwann wird sich mein Schicksal schon noch zum Guten wenden«, sagte er, und zum ersten Mal sah ich beide Reigers beinahe frohen Mutes. Alles halb so schlimm, wir haben alle unsere

Macken, und das Leben ist gar nicht so schlecht. Ich fühlte mich unerklärlicherweise richtig glücklich. Und obendrein standen in meiner Zukunft Glück, Reichtum und ein kleiner, aber starker Drache geschrieben. Und die Reigers? Nun, die hatten sich. Die *Twinkling Star* zog puffend ihre Bahnen und steuerte mit der Stupsnase voran Richtung heimwärts, während wir mit unseren Pepsi-Dosen auf bessere Tage, stärkere Drinks und glücklichere Neujahrstage anstießen.

Mondneujahrsfest. Zweiter Abend. Trauben von Menschen spazierten oder saßen an den Piers von Tsim Sha Tsui und bestaunten die Lichter über dem Hafen. Vor mir schlenderte ein altes Ehepaar, Händchen haltend. Sie bestaunten die Aussicht und waren zärtlich miteinander wie ein jung vermähltes Pärchen. Wie lange die beiden wohl schon zusammen waren? 50 Jahre vielleicht? Oder 60? Anzunehmen, dass die Heirat der beiden arrangiert gewesen war und in einem chinesischen Dorf stattgefunden hatte, wo Frauen weniger galten als Männer und wo ein Mann noch bis vor kurzem seine Konkubine von der Steuer absetzen konnte – doch hier war ein Mann, der seine Frau zu würdigen wusste.

Und ich beobachtete eine weitere Frau, ebenfalls in vorgerücktem Alter, Hand in Hand mit einem Mann, einem jungen Mann, der offensichtlich am Downsyndrom litt. Er erinnerte mich an Morley, der damals in meinem kanadischen Heimatdorf die Stufen vor Eds Friseur- und Spielsalon belagert hielt. Die Sorgen standen ihr ins Gesicht geschrieben, wie sie ihn so mit sich schleifte: Wer wird sich um dieses ewige Kind kümmern, wenn ich einmal zu meinen Ahnen gehe? Ich fragte mich, was wohl aus Morley geworden war.

Am ganzen Pier sah man junge Liebespaare Arm in Arm und eng umschlungen, und ihr cooles Auftreten wich für eine halbe Stunde der kindlichen Freude beim Anblick des bunten Farbenspiels im Wasser.

Ich schlenderte noch einmal über den Hafen von Kowloon, tauchte ein in das abendliche Chaos von Wanchai und spazierte die Gloucester Road entlang. Die Straße war voller Menschen, die es alle eilig hatten, zum traditionellen Neujahrsabendessen mit ihren Familien zu kommen und in den Läden und an den Straßenständen auf den letzten Drücker noch ein Schnäppchen ergattern wollten. Und die Verkäufer überboten sich gegenseitig – letzte Gelegenheit, Sonderpreise, 20 Prozent, 30 Prozent reduziert. Zum halben Preis! Viele hatten eigens Tische vor ihrer Ladentür aufgestellt, wo man sich die Geschenke in rotes und goldenes Papier einpacken lassen konnte.

Im Viktoria-Park, wo eine Statue der alten Königin alles höchstpersönlich von ihrem bronzenen Thron aus überblickte, war das große Blumenfest zu Neujahr in vollem Gange. Kaum einer, der nicht irgendein blühendes Gewächs mit sich trug – von einer einzigen Gladiolenblüte, verziert mit Blattsprossen und Wurzelwerk, bis hin zu einem in rosa Krepppapier eingewickelten Pflaumenbäumchen, das in voller Blüte stand.

Es war unmöglich, sich der aufregenden Festtagsstimmung zu entziehen – drei Tage lang nicht arbeiten, nur feiern, Familienwiedersehen, Partys, Löwentänzer, Tempelbesuche, Räucherstäbchenduft, Gongschläge und Feuerwerk. Selbst ich, eine *gweilo*, eine Ausländerin, ohne Wurzeln in China, war im Bann des Geschehens gefangen, hielt meinen Freesienstrauß fest umklammert und wünschte, ich hätte auch eine Einladung, zu der ich jetzt gehen könnte.

Um neun Uhr wurde es plötzlich still in der Stadt. Noch eine Stunde zuvor hatte auf der Sugar Street ein so lebhafter Trubel und Hochbetrieb beim Blumenfest geherrscht, dass die Verkehrspolizei alle Hände voll zu tun hatte, mit Seilen, Barrikaden und entsprechenden Schildern die Fußgängerüberwege zu sichern, den Verkehr umzuleiten und das heillose Gewusel der drängelnden Menschenmenge zu dirigieren. Und jetzt waren auf der Straße nur noch zwei Menschen übrig – ich und ein Mann in grüner Müllsackkleidung, der im U-Bahn-Schacht wohnte.

Doch dann, um Mitternacht – der letzte Kloß *jao zhe* war vertilgt, und der letzte Bissen »Acht Kostbarkeiten«-Pudding lag schwer im Magen – füllten sich die Straßen plötzlich wieder. Der Viktoria-Park verwandelte sich in einen Vergnügungspark aus Lichtern und Blumen, und die Preise purzelten auf der Schnäppchenjagd nach persönlichen Frühjahrs- und Neujahrssymbolfiguren. Der Preis für einen eingetopften Goldorangenbaum fiel von anfänglich 500 Hongkong-Dollar auf 100 Hongkong-Dollar, und ein entschlossener Bieter hatte alle Chancen, den Preis noch weiter nach unten zu drücken.

Als der nächste Morgen anbrach und ich von meinem luxuriösen Hongkonger Hotelzimmer in luftiger Höhe auf den Blumenmarkt hinunterblickte, waren die Aufräumarbeiten dort in vollem Gange. Bald würde dort nichts mehr an die letzte Nacht erinnern, und ich hastete nach unten mit dem dumpfen Gefühl, etwas Wichtiges verpasst zu haben. Die Stände wurden abgebaut, und abgesehen von ein paar hellrosa Farbklecksen der wenigen übrig gebliebenen Pflaumenblüten war die ganze Blumenpracht verschwunden. Ein besonders tüchtiger Händler war eifrig dabei, das Feiertagsgeschäft bis zur letzten Minute zu nutzen, und versuchte, noch ein paar Zweige mit exotisch gelben Kalebassenfrüchten loszuschlagen, die mich irgendwie an Birnen mit Füßen erinnerten.

»Familienglückspflanze«, sang er. »Kaufen Sie, Lady? Für Sie extra billig.«

Vom Hafen her wehte eine steife Brise, wirbelte Abfall und Unrat zu kleinen Staubteufeln am Fuße der Statue von Königin Viktoria zusammen, die darüber nicht gerade erfreut aussah. Und unter dem gestrengen Blick der alten Königin drückte ich dem Händler das Geld für einen Zweig mit Glückskalebassen in die Hand.

Mondneujahrsfest. Dritter Abend. Feiner Nieselregen. Das Fest endete mit einem prächtigen Feuerwerk. Ich stand inmitten der Menge am öffentlichen Pier von Tsim Sha Tsui und sah hinauf, hinauf in den Himmel, als der »Duftende Hafen« zu einem Teil der Galaxie wurde. Niemand inszeniert Feuerwerke so gekonnt wie die Chinesen, die den Mustern und Farben bestimmter Explosionen poetische Namen geben: »Wasserrauschwolken«, »Weide im Frühlingswind«, »Hundert Blumenblüten«. Feuerwerke sind eine der Leidenschaften der Chinesen, und diese entfesselte Leidenschaft ließ heute Nacht den Himmel über Hongkong erbeben.

Sternenhagel und weiße Diamantenkaskaden entluden sich über dem Wasser, riesige goldene Chrysanthemenknospen sprangen auf, formten herrliche Blüten und warfen ihre Blätter in einem flirrend goldenen Funkenregen ab. Wenige bezaubernde Sekunden lang erzitterte eine Trauerweide mit zart schimmernden, silbergrünen Blättern am Firmament, die beim Fallen langsam verglühten. Wieder und wieder erhellten Leuchtsalven den nächtlichen Himmel, tauchten ihn in rotes, grünes, blaues, weißes und goldenes Licht. Das Dröhnen und Knattern der Feuerwerksraketen war ohrenbetäubend. Dazu schallte es einstimmig aus Tausenden von Mündern gleichzeitig: »Aaahhh!«

30 Minuten lang waren Fischer und fliegende Händler, Gauner und Bullen, arme Schlucker und Salonlöwen sowie Touristen allesamt einträchtig vereint in purer kindlicher Freude.

»Buummmm! Aaahhhaaa!«

So müsste es immer sein, dachte ich, an jedem Neujahrsfest – ein Himmel, an dem viele Millionen leuchtend bunte Sterne explodieren, und eine Menschenmenge, die ihre Freude hinausschreit und einen Moment der Hoffnung miteinander teilt.

Wie trostlos muss Lee Wing da unser Neujahrsfest in der Prärie vorgekommen sein – das kurze, gesittete Gedudel auf der Plastiktröte, das verlegene Intermezzo, wenn sich wildfremde Menschen um Mitternacht küssen, und die kärgliche Kaffee-

Sandwich-Mahlzeit danach. Kein Festtagstrubel, kein Feuerwerk, keine fröhlich johlenden Massen, die durch die Hauptstraße schwanken, die Kirchen nahezu leer, die Gräber der Ahnen vernachlässigt, die Toten nicht bedacht, weshalb sie zweifelsohne vor Wut ob unseres mangelnden Familienpflichtgefühls bis in alle Ewigkeit kochten.

Deep Bay

Das Gewässer, das als Deep Bay, tiefe Bucht, bekannt ist, ist alles andere als tief – niemand weiß das besser als die Austernzüchter dort. Nicht mehr als drei Meter tief, heißt es, und dort, wo die Wasser langsam in den Morast und das Schilf der Mai-Po-Sümpfe fließen, sogar noch weniger.

Das Fischerdorf Lau Fau Shan liegt nordwestlich von Hongkong an der Deep Bay, an der Stelle, wo die Wasser des Südchinesischen Meeres sich tief ins Land nagen und die welligen grünen Hügel der New Territories von der Halbinsel Pao An in China trennen.

Lau Fau Shan liegt nur wenige Meilen Luftlinie vom chinesischen Festland entfernt – dem »echten China«, wie einige sagen würden –, weshalb die Deep Bay bis 1997 ein beliebter mitternächtlicher Fluchtweg war für alle, die dem Land Hals über Kopf entkommen wollten, da die Bucht bis nach Hongkong leicht zu durchschwimmen ist.

Doch das Risiko bei der Flucht schwimmt mit, und auch die Angst – die Angst vor allem, was die Beine berührt, Aale möglicherweise, vielleicht auch Schlimmeres. Böse Geister etwa? Wer weiß. Unsichere Schwimmer können leicht in Panik geraten und ertrinken, ohne dass irgendjemand je von ihrem Fluchtversuch erfährt. Aber davon geht niemand aus. Im Gegenteil: Leicht zu durchschwimmen sei die Bucht, heißt es. Dabei könne kaum etwas schief gehen, da müsse man schon sehr viel Pech haben.

Und hatte man die Gestade von Lau Fau Shan erst erreicht, lagen die hellen Lichter und die Anonymität von Hongkong gleich hinter dem nächsten Hügel.

Manchen war das Risiko, die Bucht zu durchschwimmen, allemal lieber, als sich in die Hände eines angeheuerten Berufsschmugglers zu begeben, für den sie jeden Yuan, den sie sich ersparen oder borgen konnten, berappen mussten. Dafür erhielten sie das zweifelhafte Privileg, in den Bauch eines Schiffes gepfercht oder in einen Eisenbahncontainer gesperrt zu werden mit so vielen weiteren blinden Passagieren, dass es nicht genug Luft zum Atmen gab. Sobald das Geld den Besitzer gewechselt hatte, sollte der Schmuggler seine Passagiere eigentlich sicher nach Hongkong bringen, falls er ihnen unterwegs nicht eins über die Rübe zog und sie über Bord warf, sofern sie nicht vorher schon erstickt waren, und falls es ihm überhaupt gelang, den Booten der Küstenwache auszuweichen, und so weiter und so fort… und wenn… und aber.

Die *South China Morning Post* war voll von Berichten über solch verzweifelte Fluchtversuche. Einige trieben tage- oder wochenlang auf dem Meer, ohne ausreichend Nahrung, Wasser oder Luft zum Atmen, nur um am Ende aufgegriffen und nach China zurückgeschickt zu werden. Fotos von ihnen, hagere, trübselige Gesichter, die triefäugig in die Kamera blickten, matt und verstört, waren des Öfteren in der Zeitung abgebildet.

Selbst unter denjenigen, die aufgegriffen wurden, gab es immer welche, die trotzig in die Kamera blickten und wutentbrannt versicherten, dass sie es wieder und wieder versuchen würden – so lange, bis sie es geschafft haben würden.

Dass jetzt auch bald die offizielle Grenze bei Lok Ma Chau der Vergangenheit angehören würde, wurde beinahe amüsiert aufgenommen. Schon jetzt wirkten die Spähposten und die höflichen, uniformierten Wachen, die halb als Polizist und halb als Touristenführer zu fungieren schienen, irgendwie museumsreif. Selbst die bedrohlichen Schlingen des Stacheldrahtzaunes schienen eher historisches Interesse zu erwecken als flüchtende Chinesen zu tranchieren. Ich fragte mich, ob dann, wenn es soweit ist und der Zaun abgerissen wird, Souvenirjäger von beiden Seiten mit Drahtscheren herbeischwärmen würden, so wie die Deutschen damals mit Hämmern, als die Berliner Mauer fiel. Vielleicht gäbe es an den Kiosks am *Star Ferry*-Pier dann neben Postkarten und Mars-Riegeln auch Stacheldrahtzaunstücke als Souvenirs zu kaufen.

Im weißen Mittagslicht sahen die Wasser der Deep Bay so flach und grau aus wie der muschelübersäte Strand – angeschwemmte Austernschalen, ganze Haufen davon, niedergetrampelt und zermalmt unter Tausenden von menschlichen Füßen. Der breite, schlammige Küstenstreifen verströmte bei dieser Hitze einen beißenden Geruch nach Salzwasser und altem Fisch.

Den ganzen Tag hocken Frauen in spitzen Strohhüten am Strand, die Gesichter zum Wasser hingewendet, als ob sie nach etwas Ausschau hielten, und schaben mit ihren rauen Händen das glitschige, graue Austernfleisch in rote Plastikeimer.

Eine Chinesin namens Mai erzählte mir von den Beobachtungsposten, während sie mit mir am Strand entlangspazierte. Sie war hoch gewachsen und gertenschlank, hatte glänzende, dunkle Augen und ein strahlendes Lächeln. Ihre Frisur war akkurat, von der Art vornehmer Eleganz, die ein Vermögen kostet und die an einer weniger attraktiven Frau fürchterlich ausgesehen hätte, aber sie sah damit einfach großartig aus. Mai hatte das gewisse Etwas – *the look,* wie Modejournalisten es bezeichnen. Sie war eine Frau, für die Modeboutiquen offene Türen haben, seidenbezogene Stühle rücken und Champagner aufmachen.

Mai wohnte in einem stilvollen Apartment in den Midlevels, einer der besseren Wohngegenden Hongkongs. Sie sorgte für ihre betagte Mutter und hatte zwei Jobs: Als Lehrerin unterrichtete sie englische Literatur an einer angesehenen Privatschule für Mädchen; daneben arbeitet sie halbtags als Model. Ihr gepflegtes Englisch erinnerte mich an das von älteren Damen der britischen Oberschicht bei Teegesellschaften in vornehmen Landhäusern. Ihre einfache Herkunft sah man ihr nicht an.

Mai hielt ihre Hand als Sonnenschild vor die Augen und blinzelte über die glatte, graue Oberfläche der Deep Bay. Ich tat es ihr nach, doch meine Augen schmerzten unter dem gleißenden Licht, und der Horizont schmolz davon, sodass ich nichts erkennen konnte.

»Heute Nacht dürften sie auf der Lauer liegen«, meinte sie. »Kein Mond – da könnte es der eine oder andere probieren.«

Wie viele Illegale den Weg in die Freiheit mit dem ersten Schritt am schlammigen Ufer von Lau Fau Shan machten, weiß niemand zu sagen. Die Einheimischen hier hatten sich an die nächtlichen Schwimmer mit ihren Heldentaten derart gewöhnt, dass sie nichts mehr überraschte. Ich hatte auch über Nichtschwimmer gelesen, die versuchten, diese Bucht zu durchqueren mit allem, was sich über Wasser hält und mit Luft füllen ließ – Fischblasen, Plastiktüten oder gar Kondomen. Die Briten hatten dereinst eine Politik, die als *touch base* bekannt war; danach wurden diejenigen Illegalen, die im Wasser aufgegriffen wurden, zurückgeschickt, diejenigen aber, die den ganzen Weg geschafft hatten und den Boden Hongkongs berührten, als frei angesehen.

»Ganz normale Fluchtmittel waren das. Die BBC hat sogar einmal eine Reportage darüber gedreht«, erzählte mir Mai. »Jeder in Lau Fau Shan kennt jemanden, der es geschafft hat, und weiß von jemandem, der es nicht geschafft hat.«

Mai war Jahrgang 1960. Sie hatte einen Zwillingsbruder namens Willy. Als Mai noch klein war, lebte ihre Familie in Shanghai, und obwohl ihre Eltern nicht reich waren, führten sie ein annehmliches Leben. Sie hielten sich einen Kanarienvogel namens Lala, machten Wochenendausflüge in den Zoo oder in die wunderschönen Yu-Yuan-Gärten. Mai bekam auch Klavierunterricht, da ihre Mutter überzeugt war, dass sie einmal Konzertpianistin werden würde.

»Manchmal ging unser Vater mit uns zu den Akrobaten. Sie

hatten herrliche Kostüme und vollführten die erstaunlichsten Kunststücke«, erinnerte sie sich. »Willy wollte Akrobat werden.«

Doch es kam anders für die Familie. Als Mai fast sieben Jahre alt war, brach die Kulturrevolution über China herein wie ein verheerender Sturm. Praktisch über Nacht war alles auf den Kopf gestellt.

»Mein Vater war ein sehr gebildeter Mann. Und das allein genügte, um ihm Schwierigkeiten zu machen. Aber wir hatten noch Glück. Wir hatten *guanxi*.« Bei diesem so urchinesischen Wort musste sie lächeln. *Guanxi* heißt Beziehungen. Mit *guanxi* gibt es in ausgebuchten Flugzeugen plötzlich doch noch einen freien Platz, teure Wohnungen sind plötzlich billig, und der Besuch einer ausländischen Schule ist wundersamerweise mit einem Mal kein Problem mehr. Nur für die armen Schlucker ohne *guanxi* gestaltete sich das Leben in China fortan undenkbar schwierig. »Da war dieser Bürokrat, ein wichtiger Kader, Mitglied der Partei, ziemlich oben. Bevor mein Großvater nach Hongkong zog, lange vor der Kulturrevolution, waren die beiden dicke Freunde. Aus Achtung vor meinem Großvater rettete er uns und steckte meinen Vater nicht ins Gefängnis.«

Nichtsdestotrotz wurde ihr Haus in Shanghai beschlagnahmt. Sie wurden enteignet und nach Süden vertrieben, um dort als unwillkommene Gastarbeiter in einer Kommune der Provinz Guangdong zu arbeiten. Zu allem Unglück war Guangdong eine der am schlechtesten verwalteten Provinzen und zum Leben ein erbärmlicher Ort.

»Auf dem Lande herrschte bereits bittere Armut. Und dann kamen wir noch dazu, und obwohl wir hart arbeiteten, bedeutete das, noch mehr Mäuler zu stopfen«, erzählte sie. »Nie genug zu essen, nie genug Kleider, um sich warm anzuziehen. Eine schreckliche Armut war das, wirklich wahr.«

Sie erzählte von den frühen Tagen der Kulturrevolution, als die weltfremden Hirngespinste des Großen Steuermanns von China über eine Milliarde Menschen in die Armut stürzten.

»Wir errichteten das neue China«, sagte sie, »nicht nur ideologisch, sondern auch mit körperlichem Einsatz. Es gab eine Menge primitiver Bauprojekte, von denen die meisten nach normalen Maßstäben nicht einmal zweckdienlich waren, doch wenn es über eine Milliarde Menschen gibt, ist Arbeit billig. Unsere Arbeitseinheit musste Ziegelsteine in Handarbeit herstellen. Schlamm, Stroh, Tierdung und handgefertigte Ziegel waren das billigste Baumaterial.«

Sie hielt die Hände vor sich hin und demonstrierte mir das Formen und Glätten eines imaginären Ziegelsteins. Dabei fiel mir auf, wie lang und zierlich ihre Finger waren, und ich fragte mich, ob sie jemals den abgebrochenen Klavierunterricht wieder aufgenommen hatte.

»Meine Hände wurden von dieser Arbeit ganz wund. Sie sprangen auf und bluteten, besonders wenn es kalt war. Und ich heulte.«

Mai erinnerte sich daran, wie ihre Mutter ihr die Hände mit Schweinefett eingerieben hatte, damit sie besser heilten, und dann beschuldigt wurde, Essen zu verschwenden. Man befahl ihr, sich wegen dieser banalen Angelegenheit öffentlich für schuldig zu bekennen, als ob es sich um ein schweres Verbrechen gehandelt hätte. Das öffentliche Schuldbekenntnis fand vor einer Versammlung des Straßenkomitees statt, vor dem sie laut und deutlich einen Selbsttadel aussprechen musste.

»Wegen meines Vaters mussten wir ständig zu Besserungssitzungen zur Gedankenkorrektur. Das war erniedrigend. Fürchterlich! Alte Männer mit gelben Zähnen, die ihn anschrien und uns anspuckten. Die Kinder waren noch schlimmer. Die Roten Garden, abscheuliche, sadistische Bälger. Denen hat es wirklich Spaß gemacht, Menschen zu demütigen. Wir waren nicht wirklich in Gefahr, doch damals dachte ich, die wollen uns umbringen.«

Trotz allem arbeitete die Familie sehr hart, gab einen revolutionären Arbeitseifer vor, den sie nicht wirklich fühlte. Einmal hatte ihre Arbeitseinheit in einer Woche so viele Ziegelsteine gefertigt, dass alle sicher waren, dafür extra Arbeitspunkte zu bekommen. Doch in ihrem Eifer hatten sie die Ziegelsteine aus der Form genommen, noch ehe sie vollständig ausgetrocknet waren, damit sie mit einem neuen Schub anfangen konnten. Und dann, nach Mitternacht, begann es zu regnen.

»Es regnete so heftig, dass unsere Ziegelsteine aufweichten. Und am nächsten Morgen sahen wir dann, was über Nacht aus ihnen geworden war: eine schlammige, unbrauchbare Masse.«

Ein leichter Wind kam auf und wehte uns den Ekel erregenden süßlichen Gestank von totem Fisch um die Nase. Mai scharrte mit der Spitze ihrer teuren Sandalen in den Muscheln herum und lächelte über die Ironie der Vergangenheit – vorbei war vorbei. »Die ganze Arbeit, und wofür? Für nichts. Egal, was man machte, für nichts. Und das ist das an sich Traurige an der Geschichte. Die ganze dämliche Revolution, die ganzen Überschüsse, das ganze Leid. Für nichts und wieder nichts.«

Ein Plus allerdings hatte die Kommune. Sie befand sich nur wenige Kilometer vom Südchinesischen Meer entfernt.

Das Einzige, was zwischen ihnen und Hongkong lag, war ein seichter Gewässerstreifen namens Deep Bay.

»Nachts konnten wir die Lichter Hongkongs sehen. Wie ein Heiligenschein sah das aus«, erzählte sie und klang dabei völlig unbeteiligt. Ich wollte wissen, ob es gefährlich sei, die Deep Bay zu durchschwimmen, aber sie schüttelte den Kopf.

»Bei Ebbe geht man einfach ins Wasser und läuft immer weiter.«

Und falls man ein guter Schwimmer war, die Haie schon gefrühstückt hatten, keine Patrouillen unterwegs waren und man *joss*, Glück, hatte – vom Glück hing eben immer alles ab –, war der Rest ein Spaziergang. Und falls nicht, nun ja…

Als die Revolution immer gefährlichere Ausmaße annahm, beschlossen ihre Eltern, dass Mai und Willy China verlassen müssten, und von diesem Moment an wurde der Fluchtgedanke zur

Obsession. Tags kreisten die Gedanken einzig darum, und nachts, während die Kommune schlief, wurde eifrig darüber geflüstert. Gerüchte über mutmaßliche Dissidenten gab es haufenweise, und ein Gerücht genügte oft schon, um jemanden hinter Gitter zu bringen oder zu exekutieren. Sie mussten also äußerst vorsichtig sein. Pläne wurden geschmiedet, wieder fallen gelassen und neu durchdacht. Doch mit zunehmendem Revolutionseifer wurden die Lebensumstände immer unerträglicher, und die Hoffnung auf eine Flucht begann zu schwinden.

Dann, als Mai acht Jahre alt war, erfuhren sie, dass ihr Großvater in Hongkong im Sterben lag. Und da geschah ein Wunder, ein *guanxi*-Wunder: Ein hochrangiger Kader, der Jugendfreund des alten Mannes, hatte eine sentimentale Anwandlung und erwirkte für Mais Mutter und ein Kind einen Sonderdiplomatenausweis, der ihnen die Ausreise nach Hongkong erlaubte. Allerdings mussten sie binnen drei Tagen wieder zurück sein.

»So ein Riesenglück«, sinnierte sie, als ob sie es bis heute nicht glauben konnte. China hatte seine Grenze bereits 1949 dichtgemacht, doch die *guanxi*-Bürokraten gingen davon aus, dass die beiden Frauen auf jeden Fall zurückkehren würden, da Vater und Bruder ja noch in China waren.

Aber nachdem sie Hongkong erreicht hatten, wurden sie von wartenden Verwandten geradezu überrannt, fortgeschafft in die geheimsten Ecken des übervölkerten Wohnbezirks von Yau Ma Tei, wo ein Fluchtwilliger für immer abtauchen konnte. Inzwischen hatten die in China zurückgebliebenen Familienmitglieder die Behörden mit den üblichen Dementis hingehalten. Immer wieder erklärten sie, dass Mai und ihre Mutter »bald, sehr bald« zurückkommen würden. Doch die Ausreden gingen ihnen langsam aus, und sie bekamen Repressalien zu spüren. Vater und Bruder wurden unaufhörlich bespitzelt, geschlagen und gedemütigt. Mais Vater kam schließlich ins Gefängnis, und im darauf folgenden Winter verhungerte Willy beinahe. Das erfuhr die Mutter über andere

Verwandte. Man nahm es in Kauf als Teil des Preises für Mais Freiheit.

Indes gingen Mai und ihre Mutter allwöchentlich zum Tin-Hau-Tempel in der Nähe der Public Square Street, um ihren Fall vor die Götter zu bringen. Mai fand die grotesken Gesichter und finsteren Mienen der Götterfiguren schrecklich – sie bereiteten ihr Albträume –, doch ihre Mutter erklärte, dass die Kräfte der Götter zwar tatsächlich furchtbar seien, sie sich aber auch der Bitten sorgengeplagter Sterblicher erbarmten und eine Vorliebe für den süßen Duft von Räucherwerk hätten. Als persönliche Verbündete hatten sie Kwan Yin auserkoren, die gnädige Göttin der Barmherzigkeit, deren mitleidiger Blick auf alle Frauen fiel. In der winzigen Wohnung, die sie sich mit Verwandten teilten, stand ein kleiner roter Schaukasten mit der Göttin darin. Dieser Schrein war stets mit süß duftenden Räucherstäbchen sowie einer Orange oder einem ausgesuchten Stück gebratenem Schweinefleisch gefüllt.

Es dauerte zwei Jahre, bis sich die Götter ihrer erbarmten und sie die Nachricht bekamen, dass Mais Vater aus dem Gefängnis entlassen worden war. Er, ihr Bruder und Onkel Pak planten, China zu verlassen und die Deep Bay in der nächsten mondlosen Nacht zu durchschwimmen.

»Gemeinsam machten sie sich auf – Onkel Pak, Vater und Willy. Mutter und ich warteten mit zwei unserer Cousinen. Gleich dort hinten«, erzählte sie und deutete nach Nordosten hinter den letzten Pier in Richtung der Sümpfe.

»Kein Mond. Völlige Dunkelheit. Das musste so sein, falls Patrouillen unterwegs waren«, sagte sie, als ob das alles erst gestern geschehen wäre. »Es war absolut still, und ich fragte in einer Tour, wann sie denn endlich kommen würden. Mutter schimpfte mich, da ich nicht sprechen sollte.«

Selbst die kleinsten Laute werden in alle Winde über das Wasser getragen, und Mais Mutter hatte eine solche Angst vor den Patrouillen, dass sie kaum zu atmen wagte. Stunde um Stunde warteten sie, und endlich, gegen vier Uhr morgens, hörten sie das Geräusch, auf das sie gewartet hatten: das Platschen und Keuchen eines erschöpften Schwimmers.

»Und dann hörten wir Onkel Paks Stimme. Wie überaus glücklich wir waren!«

Mai blinzelte gegen das helle Sonnenlicht und deutete in Richtung der Stelle, an der ihr Onkel aus dem Wasser gekommen war.

»Onkel Pak stieg aus dem Wasser. Allein. Er dachte, Vater und Willy seien bereits angekommen. Sie waren vorausgeschwommen, und in der Dunkelheit hatte er sie aus den Augen verloren.«

Mai und ihre Mutter wachten noch bis zum Morgengrauen. Auch in der nächsten und übernächsten Nacht gingen sie ans Ufer. Sie hätten ihre nächtlichen Wachen wochenlang fortgesetzt, hätte es irgendeinen Hoffnungsschimmer gegeben. Doch in der vierten Nacht wusste Mais Mutter, dass es vorbei war. In diesen Dingen war sie Realistin. Ihr Mann und ihr Sohn waren beide verschollen irgendwo in der Deep Bay.

Nachdem das Chaos in China zu Ende war und die nach Hongkong geflohenen Chinesen als verloren gegangene Schafe von Deng Xiaoping in der Herde wieder willkommen geheißen wurden, versuchten Mai und ihre Mutter die beiden vermissten Männer aufzuspüren. Sie durchforsteten alle verfügbaren Aufzeichnungen, besuchten sogar das Dorf in der mittlerweile aufgelösten Kommune und sprachen mit allen, die sie trafen und die möglicherweise wussten, was passiert war. Aber nichts. Keine Spur.

Für die beiden Frauen ging das Leben weiter. Mai besuchte ein College, machte einen akademischen Abschluss, bekam eine Arbeit. Schließlich zog sie mit ihrer Mutter weg aus der überfüllten Wohnung in Yau Ma Tei, legte ein wenig Geld an und hatte *joss*, Glück. Und so konnten sie sich dieses stilvolle Apartment leisten, Opernbesuche, Reisen nach Macau und auch ein Wochenendhaus auf Cheung Chau, wenn sie wollte: ein annehmliches Leben.

Doch keine der beiden Frauen hatte je den Preis dieser Freiheit vergessen. Mai versuchte es zwar, doch ihre Mutter erinnerte sie immer wieder daran. Einmal, Mai war etwa zwölf und aufmüpfig, wie kleine Rotznasen in diesem Alter sind, riss ihrer Mutter die Geduld.

»Sie packte mich an den Schultern und schüttelte mich: ›Wir haben so viel bezahlt, damit du frei sein kannst! Dein Vater, dein Bruder haben mit ihrem Leben bezahlt!‹, und sie schlug mich hart ins Gesicht. Da wusste ich, dass sie mir die Schuld gab.«

Mit ihrer zierlichen Hand fasste sie sich an die Wange, als könnte sie den Hieb dort spüren. So viele Jahre später saß der Stachel der Anklage noch immer tief, und das Schuldgefühl war ihr geblieben.

»Sie hatte kein Recht, dir dafür die Schuld zu geben«, sagte ich. »Das Risiko war einkalkuliert. Alle wussten, was passieren konnte …«

Doch mit einer Bewegung ihrer feingliedrigen, langen Hand schnitt sie mir das Wort ab.

»Sprechen wir nicht darüber. Ist lange her.«

Schweigend gingen wir nebeneinander, schlurften durch die Austernschalen. Eine Brise kam auf, wehte uns den Gestank der toten Fische zu, drückte in die Bucht, schäumte das Wasser zu schiefergrauen Wellen mit weißen Schaumkronen auf.

Ich hing meinen eigenen Gedanken nach über Mutter-Tochter-Beziehungen und allgemeine Bande, die zusammenschweißen. Da sah ich mich als vierjähriges Mädchen in unserem Haus vor dem Holzfeuerofen, wo ich meiner Mutter beim Streichen der Ofenrohre mit glänzender Aluminiumfarbe zuschaute. Die Farbe war hoch entzündlich, und aus dem Ofen musste irgendein Funke gesprungen sein, denn ich sah noch den Blitz, und gleich darauf gab es einen lauten Knall, wie wenn ein Luftballon platzt. Die Farbdose war explodiert, und ich hörte meine Mutter schreien: »Nicht bewegen, beweg dich ja nicht!« Ich sah sie mit der brennenden Farbdose aus der Tür stolpern, vor mir wegrennen. Sie rannte, während die Flammen an ihrem Arm hochzüngelten. Wenige Wochen vor ihrem Tod hat sie mich einmal gefragt, ob ich mich an diesen Vorfall erinnerte. Mutter-Tochter-Bande, freudvoll und schmerzvoll bindend, so stark, dass sie einen vor Krieg, Feuer und dem Zorn aller Götter bewahren. So eng, dass sie dich ersticken können.

Als Mai wieder zu erzählen anfing, klang ihre Stimme heiter: »Sieh mal auf die Uhr! Ich würde gern Mittag essen. Sollen wir?«

Und sie machte kehrt. Weg von der Deep Bay.

Laut den Reiseführern ist Lau Fau Shan die Austernstadt schlechthin. Doch die Austern bringen auch Probleme mit sich. Im Zimmer meines Hongkonger Hotels lag diskret eine weiße Karte mit einem ominösen Warnhinweis auf Hepatitis: »Vom Verzehr roher Muscheln wird abgeraten« stand da direkt unter einer Liste mit Begleitagenturen, Massagesalons und Stripteaselokalen.

Ich war keine Liebhaberin von Austern und hielt von daher alle, die es waren, für äußerst wagemutig. Wie konnte man solche seltsamen, sekretierenden Weichtiere nur essen? Doch Sommer für Sommer strömten aus den klimatisierten Bussen ganze Ladungen solcher furchtlosen Gourmets in die Meeresspezialitäten-Restaurants von Lau Fau Shan, die sich die rohen Muscheln einverleibten und sich den Teufel um Hepatitis scherten.

Austern sind riesig, im Durchmesser manchmal 15 Zentimeter. Die Einheimischen mögen sie am liebsten getrocknet oder als Hauptbestandteil einer Austernsoße. Diese persönlichen Vorlieben halten sie jedoch nicht davon ab, mit Austerngerichten für Touristen ein gutes Geschäft zu machen.

Ich war mit einem Feinschmeckerkollegen chinesisch-amerikanischer Abstammung unterwegs, der regelmäßig nach Hongkong kommt, um echte chinesische Küche zu genießen, so wie er sie von zu Hause kannte, und möglicherweise auch, um seinen persönlichen Platz zwischen den Welten zu finden. Wir fuhren frühmorgens hinaus, um den Fischmarkt zu erleben, doch die engen Straßen, die zum Markt führten, waren überschwemmt. Schmutzige Fluten mysteriösen Ursprungs hatten die Zufahrtsstraßen unter Wasser gesetzt.

Während wir die ganze Verwirrung und Unordnung betrachteten und überlegten, was wir nun tun könnten, kam eine alte Frau vom Volksstamm der Hakka vorbei. Mit jedem Schritt ihrer Füße, die in breiten Sandalen steckten, wippte ihr schwarzer, tellerförmiger Hut im Rhythmus. An beiden Enden der hölzernen Tragestange, die quer über ihren Schultern lag, schwang ein riesiger Korb, randvoll mit grünem Gemüse.

Die Hakka gehören zu den ältesten Stämmen, die den Felsen im Meer, der später Hongkong wurde, einst bevölkerten. Sie folgten auf die dort bereits ansässigen Fischervölker der Tanka und Toklo sowie der Punti, welche man später als Kantonesen bezeichnete. Im sozialen Gefüge nahmen die Toklo einen niederen Rang ein. Obwohl die Punti und Hakka in unmittelbarer Nachbarschaft lebten, schirmten sie ihre Dörfer mit Mauern und Befestigungen voneinander ab. Die beiden Völker sprachen auch unterschiedliche Sprachen. Im Prinzip teilten sie nichts außer dem Misstrauen und der Abneigung, die sie gegeneinander hegten und gegen jeden, der dem eigenen Stamm nicht zugehörig war.

Die Hakka waren rigoros freiheitsliebend. Insbesondere zwei Umstände führten dazu, dass sie sich von den anderen Volksstämmen immer weiter absonderten. Zum einen fuhren die Hakka nicht zur See wie die Tanka und Toklo, die als Fischer auf Booten lebten. Die Hakka waren ein Bauernvolk, unermüdlich fleißig und mit einem grünen Daumen gesegnet, mit dem sie scheinbar jedes noch so karge Land urbar machen konnten.

Der zweite Unterschied war weit augenfälliger und trug dazu bei, dass sie sich vor allem den wohlhabenderen Punti weiter entfremdeten.

Als damals das Füßebinden für alle chinesischen Frauen faktisch Vorschrift war, weigerten sich die Hakka-Frauen, die Füße ihrer Töchter zu binden. Nicht, weil sie den Schmerz des Bindens und das langsame Verkrüppeln gefürchtet hätten, wenn die Knochen zu winzigen Stummeln verkümmern, vielmehr zeigten diese Frauen eine große Portion Zivilcourage. Für eine schwangere Hakka-Frau war es völlig normal, auf dem Feld ein Kind zur Welt zu bringen, die Nabelschnur abzuschneiden, ihr Baby zu stillen und anschließend mit dem Bepflanzen und Jäten der Felder fortzufahren. Das wurde von ihr erwartet. Doch was sollte eine Frau mit eingezwängten und verkrüppelten Stummeln, wenn sie den ganzen Tag lang barfüßig durch die Reisfelder pflügte? Sie wären nur hinderlich, folgerten weise die Hakka-Frauen und setzten sich über die Verordnung hinweg.

Wenn ich heute solche winzigen silberfarbenen Slipper in Museen und Antiquitätenläden ausgestellt sehe, wo sie mittlerweile zu beliebten Schaustücken geworden sind, kann ich kaum glauben, dass menschliche Füße überhaupt je in solche Schuhe hineingepasst haben oder eine solche Form annehmen konnten, geschweige denn, dass irgendjemand es fertig gebracht hatte, auf solchen Stumpen überhaupt ein paar Meter vorwärts zu hoppeln. Eigenartige, kleine wattierte Dinger waren das, in keiner Weise wie ein Fuß geformt, eher schienen sie wie Miniaturhufe.

Doch die Männerwelt jenseits der grünen Felder der Hakka-Dörfer fand die gebundenen Fußstummel vornehmer Chinesinnen höchst erotisch. Kein vernünftiger Punti-Mann würde eine großfüßige Hakka-Frau im Haus herumtrampeln haben wollen, geschweige denn im Schlafzimmer. Bei seinen Freunden wäre er mit einer solchen Frau in Ungnade gefallen, und in den Teehäusern hätte man ihn nur ausgelacht. Und so wurden die eigensinnigen Hakka-Frauen verschmäht, als hässlich angesehen und selten außerhalb des eigenen Stammes verheiratet.

Heute verlassen immer mehr Tanka und Toklo ihre Fischerboote, um sich dauerhaft in festen Behausungen niederzulassen. Die Reisfelder der Hakka sind nahezu verschwunden. Die Punti sind reicher denn je, nach wie vor Landbesitzer und vom Speckgürtel Hongkongs absorbiert. Doch so wie es noch ein paar wenige Tanka und Toklo auf Fischerbooten in den Taifunschutzzonen gibt, die sich nicht auf das Trockendock einer festen Behausung verlegen lassen, so gibt es auch noch ein paar wenige Hakka-Bauern, die auf ihre alten Tage nach wie vor stur pflanzen und ernten, ihre kleinen Landfleckchen im Schatten der ausufernden Metropole hegen und pflegen und ihre Erträge mit Schulterstangen auf den Markt schleppen.

Was für eine Frau sie doch ist, diese Hakka, diese Gemüsebäuerin, die sich gar nicht erst damit aufhält, sich die Sandalen von ihren großen Füßen zu schnallen, sondern direkt, bis zu den Hüften, in die braune, strudelnde Dreckbrühe der überschwemmten Straße eintaucht. Hochwasser oder aufgestaute Kloake – das interessierte sie nicht. Die Räder des Geschäftslebens standen schließlich nicht still nur wegen einem bisschen Wasser am falschen Ort.

Ich wollte ihr folgen, doch wir umgingen die Flut, lavierten uns im Zickzack um aufgehäufte Austern, alte Reifen, Coca-Cola-Kästen und Strohkörbe herum, welche in der Morgenhitze nach Fisch stanken. Unser Weg führte uns durch hintere Gassen, an reihenweise verfallenen Häusern vorbei, wo pflanzenbehangene Balkone auf Pfählen schwankten. Bevor die Mittagshitze dort hinkam, nutzten alle den Schatten darunter noch aus – Hühner, kurz geschorene Hunde, nackte Kinder und Großmütter mit uralten Gesichtern, »älter als die Berge«, kauerten am Boden. Ein paar Ghettoblaster dröhnten aus allen Richtungen um die Wette, und der vertraute Geruch von gebratenem Knoblauch gab einem das Gefühl, dass (zumindest) für den Augenblick die Welt in Lau Fau Shan in Ordnung war.

Doch der relativ friedliche Anblick der Wohngegend währte nicht lange und wich bald dem lauten Marktgeschrei der Händler. Die Gasse wurde enger und enger, war schließlich nur noch eine gute Armlänge breit und zu beiden Seiten gesäumt von Körben und Wannen mit allem möglichen Meeresgetier, das ich teils noch nie zuvor gesehen hatte. Seafood Road hieß diese enge Gasse, wo die Pflastersteine vom ständigen wässrigen Matsch der Fischkübel, -körbe und -eimer ganz schmierig und glitschig waren.

Neben riesigen Austern gab es hier lange, schlüpfrige Aale, die so dick waren wie der Durchmesser einer Untertasse, riesige Fische mit hässlichen Köpfen, die *garoupa* hießen, und die grimmig aus überdimensionierten Glaswannen schielten. Offenbar waren die Wannen nicht groß genug, um den Meeresfisch bei Laune zu halten, und beim verzweifelten Flossenschlag dieser Tiere fühlte ich mich leicht unbehaglich.

Hongkongs unbändige Esslust ist Lau Fau Shans Lebensgrundlage, und Lebensmittelverkäufer waren überall: »Kauft meinen Fisch, kauft mein Gemüse, für Sie frisch gekocht in meinem Restaurant. Kommen Sie, nehmen Sie Platz, genießen Sie. Essen Sie!«

Vor einem der Restaurants hatte die Hakka Frau auf einem schmalen, trockenen Streifen am Gehweg ihre Waren ausgelegt und pries lautstark ihre prachtvollen Blattspinatbündel an. Völlig vertieft in ihr gellendes Marktgeschrei, hielt sie urplötzlich inne, als ich meine Kamera zückte. Sie mag zwar ein Stück altes China verkörpern, doch eine *gweilo*, eine Touristin, erkannte sie sofort, und es sollte mich nicht wundern, wenn sie für das Foto Geld haben wollte.

Wenige Schritte weiter, und wir befanden uns mitten in der Fischauktion, wo die Ausbeute der nächtlichen Fänge von zwei Männern in Gummioveralls verhökert wurde. Lauthals brüllten sie die Preise in die schwüle Luft hinaus, um den ohrenbetäubenden Lärm zu übertönen und den besten Geboten der ernsthaften Käufer den Zuschlag zu geben. Der Radau hämmerte gegen mein Trommelfell. Überdies bildete sich in der engen Gasse ein noch größerer Stau, als Frau-mit-Aal auf Junge-mit-*garoupa* traf. Beide zogen ihre Ware auf niedrigen vierrädrigen

Karren, und während die Fracht in den Plastikbehältern hin und her schwappte, brach zwischen den beiden konkurrierenden Karrenschiebern ein Riesengezänk aus. Sie warfen sich gegenseitig Beleidigungen an den Kopf, und es hatte zunächst den Anschein, als ob die Frau in Gummistiefeln und mit dem traditionellen, kuppelförmigen Hut der Tanka-Fischerfrauen die Schlacht gewinnen würde.

»Waahh! Aus dem Weg, du lausige Krötenfratze!«, kreischte sie.

»Geh du doch aus dem Weg, du zahnlose, alte Kuh!«, schrie der Junge zurück. Nicht schlecht, dachte ich für mich, während mein Freund das kantonesische Schnellfeuer übersetzte.

»Aieya! Hört euch das an, wie dieser junge Rotzlöffel mich beleidigt!«

Wirklich nicht schlecht für zwei so kleine Gestalten, die ihre zierliche Statur mit umso mehr Dezibel und umso derberen Kraftausdrücken wieder ausglichen. Weder der eine noch der andere wich einen Zentimeter zur Seite. Als sich immer mehr Händler an beiden Stauenden zu drängeln begannen, brach höllisches Gefluche los, das sich dann aber, von einem Augenblick zum andern, urplötzlich legte. Die Vernunft hatte letztendlich gesiegt, wie es in solchen Momenten ja auch geboten ist, und nachdem sich Karren, Fische und Menschenlawine aneinander vorbeigedrängelt hatten, glätteten sich die Wogen. Auf einmal fühlte ich etwas Weiches, Glitschiges unter meiner Schuhsohle, blickte nach unten und sah, dass ich auf einen kleinen Aal getreten war. Er sah schlangenartig aus und schien tot zu sein und so tat ich, als hätte ich ihn nicht gesehen und schob mich eilends weiter durch die Menge, bevor noch ein aufmerksamer Aalverkäufer auf die Idee kam, mich zu beschuldigen, eines seiner frischen Stücke totgetrampelt zu haben.

Alle, die nicht kauften oder verkauften, waren bis zum Mittag mit Essen beschäftigt. Lau Fau Shan bot eine bunte Vielfalt an Restaurants. Einige sind schmuddelig, haben schmutzige Böden und nur zwei, drei Tische, an denen Männer mit nacktem Oberkörper unter dem rostigen Wellblechdach vor sich hin schwitzen. Andere sind geräumig, kühl und durch und durch keimfrei, genau das Richtige für die bepackten Touristenhorden, die Tag für Tag aus den Bussen quellen. Eines der größeren Restaurants ist das *Yue Wo Tong*. Es bietet im Hauptspeiseraum Platz für 250 Gäste und verfügt in den Außengärten über weitere Tische sowie über einen hauseigenen Spielplatz. Der geräumige Innenhof ist von einer Mauer umgeben, deren Brüstung riesige Austernschalen zieren, möglicherweise aber auch Strauchdiebe abhalten sollen.

Doch unser Ziel waren nicht die großen Restaurants. Wir strebten auf ein kleineres zu, das *Oi Man Seafood*, das fünf Tische hatte, einen Ventilator, der langsam die Luft bewegte, und eine äußerst wirkungsvolle, elektrische Insektenfalle, die ein zischelndes Summen von sich gab, sobald ein Insekt in ihrer Nähe schwirrte. Die Fliegen wurden so einigermaßen in Schach gehalten, denn in einem fort hörte man die Falle schnappen und zischeln, während eine mit rotem Stoff behangene Tin Hau, Patronin aller Seefahrer, uns von ihrem Schrein aus anblickte. Sie hielt die Tür fest im Blick, so wie es sich für verlässliche Gottheiten gehört, wenn sie bösen Geistern entgegentreten wollen. Tin Hau war bereits versorgt mit einem Teller frischer Krabben und einer Orange sowie glimmendem Räucherwerk, das im ganzen Raum einen süßlichen Duft verströmte, was sehr angenehm war.

Am Tisch neben der Eingangstür hatten zwei weitere Gäste Platz genommen: ein Mann und eine junge Frau. Er war von kräftiger Statur, gab sich glatt und geschäftsmännisch, trug funkelnde Ringe und mehrere schwere Goldkettchen um den Hals. Sein geblümtes Hemd spannte am Bauch, der ihm über den Gürtel hing. Keine Minute ließ er die Hände von der Frau, ignorierte ihre leisen Proteste, während er mit seiner fleischigen Riesenpranke an ihrem Oberschenkel entlangstrich. Er sah obszön aus und gefährlich. Widerwärtig.

Nach kurzer Beratschlagung an unserem Tisch hastete der Koch auf die Straße, von wo das Fischmarktgeschrei laut durch die Tür drang. Kurz darauf war er mit unserem Mittagessen zurück: ein kleiner, lebhafter Zackenbarsch, eine Plastiktüte voller sich windender Krabben und eine zweite voller Muscheln mit schaufelartigen Schalen. Die Krabben an Knoblauch und Ingwer waren schnell gebraten. Mit den Fingern schälten wir Köpfe und Schwänze ab, aßen sie wie Erdnüsse und spülten sie mit kaltem Tsingtao-Bier hinunter. Die Muscheln wurden mit schwarzen Bohnen und Knoblauchzehen gekocht, hatten ein süßliches Aroma und eine leicht bröckelige Konsistenz. Zu guter Letzt wurde der Zackenbarsch serviert, und zwar am Stück, gedünstet und besprenkelt mit scharfem, mit Ingwer gewürztem Öl.

»Nie den Fisch wenden. Das bringt Unglück«, warnte mich mein Freund und hielt den Barsch mit einem Stäbchen nach unten gedrückt, während er mit dem anderen das Rückgrat herausschabte. Glück und gute Küche, was will man mehr – und so verputzten wir den Fisch mit reichlich kaltem Bier.

Der Mann am Ecktisch ließ gerade mal so lange seine Finger von seiner Freundin, bis er seinen Fisch bestellt hatte, den riesigen *garoupa,* der in seinem viel zu kleinen Aquarium so grimmig dreinschaute. Mit Ach und Krach hatte unser Koch den *garoupa* aus dem Bassin gezogen und mühte sich nun, ihn auf den Hackklotz auf den Stufen vor der Eingangstür zu befördern. Ein großer, glitschiger *garoupa* lässt sich ohnehin kaum festhalten, doch dieser hier war ein Kämpfer. Er flutschte dem Koch von den Armen und schlängelnd, schlagend und keuchend mitten hinein in die Menschenmenge vom Markt. Dem Koch blieb nichts anderes übrig, als ihm hinterherzujagen.

»Wah!«, schrie der Mann auf, der den *garoupa* bestellt hatte, und schleppte sich behäbig zur Tür, um mitzubekommen, wie sein Mittagessen zu entwischen versuchte und der Koch die Verfolgung aufnahm.

»Wah!«, brüllte er abermals, als Fisch samt Koch kehrtmachten und nun direkt auf uns zu preschten.

Der Fisch kämpfte sich wutentbrannt voran, und der Koch hechtete drahtig und zackig hinterher, war er doch dabei, seinen guten Ruf zu verlieren, während er unter den Augen der versammelten Marktgesellschaft seinem ausgebüchsten Fisch nachjagen musste. Schnell schwang er das Hackbeil, und in Sekundenschnelle war der kämpfende *garoupa* nur noch Filet. Allerdings waren Rückgrat und Schwanz des Fisches noch intakt, und auch das Herz schlug weiter, während die hervortretenden Augen hoffnungslos aus dem großen hässlichen Fischkopf glotzten.

»Vergiss nicht, wo du dich gerade befindest – an einem am Wasser gelegenen Ort, wo Menschen schon zu Haifutter wurden, nur weil sie mit allen Mitteln hierher wollten. Es ist doch nur ein Fisch«, redete ich mir selbst gut zu, »der fühlt keinen Schmerz, der weiß nicht, dass der Großteil seines Körpers für ein Mittagessen abgehackt wurde.«

Und ich musste daran denken, was ein Freund mir bei unserem ersten Abendessen in einem Hongkonger Edelrestaurant gesagt hatte, wo lebendige, berauschte Krabben in einer Wodkaflamme auf und ab sprangen, bevor sie schließlich in der Soße untergingen.

»Vergiss deine westliche Empfindlichkeit. Versuche diesen Ort mit östlichen Augen zu sehen«, riet er mir. »Sonst wird dir schlecht.«

Doch im Moment konnte ich diese aufgescheuchten Menschen mit ihren alten Weisheiten und ihrem andersartigen Geschmackssinn nicht begreifen, die einem lebenden Geschöpf einen sich hinziehenden Tod abverlangten, auch wenn es nur ein Fisch war. Und ich fühlte mich so fremd und allein wie nur irgend möglich.

Die Inseln

Mehr als 200 Inseln brechen die Wasser des Südchinesischen Meeres rund um Hongkong. Fernab der Stadt, fern von Zeit und Welt, verlocken sie zu süßem Nichtstun, die Seele baumeln zu lassen und nichts weiter zu tun zu haben, als auf das Meer hinauszublicken und die nächste Fähre abzuwarten.

Manche der Inseln haben Namen, die mythisch klingen, wie Stonecutters oder Two Brothers. Die Insel Cheung Chau ist vor allem an Wochenenden ein beliebtes Ausflugsziel für Liebespärchen. Die eidechsenförmige Insel Lantau hat neben Bergen und Klöstern die weltweit größte, freistehende Buddhafigur zu bieten; zu erwähnen ist auch das winzige Dorf Tai O, das Lantau vorgelagert ist und dessen Häuser auf Pfählen über den Fluss gebaut sind, der durch den Ort fließt.

Eine weitere Insel, Lamma, ist vor allem für ihre abwechslungsreiche Küche frischer Meeresspezialitäten bekannt. In den 1970er-Jahren schienen auf diesen Inseln die Uhren noch langsamer zu gehen. Sie hatten sich ein Stück des alten, weniger geschäftigen Hongkong bewahrt.

Viele der Inseln sind unbewohnt. Eigenartig, all diese verlassenen Inseln inmitten einer so dicht bevölkerten Gegend. Ich war allein unterwegs auf Lamma und musste an die Boat People und die Flüchtlinge in ihren übereinander gestapelten, abgeschlossenen kleinen Schlafnischen auf Hei Ling Chau denken. Dabei dürfte es doch kein Problem sein, auf einer dieser Inseln sein Leben zu fristen, einen kleinen Garten zu bewirtschaften, ein paar Hennen und Schweine zu halten oder Fischfang zu betreiben.

Das wäre doch immer noch besser als ein Leben in der Stapelkiste.

»Die Inseln sind karg und lebensfeindlich«, erklärte mir ein Hongkonger Journalist. Er bewohnte zusammen mit seiner Frau, einem dreijährigen Kind und obendrein noch seinen Eltern in Kowloon in einem Wohnhaus der Städtebauförderung im zwölften Stockwerk eine enge, teure Dreizimmerwohnung. Tag für Tag hatten sie dort oben mit Straßenlärm zu kämpfen, atmeten verschmutzte Luft, hängten ihre Wäsche an Bambusstöcken aus dem Fenster und hörten das konstante, dumpfe Hämmern und Schlagen von Bau- und Abrissarbeiten. Als ich die Familie um acht Uhr abends besuchen ging, war ein riesiger Presslufthammer noch immer in Betrieb, fraß sich durch den felsigen Hügel, der sich hinter der Wohnanlage mehrere Blocks entfernt erhob. Mit jedem Hammerschlag wackelte das ganze Haus.

Wie kann da eine hübsche grüne Insel lebensfeindlich sein? Doch auf meine Frage zuckte der Journalist nur mit den Schultern.

»Ich denke mal wegen Wassermangel. Und außerdem wären die Menschen dort so … so *isoliert*. Und Chinesen sind nicht gern allein. Wir Chinesen fühlen uns in der Masse am wohlsten.«

Wie es ist, sich in Asien wirklich allein zu fühlen, hatte ich einmal am eigenen Leib erfahren. Es war Winter, und ich hatte im Gästehaus eines staatlichen Bauernhofes nördlich von Peking übernachtet. Mitten in der Nacht wachte ich auf. Um mich Totenstille, eine Stille, wie ich sie seit Wochen nicht mehr erlebt hatte. Ich stand auf, tappte über den kalten Fußboden ans Fenster und sah hinaus. Unter einem eisweißen Mond bewegte sich nicht der leiseste Zweig an den blätterlosen Bäumen. Die Stille war unheimlich, doch die ebenen Felder, die sich bis zum Horizont erstreckten, boten ein vertrautes Bild. Wäre da nicht das Mondtor im Mauerwerk gewesen, hätte ich gedacht, der Ausblick ginge auf die kanadische Prärie, nicht auf die Nordchinesische Ebene. Mich überkam das seltsame Gefühl, mutterseelenallein auf der Welt zu sein. Allein. Allein, aber nicht einsam.

Besagte Inseln waren nicht immer unbewohnt gewesen. Auf einigen der heute menschenleeren Inseln fand man Überreste von ehemals blühenden Dörfern, die Piraten und verschiedenen Volksstämmen Schutz boten. Die meisten der gefundenen Schnitzarbeiten beispielsweise werden in Fachkreisen den Yueh-Stämmen zugeordnet, den mutmaßlichen Vorfahren der Vietnamesen oder der Khmer. Später siedelten auf manchen der Inseln neun oder zehn Jahrhunderte lang Fischer und Bauern, deren Nachfahren vereinzelt noch heute dort leben: die dem Wasser verbundenen Toklo und Tanka und die der Erde verbundenen Hakka. Sie halten streng an ihrer überlieferten Lebensweise fest. Auf den Inseln der New Territories sieht man noch heute Hakka-Frauen in traditionellen, schwarzen, gewölbten Hüten, die wie eh und je ihre Felder bestellen, das Gemüse auf die Märkte tragen und sich neuerdings auch als Caddies für Golftouristen verdingen.

Kann es an einem sonnigen Tag irgendwo auf der Welt schöner sein als an diesem blumenreichen, von Bienen umschwärmten Ort in seiner glänzenden Einsamkeit? Doch die Gegend ist heute größtenteils verlassen, die Gärten verwildert, die Steinmauern der Häuser verfallen. Und die Alten – gestorben oder gebrechlich, abgeschoben in ein Hospiz oder untergekommen bei einer Tochter in Hongkong. Und die Jungen – sie haben sich zu neuen, ein besseres Leben versprechenden Ufern aufgemacht: nach Vancouver, Sydney oder San Francisco, wo sie alles daran setzen, einen neuen Pass zu ergattern.

Und so liegen die Inseln da, ruhig und still, vertäut in den kühlen, jadegrünen Wassern des Südchinesischen Meeres, das Bergland landeinwärts unter einer Nebelglocke. Nichts stört dieses ruhige Idyll, außer das Geschrei der Möwen, der vorbeifahrende Wasserverkehr und die ureigenen Geister.

Die Fähre nach Lantau legte in Hongkong am Landungssteg für die Outlying Districts um halb neun Uhr morgens ab. Von meinem schwülen Hotelzimmer im siebten Stock in der Wing Sing Lane konnte ich es in 45 Minuten zur Anlegestelle schaffen.

Zuerst hinunter zur Nathan Road, dann mit der U-Bahn von Yau Ma Tei bis Tsim Sha Tsui, von dort im Laufschritt über die Salisbury Road, mit der *Star Ferry* über den »Duftenden Hafen« und per Dauerlauf durch den morgendlichen Stoßverkehr zum Central District. Von da aus flugs weiter zur Anlegestelle an der Silvermine Bay und im letzten Moment auf die Fähre.

Die *Man Wai* war ein rostiger, alter Eimer, weder bequem noch sauber, und zudem hatte ich als Landratte aus der Prärie sowieso eine Heidenangst, wenn ich keinen festen Boden unter den Füßen spürte, egal ob zu Wasser oder in der Luft. Allerdings war dieser Teil des Südchinesischen Meeres mit seinem regen Wasserverkehr ein verführerischer Ort, und als ich meine Blicke von Deck aus wandern ließ, kam ich mir vor wie ein Kind in einem Spielzeugladen. Ich sah auf die bunt getünchten, hölzernen Fischerboote der Tanka, die in den ufernahen Gewässern zu Hause sind, und auf die Hochheckboote der Toklo, die weit auf das Südchinesische Meer hinausfahren; sah geschmeidige Yachten, die nach Geld stinken; Leichter und Frachter, Lastkähne und Dschunken. Des Weiteren sah ich Polizeiboote, Piraten, Schmuggler und Händler, die von Öl über Getreide bis hin zu menschlicher Fracht so ziemlich alles verhökern, und einen anderen verkommenen, rostigen Eimer, der durch die Wellen kreuzte, die *Pearl of the Orient*. Vor Anker schaukelte die *Ta Luang*, an deren Reling ein paar Matrosen lehnten. Und dann waren da noch die *Sea Star* und die *Discovery Bay*. Und dort die *Flying Condor* auf ihrer morgendlichen Überfahrt nach Macau. Fesche, kleine Fischerboote tanzten im Kielwasser der Schiffe auf und ab, die langen Leinen waren ausgeworfen, und auf Deck wehte die Wäsche im Wind. Die blau-weiße Fähre nach China bewegte sich schwerfällig vorbei. In ungefähr vier Stunden würde sie über den Pearl River hinauf in den Hafen nach Guangzhou gefahren sein. Und in etwas mehr als einer Stunde würde die *Man Wai* am Landungsplatz an der Silvermine Bay, auch als Mui Wo bekannt, auf der Insel Lantau, der Heimat des großen Buddha, anlegen.

Lantau ist mit Abstand die größte der vor Hongkong liegenden Inseln. Sie ist fast doppelt so groß wie Hongkong selbst. Die Insel hat sich jedoch mit ihren nur 16 000 Einwohnern die Atmosphäre einer älteren, gemächlicheren Lebensart bewahrt. Auf Lantau leben vorwiegend Bauern und religiöse Menschen, die sich hierher in ein Klosterleben zurückgezogen haben. Manche Dörfer sind so klein und ruhig, dass sie richtig verschlafen wirken. Daneben gibt es aber auch neue, luxuriöse Ansiedlungen, beliebte Ausflugsziele unter Wochenendurlaubern oder jungen, ehrgeizigen Bankiers und Wirtschaftsprüfern aus Hongkong.

Auf Lantau liegt eine Teeplantage, und auf dem Berg der Insel thront eine riesige bronzene Buddhafigur, die schon aus weiter Ferne zu erkennen ist. Im Bus nach Tai O kann es passieren, dass freundliche Chinesinnen, die kein Wort Englisch sprechen, den Touristen freundlich in die Seite stoßen und aus dem Fenster zeigen, glücklich, die Freude über dieses Wunder ihrer kleinen Welt mit den Fremden zu teilen.

Viele Inselbewohner befürchteten, dass Lantau dem Fortschritt anheim fallen würde, wenn 1997 der neue Großflughafen auf Chek Lap Kok seinen Betrieb aufnimmt und der große Containerhafen realisiert wird. Doch damals, in den 1970er-Jahren, verkörperte Lantau noch ein bisschen das alte China. Grün und friedlich lag es in der Morgensonne. Es war März, und dem Kalender nach war es in Mui Wo, dem Hauptfährhafen auf Lantau, noch Winter. Nirgendwo in Mui Wo geht es wohl geschäftiger zu als im Uferbezirk rund um die Anlegestelle der Hongkong-Fähre. Auf dem

Cooked-Food-Market, dem Garküchenmarkt, wo es schon frühmorgens, noch bevor das eigentliche Kochen richtig losging, nach Fisch, Holzkohle und Federvieh roch, herrschte reges Treiben. Fischer und Städter kommen hier zusammen, tauschen Neuigkeiten aus, schlürfen Nudeln und kauen frittierte Brötchen. Essen und Geselligkeit – was gibt es Wichtigeres im Leben?

Unter den Tischen dösten streunende Hunde, Kleinkinder trollten umher, Teenager tranken Coca-Cola und setzten alles daran, um cool zu wirken. Langsam schlenderte ich über den Markt, doch sobald ich an den Leuten vorbeiging, verstummten die Gespräche. Alle starrten mich an, und mir war klar, dass ich hier nicht hingehörte. Mein Platz war weiter oben, in einem großen, modernen, mit Plastikplanen überdachten Biergarten, der von Australiern, Engländern, Amerikanern und sogar von ein paar Japanern bevölkert war.

Außerhalb des Cooked-Food-Markets waren auf riesigen Werbetafeln Fotos von zum Verkauf stehenden Immobilien, Gelegenheitskäufen und lokalen Veranstaltungen zu sehen.

Eine mit Schreibmaschine getippte Bekanntmachung vermeldete eine Versammlung des Islands District Board für den heutigen Abend unter Anwesenheit der beiden Honoratioren Mr. Chung Chi-Wing (gewähltes Mitglied) und Mr. Leung Kwok-Tung (Wahlkandidat). Sie werden die verantwortliche Leitung des bevorstehenden Drachenbootrennens und den Vorsitz im Komitee zur Organisation des Mondneujahrsfestes übernehmen. Weitere Tagesordnungspunkte: Sicherheitsmaßnahmen für die verbleibenden vietnamesischen Boat People von Tai A Chau; Kompromissfindung in der Verlegungspolitik für die Pfahlbautensiedlung Tai O sowie der eingebrachte Vorschlag zur Eröffnung eines Feuerwerksgeschäftes in Kau Shat Wan. Alles in allem ein abendfüllendes Programm.

Das Ufer von Mui Wo war gesäumt von Hotels. Im nobleren *Silvermine Bay Hotel* fand gerade eine lautstarke Tagung amerikanischer Handelsvertreter statt. Ein paar Häuser weiter lag das kleinere und ruhigere *Mui Wo Inn*, dessen Innenhof ein runder, ausgekachelter Springbrunnen und Dutzende blumenreicher Tontöpfe schmückten. Zwei Filipinos in Trainingsanzügen räkelten sich in Liegestühlen und tranken Bier. Widerwillig erhob sich einer der beiden, um mir ein winziges Zimmer mit Blick aufs Meer anzubieten. Die Minibar war rost- und stockfleckig, das Bett völlig durchgelegen, die Vorhänge nur halblang. Aber es gab zum Hof hin einen sonnigen, blauen Balkon, der eine ungehinderte Sicht auf den Sonnenuntergang versprach, und nachts würde hier nur das Rauschen des Meeres zu vernehmen sein.

Die Seeseite hinter dem Hotel war menschenleer, bis auf ein Liebespärchen, das sich zwischen die Felsen verzogen hatte, und ein paar streunende Hunde, die sich im Sand wälzten und die Wärme des fahlen Sonnenlichts aufsaugten. Zu dieser Jahreszeit war nicht viel los auf der Uferpromenade, nur das Rascheln des Windes in den Kiefern, das Klappern eines Blechschildes und das leise Rollen der Brandung gegen die Felsen durchdrang die Stille.

Durch die Ortschaft Mui Wo führten zwei ausgebaute Straßen und mehrere Alleen. Ich ging einen Pfad auf der nördlichen Seite am Wasser entlang, vorbei an der Frau, die frisch geröstete Getreidekörner und Süßkartoffeln verkaufte, weiter über den kleinen Kanal, wo der Pfad die Chung Hau Street kreuzte, und zum Markt mit den wackeligen Buden. Menschen liefen mit abgedeckten Teetassen in der Hand hierhin und dorthin, schneiten auf einen Sprung mal da mal dort herein oder stiegen über diese und jene Stufen offenbar in ihre Behausungen hinauf, über die ein riesiger Baum sein Blätterdach breitete.

Am Geflügelstand hingen rotschattige Lichter, badeten kleine, bleiche Hühnerleiber in rosa Wärme, und an der Wand steckten aus aufgestapelten Kisten die Hühner an ihrem vorletzten Lebenstag ihre Köpfe heraus und gackerten. Unterdessen warteten die Katzen geduldig ab und leckten sich die Schnauze.

Allmorgendlich waren die Wurzeln des riesigen Banyanbaumes voll behangen mit allen möglichen Verkaufsartikeln: Hüte, Blusen, Würste und Gemüse. Die eingesperrten Hühner verschmachteten schier vor Hitze. Und dem Jadeverkäufer mit seiner Auslage an Armreifen in einem offenen Aktenkoffer erging es auch nicht besser.

Am späten Vormittag hallte durch die Rural Committee Road das Geklapper der dominoähnlichen Steine der Mah-Jongg-Spieler. Frauen mit Babys auf dem Rücken machten ihre Gemüseeinkäufe. Sung Li-Chan war mit der Herstellung seines Tofu fertig und schnitt ihn nun sorgfältig in dicke Scheiben.

Mr. Raymond Fong öffnete seine öffentliche Einzimmerbibliothek, an der ein Schild angebracht war, auf dem auf Englisch stand: »Büchertaschen werden durchsucht! Ruhe bitte!« Die Hälfte des Raumes war voll mit englischen Büchern, und am Empfangstisch fragte ein chinesisches Mädchen nach *The Oxford Book of English Verse*. Ein Stück weiter die Straße hinunter schallte aus den Fenstern des Kindergartens krakeelender Kindergesang: »*Frère Jacques, Frère Jacques, dormez-vous…*«

Auf der Insel Lantau fahren jede Menge Taxis, Busse, Minibusse und mindestens ein Mercedes, doch wer einen Besuch der großen Buddhastatue plant, nimmt am besten die praktische und billige Buslinie der New Lantau Bus Company.

Ich reihte mich ein in die Menge der wartenden, plaudernden Pilger, allesamt Frauen und allesamt mit Geschenken für ihre Götter unterm Arm: regenbogenfarbiges *yuen bow*-Papier, Räucherwerk, Blumen, Wein, Speisen, Orangen und gebratene Gemüsedelikatessen, die interessant dufteten und deren Namen ich nicht einmal aussprechen konnte.

Alle warteten wir auf den Bus nach Po Lin, der zum Kloster des kostbaren Lotus fuhr, Heimstatt des riesigen, bronzenen Buddha. In einem oberen Stockwerk des Haupttempels befinden sich dort drei weitere Buddhastatuen: der Sakayamuni-Buddha, der heilende Buddha und der Herr des westlichen Paradieses. Auch drei große Göttinnen haben ihre Heimstätte in Po Lin: Wen Shu, Göttin der Weisheit; Kwan Yin, Göttin der Barmherzigkeit (meine Lieblingsgöttin!); Pu Hsien, die Regentin über die heiligen Berge.

Drei buddhistische Nonnen mit kahl rasierten Köpfen, grauen Roben und ausgebeulten, grauen Beinkleidern reihten sich in die wartende Schlange an der Bushaltestelle ein und wurden sofort von ein paar frommen Pilgerinnen bedrängt, doch Geldalmosen anzunehmen. Es folgte ein lebhafter Wortwechsel.

»Nein, nein, wir sind dessen nicht würdig«, riefen die Nonnen.

»Doch, doch, ihr müsst es annehmen«, widersprachen die Frauen laut. »Bitte, nehmt unsere unwürdige Gabe an.«

Letztendlich gaben die Nonnen klein bei, steckten die Münzen ein, alle setzten wieder ihre alten Wartemienen auf und waren froh und glücklich.

Auf einem Schild am Autobus hieß es, dass der Bus 50 Sitzplätze und 13 Stehplätze habe. Doch bis sich alle hineingequetscht hatten, kam ich mir vor wie in einer Sardinenbüchse, und soweit ich es überschaute, saßen rund 80 Leute und 30 standen. Auf die meisten Zweiersitze hatten sich drei Frauen gezwängt, und auch im Gang standen sie dicht an dicht. Es ging zu wie beim Ausflug einer Mädchenschulklasse: ein Gelächter und Gekreische, besonders in den scharfen Kurven. Neben mir saßen zwei winzige Frauen, die so klein waren, dass ihre Füße vom Sitz baumelten und sie mit ihrem grauen, säuberlich gekämmten Haar die Rückenlehne putzten. Bei jeder scharfen Kurve stießen sie einen jaulenden Schrei aus und hielten einander krampfhaft fest. Ein Anblick für die Götter: zarte, kupferfarbene Haut, die straff über die Wangenknochen spannte und so wenige Falten aufwies, dass die beiden auch gut und gern erst 40 sein konnten… statt… ja statt über die 80.

»AAAhhh!«, tönte es aus aller Munde, als zu unserer Rechten hoch auf dem Bergplateau der leuchtende bronzene Buddha in Sicht kam. Nachdem das Wasserreservoir Shek Pik umrundet war, schlängelte sich der Bus, der bei jedem Gangwechsel knarzte und knirschte, unter dem abwechselnden Angst- und Freudengekreische der Insassen im Zickzack über die Ngong Ping Road hinauf bis vor die Tore von Po Lin. Von hier aus wand sich ein baumgesäumter Fußweg weiter bergan.

Po Lin ist eine imposante Anlage: rot und golden, mit vorzüglich gemeißelten Steinfassaden und schön geformten Laternen, die an Dachtraufen schaukeln. Eine aus Stein gehauene Tierparade säumt die Dachkante. Den riesigen Buddha, der wohlwollend von der Bergspitze hernieder blickte, konnte man von jedem Winkel der Tempelanlage sehen. Aber was er selbst heute von dort oben sah, war das blanke Chaos: Busse, die unentwegt hupten; Mönche und Touristen, die in alle Richtungen eilten; Souvenirverkäufer, die Amulette und Gebetsräder feilboten; Reiseführer, die ihre Anweisungen auf Filipino, Japanisch und Kantonesisch entnervt in die Menge riefen, aber keinerlei Beachtung fanden. Das ganze Tohuwabohu fand jedoch vor den Toren statt. Drinnen verbreitete sich eine feierliche Stille – wie sanfter Regen.

Im Hauptinnenhof, der an diesem Morgen bis auf einen einsamen Mönch völlig ausgestorben wirkte, war die Luft erfüllt vom süßen Duft des Räucherwerks. In riesigen Blumentöpfen blühten üppige bronzefarbene Dahlien, Orangenbäume und gelbe Ringelblumen. Die Blumenköpfe nickten in der lauen Brise, die roten Laternen drehten sich, die Fähnchen flatterten im Wind, aber ansonsten war es bis auf das Geläut der Tempelglocken, das Rauschen des Windes in den Bäumen und das Geplätscher eines Brunnens irgendwo hinter dem Mondtor friedlich und still.

Ich ging umher, sah mich um, suchte nach irgendwelchen Zeichen von Leben, doch der Ort schien menschenleer. Außer mir war ein zutraulicher Hund das einzige Lebewesen, das sich hier aufhielt. Der Hund sah ein bisschen wie ein Löwe aus, und ich dachte so bei mir, dass er – ob durch Zufall oder Absicht – in ganz China kein besseres Zuhause hätte finden können als diesen Ort, an dem alles Leben geehrt wird.

Um genau elf Uhr ertönte ein Gong und wie aus dem Nichts

ergoss sich eine Schar von Nonnen und Mönchen über den Hof: Dutzende Frauen und Männer mit kahl geschorenen Köpfen und grauen Roben, die um ihre Beine flatterten, lachten und schwatzten wie Schulkinder, hatten es eilig, in die Speisehalle zu kommen. In der Halle selbst war es dämmrig und kühl; sie war mit Schnitzereien verziert, auf Hochglanz gewienert und mit langen, blank polierten Tischen ausgestattet. Während ein eifriger Postulant Reis aus einem Holzeimer schöpfte, schritt ein hoch gewachsener Priester im Raum ernst und feierlich auf und ab, hob seine Schale gen Himmel und psalmodierte Preisgesänge.

Eigentlich hatte ich vor, ein paar Tage hier zu bleiben, doch meine Pläne wurden durchkreuzt.

»Sorry, Madam, aber wir beherbergen keine Gäste mehr«, hieß es kurz und knapp im Besucherbüro, wo man offenbar ein einträgliches Geschäft mit dem Verkauf von Essensmarken machte. Nein, ich könnte auch nicht für eine Nacht bleiben, auch nicht am Essen der Nonnen und Mönche teilhaben, auch nicht durch das Mondtor hindurchtreten. Allenfalls wäre es möglich, eine Marke für das Besucheressen zu bekommen, sollte ich hungrig sein.

Die Speisung der Besucher erfolgte in einer großen, schmucklosen Halle, einem einstigen Schlafsaal: zementierter Boden, abblätternde Wandfarbe, runde Tische für acht Personen. Als ich eintraf, hatten an dem mir zugewiesenen Tisch bereits sieben Leute Platz genommen und schlürften Suppe. Sie hielten inne, hefteten ihre Blicke erstaunt auf mich – eine Ausländerin, die unschlüssig herumstand –, wandten sich dann aber sogleich wieder ihren Schüsseln zu, aus denen sie gierig Spinatbrühe löffelten. Irgendjemand schob mir eine Styroporschüssel hin und dankbar schlürfte auch ich die Suppe, wobei dem Geschmack meiner Meinung nach ein paar Hühnerknochen ganz gut getan hätten. Doch auf einem Schild an der Wand hieß es: »Besucher werden gebeten, kein Fleisch zum Kochen oder Verzehr mitzubringen, da dies den buddhistischen Prinzipien widerspricht.«

Der Tempelhund kam hereinspaziert, scharrte verlegen vor sich hin, gähnte und legte sich ausgestreckt neben die Tür. Die Postulanten machten ihre Runde von Tisch zu Tisch, brachten Teller mit gedämpftem Gemüse, verschiedenen Pilzen, Blattgemüse, Bambussprossen und Getreide. Nicht schlecht, aber es machte nicht satt. Unser Tisch war zuletzt an der Reihe, und wir hatten noch immer keinen Reis bekommen, doch gerade als der große Kübel mit dem Reis kam, standen alle anderen wie auf Knopfdruck auf und liefen davon. Innerhalb kürzester Zeit war niemand mehr im Saal, außer ich und der Tempelhund.

Er schlich sich zu mir her, wedelte mit dem Schwanz und schielte nach dem Reiskübel. Ich gab ihm etwas davon ab – das war das Mindeste, was ich tun konnte –, und so saßen wir einträchtig in dem leeren Saal, kommunizierten friedlich in der internationalen Sprache von Frau zu Hund und labten uns zum Geläut der Tempelglocken an der riesigen, für acht Leute bemessenen Reisportion.

Das Dorf Tai O, mit dem einst so lebhaften Hafen, das durch den Handel mit Salz und Fisch reich wurde, ist die Hauptstadt von Lantau. Obwohl viele der Salzsiedepfannen heute außer Betrieb sind und die Trockenfisch- und Salzhändler weit weniger zu tun haben als einst, liegt an heißen Tagen noch immer der beißende Geruch des einstigen Erfolgsgewerbes in der Luft.

Den echten Reiz von Tai O jedoch macht die winzige, inselartige Siedlung aus, die man über den schmalen Fluss, der durch den Ort fließt, erreicht. Hier leben Hakka, die traditionell ihre Gärten und Äcker bestellen, und hier sind auch seit zwei Jahrhunderten die Tanka zu Hause. Es gibt keine Brücke, obwohl sich der Bau einer Brücke problemlos realisieren ließe. Stattdessen durchwaten zwei alte Frauen mit spitzen Strohhüten, der traditionellen Kopfbedeckung der Tanka-Fischerinnen, das trübe Wasser und ziehen an einem Seil eine flachbauchige Fähre hinter sich her.

Die wackeligen Holzbehausungen der Tanka sind auf Pfählen am Rand des kleinen Flusses, dem Tai O Creek, gebaut. Sie sehen aus wie Spielzeughäuser, die ein kreatives Kind aus allerlei Kram, alten Vorhangfetzen, Plastikplanen und Gummireifen zusammengebastelt hat. Nur die eingetopften Blumen und die Fernsehantennen wirken stabil.

Auntie Fong war alt und klein, sonnengebräunt und runzelig wie ein vertrockneter Apfel. Sie erinnerte mich an eine Miniaturhexe aus der Kräuterküche, fehlte nur noch der Besen und das dreieckige Kopftuch. Ihre Nichte machte uns miteinander bekannt. Ich kannte sie aus Hongkong. Sie hatte dort promoviert und besaß »für alle Fälle« einen kanadischen Pass.

»Auntie Fong wird dir gefallen«, hatte sie mir vorher versprochen, »sie ist das alte China in Person.«

Wenn Auntie Fong etwas lustig fand, kicherte sie – so wie ich mir das gackernde Kichern einer guten Hexe immer vorgestellt hatte. Munter plapperte sie in einem Kantonesisch, das mit mindestens einem südlichen Dialekt und ein paar Brocken Pidgin-Englisch durchsetzt war. Ich ging davon aus, dass sie fast alles verstand, was ihre Nichte und ich sagten. Ihr grau meliertes Haar hatte sie mit zwei elfenbeinfarbenen Essstäbchen zu einem Knoten auf ihrem Kopf zusammengesteckt, und ihr fehlten sämtliche Zähne der oberen Zahnreihe. Ihre Nichte drängte sie ständig, diesen Mangel beheben zu lassen: »Du musst zum Zahnarzt. Ich bezahle es.« Aber Auntie Fong ging nicht.

Die alte Dame wohnte etwas außerhalb von Tai O, am nördlichen Küstenstreifen Richtung Chek Lap Kok, wo in Kürze der neue Großflughafen fertig gestellt sein würde. Der Flughafen war zu ihrem persönlichen Feind geworden, und dann und wann stieß sie einen kräftigen Fluch gegen ihn aus, auch wenn der bisher nichts bewirkt zu haben schien.

Im Moment stand ihr kleines Steinhäuschen noch versteckt in einer Bucht, wo die Wellen des Südchinesischen Meeres bis an ihren Vorgarten rollten. Von ihrer Haustür aus konnte sie die Boote ankommen und abfahren sehen. Das Meer war heute ruhig, und der fahle Sand sah einladend aus, doch Auntie Fong hatte es schon oft erlebt, wie sich das ruhige Meer in der Taifunzeit plötzlich zu stürmischen Wassermassen auftürmte.

»Wenn Taifun kommt und du da rausgehst, kehrst du nicht wieder. Ha!«, sagte sie und zeigte auf den weiten Horizont. »Vielleicht ertrinkst du. Oder die Haie kriegen dich. Ha! Sind viele Haie da draußen.«

An einer Ecke ihrer Hütte leuchtete ein rot blühender Busch, die feurigen Blüten tanzten über dem verwitterten Gestein. Links der Haustür standen neben einer Langnadelkiefer zwei Holzböcke, auf die ein altes Holzboot mit der Unterseite nach oben aufgebockt war. Hinter der Hütte hatte Auntie Fong einen kleinen Garten angelegt, wo sie ihre Knoblauch- und Kohlkopfzucht hegte und pflegte und peinlich genau jegliches Unkraut rupfte. In der Hochsaison lud sie ihr erntefrisches Gemüse in zwei große Körbe, die sie dann über den geschlängelten Pfad am Meer entlang nach Tai O schleppte. Dort verkaufte es dann ein Freund für sie auf dem morgendlichen Markt. Sie hatte ihren festen Kundenstamm, und im Spätsommer waren ihre Kohlköpfe und Süßkartoffeln heiß begehrt.

In Auntie Fongs Häuschen, in dem es nur ein einziges Zimmer gab, war es schattig und kühl. Ein alter, ausrangierter Autositz mit einem gestreiften Strandlaken darüber diente als Couch. Davor stand ein niedriger Holztisch. Daneben gab es eine mit feinen Schnitzereien verzierte Truhe und einen kleinen Holzkohlenofen, auf dem sie kochte und ihr Teewasser zubereitete. Das schmale Bett mit einem farblich abgestimmten Strandlaken war gegen eine Wand geschoben. Doch was am eindrucksvollsten hervorstach, war ein kleiner Altar, auf dem ein roter, aus Holz gearbeiteter Schrein stand, darin ein Glas mit einer riesigen gelben Dahlie und einer Orange, in welcher drei Räucherstäbchen steckten. Daneben stand eine weiße Porzellanfigur von Kwan

Yin, der Göttin der Barmherzigkeit, die der Mona Lisa gleich ein friedlich mildes Lächeln hatte. Hätte sie in ihrem Häuschen Strom gehabt, hätte Auntie Fong bestimmt ein paar goldene Plastikkerzen mit roten Lotusblütenglühbirnen angesteckt, aber so verwendete sie echte Kerzen, die in matten fleckigen Messinghaltern steckten. Der Schein der Kerzen verbreitete eine behagliche Atmosphäre, insbesondere am Abend, wenn es dunkel wurde und sich die Wellen anhörten, als brächen sie jeden Moment durch die Wände.

Auf dem Tisch stand ein Gefäß, das halb mit grünen Teeblättern gefüllt war. Ich wusste, dass sie ihren Tee tagelang mit den gleichen Blättern aufgoss. Heute aber brühte sie unseretwegen eine Kanne mit frischem Pu-Erh-Tee auf, einem teuren Tee mit langen, dunklen Blättern, der sein Aroma im heißen Wasser nur langsam entfaltet, es kupferorange färbt und ihm einen köstlich würzigen Geschmack verleiht.

Auntie Fong war eine Hundenärrin. Kaum war sie draußen im Garten oder am Strand, umringte sie schon ein neunköpfiges Hunderudel, ein kläffendes, schnappendes und pinkelndes Gefolge. Wir spazierten zum Wasser, und ihre Hunde sprangen wie wild um sie herum: ein großer gelber Köter, eine kleine, kakaobraune Pudelmischung, ein junger Schäferhund und eine ganze Reihe von kurzhaarigen Promenadenmischungen mit unterschiedlich rötlichem Fell, die ohne Zweifel mit den knochendürren Kötern verwandt waren, die am Strand von Mui Wo umherstreunten. Doch die Hunde von Auntie Fong waren allesamt wohlgenährt und gepflegt.

»Sie füttert ihnen eine Mischung aus Hundefutter, Fisch und gehackten Süßkartoffeln«, ließ mich ihre Nichte wissen.

Auntie Fong unterbrach uns in ihrem kantonesischen Wortschwall und zeigte auf einen großen, gelben Hund, der im Schatten unter ihrem aufgebockten Boot lag. Langsam drehte er den Kopf und sah uns an, stand aber nicht auf. Die anderen Hunde ignorierten ihn.

»Sie sagt, er sei krank, und sie füttert ihm Knoblauch, aber es hilft nichts. Sie fragt, ob du vielleicht weißt, wie man einen kranken Hund aufpäppelt«, sagte die Nichte zu mir.

Nein, das wusste ich leider nicht. Auntie Fong beugte sich über das kranke Tier, streichelte seine Schnauze, und es hob den Kopf, nur so weit, dass es ihre Hand lecken konnte.

»Schlimme Würmer im Bauch«, meinte sie traurig. »Er stirbt bald.«

Auntie Fongs Mann war schon vor etlichen Jahren gestorben. Seither lebte sie hier allein, buddelte im Garten, fing ein paar Fische, besuchte hin und wieder ihre Kinder und Enkelkinder in Hongkong und ging oft über die Berge nach Tai O, wo ihre jüngere Schwester lebte. Eine ältere Schwester lebte noch in China, und einmal im Jahr bezahlte sie einen Briefschreiber, damit der ihrer Schwester die aktuellen Familienneuigkeiten mitteilte und ihr gute Wünsche schickte.

Tagsüber hatte ihr einsames Häuschen einen natürlichen, ländlichen Charme, doch wenn die Nacht hereinbrach, der Wind um das Dach heulte, die Ziegeln klappern ließ und die Öllampe verzerrte Schatten zeichnete, schlich sich auch ganz langsam die Abgeschiedenheit und Einsamkeit des Ortes ins Bewusstsein. Ob ihr die Einsamkeit etwas ausmache, wollte ich von Auntie Fong wissen, ob sie sich je vor etwas gefürchtet hätte. Die Fragen schienen sie zu verwundern, und ihre Nichte brauchte eine Weile zum Übersetzen.

Nein, sie habe keine Angst vor hungrigen Geistern, da sie zeitlebens eine gute Beziehung zu verschiedenen Göttern, insbesondere zu Kwan Yin, gehabt hätte, und zudem würde sie ohnehin bald zu ihren Vorfahren gehen. Außerdem sei sie alt und arm, und welcher Gauner würde da schon seine Zeit verschwenden. Ha? Auntie Fong lachte gackernd über ihren eigenen Witz.

Dann wies sie mit dem Kopf in Richtung Meer und ratterte einen Vortrag herunter, ohne Punkt und Komma, erregt und aufgebracht, und fuchtelte dabei wild mit den Armen. Ihre Nichte nickte, sagte immer nur »Mhmmm«, und mir war klar, dass sie diese Leier nicht zum ersten Mal hörte.

»Sie hasst den neuen Flughafen in Chek Lap Kok. Wenn er fertig gebaut ist, wird es eine Brücke nach Lantau geben und einen Hochgeschwindigkeitszug nach Hongkong. Und das bedeutet Lärm. Tag und Nacht. Das wird die Hunde aufscheuchen. Und das Allerschlimmste wäre, wenn sie von hier wegziehen müsste.«

»Kann das passieren?«

»Könnte sein. Dann wäre sie obdachlos.«

»Was ist mit einem Altenwohnheim?«, fragte ich. »In Cheung Chau habe ich so eines gesehen, ein betreutes Wohnheim für die Alten, mit hübschen Apartments.«

»Du meinst, sie soll in ein *Heim*?« Die Nichte sah mich an, als wäre ich nicht ganz dicht. »Da würde sie lieber sterben.«

Ich sah dieses alternde Häufchen Mensch an, das mich durchdringend beäugte, und erkannte in ihrem alten Gesicht auf einmal noch ein Gesicht – das meiner Großmutter, deren größte Sorge auf ihre alten Tage gewesen war, »in ein Heim abgeschoben zu werden«. Die beiden alten Damen hätten sich bestimmt eine Menge zu erzählen gehabt. Es hätte ihnen sicherlich gefallen, sich beim Tee über undankbare Kinder und unnötige Bürokratenwirtschaft auszulassen oder über den universalen, Angst machenden Umstand des Altwerdens in einer Welt, die sie nicht länger braucht.

Wegen einer Kette von »unglücklichen Fügungen«, wie Auntie Fong es nannte, war ich heute mit ihr und ihrer Nichte in Hongkong unterwegs:

Wäre ihr Sohn Jimmy, der Taxifahrer, nicht nach Macau gegangen, um sein Geld zu verspielen, säße Auntie Fong noch immer in ihrem kleinen, behaglichen Häuschen unweit von Tai O, und wir würden heute nicht die Tempel von halb Hongkong abklappern, um ihn mit Hilfe der Götter aus dieser Misere zu befreien.

Aber so spielten wir »Tempelhüpfen« und waren unterwegs zu einem der größten Tempel – zum Wong-Tai-Sin-Tempel. Natürlich gab es auch in Tai O zwei Tempel, die Auntie Fong hätte aufsuchen können. Außerdem hatte sie ja auch einen Altar zu Hause, aber hier ging es um einen speziellen Notfall, um den ihre Nichte und ich uns kümmern sollten.

»Mein Cousin Jimmy, Auntie Fongs Sohn, spielt nämlich. Er geriet in große Schwierigkeiten, und sie sorgt sich sehr um ihn«, erklärte ihre Nichte.

Vor ein paar Monaten war Jimmy nach Macau gegangen, um sich am Glücksspiel *pai kau* zu beteiligen.

Er hatte zunächst eine Glückssträhne, doch dann spielten ihm die Götter übel mit, und sein Glück zerrann. Und wie das in Macau so ist, kaum war Jimmys Geld verspielt, bot sich ein Fremder wohlwollend an, ihm zu helfen.

»Irgendwer bot sich an, ihm 10 000 Hongkong-Dollar zu leihen, um seine Wettbeträge zu decken, und er nahm an.«

Doch auch dieses Geld war schnell verspielt, und so schwatzte derselbe Wohltäter Jimmy eine zweite Leihgabe auf. Die Nichte seufzte tief.

»Jimmy ist ein Dummkopf«, fasste sie kurz und knapp zusammen.

Sein Wohltäter arbeitete nämlich für irgendwelche Kredithaie der abgebrühtesten Sorte. Was niemanden überraschte, am wenigsten Jimmy.

An jenem Abend, als Jimmy auch die zweite Leihgabe verspielt hatte und nicht einmal mehr genug Geld für ein Bier in der Tasche hatte, nahmen ihn die Triaden der »Gelben Mafia« in die Mangel und schlugen ihn halb tot.

Dann, wie es in solchen Fällen üblich ist, kontaktierten sie Jimmys Familie, woraufhin eilends ein Familienrat einberufen wurde. Auntie Fong erfuhr davon, als ein Bote per Wassertaxi zu ihr kam und die schlimme Nachricht überbrachte. Binnen einer Stunde hatte man alle Ersparnisse zusammengelegt und einen Geldverleiher mit offizieller Lizenz eingeschaltet, der sich mit den schmutzigen Tricks dieser Gauner auskannte. Mit viel Geschick konnten sie schließlich die Hauptsumme plus der aufgelaufenen Zinsen begleichen.

»Das Schlimme dabei ist, dass die Zinsen stündlich steigen«, erzählte die Nichte. »Zahlt die Familie nicht gleich alles auf einmal, wachsen die Schulden ins Uferlose, und das hätte Auntie Fong ihr letztes Hemd gekostet.«

Jimmy kam frei, nachdem die Familie zwei Drittel seiner Schulden bezahlt hatte und er einen Schuldschein für die Restsumme unterschrieben hatte. Irgendwie schaffte er es, auch den Rest abzubezahlen. Er arbeitete jetzt wieder als Taxifahrer in Kowloon und beließ es bei wöchentlichen Ausflügen nach Sha Tin zum Pferdewetten. Doch seither hatte Auntie Fong Angst, dass Jimmy erneut in Versuchung geraten und wieder ins Spielkasino nach Macau gehen würde.

»Wenn er das tut, wird er erst richtig Schwierigkeiten bekommen«, sagte die Nichte, und mit Rücksicht auf ihre Tante dämpfte sie ihre Stimme: »Hackbeil!«

Ich sah sie entgeistert und ungläubig an, doch sie nickte energisch und schnitt mit der Hand durch die Luft.

Hackbeil. Obwohl das chinesische Wort dafür wahrscheinlich in keinem Wörterbuch auftaucht, wird es sowohl als Substantiv (unter Bezug auf das Hackmesser) als auch ausdrucksstarkes Verb (die Tätigkeit des Hackens an sich) verwendet und ist in Hongkong allgemein bekannt: eine Tätigkeit, die das Abhacken von Gliedmaßen mit Messern und Fleischerbeil beinhaltet. Oder wie es ein Hongkonger Polizeibeamter vornehm ausdrückte: »Wer unter das Hackbeil gerät, der stirbt nicht zwangsläufig. Ihm fehlen danach meistens nur ein paar Körperteile. Hauptsächlich Finger und Ohren.«

Armer Jimmy, was machen wir nur mit dir?

»Unglückliche Fügung. Nichtsnutziger Sohn. Ha!«, schnaubte Auntie Fong und suchte nach etwas oder jemandem, dem sie die

Schuld dafür in die Schuhe schieben konnte. Unterdessen fuhren wir kreuz und quer durch die Stadt, rein in die U-Bahn und wieder raus, und zwar Dutzende Male, da sie sich weigerte, ein Taxi zu nehmen. Treppauf, treppab konnten wir kaum mit ihr Schritt halten, sie stürzte sich mitten hinein in den Verkehr und steckte hie und da ihren Lieblingstempelwächtern ein paar Münzen zu, zündete Räucherstäbchen an und machte Kotaus.

Schließlich waren wir am Wong-Tai-Sin-Tempel angekommen, einer Insel der Frommen in einem Meer der Hektik, wo die Kräfte des Buddhismus, Taoismus und Konfuzianismus zu einer spirituellen Dreieinigkeit zusammenlaufen. Die Tempelanlage besteht aus mehreren Gebäuden, die den Gläubigen für ihre Bedürfnisse zur Verfügung stehen. Neben dem Haupttempel Wong-Tai-Sin erheben sich die offenseitige Halle der drei Heiligen mit ihrem goldenen Dach und die rotgoldene Pagode der Konfuzius-Halle. Daneben gibt es die Fong-Ming-Halle mit Meditationsräumen sowie eine weitere, die der Kontemplation des Buddha vorbehalten ist. Im Klinikgebäude befindet sich im oberen Stockwerk die Station für chinesische Medizin und im unteren die für westliche. Hinter einem anderen Tempel erstreckt sich ein malerischer Garten mit kleinen Teichen, Bäumen, Stegen und einem Wasserfall. In den Wandelgängen neben der Haupthalle bieten zahlreiche Wahrsager, Hand- und Gesichtsleser gegen eine geringe Gebühr ihre Dienste an.

Auntie Fong blieb zunächst bei den Devotionalienhändlern stehen, um sich mit wichtigen Dingen zu versorgen: Glücksstäbchen, so genannten *joss-sticks,* ein paar Opfergaben aus Papier und ein Amulett. Sie kam regelmäßig hier vorbei und hatte so ihre bevorzugten Verkäufer.

Im Haupthof, vor dem Wong-Tai-Sin-Tempel, der dem gleichnamigen taoistischen Gott geweiht ist, rieselte eine leichte Brise aus feiner grauer Asche über die Menge, und der süßliche, beißende Qualm der brennenden *joss-sticks* hing wie Nebel in der Luft. Von überall her drangen dumpfes Gemurmel, leise Gesänge und das ununterbrochene Geklapper der *chukachuk*, der Schicksalsstäbchen, die in Bambusbechern geschüttelt werden. Zur Erfrischung reichte uns Auntie Fong aus schicken Dunhill-Einkaufstüten die traditionellen Speisen: Orangen, gedünstetes Huhn, Schweinerippchen und Reiskuchen. Und was außerdem nicht fehlen durfte, waren ein paar Zeitungen, die zum Göttermahl als eine Art Tischtuch ausgebreitet wurden.

Es war brechend voll, und ich musste meine Ellenbogen gebrauchen, um ein kleines Plätzchen für Auntie Fong freizuhalten, während ihre Nichte eine Strohmatte auf den Boden legte und ihr auf die Knie half. Kaum hatte sie sich niedergelassen, fischte die alte Frau ihr Festmahl aus der stets griffbereiten Einkaufstüte. Sie zündete ihre Räucherstäbchen an, legte die Hände zum Gebet aneinander, vergaß die ganze Hektik um sich und war völlig im Gebet versunken. Oder in Gedanken – wer weiß.

Wie so viele Chinesen beherrschte sie die Kunst, in selbstversunkener Ruhe inmitten einer riesigen Menschenmenge zu verharren. Sie ruhte in sich. Auch andere, die um sie herum knieten, schienen die Asche, die von den Räucherstäbchen der stehenden Beter auf ihre Köpfe fiel, nicht zu bemerken. Doch nicht alle waren so andächtig. Ein kleiner Junge in Schuluniform spielte mit seinem Nintendo Game Boy, während seine Eltern Kotaus machten.

Es dauerte lange, aber schließlich berührte Auntie Fong mit ihrer Stirn dreimal sanft den Boden. Mehr konnte sie für Jimmy, den Unglücksraben, nicht tun. Zeit zu gehen.

Doch bevor Auntie Fong den Heimweg nach Tai O antrat, wollte sie unbedingt noch etwas erledigen, nämlich den Briefschreiber in der Shanghai Street aufsuchen. Schließlich musste die ältere Schwester in China ja über die neuesten Entwicklungen in Kenntnis gesetzt werden.

»Eigentlich könnten das ja auch ich oder du machen, aber sie will nicht, dass wir wissen, was sie ihr erzählt«, meinte ihre Nichte zu mir im Vertrauen. »Sie möchte nämlich nicht, dass ihre Schwester die ganze Wahrheit über Jimmy erfährt.«

Der Briefschreiber saß an seinem Tisch, Stift und Papier zur Hand, daneben eine Glaskanne mit hellem Tee. Wie Auntie Fong war auch er sehr alt, mit Leberflecken übersät und hatte eine Haut durchsichtig wie Pergamentpapier. Er kam ihr sehr höflich entgegen, bat sie, auf einem Campingklappstuhl Platz zu nehmen, und gemeinsam kauerten sie über dem Tisch und sprachen in vertraulichem Ton. Der Briefschreiber war ein Relikt aus vergangenen Zeiten, als kaum einer, am wenigsten die alten Menschen, lesen oder schreiben konnte. Heute gibt es nur noch wenige seiner Art, die teils als Schriftkundige, teils als Ratgeber und teils als Psychiater fungieren. Er neigte sich vor, hörte ihr aufmerksam zu und nickte hin und wieder, während Auntie Fong ihm das Neueste berichtete. Auf den Gehwegen war es voll, aber die Menschen waren blind für die Massen, den Verkehr, die Auspuffgase und den ohrenbetäubenden Lärm eines Presslufthammers, der einen halben Block weiter den Betonbelag aufklopfte. Der Briefschreiber goss Auntie Fong aus der gläsernen Kanne eine Tasse Tee ein und fing an, schwungvolle Zeichen auf Papier zu pinseln.

»Der schreibt, was ihm gefällt«, murmelte die Nichte. »Sie wird nie wissen, was genau er aufschreibt. Ich könnte ja nachsehen, aber das würde sie nicht erlauben.«

Endlich war alles abgewickelt, der Brief fertig, mit Klebestift versiegelt und überreicht. In Sachen Briefschreiben vertraute sie ihm offenbar, da ihr keine andere Wahl blieb, aber das Abschicken besorgte sie doch lieber selbst.

Für heute hatten wir nun hoffentlich alles erledigt. Aber nein. Nur noch ein kurzer Halt am kleinen Tin-Hau-Tempel in Yau Ma Tei. Wir gingen aber nicht auf direktem Weg dorthin – obwohl Auntie Fong da gleich eine ganze Reihe von Göttern hätte besuchen können: den Gott der Stadt, die Götter der Erde, des Meeres und so weiter. Vielmehr steuerte sie auf den kleineren Tempel rechts daneben zu. Nachdem sie die obligatorischen drei Räucherstäbchen für die anderen Götter angezündet hatte, machte sie vor Kwan Yin, der Göttin der Barmherzigkeit, mehrere Kotaus.

Die ganze Zeit über war Auntie Fong viel zu beschäftigt gewesen, um sich zu unterhalten. Jetzt aber wandte sie sich an mich, schwatzte eine Weile mit mir, und ihre Nichte übersetzte es.

»Sie entschuldigt sich, weil sie so lange gebraucht hat, und dankt dir für deine Hilfe heute. Sie will, dass du weißt, warum es ihr so wichtig war. Wegen Jimmy, damit er sich von Macau fern hält. Sie sagt, ich soll wörtlich übersetzen ›für meinen nichtsnutzigen Sohn‹.«

Das kleine runzelige Gesicht sah nach oben. Auntie Fong blickte an mir hoch, wollte sicher sein, dass ich auch alles verstanden hatte.

»Böser Junge, Jimmy. Nicht gut. Ha!«, bekräftigte sie, doch in ihren alten Augen sah ich ihr wahres Gefühl: Du magst zwar ein Nichtsnutz sein, Jimmy, aber deine Mutter liebt dich. Da drängte sich mir die Frage auf, wie viele Vergnügungsreisen nach Macau für Jimmy wohl noch drin sein mögen, ehe ihr Geld und sein Glück für immer verspielt sind.

Cheung Chau: Ein Ausflug ins alte China

Vor langer Zeit formte der Wechsel der Gezeiten im Südchinesischen Meer eine Sandbrücke zwischen zwei winzig kleinen Inseln. So entstand Cheung Chau, eine Insel, die aussieht, als hätte man sie in der Mitte zusammengequetscht wie eine Tube Zahnpasta. Sie liegt etwa eine Stunde Seefahrt von Hongkong entfernt und erweckt den Eindruck, als sei hier vor einem Jahrhundert die Zeit stehen geblieben.

Für mich ist Hongkong ein viel fröhlicheres Stück China als China selbst, dem Mao das todernste Vermächtnis des gestrengen Kommunismus aufgebürdet hat. Noch chinesischer aber als das ausufernde, grell laute Hongkong war Cheung Chau mit seinen Fischerdschunken, seinen Tempeln und Piratenhöhlen, seinen Märkten, Garküchen und seinen engen, gewundenen Gassen.

Als Außenseiter hörte und sah ich an diesem Ort den Zauber des alten China, das ich so gern gekannt hätte: Ich hörte das Marktgeschrei der Fischerfrauen, die am Ufer ihre Ware feilboten; ich sah in einem altertümlichen Tempel eine Familie, die ein üppiges Festmahl darbrachte, um den Hunger der Meeresgötter zu stillen; und ich las in den welken Gesichtern der alten Frauen in der San Hing Street. Diese grimmigen, angestaubten Göttergestalten, diese andächtigen Bittsteller, diese fleißigen, umtriebigen Bauern und Fischer waren die gleichen, die auf den Seidenschriftrollen der Han-Dynastie zu sehen sind.

Außer ein paar kleinen Traktoren, die gerade mit ihrem Geratter einen Höllenlärm veranstalteten, indem sie entlang des Deiches Steine aufschütteten, gab es auf dieser Insel keinerlei motorisierten Verkehr. Enge Straßen mit dicht nebeneinander stehenden, windschiefen Häusern säumen den Hafen, wo der Fischmarkt in den Gemüsemarkt übergeht, welcher sich überall hin erstreckt, bis hinein in das schöne, neue Marktgebäude am öffentlichen Pier, das sich weiß und noch ganz sauber präsentiert. Was hier auf Cheung Chau besonders auffällt, ist, dass man als durchschnittlich groß gewachsene Kanadierin die Einheimischen um Haupteslängen überragt. Und so kam ich mir vor wie Gullivers Schwester, genoss einen ungehinderten Blick auf das Treiben in den Straßen. Auch wenn die Insel weitab vom lärmerfüllten Hongkong lag, war sie sehr wohl an Fremde gewöhnt, sodass man nicht weiter Notiz von mir nahm, und so hatte ich einmal mehr das unheimliche Gefühl, unsichtbar zu sein. Ich vertrieb mir die Zeit, spielte hie und da mit einem Hund oder kleinen Kind, aber abgesehen davon schienen alle anderen durch mich hindurchzusehen, als ob ich ein guter Geist wäre. Das war zwar bisweilen ein unbehagliches Gefühl, gleichzeitig aber gab es mir ein Gefühl der Freiheit.

Die Frauen von Cheung Chau sahen sehr interessant aus. Die alten Frauen waren ganz in Schwarz gekleidet und trugen weite Hosen, dazu Hemden mit hohen Mandarinkragen. Sie hockten am Boden auf der schattigen Straßenseite mit Blick zum Hafen und pafften vornehm an kleinen langhalsigen Pfeifen. Ein paar der Frauen waren fast glatzköpfig, doch egal wie schütter das Haar, eine jede hatte es streng nach hinten aus der Stirn gekämmt, welche auffallend faltenlos schien. Die goldenen Ohrringe und die glatten Jadearmreifen zeugten von ewiger Weiblichkeit.

Entlang der engen San Hing Street reihte sich ein kleiner, ungeordneter Laden an den anderen. In einem gab es Eier verschiedener Gelege zu kaufen oder Vögel in allen möglichen Varianten: lebendig und lauthals protestierend oder geschlachtet, ausgenommen und gerupft – alles während man wartete. Und wartete man lange genug, erbot sich auch jemand, das Federvieh zu kochen. Wie viele chinesische Straßen, so hatte auch diese ihre eigenen Klänge und ihre eigenen Gerüche: Man hörte es laut quaken, kreischen, hacken, brutzeln, zischen, und es roch nach frischem Blut, angesengten Federn und gekochtem Fleisch.

Weiter hinten lief die San Hing Street geradewegs auf einen riesigen Banyanbaum zu, teilte sich gezwungenermaßen, schlängelte sich um ihn herum, traf dahinter wieder zusammen und zog sich weiter dahin, als ob nichts gewesen wäre. Hoch oben im Geäst des Banyanbaumes hingen Straßenlaternen, und zu seinem Fuße im Schatten steckten jede Menge Räucherstäbchen, denn er galt als Heimstatt der Fruchtbarkeitsgeister. Wünscht man sich einen Sohn oder Enkelsohn, so sagen die alten Frauen der Insel, dann muss man hierher zum Banyanbaum kommen.

Die San Hing Street wurde nach und nach immer dunkler und enger und bog schließlich in die Pak She Street ein. Diese Straße hatte ebenfalls ihren eigenen Schrein, einen großen, grauen Fels, der weder taoistisch noch buddhistisch war, sondern im Wesentlichen animistisch. Vor ihm bat man darum, Winde und Wasser zu Gunsten aller zu besänftigen – ein vernünftiger Schrein für einen Ort, wo bis in die 1920er-Jahre Piraten ihren Unterschlupf hatten und der heute Heimathafen zahlreicher Fischer ist.

Cheung Chau hatte ich schon des Öfteren besucht. Einmal durchwanderte ich die Stadt, gemächlich, versonnen, von einem Ende zum anderen. Ein anderes Mal, fußlahm und zu erschöpft, um irgendetwas Sinnvolles zu unternehmen, setzte ich mich einfach an die *East Lake Bar*, trank kaltes chinesisches Bier, tätschelte streunende Hunde und sah uniformierten Schulkindern auf ihrem Weg nach Hause zu.

Eine Einheimische bettelte mich an, ihr etwas abzukaufen. Sie war mehr Kind als Frau und hatte ihren Stammplatz in einer weniger geschäftigen Straße an einer Hauswand. Vor ihr stand eine Schale voll toter Fische. Da Chinesen ja bekanntlich stets auf Frische bedacht sind und folglich kein Mensch diese Kreaturen mit ihren eingesackten Augen und fahlen Kiemen kaufen würde, schien sie äußerst verzweifelt. Ich ging weiter zum richtigen Fischmarkt, wo die Fischerfrauen ihren frischen Fang verkauften, hier mal entgräteten, dort mal filetierten, die Eingeweide unachtsam auf den Boden fallen ließen, und Katzen herbeischlichen, um daran zu lecken. Stunden später kam ich erneut an der Frau vorbei. Sie saß noch immer über ihrem schleimigen Becken mit dem fauligen Fisch.

Weiter weg vom Hafen, in den hinteren Gassen, wo jeder irgendetwas kauft oder verkauft, beobachtete ich einen Schlangenverkäufer, der über seinem Minisupermarkt von Schlangengalle, -zähnen und Dreischlangenwein kauerte und mit einem Kunden verhandelte. In einem anderen Laden fuhr ein Wahrsager mit knochigen Händen über das Gesicht eines Mannes und gab ihm Ratschläge in Sachen Leben, Liebe und Geld, wenngleich ich dem ernsten Ton der Unterhaltung entnahm, dass er seinen Kunden eher vor einem drohenden Unheil warnte, gerade noch rechtzeitig, um die entsprechenden Götter zu besänftigen.

Eine kleine, grauhaarige Frau bat mich herein. »Ich übersetze«, sagte sie, wohlwissend, dass ihre Dienste von Nöten sein würden, sollten wir ernsthaft ins Geschäft kommen. Doch ich lehnte dankend ab. Im nächsten Moment lief im Eilschritt ein junger Mann vorbei mit einem ganzen, gebratenen Ferkel in einem roten Korb. Offenbar war er damit zum Tempel unterwegs, denn das Ferkel hatte eine rote Blumengirlande um, und hinter eines der knusprig gebratenen Öhrchen hatte der Koch eine Hibiskusblüte gesteckt, als wollte er es für eine Party garnieren.

Eigentlich drängte es mich, dem Mann und seinem schmuck gezierten Ferkel zu folgen, aber es war ja nicht meine Party. Stattdessen begab ich mich zu *Fat Larry's*, einem Restaurant am Ufer, wo ich mir einen Teller Currynudeln mit frischen Krabben schmecken ließ. Danach machte ich mich auf zum taoistischen Tempel am nördlichen Ende der Stadt.

An den Stufen, die hinauf zum Tempel führten, wachten vier steinerne Löwen. Keramikdrachen mit eingerollten Schwänzen und glückliche Götter mit feisten, kindlichen Gesichtern turnten übermütig an den Mauerkronen entlang und verliehen dem Ort etwas freundlich Einladendes. Der Tempel war jenen Göttern geweiht, die über die Meere wachten, die je nach Gutdünken die Fischer entweder beschützten oder sie in einem der vielen Taifune, die in der Gegend wüteten, umkommen ließen.

Dieses direkte Verhältnis, das die Chinesen zu ihren Göttern haben, schien mir eine gute und nützliche Übereinkunft, zumal sie ohne die klerikale Hierarchie oder heiligen Mysterien wie in der christlichen Kirche auskam. Es war ein einfaches und unmittelbares Abkommen. Außerdem würde eine zwischengeschaltete Stelle das Verhältnis zwischen Chinesinnen und Kwan Yin, der viel geliebten Göttin der Barmherzigkeit, nur verkomplizieren. Wird das Kind einer Frau krank oder landet ihr Mann im Gefängnis, weil er vielleicht illegale Hahnenwettkämpfe veranstaltet hat, dann bedarf sie einer direkten Fürsprecherin, die zwischen ihr und den Kräften des Bösen vermittelt, die dieses Unglück über sie gebracht haben. Und sie wendet sich an Kwan Yin. Ist ihr Mann Fischer und gerät in einen Taifun, dann ist dafür der Gott des Wassers, des Windes und der Meere zuständig. Und das ist Pak Tai, der in diesem taoistischen Tempel, den ich gerade besuchte, seine Wohnstatt hat.

Es gab kaum einen taoistischen Schrein, der nicht mit Opfergaben geschmückt gewesen wäre, um dem Gott Wohltat, Labsal und Erquickung zu bringen. Auch wenn im Moment alles in Ordnung war, man konnte nie wissen, wann die bösen Mächte oder Geister der Unterwelt zuschlagen und die Dienste des Gottes wieder gebraucht werden würden.

Als ich am Tempel ankam, war es bereits sehr heiß, und zwei alte Männer ruhten sich im Schatten des Eingangs aus. Der eine schlief, der andere, knochendürr und wahrscheinlich auch ein wenig meschugge, wimmerte mit hoher Stimme einen Singsang vor sich hin und schlug dabei mit seinem Kopf rhythmisch gegen die Wand.

Im Innern des Tempels war es dunkel, doch trotz der vielen schattigen Nischen nicht kühl. Die Luft war stickig, angefüllt vom Qualm der Räucherstäbchen und den Gerüchen von gekochtem Fleisch und Knoblauch. Hinter einer staubigen goldenen Sänfte stand der rote Altar mit der imposanten Statue des Pak Tai, auffallend leuchtend in roten und goldenen Gewändern, mit einem angemessen weisen und recht gebieterischen Blick, wie es sich geziemt für einen Geist des Nordens, den obersten Herrscher über die dunklen Himmel und Schutzpatron der Fischer und ihrer Familien.

Pak Tai zur Seite standen seine beiden üblichen Diener: zwei Götter, die über Tausende von Meilen zu sehen und hören vermögen. Für eine einheimische Fischerfamilie ist ein gelegentliches Götterfestmahl zu Füßen dieser drei Götter eine erstklassige und sichere Wertanlage und die beste Versicherung gegen Taifune, Piraten, Haie und all die tausend anderen Unbilden, die einen Sterblichen auf See ereilen können.

Im Tempel war ich nicht allein. Am Altar war eine grauhaarige Frau geschäftig dabei, ihre Opfergaben zu arrangieren: ein ganzes gedünstetes Huhn, ein paar kleine rosa Kuchenstücke, eine Flasche Reiswein, ein Teller mit Orangen für ein langes Leben und eine Persimone, eine Götterpflaume, für die Freude. In die Orangen hatte sie Räucherstäbchen gesteckt, von denen langsam kleine Rauchkringel aufstiegen, die hinaus durch die Öffnung im Dach zogen, wobei sich ihr Duft mit den anderen, stechenden Aromen in Pak Tais Wohnstatt vermengte.

Als sie zu leisem Gesang anhob, übergab ihr eine jüngere Frau ein Baby im rosa Strampelsack. Die alte Frau band eine rote Schleife um den Leib des schlafenden Kindes und wiegte es im Arm, während sie vor dem Altar kniete, sich mehrmals verbeugte und mit der Stirn fast den Boden berührte. Sie behielt das Baby im Arm, spritzte zuerst ein wenig Wein auf den Altar, dann auf den Boden. Anschließend warf sie mit der freien, rechten Hand zwei Holzklötzchen, als ob sie würfeln würde. Es heißt, dass diese Holzklötzchen, die man *bui* nennt, die Zukunft voraussagen.

Ich beugte mich vor, wollte etwas erkennen und wünschte, mehr davon zu verstehen.

Die ganze Zeit über stand ein Jugendlicher dabei, blickte gelangweilt und mürrisch drein, entschlossen, an diesem Ritual nicht teilzunehmen. Cool wie man im jugendlichen Alter sein will, hatte er nur einen unmutigen Blick für die alte Frau mit ihrem Gemurmel und Gesinge und ihren *bui*, und als diese die junge Mutter um den Altar herumführte und dabei weiter psalmodierte, ging er demonstrativ nicht mit.

Doch als die alte Frau nach der ersten Umrundung wieder an ihm vorbeikam, zog sie ihn kurz, aber kräftig am Ohr, und er reihte sich zwar widerwillig, aber brav ein. Dann blieb die kleine Prozession stehen, um ein paar Dokumente zu verbrennen und ein kleines Papierboot.

Ich sah zu, wie das Papierboot in Rauch aufging, und fragte mich, was ich da wohl gerade miterlebt hatte. War der Vater des Babys vielleicht ein Fischer? Oder wurde es vielleicht im Namen eines Meeresgottes getauft?

Ich spürte einen Kloß im Hals, wie jedes Mal, wenn ich auf Hochzeiten, Tauffesten oder ähnlichen Feiern zugegen bin, Feste, die wir Westler doch hin und wieder noch begehen. Mir war, als hätte ich an der Zeremonie teilgenommen, und nun, da alles getan war, was für das kleine Mädchen getan werden konnte, wollte ich hingehen und allen die Hand schütteln, der Mutter gratulieren und zu ihnen nach Hause auf ein Stück Kuchen eingeladen werden, einen Toast ausbringen, dem Baby ein Geschenk machen oder zumindest seinen Namen erfahren.

Doch einmal mehr war ich unsichtbar. Die Zeremonie war zu Ende. Das Baby wurde seiner Mutter zurückgereicht, wachte auf und fing laut zu schreien an. Das Abendessen für Pak Tai wurde in einen Korb gepackt. Die kleine Gruppe marschierte ab und ließ ihre Probleme bei den Göttern.

Südliche Orte

Shenzhen: Boomtown

Gleich hinter der chinesischen Grenze liegt die Sonderwirtschaftszone Shenzhen, die sich von der Daya Bay im Osten bis zum Pearl River im Westen erstreckt. Von Hongkong aus stellt Shenzhen ein beliebtes Tagesausflugsziel dar.

Eines Morgens machte ich mich dorthin auf, stieg in Hongkong in einen Bus, und ich weiß noch, dass mein Puls raste, als der Motor anlief und es losging. Auf nach China! In ein paar Stunden würde ich in Shenzhen sein.

Nach ein paar flüchtigen Formalitäten am Zoll ging es zunächst kilometerlang an halb fertigen Bauprojekten vorbei. In Shenzhen sah ein Straßenzug wie der andere aus: zahlreiche neue Hochhäuser, alle im selben Stil und Schema errichtet. Dabei hatte ich Pagoden mit nach oben gebogenen Vordächern erwartet, Gärten mit Mondtoren oder einen geschäftigen, bunten Straßenmarkt. Als der Bus schließlich anhielt, stand ich vor einem mächtigen Hotelklotz. Ich sah hoch und traute meinen Augen kaum: Mehr als 30 Stockwerke über mir befand sich ein Drehrestaurant.

War das China? Das himmlische Königreich, die alte Schönheit, von der ich seit 30 Jahren träumte? War es das wirklich, das Land mit der 5000-jährigen Geschichte? In Shenzhen hatte ich jedenfalls keine großartigen alten Sehenswürdigkeiten zu erwarten. Die Stadt war laut und staubig. Es herrschte Verkehrschaos. Um eine potthässliche Anhäufung von Bauprojekten schwirrten ein Haufen rühriger Chinesen, die in einem fort in ihre Handys quasselten. Ich kam mir vor wie ein kleines Kind, das sich zu Weihnachten ein Pony gewünscht, dann aber nur ein Plastikpferd, dem ein Bein fehlt, bekommen hatte.

Wie so oft bei aus dem Boden gestampften Städten war Shenzhen das *enfant terrible* Chinas, eine Babymetropole mit all der dazugehörigen Hektik und dem Lärm, aber ohne jeden Zauber, den eine solche Boomtown durchaus auch entfalten kann, vor allem wenn sie nahe einer Grenze gelegen ist. Doch hier ging es anscheinend einzig darum, den Leuten das Geld aus der Tasche zu ziehen und das bei jeder Gelegenheit. Als ich vor dem Hotel einen Bediensteten in Livree nach einem bestimmten Weg fragte, streckte er erst einmal die Hand aus und verlangte ein Trinkgeld, bevor er sich zu einer Erklärung herabließ.

Vor einem glänzenden neuen Bürohochhaus saß ein Junge auf dem Gehsteig, ein nacktes Bein von sich gestreckt, sodass man seine verdrehte Wade sah. Er war nicht älter als zehn oder elf, hatte Dreckschlieren im Gesicht, als ob er geweint hätte. Unverkennbar brutal war die Wade absichtlich verkrüppelt worden, der Fuß um ganze 360 Grad verdreht, wie eine Schraube, bis er zwar wieder nach oben zeigte, aber in einem völlig absurden Winkel stand. Wahrscheinlich hatte man ihn im frühen Kindesalter zum Krüppel gemacht, als seine Knochen noch weich waren und seine Füße sich noch leicht formen ließen. Sein Blick war bitter, wütend und hasserfüllt. Er hasste jeden mit zwei gesunden Beinen, ganz besonders Narren wie mich, die – und das wusste sein Auftraggeber –, immer gern ein Almosen für ein verkrüppeltes Kind springen ließen.

In einem Büro traf ich auf einen Beamten, einen netten Mann mit freundlichem Lächeln und vernarbtem Gesicht, der sich bereitwillig und inoffiziell mit mir unterhielt. Shenzhen bereite sich mit großem Eifer auf das Jahr 1997 vor, erklärte er. »Ja, aber warum versuchen die Menschen dann immer noch, aus China zu fliehen?«, fragte ich. Und weshalb schickte man dann immer noch beinahe jede Woche ganze Bootsladungen voller Menschen aus Hongkong zurück?

»Das hat nichts zu bedeuten«, erwiderte er. In China gäbe es so viele Menschen, erklärte er weiter, dass auch immer ein paar dabei seien, die unangenehm auffallen, ein paar wenige eben, die nicht wüssten, wie gut sie es haben. Doch statistisch gesehen sei ihre Zahl nicht bedeutend. Überhaupt nicht. Vielmehr, so beteuerte er, verbreite sich im ganzen Land Aufschwung und Wohlstand wie ein frischer Wind, besonders hier in Shenzhen. Dabei deutete er in Richtung eines staubigen Fensters, von wo aus der Blick auf einen Baukran ging, der in Schwindel erregende Höhen reichte. Das Ergebnis des tatkräftigen, freien Unternehmertums waren die *nouveaux riches*, die Neureichen, die statt eines mühseligen Achtstundentages auf Knien in Reisfeldern sich nun mit Immobilien und Bauprojekten eine goldene Nase verdienten. In Shenzhen gab es einen wachsenden Absatzmarkt für Luxus: teure Autos, Villen in exklusiven Stadtrandgegenden, Zweitwohnsitze in anderen Städten, Ferienhäuser an der See.

Ich warf ein, dass es unter diesen Neureichen auch einen wachsenden Hang zum Exzess gibt, wie ihn China seit den Tagen jugendlicher Unerfahrenheit des letzten Kaisers nicht mehr erlebt hatte. Wie sonst ließe sich der blühende Schwarzhandel mit gestohlenen Autos erklären? Hongkongs Mercedes-Besitzer melden ihre Fahrzeuge ununterbrochen als gestohlen, nur um zu erfahren, dass die Luxuskarossen via Schnellboot nach Shenzhen verschwunden sind. Ein besonders manierlicher Dieb beantwortete sogar das Autotelefon, als es klingelte und setzte den überraschten Anrufer höflich davon in Kenntnis, dass das Auto soeben auf dem Weg nach Shenzhen sei.

Der Beamte zeigte mit dem Finger auf mich.

»Das verstehen Sie nicht. China wird nie so sein wie euer kapitalistischer Westen. Wir werden eine sozialistische Marktwirtschaft haben.«

Doch in Shenzhen wimmelte es von kapitalistischen Gemeinschaftsunternehmen. Nach einer letzten Zählung waren es an die 60 000. Freudig erregt erzählte er mir, dass die Volksbefreiungsarmee und das Öffentliche Sicherheitsbüro sowie einige der Hotels, in denen ich übernachtet hatte, in viele dieser Unternehmen kräftig investiert hatten.

»Kein Grund zur Sorge«, sagte er stolz. »Das neue China wird eure westlichen Probleme nie bekommen.«

Damit könnte er sogar Recht haben, und außerdem wollte ich unsere Probleme auch niemandem wünschen. Doch Tatsache war, dass die korrupten Machenschaften von Militärs und Beamten im öffentlichen Dienst, von unseriösen Hochhausprojekten und Aktien, die schnelles Geld versprechen, bereits als Skandal wahrgenommen wurden, und zwar vor allem unter den Chinesen, die zum Durchschnitt gehören. Sie verstanden nur zu gut, wie das System funktionierte, und sahen sich selbst als Zaungäste.

Ich fragte ihn, was er von der halben Million Arbeitslosen in Shenzhen halte, die verzweifelt nach irgendeinem Job suchten. Davon wisse er nichts, meinte er darauf nur. Ich erwähnte das Kind mit dem verkrüppelten Bein und dass es das erste Mal war, dass ich jemanden betteln sah und dass ich mich fragte, was wohl dran sei an den Geschichten über die absichtliche Verstümmelung ungewollter oder gestohlener Kinder. Sein Blick wirkte gequält. Was war denn das für eine Geschichte? Wer erzählt denn so einen Unfug? Eine weitere Lüge, nichts als eine weitere maßlose Übertreibung, eine Ausgeburt der blühenden Fantasie westlicher Medien. Kindesentführung? Verstümmelung? Lächerlich. Die Volksrepublik würde derlei Abscheulichkeiten niemals dulden. Eigentlich wollte ich ihn noch über den dokumentierten, hohen Prozentsatz abgetriebener Mädchen in China fragen, über die sich hartnäckig haltenden Gerüchte von kleinen Mädchen, die in alarmierender Zahl unter ungeklärten Umständen in Brunnen und Kloaken fielen, aber das konnte ich nun wohl in den Schornstein schreiben.

Er lehnte sich zurück und lächelte mit der Überzeugung des Selbstgerechten. Shenzhen floriere, beharrte er, und den ganzen Baukränen nach zu urteilen, die den Himmel durchbohren, lasse sich das ja auch wohl kaum bestreiten.

Wohl wahr, denn von den breiten, neuen Prachtstraßen aus, die glitzernde Designerläden und internationale Unternehmen säumten, konnte man die schäbige Vorstadt, die neben dem Bauland entstanden ist, ja auch nicht sehen. Dort gab es keine Elektrizität, keine sanitären Anlagen. Doch unter den von irgendwoher zusammengeklaubten Zelt- und Plastikplanen mit verrosteten Blechdosenteilen fristeten die vom Boom Verbannten und Vertriebenen auf ihre Art ein Dasein im Schatten der Reichen. Mir als Außenstehender schien es, als würden die Reichen immer reicher, und die Armen … gingen leer aus.

Aber Arme habe es doch schon immer gegeben, wandte er ein, die Ellenbogen auf den Schreibtisch gestützt und die Fingerspitzen aneinander gelegt. Und Arme würde es immer geben, wie seit jeher. »Bitte!«, flehte er, und breitete nun die Hände aus wie ein Prediger, »bedenken Sie doch den Fortschritt, das neue Vermögen, das in diesem Moment geschaffen wird, während wir hier zusammensitzen. Bedenken Sie doch das gute Leben, die chinesische Lebensart.«

Darüber wollte ich mehr erfahren.

»Oh, bessere Wohnungen und Supermärkte, besonders für Lebensmittel. Kinos. Autos. Meine Frau hat ihren eigenen Wagen. Mit Autotelefon! Mein Bruder hat *zwei* Autos – beide Mercedes Benz. Und Nachtclubs! Gefällt Ihnen Karaoke?«

Gerade wollte ich noch eine Frage stellen, da stand er auf. Das Interview war zu Ende.

Auf dem Weg zur Tür versicherte er mir, dass die einzigen Chinesen, die dieser Tage versuchten, sich nach Hongkong abzusetzen, ein paar wenige Undankbare vom Land seien, begierig, sich gegenüber ihren Landsleuten einen Vorsprung zu verschaffen, schon einmal Geld im Voraus scheffeln wollten und nicht abwarten konnten bis zum Jahr 1997, wenn – und da war er gewiss – alle anderen auch die Chance dazu haben würden.

»Das ist ungut«, erklärte er mit bestimmtem Ton und runzelte die Stirn, doch kurz bevor die Tür zufiel, hellte sich seine Miene noch einmal auf:

»Grüßen Sie mir Kanada«, sagte er. »Meine Tochter ist in Vancouver auf der Schule!«

Mit dem Zug nach Guangzhou

An einem Montagmorgen im Jahr des Tigers nahm ich den Zug Nummer 96 von der Kowloon-Station in Hongkong in Richtung Guangzhou.

Als der Zug seine Fahrt beschleunigte, schritt eine diensteifrige, junge Bahnbeamtin in zerknitterter Schaffneruniform mit dem Dienstabzeichen Nummer 174 durch die Wagen und zählte die Reisenden.

Ich fühlte mich etwas unbehaglich in meiner Haut, wie ein stiller Beobachter, der sich gerade in die Eigenheiten des Landes einarbeitete. Shenzhen war mir eine Lehre gewesen: Was immer China war, es war nicht das, was ich erwartet hatte. Guangzhou würde nur ein Abstecher sein auf dem Weg zu meinem eigentlichen Ziel: Guilin, der Ort auf meinem Seidenbild (meine Mutter hatte mir das heiß begehrte Bild vor langer Zeit geschenkt).

Mein zugewiesener Sitznachbar stellte sich als ein gewisser Mr. Lau vor, Computerhändler aus Singapur und auf dem Weg nach Guangzhou zu einer großen Fachmesse. Er war ein Chinese aus Übersee, eine ziemlich mondgesichtige Frohnatur, der seinen Marineblazer in europäischer Manier lässig über den Schultern hängen hatte, als hätte er keine Arme. Als Nummer 174 den Bildschirm am Ende des Waggons aufdrehte, aus dem eine schrille Stimme eine Flut von Reiseinformationen vermeldete, schien er sichtlich verärgert. Er zappelte nervös herum, während wir auf

Englisch mit britischem Akzent darüber unterrichtet wurden, dass sich die Sitze auch drehen ließen, falls wir wünschten, gegen die Fahrtrichtung zu sitzen, dass sich ein Speisewagen im hinteren Teil des Zuges befände, wo es Zigaretten, Bier, Wein und Speisen gäbe, und dass die Benutzung von Feuerwerkskörpern im Zug nicht erwünscht sei.

»Sagen Sie einfach Raymond zu mir«, meinte er schon nach kurzer Zeit und streckte mir die Hand entgegen. Aber es bot sich kaum die Chance, ihm überhaupt irgendetwas zu sagen, da aus den Lautsprechern laut dröhnend eine chinesische Oper schmetterte, während Nummer 174 ihren kleinen Süßigkeitenwagen durch die Gänge schob. Außer Naschwerk hatte sie auch Zeitschriften und Zeitungen auf Chinesisch und Englisch, Bier in Literflaschen, Zellophantüten, getrocknete Pflaumen und Erdnüsse in ihrem Sortiment. Sie schob den Wagen weiter in den nächsten Waggon, war aber kurz darauf wieder zurück, verkaufte Teebeutel und schleppte einen verbeulten Blechkessel mit heißem Wasser mit sich.

Die Art, wie er den mit einem Bambusmuster verzierten Spitzenvorhang zur Seite riss, hinter dem ein verdrecktes Fenster zum Vorschein kam, und seine Hände an einem fleckenlosen weißen Taschentuch sauber wischte, zeigte, dass Raymond Lau merklich angewidert war.

»Achten Sie nicht auf sie. Sie kommt alle paar Minuten«, ließ er grimmig verlauten. »Ich bin oft in China unterwegs, und es ist immer das Gleiche.«

Dann lächelte er, und seine Goldfüllungen blitzten hervor. »Wir sollten in Kanton abendessen«, sagte er und benutzte dabei den alten Namen für Guangzhou, die südliche Stadt an der Mündung des Pearl River. Ich lehnte dankend ab und erklärte, ich müsse mein Flugzeug erwischen.

Irgendwer schüttete Bier über den Boden, das langsam über den roten Teppich rann. Nummer 174 wischte fleißig mit dem Mopp hinterher, während sich die Flüssigkeit in die Schlingen saugte. Mr. Lau sah ihr dabei zu und gab in einem fort Kommentare über die Volksrepublik ab, wie sie in seinen Augen war. China habe sehr viele Probleme, erklärte er. Die Regierung sei alt und korrupt, eine Greisenherrschaft durchlöchert von Vetternwirtschaft. Das Land sei wie eine alte schlafende Schildkröte, die ab und zu aufwacht und ihren Kopf aus dem Panzer streckt, um wieder einmal einen Schwung von so genannten weit reichenden Reformen einzuleiten, die am Ende nur zu einem neuen Desaster oder einer weiteren Revolution führten. Derlei Dinge seien schlecht für die Geschäfte und treffe die kleineren, fortschrittlicheren Nationen Asiens, die an China grenzen, besonders hart.

»Wir haben viele kleine Länder in unserem Umkreis. Singapur, Korea, Japan, Taiwan. Kleinere als China. Mit nicht so vielen Menschen. Aber wir sind besser in allem, was von Bedeutung ist. Wir sind schneller und sauberer«, meinte er und schlug mit einer verächtlichen, schnellen Handbewegung den Spitzenvorhang zur Seite. »Wir haben mehr Geld. Also sollten wir glücklich sein. Oder nicht? Doch wir können nicht vergessen, dass China größer ist als wir alle zusammen!«

Der Zug wurde langsamer, und durch das Fenster sah ich weite, grüne Uniformen und die roten Sterne der Volksrepublik – wir waren in Shenzhen. Mr. Lau spähte aus dem schmutzigen Fenster.

»Letztes Jahr gab es hier ein Riesenproblem mit der Korruption in Regierungskreisen. Gott half jenen, die sich selbst halfen.« Er lachte leise über seinen Witz, wobei sich seine Schultern vor lauter Frohmut hoben und senkten.

»In Singapur sagen die Leute: ›Stelle einen Malayen ein, und er sitzt den ganzen Tag unter einem Baum und singt. Stelle einen Inder ein, und er gründet eine Gewerkschaft. Stelle einen Chinesen ein, und er übernimmt deine Firma.‹«

Das erinnerte mich an ein Gespräch, das ich an jenem Morgen zufällig im Fahrstuhl meines Hotels mitbekommen hatte. Eine große, gut gekleidete Frau mit amerikanischem Akzent und mehreren Einkaufstüten sagte zu ihrem Mann: »Seide und Edelwildleder hätten wir. Jetzt noch Schmuck!«

Hinter einem Arm voll Päckchen stöhnte der Mann: »Mein Gott, bin ich froh, wenn die Chinesen hier die Regierung übernehmen, damit das ein Ende hat!«

Vom Nebengleis fuhren Züge, voll beladen mit Schweinen und Enten, in die entgegengesetzte Richtung ab, in das nimmersatte Hongkong. Eine Regionalbahn war so mit Menschen überfüllt, dass sie aus Fenstern und Türen hingen, und der Bahnsteig stand gedrängt voll mit schwitzenden, stoßenden und schubsenden Personen. Wenn ich jetzt eine Münze aus dem Fenster werfen würde, würde sie bestimmt nicht auf dem Boden ankommen. Beim Anblick des dichten Gewühls stieß Mr. Lau einen tiefen Seufzer aus.

»Zu viele Menschen. Ich hoffe immer auf eine Naturkatastrophe.«

Bis zum Mittag hatte ich richtig Kohldampf und konnte es kaum erwarten, bis Nummer 174 mit den gedünsteten Hühnerkeulen wieder an uns vorbeikam. Einige Passagiere hatten ihren eigenen Proviant dabei, andere liefen auf dem Weg von und zum Speisewagen an uns vorbei. Ich kaufte gebratene Nudeln in einer der praktischen Styroporschalen und eine tropfende Hühnerkeule. Mr. Lau wollte unbedingt mein Essen bezahlen und war beleidigt, als ich dankend ablehnte. Fortan hielt er sich schmollend zurück, lehnte auch einen Tee ab. Dann tat er ungefragt seine Meinung über Frauen im Allgemeinen kund:

»Wenn eine Frau über 30 ist, ihr Mann sie schlägt oder eine andere hat, dann wird sie nicht wieder heiraten.« Er blickte mir direkt ins Gesicht, und ich sah, dass er die Falten um meine Augen genau musterte.

»Allenfalls wird sie noch Geliebte sein, aber Heirat – ausgeschlossen«, fuhr er fort. Ich schleckte mir den Hühnchensaft von den Fingern und fing eine Diskussion mit ihm an.

»Hören Sie«, sagte ich, »wenn ihr erster Mann eine solche

Ratte war, sie zu schlagen und sich eine Geliebte zu nehmen, warum sollte sie dann wieder heiraten wollen? Um am Herd zu stehen? Da wäre sie schön blöd. Dann doch lieber Single bleiben und das Leben genießen.«

Entgeistert starrte er mich an. Er war fassungslos. War ich naiv oder einfach nur selten dämlich?

»Aber so ist der Kreis des Lebens! Für einen Mann ist es anders, aber für eine Frau gibt es nur Heirat«, erklärte er mir geduldig. »Oder man ist ein leichtes Mädchen. Und wenn man verheiratet ist, ist es natürlich besser, Kinder zu haben.«

»Und was, wenn die Frau keine Kinder will?«, fragte ich. Und abermals war er wie vom Donner gerührt ob meiner westlichen Ignoranz.

»Kinder sind doch immer schön«, meinte er, um einer weiteren Diskussion vorzubeugen.

Ich aß meine Nudeln, eine nach der anderen, und ignorierte ihn. Sein Feingefühl sagte ihm wohl, dass er meine Gefühle verletzt haben könnte, und so setzte er alles daran, es wieder auszubügeln. »Ich mag Frauen aus dem Westen«, beteuerte er. »Meine Geliebte Nummer zwei ist Italienerin.«

Das sollte mich doch wenigstens trösten. Draußen vor dem Fenster wateten Männer und Frauen mit kegelförmigen Hüten knietief im Sumpf, tief gebückt in der heißen Sonne, hackten und jäteten per Hand. Postkollektive Landwirtschaft nannte man das, härteste Feldarbeit, ganze Beete gelber Erde mit der Hand kultiviert, jedes Unkraut einzeln ausgerupft, bevor es Wurzeln schlagen konnte, jede Pflanze einzeln gehegt und gedüngt mit menschlicher Gülle.

»Fäkalschlamm«, erklärte Mr. Lau, zeigte nach draußen und rümpfte die Nase. »Der Kohl wird mit Schweinescheiße gedüngt. Und mit menschlicher Scheiße. Essen Sie in China also nie Salat.«

Die chinesischen Beamten, die die Ausweispapiere durchsahen, waren recht kurz angebunden, legten eine Kommen-Sie-mir-ja-nicht-blöd-Haltung an den Tag. Auf meinen kanadischen

Pass warfen sie nur einen flüchtigen Blick. Mr. Laus Pass hingegen wurde von einem zum anderen gereicht, und der Chef der Truppe zeterte eine ganze Weile mit meinem Sitznachbarn herum, bevor er ihm die Papiere zurückgab. Danach war Mr. Lau ziemlich kleinlaut.

Schließlich waren wir in Guangzhou. Alle strömten aus dem Zug, schoben sich in der Menge vorwärts wie Vieh auf dem Weg zur Wasserstelle. Mr. Lau stapfte hinter mir her, schlug vor, zuerst in seinem Hotel zusammen das Abendessen einzunehmen, anschließend den Abend gemeinsam zu verbringen und auszugehen, vielleicht in einen Tanzclub, er kannte auch einen.

»Disco. Heiße Musik! Mögen Sie Disco?«

Ich seufzte und erzählte ihm, dass ich am Bahnhof abgeholt würde, doch er prophezeite mir selbstsicher, dass ich darauf gar nicht zu warten bräuchte.

»Er wird nicht da sein. In China brauchen Sie solche Verabredungen erst gar nicht zu vereinbaren. Kommen Sie mit in mein Hotel, dann können Sie ihn von dort aus anrufen.«

Ich kam problemlos durch die Zollabfertigung und war froh, dass Mr. Lau von den Jungs in den zerknitterten, grünen Uniformen gründlich gefilzt wurde. So hatte ich ihn wenigstens los. Gut, dachte ich, das wird dauern, und lief den langen, abschüssigen Korridor hinunter und aus dem Bahnhof hinaus, vor dem eine wartende Menschenmenge stand – so viele Menschen auf einem Haufen hatte ich noch nie gesehen.

Ich hob mein kleines, weißes Schild mit den chinesischen Schriftzeichen in die Höhe, die was weiß ich was bedeuteten, und winkte damit jedem zu, der in meine Richtung sah.

Eine Viertelstunde später nahm kaum einer mehr Notiz von mir und meinem Schild, und der Rest der Menge, die sich allmählich verlief, starrte mich nur an. Keiner sprach Englisch, das Touristenbüro war geschlossen, und ich hatte keinen blassen Schimmer, wo und wie ich den Übersetzer, der mich hier treffen sollte, finden würde.

Und da kam er wieder an: Mr. Lau. In seinem pausbackigen Gesicht kräuselte ein Lächeln seine Lippen. »Habe ich Ihnen doch gleich gesagt, in China brauchen Sie solche Verabredungen erst gar nicht zu vereinbaren. Jetzt gehen wir erst einmal essen«, quäkte er triumphierend.

In diesem Moment drängelte sich ein schlanker, abgehetzter Chinese mit einer Drahtgestellbrille im Gesicht, die ihm vor lauter Hektik von der Nase rutschte, durch die Menge. »Miss Sish? Miss Soosh?«

Er stierte auf eine Karte, deren Aufschrift sich offenbar mit der deckte, mit der ich mittlerweile ziemlich entmutigt hin und her wedelte.

»Miss… Shooz! Ich bin Ho, Ihr Übersetzer. Willkommen in China!«

Meine erste Bekanntschaft mit der sich rasant entwickelnden Stadt, dem früheren Kanton und heutigen Guangzhou, dem südlichen Grenztor zum chinesischen Festland, artete in eine einzige Strapaze aus. Ho, der ein kompetenter Begleiter war, ein linientreues Parteimitglied mit einer leicht bekehrenden Art, schleifte mich in einem Affenzahn durch die Stadt, hetzte mich von einer Sehenswürdigkeit zur nächsten, bis ich um Gnade flehte.

An einem einzigen Tag besuchten wir eine Schule für das Jadehandwerk, einen Kindergarten, den Friendship Store, ein Altenheim und ein Krankenhaus, wo ich bei einem minder schweren chirurgischen Eingriff zusah: Einem Mann wurde ohne Narkose eine Zyste am Hals entfernt. Akupunktur statt Anästhesie ist für westliche Touristen doch eher etwas Ungewöhnliches, und ich war irgendwie schaurig fasziniert von dieser blutigen, aber offensichtlich schmerzlosen Prozedur.

Selbst die Abende waren ausgebucht. Wir schritten jeden Quadratzentimeter von Shamian Island ab, überquerten Dutzende Male die Brücken über den Pearl River, von einem Ende zum anderen und wieder retour, besuchten Gedenkschreine verschiedener Märtyrer und das Institut für Landwirtschaftswesen.

Im Anschluss an all das hatte Ho als nächsten Programmpunkt einen Gesellschaftstanz auf den Plan gesetzt.

Eine Woche lang wirbelten wir so durch die Gegend, ohne dass ich eine ruhige Minute für mich gehabt hätte, bis ich mir dann für die nächste Unternehmung eine Auszeit erbat. Als Schriftstellerin brauchte ich einfach Zeit zum Verweilen und Betrachten. Ich kam nur schwer mit einem so rastlosen Leuteschinder klar, der mit mir in einem wahnwitzigen Tempo die Gegend abklapperte. Zu allem Unglück quasselte Ho auch noch in einem fort und hatte eine Vorliebe für Statistiken.

»Miss Shooze, beachten Sie doch bitte ...« – und schon spulte er wieder die offizielle Leier ab: über das Abwassersystem von Guangzhou, Telefone oder kleinste statistische Einzelheiten über noch ein nationales Monument. So froh wie ich war, Ho am Tag meiner Ankunft in der Stadt getroffen zu haben – genug war genug. Ich befand mich hier in einer jahrtausendealten chinesischen Stadt mit jeder Menge antiker Tempel, hervorragenden Restaurants und buntem Straßenleben und verpasste das alles, nur weil Ho sich folgsam an die offizielle Route hielt.

Eines Morgens an einer geschäftigen Ecke der Zhongshan Road, an der ich eigentlich zum Qingping-Markt abbiegen wollte, stattdessen aber in Richtung der Statue of the Five Goats dirigiert wurde (die für diesen Tag auf der Route vorgesehen war), entließ ich Ho.

»Keine Five Goats. Keine Führung mehr, keine Übersetzung mehr«, erklärte ich ihm klipp und klar. »Danke. Auf Wiedersehen.«

Ho war entsetzt und protestierte, doch seine Miene hellte sich sogleich wieder auf, als ich ihm ein paar meiner auf Vorrat versteckt gehaltenen US-Dollar zusteckte, als Friedensangebot sozusagen. Das war das Mindeste, was ich tun konnte, und er hatte es sich ja auch wirklich verdient. Wir schüttelten einander die Hände, und wie Ho so die Straße hinuntermarschierte, fühlte ich mich wie ein Kind an seinem letzten Schultag.

Ich stand an der Ecke, genoss meine neue Freiheit. Ein Bus fuhr vorbei, und alle Köpfe an den Fenstern drehten sich nach mir um. Ich grinste übers ganze Gesicht und winkte mit beiden Händen.

Guilin: Ein Leben wie auf dem Seidenbild

Rund eine Woche später sah ich aus dem Fenster eines schwankenden Flugzeuges. Unter mir die südliche Stadt Guilin und die blauen Disney-Berge aus meinem Seidenbild. Für einen kleinen Augenblick verspürte ich jenen beglückenden Rausch, der sich im Leben manchmal einstellt, wenn sich ein lang ersehnter Wunsch so erfüllt, wie man es sich immer erträumt hatte.

Diese Berge, so fremd. Kalksteinformationen, die wie große Wellen auf und ab wogten, in allen möglichen Farbnuancen: Blau, Grau, Indigo, Violett – schöner noch als auf meinem Bild. Sonderbar nur, dass es keine Vorberge gab, denn meiner Erfahrung nach ragen Gebirge nicht urplötzlich auf – sie fangen klein an wie die Rockys, mit sanften Erhebungen, gehen dann über in eine Hügellinie, und wenn man auf eine massive Gebirgsformation blickt, lassen sich drei oder vier Gebirgszüge erkennen, die parallel zueinander verlaufen. Doch diese Berge hier begannen abrupt, ragten plötzlich mitten aus ebenen Reisfeldern in die Höhe, steil direkt hinauf in den Himmel, und waren nur zu den Gipfeln hin weicher und rundlicher.

Die Landschaft von Guilin war sinnlich. Ätherisch. Schon beim ersten Anblick begann ich zu verstehen, warum ihre gewaltige Schönheit zum Lieblingsstoff chinesischer Dichter gehört und warum sie so viele Maler inspiriert hat. Das Dorf auf meinem Seidenbild gehörte in diese Landschaft, und nun, da ich den Ort endlich gefunden hatte, ärgerte es mich, dass ich mich nicht mehr an den Namen des jungen Chinesen erinnern konnte, der uns das Bild einst geschenkt hatte.

Doch kaum war ich aus dem Flugzeug gestiegen, war es erst einmal vorbei mit der Idylle. Anstatt meinen »bona-fide-Führer« zu treffen, sah ich mich umringt von Dutzenden hoffnungsvollen Schleppern, alle um die 20. Sie schrieen um die Wette Namen von Hotels, die ich nie gehört hatte, und wedelten mit kleinen Werbeplakaten, auf denen eine Sprache stand, die ich nicht lesen konnte. Ein paar grölten in einer Art englischem Kauderwelsch, und ich erklärte ihnen, dass ich bereits einen Führer hätte, und bedankte mich. Meinen Führer hatte ich ganz offiziell beim CITS, dem China International Travel Service, gebucht, und so fragte ich in die Menge, ob sich diese Person doch, bitte schön, zu erkennen geben wolle.

Etwa zwei Sekunden lang war Ruhe, dann preschten sie alle vor, und jeder beanspruchte den Job lautstark für sich.

Der Lauteste von allen war ein hübscher, aufgeweckter junger Bursche in blauem Trainingsanzug und weißen Nike-Sportschuhen. Er fuchtelte mit den Armen und schrie, bahnte sich einen Weg durch die Menge und verlangte nach meiner Aufmerksamkeit.

»Madam! Madam! Ich bin Ihr Führer! Ich bin Joe Chan!«

Nein, er habe keinen Ausweis, aber er solle hier irgendeine Zeitungsfrau namens Sish oder Soosh in Empfang nehmen, und da ich hier am Flughafen die einzige rundäugige und langnasige weibliche Person sei, sei es ja keine große Kunst, mich zu erkennen. Und siehe da, ein Auto hatte er auch dabei.

»Sehr gutes Auto, Madam. Sie werden sehen. Das beste Auto für uns.«

Er hatte alle Mühe, die drängelnde Meute von mir abzuwehren, gebrauchte den einen Ellenbogen, um sie wegzustoßen, den anderen, um in Richtung der Parkplätze durchzukommen, dabei hüpfte er ständig auf und ab, als hätten seine Nikes Sprungfedern.

Von den Parkplätzen her ertönte plötzlich ein Donnerlärm, wie wenn gerade ein Kleinflugzeug abhob. Da kam auf einmal ein kleines rotes Auto, das schwarze Rauchwolken ausstieß, auf uns zu. Die Menge wich voll Furcht und Schrecken zurück, und der Wagen hielt mit quietschenden Bremsen nur wenige Zentimeter vor Chans tadellosem Schuhwerk an.

Er zuckte mit keiner Wimper, setzte vielmehr ein breites Grinsen auf, riss die hintere Autotür auf, machte eine schwungvolle Verbeugung und verkündete: »Unser Auto, Madam.«

Eine bessere Alternative gab es offenbar nicht, und so ließ ich mich dankbar auf den Rücksitz fallen. Er nahm mir meine Tasche ab, kletterte ebenfalls hinein und setzte sich neben mich.

»Zuerst, sehr gutes Hotel. Dann Disco!«

O bitte, verschone mich. Bloß nicht noch ein Tanzwütiger. Nur ins Hotel.

Die Sitze im Auto, ein japanischer Crown, waren mit getigerten Bezügen überzogen. Am Rückspiegel baumelte ein Pandabär. An einem Saugknopf schwang Schwindel erregend ein kleines, gefedertes Plastikskelett hin und her, und aus dem Kassettendeck kam chinesische Rock 'n' Roll-Musik. Dass der Wagen aller Wahrscheinlichkeit nach keine Stoßdämpfer, keinen Auspufftopf und keinen Ersatzreifen hatte, dafür aber dringend eines Ölwechsels bedurft hätte, ist wohl kaum der Erwähnung wert.

Ich schätzte Joe Chan auf 18, vielleicht auch ein wenig älter. Mit Sicherheit war er nicht der erfahrene Experte, der über politischen Verstand und breite Kenntnisse auf dem Gebiet der Nahrungsmittelproduktion verfügte, wie ich ihn vom CITS angefordert hatte und wie er mir auch zugesichert worden war. Doch irgendwie hatte er etwas Nettes an sich, eine feinfühlige Ader hinter der vorlauten Fassade. Zudem sah er mir in die Augen, wenn er mit mir sprach. Ich mochte ihn. Ja, ich vertraute ihm gar, was unter den Umständen hierzulande noch besser war.

Anders der Fahrer. Er war von einem ganz anderen Schlag. Ihm traute ich keineswegs. Er machte ein mürrisches Gesicht, steckte in einem grünen Drillichanzug, blickte heimtückisch drein, und prompt wusste ich, dass wir wohl kein angenehmes Verhältnis haben würden. Er rauchte in einem fort, übel riechende Zigaretten der Marke Million Brand, die wie kokelnde Kuhfladen stanken. Außerdem war er vermutlich der schlechteste Fahrer in der ganzen Volksrepublik, was viel heißen sollte. *In Peking gibt es pro Woche 60 Verkehrstote, weil ein paar neureiche Genossen das Autofahren erst üben müssen,* stand in einem Magazin, das ich im Flugzeug gelesen hatte.

Auf unserem Weg in die Stadt rasten wir am Mittelstreifen entlang, drängten große, schwerfällige Vehikel von der Straße ab, die in allerletzter Sekunde zur Seite wichen, verfehlten um Haaresbreite etliche Fußgänger, Lastkarren, Fahrräder und Vieh.

In China ist der Automieter rechtlich verantwortlich für alle Unfälle, die der gemietete Fahrer verursacht. Ein südamerikanischer Diplomat, der in Argentinien Rennwagen fährt, in Peking aber nur Fahrrad, hat mir einmal gesagt: »Solltest du in China jemals in einen Autounfall verwickelt sein, dann nichts wie raus aus dem Land. Halte dich bloß nicht noch mit Packen auf. Mach, dass du rauskommst.«

In Anbetracht der Tatsache, dass unser Fahrer offenbar zum ersten Mal hinterm Lenkrad saß, hätte es mir eigentlich himmelangst werden müssen, doch selbst dazu war ich zu müde. Wird schon schief gehen, sagte ich mir, wenigstens noch, bis ich ein heißes Bad genommen, gegessen und ausgeschlafen habe. Ich schloss die Augen und sah mich schon in der Badewanne: heißes, dampfendes Wasser mit nach Jasmin duftenden Schaumblasen bis zum Hals.

In China gibt es gute Hotels, wunderschöne Luxushotels, mit tiefen Badewannen und reichlich fließend heißem Wasser. Doch meine Bleibe im dritten Stock eines fahrstuhllosen Hotels in Guilin gehörte, wie ich zu meinem Leidwesen feststellen musste, nicht dazu. Bis auf den Zulauf, aus dem ein dünner, kalter Wasserstrahl in ein Waschbecken tröpfelte, funktionierte keine einzige der anderen Leitungen, und ich vermutete, dass sie auch noch nie funktioniert hatten, denn in der rosa Badewanne, die Sprünge hatte, klebte neben dem Abfluss noch immer das Firmenetikett. Auch die Toilettenspülung ging nicht. Der Zuggriff hing unnütz in der Gegend herum, wackelte nur hin und her, als ich damit herumhantierte, da er mit nichts verbunden war, und im Wasserkasten war ohnehin kein Wasser. Das Fernsehkabel fiel ständig aus der Steckdose, das Kissen war mit kleinen Kügelchen gefüllt, die sich wie getrocknete Bohnen anfühlten, und als ich auf das Neonlicht an der Decke blickte, sah ich innen, in den sich deutlich abhebenden Schattenzonen, große schwarze Käfer krabbeln. Irgendetwas biss mich des Nachts in die Knöchelgegend, und die Beulen waren noch eine Woche später zu sehen.

Auf der Suche nach dem zuständigen Zimmermädchen ging ich nach unten. Ich fand sie schlafend, den Kopf auf die Arme gelegt. Sie war kaum wach zu bekommen. Ich hatte die Angewohnheit, in Hotels, wo ich die Sprache nicht verstand, immer gleich die Notausgänge ausfindig zu machen, und so lief ich auch dieses Mal los, um den für mich nächstgelegenen Ausgang zu finden. Und ich fand ihn – mit einem Vorhängeschloss versehen und einer langen Eisenkette gesichert, sodass es schon einen Bolzenschneider gebraucht hätte, um ihn aufzubekommen.

Vielleicht würde mich ja das Abendessen einigermaßen entschädigen. Ich war jedenfalls erleichtert, beinahe glücklich, als mein Auto mit Joe Chan vorfuhr, um mich abzuholen. Das Restaurant seiner Wahl bestand aus einer Reihe großer miteinander verbundener Räume, ausgestattet mit großen, runden Tischen, an denen ringsum fröhliche Chinesen saßen, viel rauchten, lachten, schwatzten, aßen. Neugierige Blicke folgten uns, als wir durch den Hauptspeisesaal und mehrere dahinter gelegene Räume schritten, bis zu einem höhlenartigen Zimmer mit schmutzigen, roten Vorhängen, die auf Halbmast hingen. Dort setzten wir uns an einen Zehnertisch: ich, Chan und der griesgrämige Kerl, der für unsere Beförderung abgestellt war.

Das Essen kam schubweise, mehrere Gerichte auf einmal. Viel zu viel für drei Personen, dachte ich, eingedenk der chronischen

Nahrungsmittelknappheit in China. Ich war geneigt, ja begierig, diese seltsamen, neuen Gerichte alle durchzuprobieren, doch bei einer der regionalen Spezialitäten war dann doch Schluss: Hund – trotz meiner vielen Freunde, die überzeugte Hundefleischgourmets waren. Auch das eintopfartige Gebräu aus unidentifizierbaren Fleischbrocken, aus denen kleine Knochen herausstanden, bereitete mir Unbehagen.

»Was ist das?«, fragte ich Chan.

»Sehr gutes Essen, Madam. Spitzenküche«, antwortete er und sah mich an, als müsse er erst überlegen, was es auf dem Markt so alles gab, bevor er dann die Fleischsorte benannte.

»Ente, Madam. Das ist Ente.«

»In Schweineauge«, sagte ich.

»Nein Madam. Nicht Schwein«, korrigierte er geduldig, »Ente.«

Ich probierte einen kleinen Brocken von diesem seltsamen Fleisch, war mir aber nach dem zweiten Happen sicher, dass es sich keinesfalls um Ente handelte und auch nicht um irgendeine andere, der Menschheit bekannte Geflügelsorte. Ich hörte auf zu essen, was Chan jedoch nicht bemerkte, und auch nicht der Fahrer, der sogar noch beim Essen rauchte, schmatzte und schlürfte, was das Zeug hielt – ein Einmannkonzert aus jeder Menge Grunzern, Schmatzern, Schlürfern und Rülpsern. Da er das Essen offensichtlich genoss, wertete ich das als Kompliment für Küche und Gastlichkeit. Weniger genussvoll allerdings war es, mit anzusehen, wie dieser ungehobelte Kerl ein Gericht nach dem anderen verspachtelte. Den Kopf fast im Teller schlabberte er das Essen in sich hinein und klapperte dabei lautstark mit den Stäbchen.

Das Gemüse war gebraten oder gedünstet, aber etwas schlaff, was verdächtig nach aufgewärmten Speiseresten aussah, und auch die Platte mit gebratenem Reis, die mit kleinen Krabben angerichtet war, gab einen beunruhigend stechenden Geruch ab. Was auch immer es war, das uns da aufgetischt wurde, meinen Gästen mundete es offensichtlich, und sie fielen über jedes Gericht her, als wären sie halb verhungert.

Chan hatte die seltene Gabe, gleichzeitig reden und essen zu können. Schnell und gekonnt bewegte er die Stäbchen, kaute und schob den Reis von einer Backe in die andere und fragte mich dabei, für welche Zeitung ich arbeite, wo sich mein Mann aufhalte, ob ich schon einmal in Australien gewesen sei, ob es in Kanada kalt sei, ob mir Rock 'n' Roll gefalle, ob ich Billard spiele, ob die Bauern in Kanada arm seien. Doch bis ich bei seinem starken Akzent das Wort Bauern verstanden hatte, war ich zu müde, um mich mit ihm über die ökonomischen Probleme in meiner Heimat auseinander zu setzen. Ich wollte nichts als schlafen und das möglichst auf der Stelle. Bis auf ein paar Reiskörner hatten die beiden alles verputzt. Nicht ein kleiner Fetzen des mysteriösen Fleisches war übrig, und als der Fahrer einen lauten Rülpser ausstieß und sich die nächste stinkende Million Brand ansteckte, sagte ich, dass ich gehen wolle.

Er stapfte hinaus, schnaufte schwer und schmollte, während Chan die Bedienung kommen ließ und im Plauderton anfing, über die Rechnung zu verhandeln. Die ging natürlich auf mich, saftige 120 Yuan, was wahrscheinlich mehr war, als Chan in einem Monat verdient. Als ich entgeistert auf den hohen Betrag der Rechnung starrte, erklärte er, dass man hier nicht nur nach Essen bezahlt, sondern auch nach Gesicht. Soweit mein erstes Erlebnis mit Chinas Zweiklassen-Preissystem, in das Chan mich vorsichtig einzuführen versuchte.

»Hier, ein Andenken, Madam. Eine schöne Erinnerung an Ihr erstes Essen in Guilin«, sagte mein persönlicher Nepper, lächelte einschmeichelnd und überreichte mir ein Paar krumme, dünne Zweigstückchen, die in dieser Lokalität als Essstäbchen galten.

Mir war durchaus klar, dass man mir mindestens 100 Prozent mehr berechnet hatte als einem Chinesen, und dass Chan davon einen Anteil für sich kassierte. Ich musste also diesem unverschämten, ausgekochten, kleinen Schlitzohr auf der Stelle einen Riegel vorschieben, andernfalls würde er noch die Hypothek auf mein Haus besitzen, bis ich wieder zu Hause war. Doch ich wusste nicht, wie ich das anstellen sollte, ohne das gar so wichtige Gesicht zu verlieren, und so packte ich meine Essstäbchen und kochte innerlich vor Wut. Ich versuchte, mir die Reaktion meines Lektors bildlich vorzustellen, wenn ich ihm eine Riesenrechnung präsentierte von einem Restaurant, wo ich kaum einen Bissen hinunterbekommen, aber mal eben ein paar Stäbchen für teures Geld gekauft hatte. Wenn Chan ein Paradebeispiel für das neue China war, dann stand dem Kapitalismus in der Volksrepublik ja eine rosige Zukunft bevor!

Wir kamen auf die Straße und bekamen gerade noch mit, wie unser Fahrer von einer kleinen Frau in weiter, grüner Uniform barsch angeschnauzt wurde. Geduckt stand er da, den Kopf eingezogen, das Kinn auf der Brust, hängende Schultern, während sie in einer Tour auf ihn einschrie, bis er ihr Gezeter unterbrach, indem er mit einem Notizbuch herumwedelte und es gegen ihre flache Hand schlug. Ein paar Schaulustige waren bereits zusammengelaufen, die empört, aber doch interessiert auf den Unhold starrten, den ich von vornherein nicht gemocht hatte. Ganz egal, wofür sie dir die Hölle heiß macht, du hast es mit Sicherheit verdient, dachte ich mir. Dennoch, aus Sorge, er könne ernstlich in Schwierigkeiten sein, bat ich Chan, er möge einschreiten und ihn da rausholen. Doch Chan lachte nur nervös und schob mich in Richtung Auto.

»Er hat falsch geparkt. Kein Problem. Jetzt ab in die Disco!«

Chan machte wahrlich eine saure Miene, als ich dankend ablehnte, und plötzlich war mir klar, warum er so ein langes Gesicht zog. Die Disco befand sich in meinem Hotel, und als Chinese hatte er dorthin nur Zutritt als mein Begleiter. Er hatte mir auf Schritt und Tritt zu folgen. So funktionierte das hierzulande. Er war mein offiziell ernannter Schatten und würde nicht von meiner Seite weichen, solange ich wach war und solange ich hier in Guilin war. Und natürlich gingen indes alle Speisen, Getränke, vergnügliche Unternehmungen plus eine Reihe Schwindel erregender Steuerauflagen, Gebühren und Aufpreise auf meine Rechnung.

Das Thema Disco rief bei mir eine Erinnerung wach an etwas, das ich am liebsten vergessen hätte. Eines Abends während meines Aufenthalts in Guangzhou, als ich vom ständigen Partygeflüster meines offiziellen Führers genug hatte und mich nur noch nach ein bisschen Privatsphäre sehnte, machte ich ihm unmissverständlich klar, dass ich ihn nicht beim Abendessen dabeihaben wolle, auch danach keinen Wert auf seine Gesellschaft legte und ihn bis nach dem Frühstück überhaupt nicht mehr sehen wolle. Gute Nacht.

Er protestierte, was ich zunächst für eine Art plumpe Anmache hielt, und ich wurde richtig wütend. Erst fing er an, mir gut zuzureden und schließlich herumzudiskutieren. Ich bräuchte ihn doch für das Lesen der Speisekarte. Ich würde mich ohne ihn gar nicht zurechtfinden – die vielen Fragen, die vielen Probleme. Und zudem sei es hier für eine allein reisende Frau aus dem Westen gefährlich und so weiter. Während er mit allen Mitteln mich zu überzeugen versuchte, zupfte er nervös an seinem Hemd herum; seine Augen schnellten hierhin und dorthin; er kniff den Mund zusammen und klappte ihn wieder auf, wie jemand, der an Schmerzen litt. Ich merkte, dass er eine Wut auf mich hatte, wusste aber nicht warum, was mir in jenem Moment auch egal war, und ich schlug ihm die Tür buchstäblich vor der Nase zu.

Erst viel später begriff ich, warum er so stur darauf beharrt hatte, an meiner Seite zu bleiben. Indem ich ihm seine offizielle Übersetzerrolle für das Abendessen und den restlichen Abend verwehrte, hatte ich ihn um seine beste Mahlzeit seit Wochen gebracht. Mit keinem Gedanken hatte er mich verführen wollen – alles, was er wollte, war ein gutes Abendessen.

Chan hingegen war anders. Er diskutierte nicht groß. Vielmehr verstand er sich auf die alte chinesische Art, eine Enttäuschung höflich zu überspielen, was beiden Seiten erlaubte, das Gesicht zu wahren.

Der Fahrer kam brummig zurück, und wir rasten davon, hinein in die dunkle Straße. Chan gab freudig seinen Plan für den nächsten Tag bekannt. Vorgesehen war eine offizielle Reiseroute, zusammengestellt vom staatlichen Reiseveranstalter, dem China International Travel Service (CITS), die offenbar dazu dienen sollte, uns westliche Touristen zu der Beschäftigung zu animieren, für die wir allerorten bekannt sind: Einkaufen.

»Zuerst, Besuch im Bekleidungsgeschäft. Kaufen Sie chinesische Seide. Sehr schön. Danach Jadepalast. Kaufen Sie Jade. Sehr schön. Danach Bildergalerie. Sehr schöne chinesische Gemälde ...«

Als er meine mangelnde Begeisterung bemerkte, hielt er inne.

»Keine Geschäfte? Nicht einkaufen?« Seine Stimme schwoll an, immer weiter, bis sie quietschte vor lauter Ungläubigkeit, und er seine Provision schon förmlich dahinschmelzen sah. Doch weise wie er war, fand er sich damit ab. Also gut, wenn ich es so wünschte, dann konnte er auch anders. Stets zu meinen Diensten wechselte er zu Plan B.

»O. k., Madam. Kein Problem. Zuerst, Kinderpalast, Babys ansehen. Fotos machen. Sehr schön, chinesische Babys. Danach ...«

Da unterbrach ich ihn, bevor er mit den unvermeidlichen Museen und Monumenten anfing. Keine niedlichen Babys, kein Friendship Store, kein Bummel durch kitschige Kalksteinhöhlen, zu denen ausnahmslos jeder Tourist gezwungenermaßen hingeschleift wird. »Vergiss die offizielle Route! Bring mich einfach zum Li River, denn ich möchte gern die schönen blauen Berge aus der Nähe sehen, durch ein echtes chinesisches Dorf spazieren und die Kormorane beobachten, wenn sie nach Fischen tauchen.«

»Vögel? Sie möchten tauchende Fischvögel beobachten?«

Das hätte er nie im Leben gedacht. Den Li River ja, das konnte er noch verstehen, schließlich fließt er durch eine der schönsten Gegenden, die Provinz Guangxi, die Dichter und Künstler seit eh und je inspiriert hat. Aber Vögel? Die ganze lange Reise aus dem kalten Kanada nur wegen ein paar dämlicher, nach Fischen tauchender Vögel?

Ich erklärte ihm, dass ich seit meiner Schulzeit, als wir darüber gelesen hatten, den Wunsch hatte, einmal den Li River mit den blauen Bergen und den Kormoran-Fischern zu sehen. Doch er war noch immer perplex von so viel Querköpfigkeit und setzte alles daran, mir den Ausflug zu den Kalksteinhöhlen schmackhaft zu machen. Schließlich war ich es leid.

»Sieh mal, ich will den Fluss und die Vögel sehen. Nichts sonst. Also, was ist? Gehen wir?«

»O. k., Madam. Kein Problem. Morgen gehen wir zu den Fischvögeln.«

In der Nacht setzte Regen ein, erst sanft, dann heftiger: ein spätsommerlicher Wolkenbruch mit lautem Donnergrollen, das von den umliegenden Hügeln widerhallte. Die ganze Nacht hörte ich den Sturm gegen mein Fenster schlagen. Als ich aufwachte, hatte es zwar aufgehört zu regnen, doch man konnte nicht über den Hof sehen. Guilin war verschwunden im Grau in Grau.

Am Morgen wirkte der große, leere Hotelspeisesaal dunkel und kalt, und die Luft war muffig. Wie die Laken auf meinem Bett fühlte sich auch das Tischtuch feucht an, als könne man es auswringen. Schlotternd saß ich allein an meinem Tisch für zehn, stocherte lustlos in meinem schrecklichen Frühstück westlicher Art mit nach Fisch schmeckenden Eiern, nippte an der Tasse mit schalem Kaffee und tat mir selbst Leid. Aus dem Speisesaal nebenan hörte ich eine Gruppe Chinesen fröhlich lachen und schwatzen, während sie sich ihre dampfenden Klöße, Nudeln und *congee*, eine Brühe mit Reis, einverleibten.

Ich musste unbedingt daran denken, Chan zu sagen, dass ich künftig chinesisches Frühstück haben wollte. Von der Hotelhalle aus, wo ich auf ihn wartete, sah ich ihn von einem alten Fahrrad springen, es abschließen und sich mit einem Taschentuch den Dreck von seinen Nikes wischen. Kaum war er durch die Tür, winkte er mir zu, und schon hörte ich das vertraute Geknatter des Crown.

Es war noch früh, als wir uns zum Dorf Jangdi aufmachten, die erste Stelle, an der der Li River zu dieser Jahreszeit hoch genug war, um in einem der flachbauchigen Schiffe flussabwärts bis nach Jangshuo zu fahren, dem Ort, den ich gern besuchen wollte. Chan war gut gelaunt und gesprächig, wohingegen die Laune des Fahrers heute auch nicht besser war als am Vortag. Er sah mich kurz an, ließ den Motor aufheulen – wrumm, wrumm! –, und schon rauschten wir auf der Mitte der nebelverhangenen Straße mit plärrendem Radio und lautem Gehupe davon.

Die enge Straße war voll mit Marktkarren und dem üblichen chinesischen Sortiment alter Vehikel, darunter eine Reihe Militärfahrzeuge, die allem Anschein nach noch aus der Zeit vor dem Zweiten Weltkrieg stammten. Fußgänger trabten am Straßenrand entlang, tief gebückt unter Gemüsekörben, riesigen Reisigbündeln und ganzen Kisten mit lebendem Federvieh oder quietschenden Ferkeln. Und wo man hinsah: Fahrräder, einige bepackt mit Beifahrern oder Kleinvieh, und alle hatten sie laut bimmelnde oder scheppernde Klingeln. Unterdessen schlängelten wir uns so gut es ging durch, überholten auf der Gegenfahrbahn und rasten zwischendurch wie wild auf den entgegenkommenden Verkehr zu, der ebenfalls die Mitte der Straße zu bevorzugen schien. Dabei schrammten wir nicht selten nur knapp an Fußgängern oder anderen Fahrzeugen vorbei.

Vor uns trottete ein alter Mann mit seinem Wasserbüffel gemächlich die Straße entlang. Er trieb den Wasserbüffel vorwärts, indem er eine Rute in gleichmäßigem Rhythmus vor und zurück über den Schwanz des Tieres sausen ließ. Plötzlich bemerkte ich, dass wir geradewegs auf den Mann zusteuerten. Nicht ahnend, dass das Schicksal in Form einer roten Blechbüchse auf vier Rädern mit einem Irren am Steuer auf ihn zuraste, sah er weder nach rechts noch links. Ein Zusammenstoß schien unausweichlich, doch kurz bevor wir ihn erfassten, riss unser Fahrer das Lenkrad herum, wich dem massigen Rumpf des Wasserbüffels im allerletzten Moment aus und hatte das Tier nur um Haaresbreite verfehlt.

In hohem Bogen landete der alte Mann im Straßengraben, und

für den Bruchteil einer Sekunde glaubte ich, wir hätten ihn angefahren. Mein Herz stand still. Doch noch im Vorbeischießen sah ich, wie er sich wieder hochrappelte, die Fäuste schwang, wie am Spieß schrie und uns samt Kindern und Kindeskindern in drei Teufels Namen zur Hölle verfluchte.

Nicht zu fassen – unser Fahrer lächelte. Es war das erste Mal, dass ich ihn lächeln sah.

Du elender Mistkäfer, dachte ich. Das hat dir auch noch Spaß gemacht! Dieser Kerl war nicht nur gemeingefährlich, er hatte dazu eine sadistische Ader. Ich musste an das riesige Plakat mit Bildern von Pekinger Gefangenen denken, die wegen eines alltäglichen Diebstahldelikts durch einen Schuss in den Hinterkopf hingerichtet worden waren. Was würde da wohl einer Ausländerin blühen, die es zuließ, dass ihr gemieteter Fahrer einen vorsätzlichen Mord durch Überfahren beging? Welche Strafe stand auf grob fahrlässige Tötung? Da fiel mir wieder mein Fahrrad fahrender Freund aus Peking ein: »Autounfall in China? Halte dich bloß nicht noch mit Packen auf. Mach, dass du rauskommst.«

Unser Fahrer fuhr weiter Bleifuß, und erneut rasten wir wie die Bekloppten auf der Gegenfahrbahn entlang, wo uns ein Bus entgegenkam und ich das Blutbad schon kommen sah.

»Er soll langsamer fahren, sag ihm das«, schrie ich Chan an, der seine Augen geschlossen hatte und mit den Fingern zur Radiomusik schnippte. Er schien mich nicht zu hören, also packte ich ihn am Arm und schüttelte ihn, bis er die Augen aufriss.

»Aber Madam, er fährt doch gut«, entgegnete er.

Inzwischen hatte ich keine Lust mehr, mein Gesicht zu wahren und so zu tun, als sei alles in Ordnung.

»Der Kerl ist lebensgefährlich! Sag ihm, wenn er nicht auf der Stelle langsamer fährt, dann zeige ich ihn an!«, schnauzte ich.

Ich hatte keine Ahnung, ob und bei wem ich ihn überhaupt anzeigen konnte, aber das war egal. Offenbar hatte ich die magischen Worte gefunden, die Büchse der Pandora der Kulturrevolution – *Strafanzeige*!

Erstaunlich, dachte ich. Da war die Kulturrevolution längst vorbei, doch mit einer solchen Drohung versetzte man die Leute in diesem obrigkeitshörigen Land noch immer in Mordspanik. Ob vom bekannten Feind geflüstert oder von einer ausländischen Teufelin hinausgeschrieen – diese Worte riefen Angst und Schrecken wach. Und auch Chan reagierte prompt. Mit der Faust klopfte er dem Fahrer auf die Schulter, redete aufgeregt auf ihn ein, und sofort ging dieser vom Gaspedal. Wir bewegten uns auch geringfügig weiter nach rechts und gaben so wenigstens den Anschein, auf unserer Fahrbahnseite zu fahren.

»O. k., Madam. Kein Problem. Er fährt jetzt gut. Man muss es ihm nicht mehr sagen.«

Chan grinste mich an, und da er wohl davon ausging, dass ich mich nun nicht mehr an eine höhere Stelle wenden würde, machte er wieder die Augen zu und schnippte weiter mit den Fingern zur Musik. Der Fahrer fixierte mich giftig im Rückspiegel, und ich stierte genauso wütend zurück. Wenn Blicke töten könnten, dachte ich, dann wären wir jetzt beide tot. Langsam verzog sich der Nebel, und ebenso gemächlich setzten wir unseren Weg zum Li River fort.

Unsere Ankunft am Fluss verzögerte sich allerdings durch Chans häufige Einkaufsstopps. Alle paar Meter ließ er anhalten, sprang aus dem Wagen und fing mit irgendwelchen Händlern am Straßenrand eifrig zu handeln an. Ich hatte keine Ahnung, was er kaufte oder wozu. Mir und dem Fahrer jedenfalls blieb nichts anderes übrig, als jedes Mal missmutig und verärgert zu warten, bis er fertig war.

Der Li River zieht sich in einer weiten Schlangenlinie durch die Provinz Guanxi, durch eine Landschaft, die in ihrer Schönheit geradezu mystisch anmutet. Hier sind sie zu finden, die wellenförmigen, blauen Karstformationen, die an die flachen Äcker und Reisfelder grenzen, die federigen Bambusgräser, die mich an grüne Straußenfedern erinnerten. Wir fuhren vorbei an weiß gekalkten Bauernhäusern mit Strohdächern, an Kindern, die eine

Schweineherde vor sich her trieben, einer Frau mit einem strahlenden, sonnengebräunten Gesicht, die ihren schwerfälligen, arbeitsamen Wasserbüffel die Straße entlangtrieb. Auf kleinen, schlammfarbenen Tümpeln tummelten sich schneeweiße Enten.

Zwischen den Bäumen erschien plötzlich ein zierliches, pagodenähnliches Gebäude, und ich fragte mich, wie es die Japaner überstanden hatte, die 1944 die Nationale Volksarmee nach Süden vertrieben und nicht nur Guilin zerstörten, sondern auch die meisten der wunderschönen Tempel und Pagoden im Umland. Und was die Japaner 1944 nicht zugrunde richteten, das jagten kurz darauf die Amerikaner in die Luft. Ende der 1960er-Jahre wüteten dann hier auch noch die Roten Garden, und damit waren die schönen alten historischen Gebäude der Region völlig ausgelöscht. Nichts war übrig geblieben außer Schutt. Und das Verschönerungsprogramm, das danach von der Zentralregierung gestartet worden war, um Touristen in das Gebiet zu locken, hatte eine Architekturlandschaft hervorgebracht, die grau, leblos, kastenförmig und ziemlich trist war.

Die Chinesen sind passionierte Touristen im eigenen Land, und auch an jenem Tag waren die Ufer des Li River gesäumt von flachbauchigen Ausflugsschiffen. Dasjenige, das Chan für uns organisiert hatte, war mit 60 bis 70 Passagieren bereits ziemlich voll. Stuhl an Stuhl saßen sie um einen langen Holztisch und teilten der Crew lautstark ihre Essenswünsche mit. Wie immer besorgt um mein Wohlergehen und seinen eigenen finanziellen Anteil, hatte Chan für uns eine Flussschiffparty gebucht.

»Das Essen hier ist gut, und es gibt Bier«, beteuerte er. Und da kam es auch schon, in braunen Einliterflaschen, ragte förmlich heraus zwischen den Erdnussschüsseln, den Thermosflaschen und den Plastiknarzissen.

Es war spät im Jahr, und der Fluss führte wenig Wasser. Schon nach zehn Minuten Fahrt stießen wir auf Grund – die erste von zahlreichen Verzögerungen, die noch kommen sollten. Unsere Mitreisenden fingen an zu meckern. Dabei ging es ihnen gar nicht mal um die langsame Fahrt auf diesem beschaulichen Fluss als vielmehr darum, dass kein Essen serviert wurde, bis wir eine bestimmte Stelle erreicht hatten, und wenn es den ganzen Tag dauern sollte. Bei all der Warterei hatten sie inzwischen einen Mordskohldampf bekommen. Als ich Chan fragte, warum die Crew das Essen nun nicht einfach ausgeben könne, wo es doch Mittagszeit war und alle offenbar Hunger hatten, erwiderte er nur: »Das ist nicht gestattet.«

Dieser Satz war in China oft das Ende jeder Diskussion, und ich bekam ihn mehrfach, offiziell und inoffiziell, zu hören. Zuweilen wurden mir jede Menge Scheingründe aufgeführt, warum ich dieses oder jenes Gericht nicht bekommen könne, obgleich – auch wenn es nicht auf der Touristenspeisekarte stand – es an allen Tischen rings um mich auf großen, dampfenden Platten serviert wurde: »Dieses Gericht gibt es nur für Chinesen«; »der Koch hat schon Feierabend«; »dem Koch sind die Zutaten ausgegangen«; »nur gegen Aufpreis«… Bis mir schließlich ein gereizter Koch den eigentlichen Grund nannte: »Es ist nicht gestattet, die für Ausländer aufgeführten Gerichte zu ändern.«

Unterschiedliche Situationen, aber immer die gleiche Antwort. Einmal kam in meinem Hotelzimmer plötzlich kein Wasser mehr aus dem Hahn. Gründe: Trockenzeit, Notstand, in Kürze läuft das Wasser wieder. Doch auch hier erfuhr ich nach mehrmaligem Nachhaken schließlich den wahren Grund: Wasserverbrauch zu dieser Tageszeit ist nicht gestattet.

Wir aßen die Erdnüsse bis auf den letzten Krümel, tranken das ganze Bier aus, und danach kümmerte sich Chan rührend um mein leibliches Wohl. Für die nächste Stunde nahm ich alle bösen Gedanken, die ich während seiner Einkaufstour auf dem Weg hierher zum Fluss gegen ihn gehegt hatte, wieder zurück. Er organisierte von hier und dort Proviant, bunkerte wie ein Eichhörnchen irgendwelche Nahrung in seinen vielen Taschen, fütterte mich mit gerösteten Kastanien, kleinen, grünen, honigsüßen Tangerinen und getrockneten Krabben. Auf die Krabben hätte ich verzichten können; sie schmeckten trotz des vielen Salzes ranzig und penetrant fischig, doch irgendwie war ich in jenem Moment für jede noch so kleine Gabe dankbar. Während wir die Häppchen zu uns nahmen, gab Chan seinen üblichen belehrenden Kommentar zu jedem einzelnen Stück ab und zauberte dann zwei dicke, frisch geschnittene Zuckerrohrstängel hervor.

»Mit den Zähnen schälen. Rinde ausspucken. Nur die Flüssigkeit aussaugen.«

Eine ganze Weile saßen wir da, suckelten, kauten und spuckten. Dann ließ er unser ausgiebiges Schlemmermahl ausklingen mit getrockneten Rindfleischscheiben und kleinen Eckchen überaus süß gezuckerter Fruchtschalen, die wie reife Pflaumen schmeckten.

Plötzlich ertönte ein mahlendes Geräusch. Ölig schwarzer Rauch zog über die Wasserlinie, und die Fahrt stoppte jäh. Aus dem Motor kamen ein paar Ölspritzer, dann qualmte es rabenschwarz. Hinten auf dem Schiff redeten alle hektisch durcheinander. Die Crew, die Passagiere, alle quasselten auf einmal, aber wir bewegten uns keinen Millimeter. Lange Stäbe wurden in den Fluss gesenkt, und mehrere Männer ließen sich freiwillig einspannen, legten sich aus der Schulter heraus kräftig ins Zeug, stakten, schoben und stöhnten kräftig, aber wir bewegten uns noch immer nicht.

»Das war es dann wohl«, meinte ich zu Chan, »wir sind auf eine Sandbank aufgelaufen und werden die ganze Nacht hier verbringen müssen.« Doch Chan schüttelte den Kopf. »Keine Sandbank. Wasser ins Öl gelaufen« Er klang dabei sogar fröhlicher als bislang. Dann verkündete er: »Jetzt gibt es Essen.«

Unterdessen glitt eine kleine Flottille aus Bambus-Skiffen, schmale Einmannruderboote, auf uns zu, gestakt von hageren Männern, die Lebensmittel feilboten: Fische, grünes Blattgemüse und riesige gelbe Pomelos. Ein Passagier kaufte einen Beutel zappelnder Krebse; ein anderer fettig ausgebackene Kuchenstückchen, die köstlich rochen. Die Crew machte unterdessen noch ein paar Bier auf.

Die meisten Boote, die an uns vorbeifuhren, waren chaotische Konstruktionen: Hütten auf einem fahrbaren, schiffsähnlichen Untersatz oder *sampans*, kleine Hausboote mit gerundeten oder aus Schilfrohr geflochtenen Dächern, die gesteckt voll waren mit chinesischen Familien, die auf dem Fluss lebten und arbeiteten. Diese grob zusammengezimmerten Boote hatten jedenfalls keine Urlauber an Bord. Sie waren ausschließlich bemannt mit Einheimischen, welche allesamt in einheitsblaugrauen, weiten Mao-Anzügen steckten, was damals, Ende der 1980er-Jahre, in Südchina kein seltener Anblick war. Ihr starrer, verdrießlicher Blick folgte uns, während sie langsam an uns vorüberzogen. Auf einer Sandbank in einiger Entfernung vor unserem festsitzenden Schiff tauchte plötzlich eine Meute nackter, brauner Kinder auf, die johlten und winkten. Wir winkten zurück, doch als sie anfingen, uns mit Steinen zu bewerfen, waren wir vollauf damit beschäftigt, den Geschossen auszuweichen. Chan ließ ein paar giftig klingende Flüche auf Chinesisch los, und die Horde am Ufer schrie lauthals zurück. Daraufhin drängte er mich in die Kabine und verklickerte mir seine Version vom Klassenkampf in der Volksrepublik.

»Arme Bauern«, sagte er und schüttelte fassungslos den Kopf. »Zu dumm zum Leben.«

Vom Deck aus winkten und riefen uns die Passagiere anderer Ausflugsschiffe zu. Eines, das größer war und einen schöneren Anstrich hatte als unseres, schien voll besetzt mit durchweg japanischen Geschäftsleuten, schmuck gekleidet in dunklen Anzügen und Krawatten. Als sie vorbeifuhren, fingen die Chinesen auf unserem Schiff an zu lachen und mit den Fingern zu zeigen.

»Was ist denn daran so lustig?«, fragte ich Chan.

»Nur Japaner auf dem Schiff. Keine Chinesen. Mann hinten auf Schiff pisst in den Fluss. Sie lachen ihn aus.« Er zeigte auf einen Japaner, der sich über die Reling hinweg erleichterte und das johlende Publikum von unserem Schiff ignorierte.

»Pah! 50 Japaner. Sollten Toilette auf dem Schiff haben«, mäkelte Chan.

Mit der Toilette auf unserem Schiff hatte ich bereits Bekanntschaft gemacht. Daher konnte ich gut verstehen, warum der Japaner seine Notdurft lieber auf diese Weise verrichtete, als das dreckige, stinkende Klosett mit den verspritzten Wänden und einem Loch im Boden, das direkt in den Fluss führte, aufzusuchen. Egal, wie sehr ich mich bemühte, China mit östlichen Augen zu sehen, die Toiletten waren mir immer ein Graus.

Mittlerweile war im hinteren Teil unseres Schiffes ein kerniges, braun gebranntes Mädchen mit dicken Zöpfen dabei, einen zappelnden Fisch zu zerhacken. Als Kombüse diente ihr ein beengter Platz, der zwar überdacht, ansonsten aber nach drei Seiten offen und nur von der Außenwand einer Kabine begrenzt war. Ein Blechfass mit einer Feuerstelle darin diente als Herd für mehrere Woks. Kübel und Bambustöpfe baumelten neben kleinmaschigen, mit *bok choy* und Orangen gefüllten Netzen an Haken vom Dach, und in einem runden Schilfrohrkorb hockten lebendige Enten. Koch-, Abwasch- und Teewasser wurden aus dem Fluss geschöpft. Ein roter Plastikkübel diente als Aufbewahrungsort für Fischstücke und Reis.

In der Kabine wurden weitere Tische aufgestellt, und während sich jeder einen Platz suchte, kam eine ältere Chinesin auf mich zu. Seit wir auf dem Schiff waren, hatte ich außer von Chan keine Silbe Englisch mehr gehört und war daher erstaunt, als sie mich beinahe akzentfrei ansprach.

»Madam, Sie sind allein? Wo ist Ihre Gruppe?«

Diese Frage hatte ich schon des Öfteren gehört, und bald schon merkte ich, dass sie nicht von ungefähr kam, wenn man wusste, wie die chinesische Bürokratie üblicherweise mit Alleinreisenden verfährt. Wer sich stur weigerte, sich einer Touristengruppe anzuschließen, wurde in bürokratischen Angelegenheiten meist bis zum Sankt-Nimmerleins-Tag hingehalten. Der diensthabende Beamte sei nicht da, hieß es, er habe Feierabend oder käme erst am Dienstag wieder. Und in der Zwischenzeit ging gar nichts. Keine plausiblen Erklärungen, keine Entschuldigung, keine Alternative. Rein gar nichts. Das unabhängige Alleinreisen war mit einem hohen Aufwand an Zeit und Geld verbunden, ganz zu schweigen von den Nerven, die mich unser Fahrer schon gekostet hatte. In Gruppen zu reisen hatte ich, wann immer es ging, vermieden, doch meine Erfahrungen in China stimmten mich allmählich um. In einer Gruppe war vieles bequemer und sicherlich auch einfacher.

Doch es gab ja noch Chan, den Inbegriff eines Musterführers. Zugegeben, wir hatten einen schlechten Start mit dem grässlichen Abendessen und der krummen Tour mit den Essstäbchen, doch immerhin hatte er mich davor bewahrt, auf der Fahrt hierher zum Fluss in die Statistik der Unfallopfer einzugehen. Er war höflich, fröhlich und hilfsbereit. Außerdem war er unter all den Abermilliarden im ganzen Land wohl die einzige Seele, die sich um meine Sicherheit sorgte, darum, ob ich zufrieden, ob ich überhaupt tot oder lebendig war.

Nun aber hakte Chan ein, ergoss einen wahren Wortschwall in Kantonesisch über die Frau und erklärte ihr, in welcher Beziehung wir zueinander standen. Die Frau nickte, wandte sich an die Menge, die schlagartig still war, und begann zu reden. Chan übersetzte mir ihre Worte und geriet an der einen oder anderen Stelle ganz schön ins Schleudern – da war ich mir sicher.

»Sie spricht Mandarin. Auch Englisch. Das hat sie vor der Kulturrevolution gelernt. Sie spricht komisch«, meinte er mit leichtem Sarkasmus in der Stimme. Chan fühlte sich mit seinem selbst beigebrachten Englisch ziemlich unsicher, und obwohl er mir erzählte, dass er in Kürze einen Platz an der Quinghua-Universität in Peking bekommen würde, wo er Wirtschaftswissenschaften studieren wolle, notierte er sich die ganze Zeit irgendwelche Worte, die er von mir aufschnappte, um sich weiterzubilden.

»Sie erzählt denen, dass Sie keine Gruppe haben. Nur mich. Sie sagt, Sie seien eine bedeutende, internationale Journalistin. Außenpolitik. Sie sind von Ihrem Mann nicht geschieden und rein aus beruflicher Pflicht hier.«

Ich erntete einmütiges Nicken, ein paar Verbeugungen und viele lächelnde Gesichter. Ich nickte ebenfalls, lächelte und nahm meine unverhoffte Würdigung hin. Der offizielle Begleiter einer offiziell bedeutenden ausländischen Journalistin zu sein, färbte auch auf Chans Ansehen ab, was ich ihm von Herzen gönnte nach unserer Höllenfahrt, und er schien froh und glücklich, sich in meinem Ruhm sonnen zu können.

Nach einigem Hin und Her um die Sitzplätze bekamen Chan und ich als Ehrengäste die Plätze am Tisch der alten Frau zugewiesen. Mit einem zerknitterten Taschentuch aus einer seiner vielen unergründlichen Taschen wischte Chan meine Essstäbchen kräftig ab und spülte dann meine Teetasse mit Wasser aus der Thermoskanne aus, das zweifellos direkt aus dem Li River kam. Ich konnte nur hoffen, dass es gut abgekocht war.

Zum Auftakt des Menüs gab es Eierstichsuppe, die in winzigen Schälchen serviert wurde, danach knusprig gebratenen Fisch an Tomaten, Rührei mit Zwiebeln, sautiertes Schweinefleisch mit seltsam brauner Soße, gefolgt von Gemüse und gebratenen Hühnerflügeln. Anschließend wurde an jedem Tisch ein ganzer gedämpfter Fisch serviert, und die freundliche alte Frau bediente mich höchstpersönlich.

»Sie sind Ehrengäste. Bitte gestatten Sie mir, Ihnen vorzulegen«, sagte sie mit ihrer sanften Stimme, entfernte säuberlich den Kopf und legte ihn in meine Schale. »Die Backen schmecken am lieblichsten, aber essen Sie zuerst die Augen. Sie sind köstlich. Und sie werden Ihnen Glück bringen.«

Chan, der richtigerweise ahnte, dass mir nicht nach Fischaugen zumute war, blickte entsetzt drein. Denn sollte ich den Fisch ausschlagen, würde ich sie kränken und mein Verhalten auf ihn zurückfallen und er sein soeben gewonnenes Ansehen sogleich wieder verlieren. Also machte ich höflich mit, löffelte die Backen aus, erklärte, es schmecke vorzüglich – was es auch tat –, und kurze Zeit später war jedermann so mit Essen beschäftigt, dass keiner bemerkte, wie Chan meine Schale zu sich nahm und den Rest des Fischkopfes, einschließlich der Glück verheißenden Augen, kurzerhand verspeiste.

Später lagen auf dem ganzen Tisch verstreut Gräten und sonstige Essensreste, aber das störte keinen. Wir aßen Orangen, stocherten in den Zähnen und waren zufrieden.

Mittlerweile war es spät geworden. Die anderen Ausflugsschiffe waren längst weg. Sie hatten Jangshou Stunden vor uns erreicht, den obligatorischen Tee und die Einkaufstour hinter sich, das Souvenir längst gekauft, und waren auf dem Rückweg nach Guilin. Daher waren wir ziemlich allein auf dem ruhigen Wasser.

Vor unserem einsam gelegenen Schiff floss der Li River glasig und gleichmäßig dahin, nur seine langen Flussgräser unterbrachen hie und da die Strömung. Ein paar Meter vor uns hob ein Wasserbüffel seinen großen, schwarzen Kopf mit den bebenden Nüstern und richtete seinen Blick auf uns. Es war so still, dass ich die Wassertropfen spritzen hörte, als er den Kopf schüttelte. Im frühen Dämmerlicht sahen die schönen, blauen Berge noch tiefblauer aus, zumal aus ein paar wenigen Häusern am Ufer fahles Licht schien. Männer, die auf Bambusbooten vorbeiruderten, zündeten Laternen an und hängten sie an gebogene Metallrahmen am Bug. Die Luft war lau. Wir standen am hinteren Teil des Schiffes und sahen den Leuchtkäfern zu, die in der einbrechenden Dunkelheit funkelten und flimmerten.

Vor dem Bug stakte eine hagere Gestalt in einem Bambus-Skiff auf uns zu, glitt lautlos immer näher heran. Ein klapprig aussehendes Gefährt, das er da stakte, zusammengebastelt aus ein paar wenigen Bambusstöcken, doch er stand aufrecht da, stolz, auf sicheren Füßen, wie eine Statue. Er kam fast zum Greifen nahe, bis ich seine Passagiere bemerkte – drei schwarze

Vögel, die dicht nebeneinander auf dem Rand eines runden Korbes hockten. Ihre Flügel hatten etwas Geierähnliches, ihre Köpfe aber waren flach und glänzend, ihre Füße hatten Schwimmhäute, und ein jeder Vogel trug eine Art Halsband, das an einem Haltestrick festgemacht war. Das mussten Chinas gefiederte Fischer sein, die großartigen Kormorane, entfernte Verwandte der Pelikane. Als ob sie meine Gedanken lesen könnten, reckten sie die Hälse, legten den Kopf schräg, und ihre krächzenden Laute durchbrachen die Abendstille.

»Fischvögel«, schrie Chan, erfreut darüber, dass meine erste Begegnung mit ihnen in einem solch stimmungsvollen Moment stattfand. »Sie tauchen und kommen hoch mit Fisch.«

Er legte eine Hand um seinen Hals, was den Metallring um die Vogelkehle darstellen sollte, und gab erstickte Laute von sich.

»Fisch geht nicht hinunter. Fisch ist für den Mann«, erzählte er mir und zeigte auf den Korb, der in der Tat halb voll mit Karpfen war.

Chan unterhielt sich mit dem Mann. Dabei klang seine Stimme in der unwirklichen Stille über dem Fluss ganz laut. Der Fischer lächelte, zog seine Bootsstange aus dem Wasser und legte sie sich über die Schultern, wobei er wie ein Seiltänzer mit den Füßen leicht balancierte, während die Vögel mit den Flügeln schlugen und sich auf die Stange setzten, zwei an das eine Ende und einer an das andere. Nun, da sie nicht mehr gekrümmt in der Hocke sitzen mussten, reckten sie sich aufrecht in die Höhe, die schwarzen Schwimmfüße weit auseinander, um die Balance zu halten. Einer der Vögel spreizte seine prächtigen, schwarzen Flügel, schüttelte sie ein wenig, zeigte die eleganten, fransigen Federn, klappte den großen, hakenförmigen Schnabel auf und zu und stellte sich zur Schau, als wäre er vom Zirkus.

Chan redete nun schneller auf den Fischer ein, verschluckte hie und da ein paar Konsonanten, wie er es tat, wenn er aufgeregt war. Er schickte sich an, meinetwegen mit dem Vogelbesitzer zu verhandeln. Wollte ich einen Fisch? Oder einen Vogel?

Ein guter Kormoran ist einen Haufen Geld wert, aber vielleicht konnte er ja ein Schnäppchen machen.

Ich wusste, dass er nur Spaß machte, halbwegs zumindest.

Plötzlich ließ unser Schiff ein schwaches Husten vernehmen, stoßweise wurde es immer lauter, bis es mit lärmendem Gedröhne wieder Lebensgeist zeigte. Jubel brach los. Mit einem Ruckeln setzten wir uns langsam in Bewegung und setzten unsere Fahrt nach Jangshuo fort.

Für einen kurzen Moment leuchtete die untergehende Sonne als orangeroter Ball, der zwischen zwei schwarzen Bergen klemmte, ehe sie endgültig unterging. Ganz langsam verschwand der Sonnenball hinter dem Horizont. Dann war es dunkel. Die Nacht war warm und tintenschwarz, und bis auf das gleichmäßige Hämmern des Schiffsmotors herrschte absolute Stille – etwas, was ich in China selten erlebte.

Ein paar Passagiere hatten sich auf dem flachen Dach bereits schlafen gelegt. Andere schliefen im Sitzen. Ich ging in die Kabine, in der Licht brannte, und setzte mich an einen Tisch, um ein paar Notizen zu machen. Chan sah mir dabei zu und versuchte sich tapfer wach zu halten und interessiert zu wirken, doch es dauerte nicht lange, da ruhte sein Kopf auf dem Tisch, die Augen fielen ihm zu, und er schnarchte inmitten der Fischgräten leise vor sich hin.

Auf dem Markt in Guilin sah ich meine erste chinesische Ratte. Sie war tot, wahrscheinlich ertrunken, denn ihr Kopf lag in einer Pfütze.

Der Markt war ein freier Wettbewerbsmarkt, einer jener sich ausbreitenden Kauf-und-Verkauf-Basare, die ein Journalist einmal als eine Art »Selbstbedienungszooladen« beschrieben hatte. Die Rattenverkäuferin war eine rotwangige Frau mit dicken, schwarzen, geflochtenen Zöpfen, die auf ihre blaue Kittelschürze fielen. Wenn sie lächelte, sah man zwei Aluminiumzähne blinken. Sie war gut organisiert, hatte die Rattenschwänze auf einen, die Rattenzähne auf einen zweiten Stapel geschichtet; ein paar fette, kleine Rattenleiber lagen schön sortiert in einer Reihe, ein paar andere grillfertig gehäutet, zerlegt oder aufgespießt daneben.

»Ratten sind für Medizin, nicht zum essen«, erklärte mir Chan. Ich wusste sehr wohl von der Rattenkochkunst in China. Zu Hause in der kanadischen Prärie war es Tradition, Goffer auf den Tisch zu bringen. Und von meinem Großvater hatte ich ein altbewährtes Rezept für gedünstetes Eichhörnchen, das er im Winter immer zubereitet hatte, wenn anderes Wildbret schwer zu bekommen war. Nagetiere, ob Erd- oder Eichhörnchen oder Ratten, stehen allgemein nur in mageren Jahren auf dem Speiseplan. Doch lässt ein Koch das kulinarisch ungewöhnliche Getier auch in fetten Jahren in den Kochtopf wandern, dann ist das eher interessant und innovativ als schockierend.

In der Zeitung *Liberation Daily* war unlängst von einem 88-Jährigen namens Wu Zhengdu aus einem Dorf in der Provinz Guangxi zu lesen, der mit 55 Kilogramm Gepäck auf dem Rücken schneller lief als jüngere Männer. Sein Geheimnis? Rattenfleisch. Wu stellt in den Häusern seines Dorfes Fallen auf und fängt bisweilen so viele, dass er sie einsalzen muss, um sie auch außerhalb der Saison zu verkaufen.

Chan und ich teilten die Leidenschaft für gutes Essen. Bei unserer ersten Begegnung erfreute er mich mit einem Rezept seiner Mutter für Hühnereintopf und gedämpfte Katze, und im Gegenzug erklärte ich ihm, wie man einen Truthahn stopft und schmort. In diesen Dingen vertrauten wir uns auf Anhieb, bis zu jenem unglückseligen Abend mit dem Schlangenzwischenfall. Seither hegte Chan Zweifel, was meinen Feinschmeckersinn anging.

Das war natürlich alles meine Schuld. Ich musste ja unbedingt Schlangenfleisch probieren, wobei Chan später einmal einräumte, dass die Umstände des Vorfalls auch höchst ungewöhnlich gewesen waren. Normalerweise, so sagte er, würden die

Schlangen in Drahtkäfigen gehalten, damit mögliche Käufer einen flüchtigen Blick darauf werfen könnten. Doch an besagtem Abend waren in dem Lokal die Vorräte an lebendem Inventar ausgegangen, und so musste schnell von irgendwoher Nachschub organisiert werden. Kaum hatte der Schlangenfänger seinen Beutel durch die Hintertür in die Küche gereicht, da stand der behandschuhte Kellner auch schon an unserem Tisch, den Beutel mit dem lebhaften Frischfleisch in der Hand, das zappelte und nichts wie rauswollte, was ein paar Exemplaren dann auch gelang. Völlig unverhofft schossen die Schlangen in Panik plötzlich über den Tisch. Ich stieß einen Mordsschrei aus, fiel vom Stuhl und war vor allen Leuten unsterblich blamiert. Diesen Fauxpas machte ich noch schlimmer, da ich unfähig war, dem Kellner zuzusehen, wie er die Schlange mehr oder weniger an der Kehle packte, den wild umherschlagenden Schwanz sicherte, indem er sich darauf stellte, und das Tier bei lebendigem Leib häutete.

An jenem Abend hatte ich Chan bitter enttäuscht. Kein Wunder also, dass er mir hier, zwischen all den Nagetieren, ebenfalls nicht traute. Eilig drängte er mich an der Rattenfrau und an den Pfützen vorbei, hinein in das Halbdunkel des Marktes.

Nach zwei Tagen Dauerregen war der erdige Boden von den Füßen der vielen Besucher zu zentimeterdickem Matsch aufgewühlt. Eigentlich sollte das Wellblechdach den Regen abhalten, doch es leckte wie ein Sieb, und so roch es auf dem ganzen Markt nach feuchter Erde, feuchten Federn und Menschen in feuchten Klamotten. Doch nicht nur das. Auch Essensgerüche hingen in der Luft, große Dampfwolken, die aus den Garküchen quollen, und Düfte aus zahlreichen anderen Buden. An den meisten Garküchen gab es nur ein einziges Gericht, frittierte Teigkringel oder *congee*. Man aß im Stehen oder hockte sich zum Essen auf den Boden. Eine Frau wickelte ein Riesenstück Dampfgebackenes aus einem Tuch, groß und rund wie ein Parmesankäserad, aber von braun gesprenkelter Farbe. Sie schnitt dicke Scheiben davon ab, an denen sich die Käufer erst die Hände wärmten, bevor sie dann hineinbissen.

Überall hatten Köche ihre Stände aufgebaut, zwei bis drei Bänke und einen Holztisch aufgestellt, und zauberten aus ihren schwarz gewordenen Woks kulinarische Köstlichkeiten. Nudeln, frittierte und gedämpfte Klöße, brutzelndes Gemüseallerlei an rotem Pfeffer und Knoblauch – was sie auch zubereiteten, es duftete himmlisch. Chan und ich aßen fettigen Zwiebelkuchen, außen knusprig, innen luftig (nie mehr habe ich in einem Restaurant einen so wohlschmeckenden Zwiebelkuchen bekommen).

Unter den Käufern und Verkäufern sah man das eine und andere Gesicht aus dem Norden, Menschen, die immerzu auf der Flucht vor Hungersnöten, Überschwemmungen und Kriegsherren waren und nach Süden kamen. Sie hatten es geschafft, das konnte man sehen. Alte Frauen trugen Gemüsekörbe und zahnlose Männer schleppten schwere Lasten auf Bambusschulterstangen. Zweifelsohne gehörten sie zu den Glückspilzen, die in den Vorjahren eine gute Reis- und Gemüseernte gehabt hatten. Eine Familie, die sich ein paar Enten hielt, sie mästete, bis sie dick und fett waren, konnte auf dem freien Markt damit gutes Geld machen.

Doch auch hier, wo die Landwirtschaft nach chinesischen Maßstäben angeblich florierte, gab es die, die weniger Glück hatten. Sie waren in Lumpen gehüllt, sahen hungrig und elend aus und versuchten, für ein paar Yuan eine magere Katze oder einen Fisch zu verhökern. Von offizieller Seite wurde mir gesagt, dass in der Volksrepublik heute niemand mehr Hunger leiden müsse, und Chan hatte mir versichert, dass sich die Getreideproduktion in 40 Jahren mehr als verdoppelt hatte. Der Verbrauch an Fleisch ist in China sehr niedrig – nur 14 Pfund Fleisch verzehren die Chinesen pro Kopf und Jahr, woraus sich schnell erklärt, warum es so auffällig wenig dicke Menschen gibt.

Hinter den Gemüseverkäufern und Garküchenbuden befand

sich der Fleischmarkt, und obwohl es dort dunkler und kälter war, roch es nach warmem Blut. Die geschlachteten Lendenstücke eines großen Tieres hingen an einem Haken über einem Brettertisch, auf welchem kleinere Teile und Stücke des Kadavers auslagen. An einer behelfsmäßigen Verkaufstheke saß im Schneidersitz der Metzger in blauem Kittel zwischen Bergen von Fleisch, diversen Innereien und Knochen, und aß eine Schüssel Reis.

Weiter hinten wurde der Gang zwischen den Tischen enger, und das Fleisch hing in Gesichtshöhe, sodass ich die seltsame Kühle des toten Fleisches spüren konnte. Eigentlich hatte ich genug, doch Chan bestand darauf, dass wir den Markt mit dem Lebendvieh nicht verpassen dürften.

Ein wahrer Miniaturzoo war das. Alle möglichen Tiere hockten da in ihren Käfigen, und ein jedes galt als essbar. Mich interessierte dieser Markt nicht sonderlich, aber wo es so etwas nun mal gab und wo wir schon einmal hier waren – warum nicht? Schildkröten, Frösche und Pelztiere, die ich nicht zuordnen konnte, stierten mich aus ihren Käfigen an, welche mir allesamt viel zu klein schienen, als dass sie sich darin auch nur halbwegs wohl fühlen konnten. Sie blickten hoffnungslos, verschüchtert, mitunter auch nur neugierig.

Ein junger Schlangenverkäufer drängte uns, näher zu kommen, hoffte zweifelsohne auf zwei Kunden mit Gallenblasenleiden, Frostbeulen, schwachem Kreislauf oder mangelndem Sexualtrieb. Einige seiner Reptilien zuckten und wanden sich auf einer Decke zu seinen Füßen. Eine schöne, junge Kobra erhob sich graziös aus ihrem Korb und blickte um sich, als sähe sie nach dem Wetter.

Als ein ernsthafter Kaufinteressent kam, hager, gebückt, unverkennbar behandlungsbedürftig, ließ uns der Schlangenverkäufer links liegen und zerrte ein frisches Opfer aus einem der größeren Körbe. Mit flinken und geschickten Händen schlitzte er die Schlange auf, nahm die Eingeweide heraus und schnitt die

Gallenblase weg. Dann stopfte er die Überbleibsel wieder hinein in das unglückselige Reptil und ließ es zurück in seinen Korb fallen.

Es gab eine Menge lebendiger Vögel auf dem Markt, die krächzten, kreischten oder krähten, doch sobald man sie an den Füßen mit dem Kopf nach unten hielt, verstummten sie seltsamerweise auf der Stelle, als wäre das ganze Blut in ihr Gehirn gelaufen und hätte sie schwindlig gemacht. Die Hunde und Katzen in ihren kleinen Gitterkäfigen hingegen waren alles andere als stumm.

»Diese Hunde sind zum essen, nicht als Haustiere«, erzählte mir Chan. »Gedämpfter Hund schmeckt sehr gut.«

In meinem Lesebuch der vierten Klasse stand eine Geschichte von einem kleinen chinesischen Mädchen, das mit ihrer Familie und ihrem geliebten Hund an den Ufern des Gelben Flusses lebte. Als der Fluss über die Ufer trat und das Haus des kleinen Mädchens mit sich riss, baute ihr Vater ein Floß für Familie und Hund. Das kleine chinesische Mädchen war so geschockt wie ich damals beim Lesen, als ihr Vater ihr erklärte, warum sie den Hund mitnahmen – er war essbar.

Als jemand aus einem Land, in dem Hungersnöte unbekannt sind, steht es mir nicht an, die tierischen Eiweißquellen in China zu kritisieren, seien es Schwein, Hund oder Nashornkäfer. Doch ich versuchte, Chan meine Gefühle für diese Haustiere begreiflich zu machen und wie sehr ihre bedingungslose Liebe das Leben ihrer Besitzer bereicherte, insbesondere die der sehr jungen oder sehr alten Tiere.

Chan stimmte überein, dass Haustiere durchaus ihre Berechtigung hätten. Auch seine Schwester, die in Peking lebte, hatte eine Hauskatze, da sie unverheiratet war und seiner Meinung nach Gesellschaft brauchte. Gleichzeitig aber belehrte er mich über die verschwenderische Dekadenz einer Gesellschaft, die Tiere zu verhätschelten Ersatzkindern macht und sie maßlos verwöhnt, während richtige Kinder vernachlässigt werden. Trotz seiner begrenzten Englischkenntnisse verfügte er über ein breites Allgemeinwissen, was die westliche Gesellschaft betraf, und hatte er sich erst einmal warm geredet, dann konnte er bedächtig und klarsichtig über die Unzulänglichkeiten unserer Kultur referieren.

Mitten in diesem Gespräch fiel unser Blick plötzlich auf einen alten Mann, der an einer Mauer saß, ein schlafendes Kätzchen im Schoß.

»Da, ein Haustier«, sagte ich und freute mich, mit diesem konkreten Beispiel meinen Standpunkt untermauern zu können. Der alte Mann hatte in dem kleinen Tier offenbar einen Freund gefunden. Das Kätzchen trug eine Leine um den Hals, die ich aber nicht bemerkte, und so streckte ich meinen Arm nach ihm aus. Doch der Mann, der mich irrtümlicherweise für eine Katzenfleischkennerin hielt, riss das hilflose Tier an der Leine hoch, das erschrocken durch die Luft schwang und wie wild strampelte. Ich wandte mich ab, fühlte mich elend, und es tat mir Leid.

Direkt vor mir hingen frisch geschlachtete Hunde, die Zähne waren gezogen und das Blut tropfte noch auf den Boden. Nun war mir klar, was mein Freund, der Journalist, meinte mit »Selbstbedienungszooladen«, und er hatte Recht – ich hasste es. Doch mit dem starken Abscheu ging auch eine gewisse Neugier einher, eine Faszination des Bizarren, und ich zückte meine Kamera und drückte auf den Auslöser.

Zwei Geschenke von Chan

Jeden Morgen kam Chan mit einer neuen, offiziellen Reiseroute in meinem Hotel in Guilin an, und jeden Morgen aufs Neue schlug ich sie aus. Nach etwa einer Woche hatte er sich an meinen Eigensinn gewöhnt, und wir begannen den Tag auf unsere Weise. In einem schmuddeligen Kaffeehaus an der Zhongshan Road nahmen wir ein »zweites Frühstück« ein, wie Chan es nannte, auch wenn es die erste Mahlzeit war, die wir seit dem Reis am Vorabend hatten. Während er frittiertes Brot vertilgte und ich eine Tasse scheußlichen Kaffee trank, begingen wir gemeinsam – und mittlerweile traditionsgemäß – die feierliche Handlung und rissen die Karte mit der offiziellen Reiseroute in Stücke.

Nach dem Frühstück rollte vor dem Eingang das kleine, rote Auto vor. Dann machten wir uns auf eine selbst gewählte Erkundungstour durch die beschauliche Landschaft Südchinas, über abschüssige Hügel und wellige Berge, über enge, sich schlängelnde Straßen, die stets von Nebel eingehüllt zu sein schienen, vorbei an Gärten, Reisfeldern und schlammigen, braunen Teichen mit schneeweißen Enten, durch smaragdgrüne Wälder, die tiefe, geheimnisvolle Täler säumten.

Ich glaube, er verstand, warum mich der Friendship Store und die *Fortunate Disco* kalt ließen, währen die Straßen und offenen Märkte der kleinen, namenlosen Dörfer eine geradezu magische Anziehungskraft auf mich ausübten. Wenn ich durch ein Mondtor schritt, auf einen gewundenen Pfad kam, wo Kinder beim Singspiel waren oder auf Holzstühlen saßen und mit krummen Essstäbchen ihre Nudeln aßen, während ringsum im Dorf alles einen Takt langsamer ging, dann war es, als hätte ich ein Loch gegraben und wäre auf der anderen Seite im alten China herausgekommen – so wie es meine Großmutter seinerzeit vermutet hatte.

Mein größter Wunsch war, einen echten, einheimischen Familienbauernhof zu besuchen, doch von offizieller Seite hieß es immer nur, das sei nicht gestattet. Ein plausibler Grund wurde nicht genannt, außer, dass ich nicht mit einer offiziellen, landwirtschaftlichen Delegation reiste und daher nicht empfangen werden würde.

»Warum kann ich keinen Bauernhof besuchen? Aus welchem Grund?« Mit diesen Fragen hatte ich den Leiter des China International Travel Service (CITS) in Hongkong und seinen

Kollegen in Guangzhou gelöchert, aber beide blieben unerbittlich.

Auch in Guilin das gleiche Spiel. »Das ist nicht gestattet«, lächelte dort ein gewisser Mr. Fong, ebenfalls Vertreter des CITS. »Vielleicht im nächsten Jahr. Kommen Sie einfach wieder. Probieren Sie es noch einmal.«

Am Morgen vor meiner Rückreise nach Guangzhou verzogen sich die Wolken plötzlich, und die herrlichen blauen Berge, die tagelang nur Regen gesehen hatten, funkelten im warmen Sonnenschein.

»Saphirblaue Wellen im jadegrünen Meer«, meinte Chan in einer lyrischen Anwandlung, und in der Tat, sie waren so schön anzusehen, dass es mich mit unsagbarem Glück erfüllte. An jenem Morgen fuhren wir gen Süden, durch das frische Grün und Blau der bergigen Landschaft. Irgendwann hielten wir in einem Dorf an, um Pfirsiche zu kaufen, die ein süß duftendes, weißes Fruchtfleisch hatten.

»Schmecken wie Honig«, sagte Chan, bot mir aber keinen an. Er wollte sie einem Onkel als Geschenk mitbringen. Der Onkel wohnte am Rande des Dorfes bei einer von Chans vielen Cousinen, die er nur Second Auntie Ah Ming nannte. Irgendwie hatte es Chan geschafft, eine Einladung für mich zu bekommen, und obwohl ich ihn im Verdacht hatte, dass er mich als eine Art Touristentrophäe zur Schau stellen würde, war ich ihm nicht böse. Immerhin konnte ich so eine echte, einheimische Familie besuchen und nicht nur eine offiziell ausgewählte und genehmigte Musterfamilie, geschniegelt und gestriegelt für den Besuch einer westlichen Journalistin.

Wir kamen durch ein weiteres Mondtor und über eine weitere Zickzackallee hinauf in einen kleinen Hof mit einem blühenden Oleander in einem großen Tontopf und einem Vogel, der auf seiner Stange in einem Bambuskäfig trällerte. Auf der Holzbank unter dem Oleander saß im Schatten Chans Onkel. Ich schätzte ihn auf etwas über 80, obwohl ich im Schätzen noch nie gut gewesen war. Er trug einen gepflegten, grauen Baumwollanzug, eine dunkle Brille, hatte eine Glatze, aber dennoch einen weißen Rauschebart. Um seine Schultern lag ein schwarzer Wollschal, und er trug Wollhandschuhe. Er wirkte überaus zerbrechlich, beinahe durchsichtig, mit so wenig Fleisch auf den feingliedrigen, alten Knochen, dass ihn der nächste Windstoß leicht von der Bank blasen könnte. Er sprach Mandarin, nicht Kantonesisch, und auch seine Stimme klang so dünn und schwach, wie sein Körper zu sein schien. Doch als ich ihm die Hand schüttelte, ergriff er die meine so fest, dass ich fast die Knochen knirschen hören konnte.

Der Onkel lächelte, als Chan ihm die Pfirsiche in den Schoß legte, und ich sah, dass er keine Zähne mehr hatte. Er schien geradeaus vor sich hin zu schauen, streifte sich die Handschuhe ab und strich mit seinen Händen langsam über das Obst. Mit einem Schlag war mir klar: Der Mann war blind. Fragend sah ich Chan an, der nickte, als er die Frage in meinen Augen las, doch er sagte nichts. Der Onkel nahm einen Pfirsich, hob ihn unter die Nase und sog den Duft tief ein, nahm den sinnlichen Genuss mit einen langen Atemzug auf.

Seit jeher habe ich den himmlischen Duft reifer Pfirsiche geliebt, halb fruchtig, halb blumig. Ich weiß noch, wie es in unserer Küche roch, wenn meine Großmutter und meine Mutter sie alljährlich im Herbst einmachten, und wie eine Schale dieser Früchte auf dem Nachttisch neben dem Bett das Dunkel einer schlaflosen Nacht mit wohligem Duft erfüllte. Beim Anblick dieses blinden Mannes, der den Pfirsich so liebevoll und mit einer so offensichtlichen Freude in seinen Händen hielt, fragte ich mich, welche Erinnerungen wohl gerade bei ihm wach würden.

Second Auntie Ah Ming, die für meine Begriffe Ende 30 war, hatte weit auseinander stehende, gelbe Zähne und eine ausgehangene Dauerwelle. Sie schien echt erfreut, mich zu sehen, lief geschäftig im Hof umher, schaffte eine weitere Bank herbei, damit wir alle Platz hatten, servierte Tee und Tangerinen.

Der alte Mann ließ sich den Pfirsich schmecken. Kauen konnte er ihn zwar nicht, doch irgendwie schaffte er es, den ganzen Pfirsich zu verputzen. Schließlich saugte er noch laut hörbar am Obststein herum. Chan lächelte in sich hinein, freute sich, dem alten Mann mit einem so einfachen Geschenk eine solche Freude gemacht zu haben.

»Nun wird mein Onkel für dich die *erhu* spielen«, sagte Chan.

Ah Ming verschwand im Haus und kehrte mit einem sperrigen Stoffbündel zurück, das aussah wie eine Teppichrolle. Sie legte es dem alten Mann in den Schoß, der liebevoll darüber strich, als wäre es ein geliebtes Haustier, und fing dann an, seinen Schatz ganz langsam und vorsichtig auszupacken. Es war eine wunderschön gearbeitete *erhu,* ein langhalsiges Saiteninstrument, das gespielt wird, indem man mit einem Bogen über zwei Saiten streicht. Sie war kunstvoll geschnitzt, hatte einen schlanken Hals aus Holz mit einer leichten Patina. Am unteren Ende des langen Halses schloss sich der Klangkörper an, der eher einer Suppenschüssel glich und mit einer blasssilbrigen Schlangenhaut überzogen war.

Der alte Mann nahm den Bogen, fing an zu spielen, und eine wehmütige Melodie erklang. Gleich beim ersten Ton wusste ich, dass er kein Sonntagsspieler war – wir lauschten einem Meister. Viele der traditionellen chinesischen Saiteninstrumente haben einen besonders beruhigenden Klang, und die pentatonischen Melodien sind ergreifend schön. Einen Ton nach dem anderen entlockte der Alte der *erhu,* beugte sich dabei über sie wie ein aufmerksamer Liebender, strich den Bogen über die Saiten, ließ sie seufzen, wehklagen und singen. Die traurig süße Musik erinnerte mich an vertraute Klänge von früher: an den Wind, der durch die Pappeln strich, erst leise und weit weg, dann immer näher, und mit ihm kam der Regen. Dann hörte ich einen Bach, Wasser, das über Steine fließt, und es war, als säße ich auf einem Felsen, während es rings um mich plätscherte. Oder weinte da jemand? Nein, womöglich wieder nur der Wind.

»Das Stück heißt *Mondspiegelbild im Wasser*«, erklärte Chan. »Ein sehr trauriges Lied, über all die Sorgen und Nöte im Leben eines Menschen. Es stammt von jemandem, der ebenfalls blind ist, wie mein Onkel, der den Mond nicht sehen kann, aber weiß, wie der Mond aussieht.«

Er dämpfte seine Stimme zu einem vertraulichen Flüstern, und auch wenn Ah Ming keine Silbe Englisch verstand, nickte sie, als wisse sie, was er mir gerade zuflüsterte.

»Vor der Kulturrevolution war mein Onkel Musiker in Peking. Spielte im großen Orchester, in der Pekinger Sinfonie. Spielte vor vielen berühmten Leuten. Nach der Revolution wurde er blind.«

Mehr sagte er nicht, und ich wollte auch nicht weiter fragen, aus Sorge, ich könne das Konzert unterbrechen. Die Schatten des Oleanders tanzten in langen, anmutigen Schritten langsam über den Hof, mal fliegend, mal wiegend, und der alte Mann spielte und spielte. Eine Stunde verging. Ich hätte ewig hier sitzen und der fremdartigen, schönen Musik lauschen können, doch Chan wurde zunehmend unruhig und sagte schließlich: »Genug Musik. Onkel ist müde. Zeit zum Verabschieden.«

Als wir gingen, nahm Chans Onkel seine dunkle Brille ab. Seine blinden Augen waren geschlossen. Ah Ming machte sich eifrig daran, das Instrument wieder in die Decke zu wickeln.

Im Auto fragte ich Chan, wie sein Onkel das Augenlicht verloren hatte. In Anbetracht der Tatsache, dass dies während der Kulturrevolution geschehen war, glaubte ich, die Antwort zu kennen, doch ich wollte sie von Chan selbst hören.

»Zu viele Schläge. Sie schlugen zu arg auf seinen Kopf. Eines Tages konnte er nichts mehr sehen. Er war blind.«

»Weswegen war er angeklagt?«, wollte ich wissen und vermutete wegen irgendeiner antimaoistischen Aktion, vielleicht auch wegen eines falschen Gesprächs mit der falschen Person. Während des Jahrzehnts der Revolution, von 1966 bis 1976, passierte so allerhand, und unter den Radikalen der studentischen Roten

Garden war es gang und gäbe, vor Zorn und Wut sinnlos zuzuschlagen.

Die grausame Ironie dabei: Ihre Opfer waren sehr oft Professoren und Akademiker, ja sogar die eigenen, einst geliebten und geachteten Eltern. Teils um ihre eigene Haut zu retten waren die Roten Garden höllisch darauf bedacht, jegliche Beziehung mit diesen nun zu Kriminellen erklärten Akademikern zu verleugnen. Erzwungene Geständnisse, in denen das Opfer ein persönliches Vergehen oder ein Verbrechen gegen den Staat eingestehen musste, um eine Strafe erlassen und die Ehrenrettung zugesichert zu bekommen, waren Teil des grausamen Spiels. Das sture Beharren auf Unschuld oder Stillschweigen während der Anklage führte unweigerlich zur Bestrafung: Schläge, endlose Verhöre, noch mehr Schläge, zuweilen tödliche. Nicht selten waren ernsthafte Kopfverletzungen das Ergebnis dieser Gehirnwäsche-Sitzungen. Dennoch, Chans Antwort überraschte mich.

»Kein Verbrechen. Mein Onkel war nicht… politisch. Er spielte nur Musik. Sie schlugen ihn einfach so.« Chan zuckte die Schultern, eine Geste, die mir in China oft begegnete.

Ich hätte ihn am liebsten geschüttelt. Das darf doch nicht wahr sein – ein so brillanter Musiker, erblindet wegen nichts und wieder nichts, wegen einer unheilvollen Revolution, die völlig aus dem Ruder lief, und alles, was ihm dazu einfiel, war ein Schulterzucken. Das erschreckte mich.

Doch Chan sah das anders. Warum sollte er sich wegen des einstigen Unglücks seines Onkels heute noch grämen? Die düsteren Tage der Revolution gehörten der Vergangenheit an, und die Zukunft gehörte der Jugend, also auch ihm. Bildung, Reisefreiheit, Eigentum, Heirat und ein schönes Leben – all das war nun möglich. War mein Besuch nicht Beweis genug dafür? Und saßen wir nicht in einem netten Teehaus und genossen unseren Tee bei Sonnenschein? Chan besaß sogar sein eigenes Fahrrad, hatte Pläne – ja doch, das Leben war schön. Der alte Albtraum war endgültig vorbei.

Und bis zu den Ereignissen am Tiananmen-Platz war für Chinas Jugend die von heiterem Optimismus erfüllte Zeit die schönste. In Chans Augen spiegelte sich das ganze begierige Verlangen der Jugend, und ich hätte heulen können.

»Die ganzen Probleme, die während der Revolution auftraten, werden in diesem Land wieder passieren«, sagte ich betreten. »Du musst auf dich aufpassen, Chan. Du musst für deine Rechte eintreten…« Erfüllt von einer Naivität, die meine westliche, demokratische Erziehung mit sich brachte, belehrte ich ihn an jenem sonnigen Herbsttag in einem fort, und er lächelte und lächelte, fing aber nicht an zu diskutieren.

18 Monate später stand ich im Nachrichtenraum der Zeitung *Edmonton Journal*, sah mir ein paar Fernsehausschnitte an und suchte den Bildschirm nach einem bekannten Gesicht ab, während die Kamera die Studentenmenge auf dem Tiananmen-Platz einfing. Als die Panzer der Volksbefreiungsarmee heranrollten und das Feuer eröffneten, dachte ich traurig an das, was ich Chan damals an jenem friedlichen Herbsttag gesagt hatte, und wie gefährlich ein bisschen Bildung sein konnte.

Auf dem Rückweg zum Hotel machten wir Rast bei einem Teehaus, wo ein Tisch und ein paar Bänke unter einem Baum standen. Wir bestellten Nudeln und zwei von den frittierten Broten, nach denen Chan ganz verrückt war. Plaudernd saßen wir eine ganze Weile da, tranken Tee aus angeschlagenen Tassen, während eine Horde schmuddeliger Kinder ankam, uns neugierig anstarrte und die kleinen Mädchen hinter vorgehaltener Hand über die komisch aussehende Ausländerin kicherten.

Ich wollte von Chan wissen, ob Maos Doktrin von den »Vier Modernisierungen« sein Leben in irgendeiner Weise beeinflusst hatte. Er grinste und versuchte, sie herzusagen.

»Bezog sich auf Wissenschaft, Technologie… ich habe vergessen, was der große Vorsitzende Mao noch so alles gesagt hat.« Er lachte, es war ja auch nicht mehr von Bedeutung, was der alte

Mao einmal gesagt hatte. Inzwischen war ein neues Regime an der Macht, das Anlass zur Sorge gab; ein neuer Greis, der als absoluter Herrscher über 1,2 Milliarden Menschen regierte, Terror oder Gunst und Gnade nach Belieben verteilte, und wehe dem, der kein *guanxi* hatte. Doch wer es hatte, für den verbesserte sich das Leben.

»Die ›Vier Modernisierungen‹ sind Kühlschrank, Waschmaschine, Fernseher, Motorrad – das sagen heute die jungen Leute.«

Chan sah zwar nicht aus wie ein typischer Intellektueller, doch hatte er seine Aufnahmeprüfung für das College bestanden und sprach außerdem recht gut Englisch, weshalb ihn seine Arbeitseinheit zum CITS-Führer bestimmt hatte – eine Stellung, die ihm nicht nur Ansehen, sondern auch einen satten Nebenverdienst einbrachte. Und natürlich hatte er Pläne. Er liebte es, mir von seinen Plänen zu erzählen.

»Ich gehe dann auf die Quinghua-Universität in Peking. Oder auf die Shanghai-Universität. Vielleicht schon im nächsten Monat. Wirtschaftsstudium.« Für ihn das richtige Fach, dachte ich, angesichts seiner natürlichen Gabe, schnelles Geld zu machen.

Danach wolle er reisen, erzählte er. Im Ausland studieren, sofern er eine Ausreisegenehmigung erhalte. Vielleicht in Frankreich oder Kanada, nun da er wusste, dass es dort nicht immer so kalt war, und da er nun eine Bekannte in diesem Land hatte.

Ich fragte ihn, was seiner Meinung nach 1997 passieren würde, wenn China wieder über Hongkong regiert.

»Für die Chinesen wird das gut sein«, meinte er. »Statt in die Sonderwirtschaftszone Shenzhen gehen wir Chinesen dann nach Hongkong. Dort ist das Leben viel besser.«

Er hatte schon einmal ein Visum für Shenzhen beantragt, das wurde aber abgelehnt. Für meine Begriffe hatte er sich auch mit der Quinghua ein weites Ziel gesteckt, was ich aber für mich behielt.

Doch plötzlich wechselte er das Thema und sorgte für eine freudige Überraschung.

»Heute Abend gehen wir meinen anderen Onkel besuchen. Er hat einen Bauernhof. Er ist, er *war*, ein berühmter Chefkoch.«

Ein richtiger Bauernhof etwa, nicht bloß ein schön gefärbtes Demonstrationsmodell mit umherstolzierenden Politikern, die endlose Reden schwangen? Mit einem Chefkoch obendrein? Ich war außer mir vor Freude. Wie hatte er das geschafft? Warum?

Und auch Chan hatte ein strahlendes Lächeln im Gesicht.

»Sie sind mein Ehrengast. Und damit gut.«

Als er mich an jenem Abend abholen kam, kam er ohne das qualmende Auto. Stattdessen drängten wir uns in einen rappelvollen Bus und holperten durch die abendlichen Straßen, wobei wir ständig irgendwelche Ellenbogen in die Rippen zu spüren bekamen.

»Darüber müssen Sie schreiben«, sagte er, als wir uns aus dem Bus drängelten und zu Fuß weitergingen. Die Straßen waren eng und schlammig mit einstöckigen Gebäuden, die aneinander klebten, wie um sich gegenseitig zu stützen. Ein paar wenige geschäftstüchtige Frauen hatten ihre Woks angefeuert und verkauften warme Mahlzeiten an Passanten, die auf dem Heimweg waren. Es roch fantastisch.

In den Eingängen kauerten Leute und folgten uns mit neugierigen Blicken. Als Ausländerin mit einem Chinesen an der Seite fiel ich aus dem üblichen Rahmen heraus. Ich gehörte eindeutig nicht hierher. Hie und da hockten ein paar Männer beim Kartenspiel unter einem Baum oder sahen anderen dabei zu. Plötzlich fiel mein Blick auf ein qualmendes Feuer vor einer offen stehenden Haustür. Drinnen hatten sich ein paar Leute um ein Bett geschart, und ich hörte schrilles Wehgeschrei.

»Dort drin stirbt gerade jemand. Der Rauch ist für die hinscheidende Seele«, erklärte mir Chan. »Sie verbrennen Höllengeld für die Geister.« Wir gingen schneller.

Die Straße endete abrupt, und wir waren auf dem Land. Noch immer trotteten Leute die Straße entlang, zuckelten dahin auf ihren allgegenwärtigen Fahrrädern, voll bepackt mit Kindern,

Lebensmitteln, Taschen und Bündeln. In einem fort drang das Gebimmel der Fahrradklingeln durch das matte, abendliche Licht. Eigentlich hätte ich meine Taschenlampe mitnehmen können, dachte ich.

Wir marschierten etwa drei Kilometer, bis wir an ein kleines, weiß gekalktes Bauernhaus nahe der Straße kamen. Auf einem Feld, das fast bis zur Haustür heranreichte, lag der abgeerntete Reis fein säuberlich zusammengebunden in großen Ballen, und auch auf dem Dach lag jede Menge davon zum Trocknen aus. Im Dämmerlicht erinnerte mich das Dach an die Strohdächer auf meinem Seidenbild.

Unweit des Hauses suchte ein kleines, schwarzes Schwein nach Futter, und durch die einzige Tür des Hauses kam plötzlich ein Hühnchen geschliddert, das von einer kleinen Frau im blauen Kittel mit einem Reisigbesen in der Hand hinausgefegt wurde. Ihr graues Haar war glatt geschnitten, als hätte es jemand mit einer stumpfen Schere gestutzt, in der Mitte gescheitelt und mit zwei langen Haarnadeln hinter den Ohren festgesteckt. Als sie uns sah, schrie sie vor Freude, ließ den Besen fallen, packte uns am Arm und zog uns ins Haus.

Der Hauptraum war eine praktische Kombination aus Wohn- und Schlafzimmer, mit einem langen Tisch, ein paar Regalen an der Wand mit Tassen und Flaschen, einer alten Tretnähmaschine und einer mit Leder bezogenen Couch, bei der an den Sitzen das Polstermaterial herauskam. An der Wand, dicht unter der Decke, hingen gerahmte Fotos, steife förmliche Porträts mit ernsten Gesichtern in Mao-Anzügen, sowie eine Reihe von Dokumenten, die wie Zeugnisse aussahen.

Das Zimmer war schon fast voll mit Leuten, als wir eintrafen. Doch es strömten immer noch mehr herbei, und es wurde so voll, dass sie auf das einzige andere Zimmer auswichen, das durch einen Vorhang an der Tür abgetrennt war und das ein Schlafzimmer zu sein schien. Kleine Mädchen hingen in Trauben aneinander und starrten mich an, kicherten, wenn sie glaubten, dass ich sie gerade nicht ansah, und kicherten erst recht, wenn ich sie ansah. Überall saßen Alte und Kinder, und nirgendwo mehr gab es ein freies Plätzchen, eine freie Bank, einen freien Stuhl oder eine freie Ecke auf dem Bett. Nichtsdestotrotz drängten noch ein paar Leute herein und lehnten sich an die Wand.

Chan und ich wurden auf einer Bank am Tisch platziert, und er begann, mich mit seiner Familie bekannt zu machen: »Das hier ist meine Second Auntie und mein Onkel und der Cousin meiner Mutter. Das hier sind ebenfalls Onkel von mir, und das hier ebenfalls Cousins und Cousinen …«

Während er Namen und Verwandtschaftsbeziehungen herunterratterte, bogen sich die anderen vor Lachen, und als ich meine Geschenke präsentierte, protestierten sie höflichkeitshalber: eine Tüte Tangerinen, eine Schachtel mit Zuckerstangen in buntem Zellophanpapier, ein Kästchen der stinkenden Million-Brand-Zigaretten und eine Flasche Johnny Walker Black Label, die ich in weiser Voraussicht für einen entsprechenden Anlass aus Hongkong mitgebracht hatte.

Ich sah in die bunt zusammengewürfelte Runde – viele alte Leute in zerknitterten, wattierten, blauen oder grauen Baumwollanzügen, die noch aus Mao-Zeiten stammten, aber noch gut waren, zu gut, um sie wegzuwerfen, nur weil jetzt ein neuer politischer Wind wehte. Beinahe jede Frau hielt ein Baby auf dem Schoß. In jeder Ecke hockten Kleinkinder und ältere Kinder, die herumalberten, wie es Kinder überall auf der Welt tun: Sie boxten, zwickten und kniffen einander, kicherten und rangelten. Die Eine-Familie-ein-Kind-Regel war hier auf dem chinesischen Land offenkundig aus den Fugen geraten.

Das Essen begann, und eine angeschlagene Platte nach der anderen wurde aus der winzigen Kammer von Küche herausgetragen. Das ganze Mahl war ein Wunder an Organisation – alle Gerichte kamen von einem einzigen Gaskocher und einem Hackbrett, und alles wurde in einem dunklen, sauerstoffarmen Raum zubereitet, der zu klein war, als dass mehr als eine Person gleichzeitig darin Platz gehabt hätte. Ich dachte an die Familienfeste bei uns zu Hause, daheim in der kanadischen Prärie, an meine schick gekleideten Tanten, die geräumigen, sonnigen Küchen, in denen Platten mit gebackenem Schinken und Schüsseln voller Nanaimo-Riegel standen, und ein altes Lied fiel mir wieder ein: *If they could see me now, that little gang of mine…*

So etwas wäre für diese Leute hier unvorstellbar. Gemüse, Hühnchen, Fisch, Reis – immer mehr Speisen wurden aufgetragen. Auch wer keinen Sitzplatz gefunden hatte, hielt wenigstens eine Schale in der Hand, und die Essstäbchen wanderten über Köpfe und Schultern derjenigen hinweg, die einen Platz ergattert hatten. Keiner kam zu kurz; es war für alle genug da. Eine fröhliche Party – es ging zwar drunter und drüber, aber es herrschte eine heitere und herzliche Atmosphäre.

Der Tisch bog sich unter dem reichlichen Mahl, doch bei all den Gerichten, die nacheinander serviert wurden, wehte mir plötzlich ein scheußlicher Geruch um die Nase. Er war mir dunkel vertraut, aber ich konnte ihn nicht richtig einordnen. Während ich noch immer über den seltsamen Geruch grübelte, der vom Gaskocher kam, begann Chan eine Rede – zuerst auf Englisch, um mir einen Gefallen zu tun.

»Vor der Revolution war mein ehrenwerter Onkel ein großartiger Chefkoch in Xian. Er führt, er *führte* ein Restaurant«, korrigierte Chan selbstbewusst das Tempus. Die anderen nickten und lächelten dabei, als würden sie jedes Wort verstehen.

»Dann kamen die Roten Garden. Alles wurde anders. Das Restaurant meines Onkel wurde geschlossen. Er musste nach Süden«, erklärte Chan, und seine Stimme wurde lauter. »Er musste Schweine hüten! Jawohl!«

Chan, der Gestik und Tonfall eines charismatischen Predigers vor vollem Haus angenommen hatte und die versammelte Verwandtschaft damit in Bann zog, erntete einträchtiges Gemurmel und Kopfnicken.

Sein Onkel stammte aus dem Norden. Als Muslim gehörte er

zu einer jener vielen Minderheiten, die man während der Revolution verfolgte. In den Jahren grausamster Ausschreitungen sahen die Roten Garden es als heilsame Gehirnwäsche an, muslimische Chinesen als Zwangsarbeiter beim Schweinehüten einzusetzen.

Chan wechselte nun von Englisch auf Chinesisch, und erneut ging ein Nicken, Murmeln und Seufzen durch die Runde. Doch mittendrin musste er seiner Rede eine unterhaltsame Wendung gegeben haben, denn die Stimmung schwenkte mit einem Mal um, und es gab Applaus und fröhliches Gelächter. Dann wechselte er wieder ins Englische.

»Heute Abend, zu Ehren des ersten ausländischen Gastes seit Jahren, hat mein Onkel ein sehr berühmtes, köstliches Rezept zubereitet – gefüllte Schildkröte nach Kaiserart.«

Chans Tante, eine Frau mit alterslosem Gesicht, die 50 oder auch 75 sein konnte, trat mit einer weiteren Servierplatte heran und tischte das kaiserliche Gericht auf.

Die Schildkröte war größer als alle, die ich je auf den Märkten gesehen hatte, und es war noch alles dran – Kopf, Beine, Panzer. Der strenge Geruch war indes stärker geworden, und ich rätselte noch immer, was es damit auf sich haben könnte, als Chans Onkel mit seinen Essstäbchen über den Tisch langte und den Panzer fein säuberlich abtrennte, als nähme er den Deckel von einer Schachtel.

»Vorzügliche Delikatesse. Schildkrötenfleisch und Hammelspeck«, schnaufte Chan und sog genüsslich den Dampf ein.

Hammelspeck! Verkohlter Hammelspeck, fein gewürfelt und abwechselnd angerichtet mit fein gewürfeltem Schildkrötenfleisch, was ein bizarres, rosa-schwarzes Muster ergab, welches auf sonderbare Weise appetitlich aussah. Außer rohen Austern war Hammelspeck mein schlimmster kulinarischer Albtraum. Ich hasste den Geruch und den Geschmack und insbesondere den Fettfilm auf den Lippenrändern, der einem noch Stunden später einen scheußlichen Nachgeschmack bescherte.

Doch mit meinem Empfinden stand ich so ziemlich allein. Die ausgelassene Stimmung im überfüllten Zimmer stieg um mehrere Grade, als mein Gastgeber mit den Stäbchen ein großzügiges Stück Schildkrötenfleisch herauspickte und es zusammen mit drei großen, glänzenden Stücken verkohltem Hammelspeck in meine Schale gab. Dabei ließ er in einem fort Bemerkungen fallen, die alle irgendwie komisch sein mussten, denn egal was er sagte, die Menge schüttelte sich vor Lachen. Auch Chan lachte, auch wenn ich bemerkte, dass er sich mir zuliebe etwas zurückhielt.

»Er sagt, du wärst zu dünn. Wirst so nie einen Mann bekommen. Ha-ha-ha! Musst mehr essen.« Männlicher Chauvinismus auf Chinesisch!

Mittlerweile war es im Zimmer fast dunkel. Irgendwer hängte eine Gaslampe an die Decke, die uns alle in einen grünlichen Schein tauchte. Und ich wurde bestimmt auch ein wenig grün, doch diese gastfreundlichen Leute hörten nicht auf, ein Stück nach dem anderen in meine Schale zu häufen. Es kam mir vor, als müsse jeder am Tisch seinen Beitrag zu meiner Bewirtung leisten. Ich drehte meinen Kopf hin und her, lächelte hierhin und dorthin, bis mein Gesicht schmerzte. Mit einem Stoßgebet bat ich um einen unbeobachteten Moment, damit ich den Hammelspeck klammheimlich dem Familienhuhn füttern könnte, das sich unter die Partygesellschaft gemischt hatte und zu meinen Füßen scharrte.

Ich war für Chans Familie eine ebensolche Kuriosität wie sie für mich. Da dieser formlose Empfang einer ausländischen Journalistin nicht gern gesehen, wenn nicht gar verboten war, würde Chans Familie von offizieller Seite ganz schön Ärger bekommen, sollte sich das abendliche Beisammensein herumsprechen. Dennoch gingen sie das Risiko ein und kamen mir mit aufrichtiger Herzlichkeit und Gastfreundschaft entgegen.

Am Ende war nicht ein Stückchen Schildkrötenfleisch oder Hammelspeck übrig. Nach dem Essen rauchten die meisten und die grünliche Luft war erfüllt von schweren Gerüchen: Es roch nach Fett, Schildkröte, Knoblauch, Hammelspeck und Million Brand. Der Johnny Walker wurde herumgereicht und begutachtet, und sehnsüchtig wartete ich darauf, dass endlich einer die Flasche aufmachte. Aber sie war offenbar nur zum Anschauen da. Unterdessen tranken wir irgendeinen feurigen Fusel, der mir sofort zu Kopf stieg und mich völlig benebelt zu machen drohte. Es brannte mir im ganzen Leib. Mir war schwindlig, und ich hatte pochende Kopfschmerzen. Meine Zunge schien zu groß für meinen Mund, und ich spürte, wie ich anfing zu schielen.

Egal. Nun war es Zeit, den Gast mit Trinksprüchen zu ehren. Der Onkel machte den Anfang, fast ein jeder folgte und fand ein paar wohl gewählte Worte. Laut Chan wurde ich als eine namhafte Autorin aus dem Westen begrüßt, eine erstklassige Journalistin, die zweifelsohne eine Botschaft des Friedens und Glücks zurück in ihr Heimatland tragen würde, nach Kanada, ein Land, von dem die meisten hier noch nie gehört hatten, nichtsdestotrotz aber fröhlich darauf anstießen. Für sie war ich ein Freund der Volksrepublik, ein Wohltäter der Menschheit.

Nun war ich an der Reihe. Mit Rücksicht auf Chan, der mal wieder die Übersetzungsarbeit leisten musste, und im Hinblick auf meinen eigenen, etwas unpässlichen Zustand, beschloss ich, mich kurz zu fassen. Ich dankte für die Party, sagte, mich lange nicht mehr so wohl gefühlt zu haben, wünschte allen Gesundheit und einen erfolgreichen Aufstieg mit den »Vier Modernisierungen«, die ich im Einzelnen vergessen hatte, und deshalb einfach erfand: Fernseher, Kreditkarte, ein neuer Hammel (da wir den alten ja offenbar aufgegessen hatten), einen Staubsauger. Beifall brach aus, und ich nutzte die Pause, um die vier Dinge in mein Notizbuch zu schreiben. Ich war tatsächlich ein wenig beschwipst.

Das Zimmer begann zu schwanken, und ich setzte mich schnell wieder hin, woraufhin Chan aufstand, sich noch eine Million Brand ansteckte, sein Glas erneut mit dem Fusel füllte und zur Übersetzung anhob.

Zehn Minuten später übersetzte er noch immer meine einminütige Dankesrede. Ein-, zweimal zupfte ich ihn an der Jacke, doch das konnte seinen Redefluss nicht stoppen. Meine Worte mussten wohl auf breite Zustimmung gestoßen sein, denn es wurde begeistert geklatscht. Alle prosteten mir zu, und es gab einen Trinkspruch nach dem anderen, auf den wir anstießen. Ich konnte nur mäuschenstill dasitzen, wie ein Idiot grinsen und hoffen, dass er nicht noch Eiskrem für alle versprach.

Ich hatte keinen blassen Schimmer, wie ich nach Hause kommen sollte. Mein Hotel war meilenweit entfernt, draußen war es dunkel und der Speicherplatz in meinem Gehirn für den Namen meines Hotels meldete vorübergehend Fehlanzeige. Doch just in diesem Moment hörte ich ein vertrautes Geräusch, wie das eines kleinen Flugzeugs beim Abheben, und wunderbarerweise tauchte, Gott sei Dank, vor der Tür mein kleines, rotes Auto auf. Wieder einmal fiel ich dankbar auf den Rücksitz. Wir düsten los, hinein in die Nacht, und ich bin sicher, dass ich noch jemanden sagen hörte: »Gib auf das Huhn Acht!«

Am nächsten Tag verließ ich Guilin. Chan und ich verabschiedeten uns am Flughafen vor dem behelfsmäßigen Tisch der Sicherheitskontrolle. Ich ging die lange Strecke über den Asphalt, stieg über die wackeligen Stufen in ein altes, russisches Flugzeug, und kurz bevor ich einstieg, drehte ich mich noch einmal um. Und da stand er, hüpfte auf und ab in seinen Nikes, winkte mit beiden Armen und schrie: »Auf Wiedersehen, Madam! Bis 1997!«

Die Seidenstraße

China-Orientexpress: Der Zug der Züge

Im Herbst des Jahres des Schafes schloss ich mich einer Reisegruppe an zur Jungfernfahrt des China-Orientexpress', eines Luxuszuges, der die alte Seidenstraße entlang quer durch das nordwestliche China fuhr. Allein schon beim Namen, China-Orientexpress, bekam ich Gänsehaut und fühlte mich wie eine zweite Mata Hari in besonderer Mission.

Am Abend war es dann soweit!

Auf einem Podium vor dem Pekinger Hauptbahnhof dudelte eine Band; Becken und Trommeln dröhnten in den Ohren; Löwentänzer sprangen wild umher, schüttelten ihre Mähnen und wackelten mit den Schwänzen. In der frühen Dämmerung glühten und funkelten die Kohlenöfen. Es roch köstlich nach geschmorten Yamswurzeln und Maiskolben, heißen Kastanien und gerösteten Erdnüssen, und ganz besonders verführerisch nach leuchtendroten, kandierten Holzäpfeln.

Ein feiner, duftender Rauch zeichnete dünne, graue Dunstfinger über der Menge, kitzelte die Gaumen und lockte die Hungrigen.

Als sich der Zug im blaugrünen Licht der Dämmerung in Bewegung setzte, folgten uns tausende neugierige Blicke, und abertausende, als wir durch die Elendsviertel am Stadtrand krochen.

Das eigentlich Aufregende war die Reise an sich, eine Reise, von der ich seit meiner Kindheit geträumt hatte, als meine Mutter mir aus Peter Flemings Buch *Tataren-Nachrichten* vorlas, in dem er von seiner Reise nach China erzählte. Die Zugstrecke folgte teilweise der alten Karawanenroute, der berühmten Seidenstraße, die von Peking aus abrupt nach Norden bog und bis Hohhot in die Innere Mongolei führte. Von dort aus ging es weiter nach Lanzhou, durch den Hexi-Korridor an das eindrucksvolle Ende der Großen Mauer bei Jiayuguan, weiter zu den reichen buddhistischen Kunstschätzen, die versteckt in den Höhlen von Dunhuang lagen, und dann über die nördliche Route der alten Seitenstraße am Rande der Taklamakan-Wüste entlang zu den Oasenstädten Turpan und Urumchi.

In Urumchi war dann auch Endstation, und wer noch weiter in das entlegene Kaschgar am westlichen Ende der chinesischen Seidenstraße wollte, musste fliegen. In Kaschgar, so hatte man mir erzählt, soll sich in den letzten 2000 Jahren so gut wie nichts verändert haben.

Aufstieg und Fall der Straße haben viele Reisende durch die Jahrhunderte in ihren Berichten festgehalten: Marco Polo beschrieb, wie sie zu Zeiten der T'ang-Dynastie zur Blüte kam und dann unter den Wanderdünen der großen nördlichen Wüsten mit einem Mal gänzlich verschwand. Oasenstädte und zahllose Geheimverstecke religiöser Kunstgegenstände blieben verborgen, bis zu Beginn des 20. Jahrhunderts eine kleine Gruppe europäischer Archäologen die Seidenstraße wieder entdeckte und die lang vergessenen Schätze zu plündern begann. Die Plünderung war sogar noch gegen Ende des Ersten Weltkrieges in Gang.

Die alte Seidenstraße bestand aus vielen einzelnen Straßen. Sie zog sich über wechselnde Pfade rund 3000 Meilen lang und führte durch einige der unwirtlichsten, aber auch schönsten Gegenden der Erde. Marco Polo hatte das chinesische Teilstück der Seidenstraße, seine Berge und Wüsten, mehr als einmal durchwandert.

Damit trat der Kaufmannssohn in die Fußstapfen seines

Vaters sowie seines Lieblingsonkels, die China schon vor ihm bereist hatten. Doch die Wunderwelt, die der junge Abenteurer am Hofe des Khans erlebte, übertraf alle Geschichten, die er von seinem Vater kannte. Er war so fasziniert von allem Chinesischen, von Land und Leuten, dass diese Eindrücke sein Leben für immer verändern sollten. Marco Polo war zwar erst 17 Jahre jung, als er in China ankam, dennoch wurde er eine Art Botschafter für Kublai Khan. In dieser Funktion bereiste er in den folgenden zwei Jahrzehnten Asiens reizvollste und geheimnisvollste Regionen.

Eigentlich hätte er in dieser fremden Wunderwelt noch lange so weiter leben können, doch im Jahr 1294 starb der Khan. Marco Polo kehrte heim nach Venedig, voller Erinnerungen und dem Gefühl, etwas Besonderes zu sein. Er erlitt einen heftigen Kulturschock. Kaum war er vom Schiff, verstieß er in einem fort gegen die gesellschaftlichen Gepflogenheiten der Stadt.

Armer Marco. Seine unverblümt geäußerten politischen Anschauungen stießen in seiner Heimatstadt auf wenig Wohlgefallen. Die noblen Venezianer, die in ihren Palästen Kaffeestunden abhielten, vornehm herausgeputzt über den Markusplatz und am Canal Grande entlangflanierten, waren diesem emporgekommenen Abenteurer, der nach 20 Jahren Abwesenheit als Neuankömmling die Stadt betrat, alles andere als wohlgesonnen – einen Wichtigtuer wollte man hier nicht hören. Und so machte man mit Marco Polo wegen seiner verqueren Ansichten und fragwürdigen Verbindungen kurzen Prozess und warf ihn in den Kerker. Dort sorgte er mit seinen Reiseerzählungen aus fernen Landen, in denen er erstaunlichste Erfindungen gesehen und die köstlichsten Speisen gegessen hatte, für allerlei Kurzweil bei seinen Zellengenossen. 20 Jahre in einem venezianischen Gefängnis würden wohl aus jedem einen weltfremden Fantasten machen, und so gibt es Stimmen, die behaupten, Marco Polos Abenteuergeschichten seien genau das gewesen: wilde Fantastereien einer weltfremden Seele. Zweifelsohne füllten seine Geschichten von Shangdu (Coleridges Xanadu) und Hangzhou mit all den Palästen, bildschönen ehrbaren Frauen und den sagenhaften Märkten, wo er »riesige Birnen, die zehn Pfund das Stück wogen und innen weiß wie Mehl und überaus süßlich« gesehen haben will, die langen Stunden im Kerker mit dichterischem Zauber, zumal sie gefärbt waren vom Reiz der Ferne und der Nostalgie.

Einer seiner Zellengenossen war zufällig Dichter. Er schrieb Geschichte für Geschichte die faszinierenden Erlebnisse des jungen Abenteurers im China des 13. Jahrhunderts auf. Heute sind diese Geschichten, die Marco Polos Mitgefangener unter dem Titel *Milione* niederschrieb, in mehrere Sprachen übersetzt. Das Buch scheint ein angemessenes Vermächtnis für den Mann, welcher als der erste Weltreisende überhaupt gilt.

Die volle Länge der chinesischen Seidenstraße zu bereisen, von Peking nach Kaschgar, dauerte einst Monate. Und auch heute noch ist man abwechselnd mit Zug, Bus und Flugzeug tagelang unterwegs. Sehr zum Ärger der Reiseveranstalter lassen sich die unterschiedlichen Verkehrsmittel nur schwer aufeinander abstimmen. Die Infrastruktur kann den 1,2 Milliarden Menschen nie genügen: Es gibt nicht ausreichend Züge, Flugzeuge oder Busse und nicht genug Hotelzimmer.

Auf früheren Reisen bewegte ich mich am liebsten mit dem Zug durch China. Im Zug fühlte ich mich jedes Mal wunderbar frei, war weniger auf mich selbst gestellt, musste einfach einsteigen und es mir bequem machen, konnte meine Mitreisenden beobachten, kleine Snacks zu mir nehmen und den Duft von Freiheit und Abenteuer schnuppern, während vor meinem Fenster kunterbunt die Welt vorbeirauschte.

Die billigsten Fahrkarten der China Rail waren die für die »harte Klasse«: harte Sitze in überfüllten, lauten Waggons, in denen es überall nach Knoblauch, Orangenschalen und beißendem Tabak roch, und in denen es auf den Gängen im Laufe des Tages zunehmend rutschig wurde vor lauter verschüttetem Tee und weggeworfenen Obstschalen – und vor lauter Spucke, denn die drastische Luftverschmutzung hat aus China ein Volk der Hustenden und Spuckenden gemacht. Dennoch war eine Zugreise in der »harten Klasse« für viele Westler, vor allem für jene, die darauf bestanden, keine Touristen, sondern Reisende zu sein, auf der Suche nach dem unverfälschten China ein Muss, eine Art *rites de passage*.

Für Ausländer wie mich mit einem begrenzten Wortschatz geriet selbst der Fahrkartenkauf zur Bewährungsprobe. Bei meiner ersten Zugfahrt auf dem chinesischen Festland wollte ich unbedingt »harte Klasse« reisen, und so wartete ich knapp drei Stunden lang in der endlosen, sich langsam vorwärtsschiebenden Menschenmenge, nur um am Ende zu hören zu bekommen, dass ich in der falschen Schlange stand. Als ich dann dem Fahrkartenverkäufer mit meinen paar Brocken Chinesisch verklickert hatte, dass mich sein lieber Herr Kollege vom Schalter nebenan in genau diese Schlange geschickt habe, erntete ich nur ein Schulterzucken und die knappe Antwort: »Heute keine ›harte Klasse‹ mehr.«

»Wann dann?«

»In drei Tagen. Vielleicht fünf. Reisen Sie doch ›weiche Klasse‹.«

Natürlich war das hohles Geschwätz. Es gab noch jede Menge »harte Klasse«-Fahrkarten, doch ein Blick in mein ausländisches Gesicht genügte, und der Verkäufer war sich sicher, dass ich bestimmt lieber in der bequemen »weichen Klasse« reisen wolle, als drei Tage lang auf einen Fahrschein für die »harte Klasse« zu warten.

Doch das war damals. Heute fuhr ich mit dem China-Orientexpress, dem Zug der Züge. Scherereien und Streitereien um eine »weiche Klasse« oder »harte Klasse« kamen da erst gar nicht auf, denn es gab nur eine Klasse, eine Luxusklasse, die sich nur leisten konnte, wer Devisen oder *guanxi* hatte.

Die Passagierwaggons wurden während der 1950er-Jahre in

Deutschland gebaut und sollten ausschließlich dem Vorsitzenden der Kommunistischen Partei Mao Zedong und seinen engsten Kadern vorbehalten sein. Zwar hatte Mao nie eingeräumt, Flugangst zu haben, dennoch zog er es vor, sich auf dem Boden fortzubewegen, weshalb er sich einen Privatzug bauen ließ. Selbst während der Kulturrevolution verzichtete Mao nicht auf die Freuden privater Luxuskarossen, in denen er durch schwarze, blickdichte Vorhänge abgeschirmt gegen neugierige Blicke aus dem Proletariat war.

Nach Maos Tod blieben die Waggons jahrelang eingemottet, bis die Kanadierin Maria Flannery den Zug wieder auf die Schienen brachte. Flannery, Reiseführerin und leidenschaftliche Sinologin aus Toronto, hatte über den alten Zug gelesen und konnte die chinesische Regierung schließlich zur Renovierung der Waggons auf ihre Kosten überreden. Sie erfüllte sich damit den Traum, den ruhmreichen alten Zug zurück auf die Schienen zu bringen, und so wurde Ende der 1980er-Jahre der China-Orientexpress aus der Taufe gehoben.

Auf der Jungfernfahrt wurden 16 Waggons, darunter fünf Schlafwagen, zwei Speisewagen und ein Gesellschaftswagen, von einer stattlichen, schnaufenden Dampfmaschine quer durch das nördliche China gezogen. Die chinesische Küche an Bord, die von zwei Meisterköchen des Sonderwirtschaftsbüros geführt wurde, war ausgezeichnet. Während ich mit meinen Essstäbchen die Nudeln mit dreierlei, in Streifen geschnittenen Beilagen aufdrehte, mir gedünstete Garnelen in Knoblauchsoße oder knusprig gebackene Hühnchenflügel mit Gurkenscheibchen nahm, dachte ich an das, was ich sonst so auf Zugfahrten gegessen hatte. Ich geriet förmlich in Hochstimmung, als ich mir des Glücks, das ich dieses Mal mit dem Essen hatte, bewusst wurde.

»Leibköche der Regierungsmitglieder. Sie kochen, wenn die Regierung in diesem Zug reist«, erzählte mir einer der Beamten. »Deng Xiaoping isst gern gut, wenn er unterwegs ist.«

Von einem anderen Beamten hörte ich, dass der Zug häufig für

Deng Xiaoping reserviert wurde, was erklärt, warum er mit so viel Luxus ausgestattet war und warum eiligst die Rollos heruntergelassen wurden, sobald es dunkel wurde. Kein Bauer sollte von draußen einen Blick auf das Innere des Zuges erhaschen können.

Auf dieser Sonderreise waren etwa drei Dutzend kaufkräftige Passagiere an Bord: Kanadier, Amerikaner, Briten. Unter meinen Mitreisenden waren ein Künstler, ein paar Filmemacher, ein Schriftsteller, der früher für den *Playboy* und jetzt Romane schrieb, sowie ein Antiquitätenhändler. Des Weiteren befanden sich mehrere südamerikanische Diplomaten unter den Reisenden, die für zwei Jahre nach Peking abgestellt worden waren, ein paar Akademiker mit lebhaftem Interesse an alter buddhistischer Kunst, eine liebenswürdige Witwe, die einen bedeutenden Chirurgen und hervorragenden Klavierspieler namens Irv zu vergessen suchte, sowie ein paar Weltenbummler auf der Suche nach einem weiteren Abenteuer.

Begleitet wurden wir von rund 80 Beamten: heimische Fremdenführer, Beamte der China Rail, Beamte des CITS, Regierungsbeamte aus allen Regionen, die wir durchfuhren, und die aus- und zustiegen, sobald wir von einer in die andere Provinz kamen, etliche nicht genauer bezeichnete Beamte sowie Reporter der nationalen Nachrichtendienste. Zudem genossen wir ein Vergnügen besonderer Art: Ein eigens engagierter Pianist vom Pekinger Sinfonieorchester, der als Doktor Lee vorgestellt wurde, ein meisterlicher Chopin-Virtuose, verzauberte uns allabendlich mit wunderschöner Musik.

»Wir haben 4000 Flaschen Mineralwasser an Bord dieses Zuges«, ließ mich einer der Veranstalter wissen. »Für die Partys haben wir auch echten französischen Champagner dabei. Ich möchte gar nicht darüber nachdenken, was das gekostet hat oder wie wir da rangekommen sind. Eine Flasche Moët Chandon Brut kostet in Peking ein Vermögen.«

Mein Privatabteil war ausgestattet mit einem Tisch und einem großen Schaukelstuhl auf der einen Seite und einer Couch, die sich zu einem Bett ausklappen ließ, auf der anderen. Die Bettbezüge waren schneeweiß, die Vorhänge aus Spitze, die daunengefüllten Decken aus rosa Seide, die Wandverschalungen messingverziert, und alles war glänzend poliert und hatte einen sanften Schimmer. Auf dem Tisch stand neben einer gekühlten Flasche Mineralwasser aus der Pekinger Gesundbrunnen-Fabrik eine Leselampe mit einem seidenen Lampenschirm.

Nach dem Abendessen machte ich es mir auf meinem Klappbett gemütlich und fühlte einmal mehr diesen wohligen Schauer der freudigen Erwartung, wie er den vom Glück Begünstigten auf dieser Welt hin und wieder vergönnt ist. In der Nacht jedoch wurde ich wieder von meinem alten Albtraum geplagt, der mich jedes Mal auf Zugfahrten ereilte: Ich fahre in einem unbekannten Zug durch eine unbekannte Landschaft. Alle Mitreisenden sprechen eine mir unbekannte Sprache. Ich habe keinen Schimmer, in welchem Land ich unterwegs bin. Ein Schaffner kommt, aber ich habe keine Fahrkarte. Ich habe sie nicht verloren – ich hatte nie eine gehabt. Und ich habe keine Ahnung, wohin die Reise geht.

Ich wachte auf, mein Herz pochte wie verrückt. Der Morgen zog herauf, und wir fuhren gerade durch eine kahle, graue Mondlandschaft. Regenschlieren liefen an der Scheibe herunter, und die Luft war kalt. Da der Morgen angebrochen war und damit praktisch der Tag begonnen hatte, hatte man den Strom abgeschaltet. Auch die Leselampe funktionierte nicht mehr. Ich fragte, warum die Heizung nicht ging, und hoffte, sie sei vielleicht nur vorübergehend ausgefallen.

»Morgen kommen wir durch die Wüste, da würde es zu heiß werden«, entgegnete mir fröhlich ein vor Kälte schlotternder Zugbegleiter. Die bevorstehende Fahrt durch die Wüste mag zwar die elektrischen Ventilatoren erklären, die zu Dutzenden im Gepäcknetz lagerten, nicht aber das Fehlen von heißem Wasser oder die Tatsache, dass die Klosettspülung inzwischen kaputt war.

Ich sah aus dem Fenster und machte mir klar, wo ich mich befand – auf halbem Weg nach Zentralasien, wo Heißwasser aus dem Wasserhahn ein Luxus war und kleine schwarze Ziegen als Rasenmäher eingesetzt wurden. Ein winziges Mädchen in rotem Pullover und mit grünem Haarreif rannte an den Gleisen entlang neben uns her, winkte fröhlich, war in dieser farblosen Landschaft offenbar ganz allein.

Gegen halb acht fuhren wir durch eine trostlose Industriestadt, in der brauner Qualm aus hohen Schornsteinen die Luft verdreckte. Über der ganzen Stadt hing eine dicke, gelbe Dunstglocke, und am Horizont erhob sich das imposante Gebilde eines Kernkraftwerks, das die Form eines Apfelkerngehäuses hatte. Hie und da standen ein paar Männer in der Gegend herum, hatten die Hände in den Hosentaschen, lehnten gegen Schaufeln oder qualmten Zigaretten und sahen dem Zug nach.

Zum Frühstück im Speisewagen gab es literweise Orangensaft, den ich wegen der vielen kleinen Fruchtstückchen darin so liebte, köstlichen Schinken, Toast und Rührei, dem ein leichtes Fischaroma anhaftete. Weniger erfreulich: Kaffee wurde nicht nachgeschenkt. Wer eine zweite Tasse Kaffee wollte, musste dafür etwas berappen, was von allen Gästen missbilligend abgelehnt wurde.

Vor dem Fenster zog indes die Wüste Gobi vorbei.

Am frühen Vormittag schlenderte ich in den Gesellschaftswaggon, wo ein Vortrag von einem Experten für chinesische Geschichte mit dem Thema *Buddhismus entlang der Seidenstraße während der Han-Dynastie* anberaumt war. Von allen Seiten hörte ich Murren über die Eiseskälte, und man erzählte sich gegenseitig von den Annehmlichkeiten, die man auf anderen Fahrten in anderen Zügen erlebt hatte: »Letztes Jahr, als ich in Afrika war…« Doch kaum hatte der Vortrag begonnen, waren alle von den Ausführungen des leidenschaftlichen Redners so in Bann gezogen, dass die Kälte schnell vergessen war.

»Das Wissen kam über die Seidenstraße«, hörten wir. »Ideen.

Vorstellungen. Am Ende waren Ideen wichtiger als Gewürze und Seide.«

Einige schrieben fleißig mit, andere nickten beifällig. Ich wärmte mir indessen die Hände an einer Tasse Tee und sah die braune Landschaft des nördlichen China vorüberziehen, Kilometer für Kilometer Sand und Gestein – eine baumlose Landschaft von einer ganz eigenartig abschreckenden Schönheit. Und plötzlich ein Bild, einer jener seltsam malerischen Anblicke, wie es sie nur in China geben konnte: Neben einer menschenleeren Straße saßen mitten im Nirgendwo drei Männer an einem langen Tisch. Weit und breit kein Haus, kein Fahrzeug, doch da saßen sie, warteten auf irgendwas oder irgendwen, wie Darsteller in einem Fellini-Film, vor sich Notizblöcke und Stifte, als müssten sie einen Trupp Arbeiter kontrollieren oder über einen Schönheitswettbewerb befinden oder sonst irgendetwas. Noch beim Mittagessen zerbrach ich mir den Kopf darüber.

Fasziniert von der Szenerie der vorbeiziehenden Landschaft ließ ich mir einen Teller mit knuspriger Ente schmecken, ein kulinarischer Hochgenuss, der einem auf einer Kamelkarawane, im Überlandbus oder beim zweifelhaften Vergnügen eines China-Air-Fluges sicherlich nicht vergönnt war. Seit gut einer Stunde fuhren wir nun schon durch einen Sandsturm, der so heftig blies, wie zu Hause in Kanada die Blizzards im Januar, doch soeben schien er sich zu legen, und wir hielten auf einem Nebengleis in einer kleinen Ansiedlung. Einst als Kommune während der Blütezeit Maos erbaut, als China dabei war, eine neue Gesellschaft zu schaffen, war sie heute nichts als ein weiterer trostloser Haufen von aneinander gereihten Flachdachbauten, Unterkunft für eine Hand voll Arbeiter, die in der Wüste Straßenbauarbeiten verrichteten. Gittertüren klapperten im Wind, und in einem ausgetrockneten Wasserbecken am zementierten Bahnsteig sammelte sich der Abfall. Eine einsame dürre Trauerweide bog sich, und eine Satellitenschüssel schwankte im böigen Wind, drohte jeden Moment abzuheben. Die einzige menschliche Gestalt in dieser Szenerie war eine junge Frau in blauer Eisenbahneruniform. Stocksteif stand sie da, als wir aus dem Bahnhof rollten, in der einen weiß behandschuhten Hand eine rote Flagge, in der anderen eine grüne.

In einem ersten Versuch, ehemalige Umweltsünden wieder gutzumachen, investierte China viel Geld in ein umfangreiches Bewässerungs- und Wiederaufforstungsprogramm, wovon die zahllosen Pappelreihen zeugten, die den Lehmhäusern, auf deren flachen Dächern goldgelbes Getreide zum Trocknen auslag, als Windschutz dienten. Durch das Dorf zogen sich saubere und breite Alleen. Am Rande der Ortschaft lagen kleine Getreide- oder Gemüseparzellen, die alle mit der Hand bestellt wurden. Eine Landschaft wie im Bilderbuch: Ein Mann pflückt Äpfel hoch oben im Baum; darunter dösen ein kleiner Junge, ein Schaf und ein Hund; eine Frau mit einem Baby auf dem Rücken schneidet Kohlköpfe; ein anderer Mann schleppt Wasser in Holzeimern, die an einer Schulterstange schwingen.

Irgendetwas daran erinnerte mich an mein Seidenbild, und am liebsten wäre ich mitten hineinspaziert in dieses lebendige Bild, hätte meinen eigenen Kohl geschnitten, das Baby auf meinem Rücken gespürt, wäre ein Teil von China geworden. Doch so plötzlich wie sie aufgetaucht war, war diese grüne Idylle auch schon wieder verschwunden. Erneut Sanddünen, im Hintergrund gezackte, schwarze Berge, und weit unten im Tal schlängelte sich ein breiter, schlammiger Fluss – der Gelbe Fluss, der je nach Laune so schön sein konnte, aber auch so heimtückisch und zerstörerisch. Die Chinesen nennen ihn »Fluss der tausend Leiden«.

Eine Kamelherde, so braun wie der Sand, zog vorbei, ihre barfüßigen Hirten gertenschwingend hinterher. In einem Ort namens Gan Tang wurden wir auf einem Nebengleis an einem anderen Zug vorbeigeleitet, an dem die Passagiere traubenweise am Fenster hingen, um einen Blick auf uns zu erhaschen. Sie starrten uns an, lächelten schüchtern, verwirrt vom Anblick unserer rundäugigen, weißen Gesichter. Ein Mann hielt stolz sein Baby hoch. Das Baby sollte uns und wir das Baby bestaunen. Muslimische Frauen mit weißer Kopfbedeckung schoben ihre dampfenden, kleinen Imbisskarren über den Bahnsteig, verkauften gekochte Erdnüsse, Eier und pappiges Brot. Noch als wir anfuhren, liefen sie neben uns her, hofften auf ein letztes Geschäft.

Die Sanddünen waren mittlerweile flacher geworden, ähnelten nun eher einer welligen Prärielandschaft und hoben sich schwarz gegen die schnell sinkende, flammende Sonne ab. Im Gesellschaftswaggon herrschte vorabendliche Partystimmung. Heute Abend würden wir das Herbstfest mit einem Maskenball feiern, Mondkuchen essen und Champagner trinken, während der Pianist vom Pekinger Sinfonieorchester Chopin- und Jazzmusik dazu spielte. Der Waggon war festlich geschmückt. Von der Decke baumelten blinkende Lichterketten, an denen sich bunte Papiergirlanden kringelten, die sich hie und da mit den goldenen Seidentroddeln an den hübschen, roten Laternen verfingen. Déjà-vu – einen kurzen Moment lang fühlte ich mich zurückversetzt in Lee Wings Café und wartete auf Weihnachten.

Die Innere Mongolei: Helden und gute Pferde

Die weite, windgepeitschte Prärie der Inneren Mongolei erstreckt sich über halb China. Der Anblick der endlosen Weiten war mir vertraut. Es schien mir, als wäre ein Stück von Saskatchewan aus der Landkarte gepurzelt und hier gelandet. Stundenlang hätte man in dieser Gegend auf einem Pferd reiten können, ohne einer Menschenseele zu begegnen.

Die Innere Mongolei ist eine autonome Region der Volksrepublik China. Sie liegt zwischen der früheren Sowjetunion im Norden und China im Süden. Verglichen mit dem dicht bevölkerten Südchina wirkt die Region, obwohl hier 19 Millionen Einwohner leben, wie ausgestorben – besonders die Steppen.

Dass diese Steppenvölker nach dem Motto »Helden vertrauen auf gute Pferde« leben, nahm ich verwundert zur Kenntnis. Nicht Politik, nicht Wirtschaft oder Unternehmenskapital, ja nicht einmal Kapitalanhäufung oder Tauschhandel sind hier von Bedeutung, sondern einfach nur gute Pferde.

»Autonomie? Kein Hahn kräht heute mehr danach«, erzählte mir ein einheimischer Lehrer. »1947 wurden wir zur autonomen Region, doch sehr bald wurde uns klar, dass das nichts als ein hohler Begriff ist. Vergiss es! Alles, was wir tun können, ist vor unseren Herren den Bückling machen. Wenn die in Peking sagen: ›Los, springt in die heiße Pfanne‹, antworten wir: ›Gut, wo ist das Feuer?‹«

Abgesehen von der etwas hinkenden Metapher brachte er seinen Standpunkt doch recht deutlich zum Ausdruck. Als Peking im Zuge der Assimilationspolitik begann, die großen Städte mit Hanzu-Chinesen zu bevölkern, schwand das Erbe der Inneren Mongolei stetig, bis nur mehr zwei Millionen Mongolen übrig waren.

Doch es gab sie noch, die mongolische Steppe, jene leere, ursprüngliche Weite, wo man jeden Windstoß im Rücken spüren kann, wo mehr Schafe und Kamele als Menschen leben, wo Kinder reiten lernen, bevor sie laufen können.

Zwar sind die jungen Städter in Hohhot und Baotou heute immer mobiler und geben sich betont modern, dennoch halten die Steppenvölker auch heute noch stark an ihren Traditionen fest, vor allem die Alten, die noch immer Brautpreise aushandeln. Wie viel wäre eine Braut aus bester Familie auf dem heutigen Markt wohl wert?

»Es gibt heute keine Brautpreise mehr. Nicht in der Stadt«, erzählte mir mein Gastwirt mit unsicherer Stimme. Er fürchtete wohl, in einer westlichen Zeitung zitiert und von seinen snobistischen Freunden in der Stadt zurechtgewiesen zu werden.

»Auf dem Land mag es vielleicht noch Brautpreise geben. Ein

paar Kamele, ein gutes Pferd, Schafe und Geld vielleicht. Das dürfte eine gute Braut wert sein.«

Er lachte, damit ich ihn ja nicht allzu ernst nahm, und setzte sogleich wieder seine besorgte Miene auf, als wäre es eine besonders heikle Angelegenheit, sich mit Heiratsdingen zu befassen. Wir wechselten zu einem weniger verfänglichen Thema: Sport. Ob ich vom Brauch der Hammeljagd gehört hätte, wollte er wissen. Hatte ich nicht, hörte sich aber anstrengend an, vor allem für den Hammel, der von einer wilden, zweibeinigen Hammelherde verfolgt wurde, bis er am Ende gestellt und eingefangen war.

»Der Sieger darf den Hammel behalten«, erklärte er fröhlich. Für den Hammel allerdings endet die Jagd weniger fröhlich, denn der neue Besitzer gibt ein großes Fest für all seine Freunde mit frischem Hammelfleisch als Hauptgericht. Ebenso arm dran ist der Hammel, der zum *baskachi* auserwählt wird. Bei diesem Spiel greifen die Reiter den Hammel aus allen Richtungen im vollen Galopp an, werfen ihn mit dem Lasso zu Boden und zerren an ihm hin und her, bis vom Hammel nur mehr ein blutiges Wollknäuel übrig ist.

Wer den echten Geruch von Freiheit und Abenteuer der Inneren Mongolei erleben will, muss hinaus aus der Stadt und hinein in das legendäre Steppenland. Zwar sind einige Regionen für Ausländer noch immer gesperrt, doch hat man sich neuerdings dem Tourismus geöffnet und ist eifrig dabei, vereinzelte Touren zu organisieren. Ein Gebiet, das man für Touristen zugänglich gemacht hat, war auf der Karte als »Cizi Wanqi Grassland« bezeichnet.

Doch um dorthin zu gelangen, musste ich zunächst eine vier- bis fünfstündige Fahrt in einem klapprigen Bus auf mich nehmen, bei der ich sämtliche Knochen spürte. Von Hohhot aus ging es stetig bergan durch eine karge, braune Hügellandschaft. Alle paar Meter war ein Loch in den Boden gebuddelt, in das irgendwann ein Baum eingepflanzt werden sollte. Die Baumgruben waren Teil des Wiederaufforstungsprogramms, doch die Bäume waren entweder schon abgestorben oder nie eingepflanzt worden, und so füllten sich die Gruben langsam wieder mit Erde auf. Ganz allmählich verlor sich die gepflasterte Straße in der Prärie, und der Bus holperte auf dem Schotter von einem Schlagloch ins nächste.

In Wu Chan legten wir einen Halt ein. Das kleine Dorf zeigte sich wegen des bevorstehenden Herbstfestes im allerschönsten Festtagsgewand. In den Fenstern hingen lange Schnüre mit aufgefädeltem roten Pfeffer, gelbe Maiskolben und üppige Weißkohlköpfe lagen zum Trocknen auf den Dächern, und in jedem Vorgarten nickten staubige Sonnenblumenköpfe. Ein fettes, schwarzes Schwein, so fett, dass es beim Gehen schaukelte, lief quietschvergnügt auf eine Frau zu, die mit einem Futtertrog aus einem der Häuser kam. Sie stellte den Trog auf den Boden und kraulte das Schwein versonnen am Ohr, während es grunzte, schmatzte und schlürfte – welch eine Schweineglückseligkeit!

Im Dorf hatte der Wochenmarkt gerade begonnen. Ich mischte mich unter die Menge und machte einen Rundgang über den Markt, wo Straßenverkäufer Kohle, Schafsfell, gekochte Eier, lebendige Hühner und Kohlköpfe so groß wie Kürbisse und Kürbisse so groß wie Strandvolleybälle feilboten. Zwei kleine Jungen in der grünen Uniform der Volksbefreiungsarmee mit roten Epauletten und einem roten Stern auf ihren Mützen stolzierten an mir vorbei. Sie sahen aus wie zwei kleine mit Paprika gefüllte grüne Oliven. Ein Kleinkind saß in der Marktkarre seiner Mutter im Reitersitz auf einem riesigen Kohlkopf, schaukelte darauf vor und zurück, drosch mit einem kurzen Aststück als Peitsche auf den Kohlkopf ein und trieb so sein imaginäres Pferd in Cowboymanier an.

Keiner achtete besonders auf zwei Männer, die neben der Straße ein Schaf schlachteten und ihm unter den Blicken eines zweiten Schafes, das unweit daneben festgebunden stand, die Kehle aufschlitzten. Das zweite Schaf blökte herzerbärmlich. Es wusste, dass sein letztes Stündlein geschlagen hatte. Rund um die Männer lagen dutzendweise blutige Tierhäute zum Trocknen in der Sonne aus, umschwirrt von einem ganzen Heer von Fliegen.

Einen halben Block weiter saß auf einem großen, aus Reep geflochtenen Korb neben der Busstation eine müde Frau mit dem breiten Gesicht der Hanzu-Chinesen und langen, schwarzen Zöpfen. Sie wiegte einen Hahn in den Armen, hatte dabei die Augen geschlossen und hielt ein kurzes Nickerchen. Ein kleines Kind stand neben ihr, hielt die Mutter mit der einen Hand am Hemd fest und hatte um das Handgelenk der anderen einen Strick, welcher wiederum um den Hals einer jungen Ziege geschlungen war.

Anscheinend warteten sie auf den Bus. Der müsste jeden Moment knatternd und laut schnaubend die Straße herunterholpern. Und da kam er auch schon, so rappelvoll, dass er Schlagseite hatte, das Dach so mit Gepäck überladen, dass die Taschen und Bündel schon gefährlich über die Seiten hingen. Zwei Männer standen auf dem Trittbrett der offenen Tür und hielten sich an den Haltegriffen fest. Der Bus war nach Westen unterwegs, und aussteigen wollte hier in Wu Chan anscheinend niemand. Andererseits kam hier so schnell auch kein zweiter Bus mehr nach Westen vorbei.

Sollte das also der Bus sein, auf den die Frau wartete, hatte sie wohl Pech. Es war aussichtslos, sich da noch mit Kind und Kegel hineinzuquetschen – dachte ich zumindest.

Falsch gedacht. Kaum war der Motor abgestellt, war sie hellwach. Da scheinbar keiner der beiden Männer auf dem Trittbrett geneigt war, auch nur einen Zentimeter zur Seite zu rücken, fing die Frau ein Mordsgezeter an, schrie wie wild auf sie ein, während sie entschlossen ihren riesigen Korb, ihre Ziege, ihr Huhn und ihr Kind zwischen den beiden protestierenden Männern hindurch in den Bus hineinquetschte. Der Motor hustete, eine schwarze Abgaswolke stieß aus dem Auspuff, und eine kurze

Schrecksekunde lang dachte ich, der Bus würde sich ohne die Frau in Bewegung setzen. Doch wundersamerweise drückten sich die zwei Männer noch ein Stück weiter hinein. Einer der beiden streckte der kreischenden Frau sogar eine Hand entgegen, während ein hilfsbereiter Passant nachhalf und sie von hinten anschob. Abermals hustete der Motor, und das klapprige Vehikel schaukelte samt Passagieren und Gepäck von dannen, dem fernen Horizont entgegen.

Auch ich bestieg meinen Bus: das offizielle Touristentransportmittel, welches das neuerlich zugängliche »Cizi Wanqi Grassland« in der Inneren Mongolei befuhr. Während ich mich in meinen breiten, gepolsterten Sitz fallen ließ – eine Flasche Wasser zur Hand, eine Heizung, die wohlige Wärme gegen die Herbstkälte verbreitete, Vorhänge, die vor blendendem Sonnenlicht oder neugierigen Blicken schützten –, dachte ich an die elenden Bedingungen in jenem schrecklichen Gefährt von Bus nach Westen, und nicht zum ersten Mal beschlich mich eine Art Schuldgefühl ob meiner Privilegien als ausländischer Gast.

Höher und höher ging es bergan, bis ans Ende der Straße und weiter auf einer Art Kuhpfad quer durch die Prärie. Irgendwann kamen wir vom ausgedörrten Überschwemmungsgebiet hinauf auf eine Hochebene, die eintönig braun in braun gefärbt war: braune Straßen, braune Lehmhäuser mit kleinen braunen Höfen, ein braunes Kamel, das einen braunen Pflug zog.

Dann nichts. Ich schloss die Augen und fiel in einen wohligen Schlummer, wiegte mich im sicheren Wissen, dass egal, wo es hinging, egal, wo ich ankomme, ich auf jeden Fall erwartet und willkommen geheißen würde und dass ich, zumindest im Moment, mit Speis und Trank verwöhnt wurde, so wie es auf Touristentouren wie dieser üblich war. Um nichts musste ich mich kümmern, nicht um ein Kind, ein Huhn, eine Ziege oder einen Korb.

Irgendetwas weckte mich. Eine Woge der Erregung ging durch den Bus. In der kahlen Steppenlandschaft, durch die wir fuhren, stand kein einziger Baum weit und breit, und das bisschen Gras, das noch wuchs, war braun. In der Ferne konnte ich kleine Punkte erkennen, die schnell größer wurden – ein offizielles Begrüßungskomitee, das aus einem Mitsubishi-Transporter stieg, just in dem Moment, als drei Männer auf schönen, cremefarbenen Kamelen vorbeiritten. Wie aus dem Ei gepellt, in der traditionellen mongolischen Nationaltracht, standen die Delegierten des Komitees da – ein Regenbogen aus bunten Seidengewändern und an den Füßen Nike-Sportschuhe, die unter dem Saum hervorguckten. Kaum waren wir ausgestiegen, schmetterten die Mongolen ein fröhliches Lied und reichten eine silberne Schale herum:

»Trinkt! Trinkt!«

Fidel wie wir waren, machten wir mit, tranken, hörten das Lied ein um die andere Strophe, und ein ums andere Mal machte die Schale die Runde. Die klare Flüssigkeit sah aus wie Wasser, hatte aber einen metallenen Geschmack und brannte heftig in der Kehle. Unser Führer und Übersetzer, Lucky Wang, blickte nervös in die Runde und bedeutete uns, die kleine Zeremonie doch, bitte schön, ernst zu nehmen.

»In der Silberschale ist Feuerwasser, und sie singen so lange wie ihr trinkt. Also seht euch vor!« Er hob warnend den Finger und wies auf mich: »Obacht, sobald du ausgetrunken hast, singen sie weiter und gießen nach! Und das hier ist nicht bloß Whiskey«, unkte er wohlweislich, was Bände sprach über seine Erfahrungen mit der Trinkfestigkeit von uns Westlern.

Schwer zu sagen wer zuerst aufgab, Sänger oder Trinker. Aus dem offiziellen Empfang war jedenfalls irgendwann die Luft raus. Ein frostiger Herbstwind kam auf, und mein Blick wanderte sehnsüchtig zu der einladenden Gruppe von Jurten am Horizont. Aber nein. Erst folgte noch ein Unterhaltungsteil. Um die Kostprobe an Gastfreundlichkeit in der kalten Steppe zu überstehen, packten wir uns in unsere Mäntel. Zunächst sahen wir zwei Ringern zu, die stöhnten und grunzten, Grimassen schnitten und einander halb tot würgten. Dann feuerten wir ein paar Reiter bei einem halsbrecherischen Pferderennen an. Ein Teil unserer Gruppe wagte schließlich einen Kamelritt.

Mit meinem Kamel hatte ich allerdings Pech. Es mochte mich von Anfang an nicht. Es heulte wie ein Hund, spuckte, sabberte, heulte lauter, drehte den Kopf ständig nach rechts, um mein Knie zwischen seine scharfen, gelben Zähne zu fassen zu bekommen. Während ich im Kreis umhertrottete wie ein Kind auf einem Pony, versuchte das Tier mit allen Mitteln, mich abzuwerfen, und ich rechnete damit, jeden Moment zu fallen und mir irgendeinen Knochen zu brechen. Endlich ging es in die Knie, damit ich absteigen konnte, knurrte und schnappte ein letztes Mal nach meinem Bein. Ich humpelte von dannen und überlegte mir alle möglichen Rezepte für gegrillte Kamelhöcker.

Dann endlich ging es in unser Jurte-Hotel, wo es hoffentlich etwas Leckeres zu essen gab und wir vielleicht ja auch übernachteten.

Jurten, die traditionellen, kegelförmigen Filzzelte der Mongolen, hatten mich seit jeher fasziniert. Während meiner chinesischen Phase in frühen Jugendjahren hatte ich einen Roman gelesen, in dem die Jurte des Öfteren Schauplatz heißblütiger Liebesszenen war. Die Jurten in dem Roman waren mit dicken Teppichen ausgelegt und mit Schnitzereien verzierten Holztruhen sowie einer Feuerstätte, die »launenhaft flackerte«, ausgestattet. In der Geschichte kam eine alte Frau vor, die kochte und putzte, aber nie ein Wort sprach; ein Reiter des Dschingis Khan hatte ihr die Zunge herausgeschnitten. Die Heldin, eine junge Kaukasierin, wurde vom mongolischen Anführer einer vorbeiziehenden Karawane gefangen genommen, der sie, benommen von ihrer Schönheit, davor bewahrte, dass ihr die Kehle durchgeschnitten oder sie von seinen Mannen vergewaltigt wurde. Stattdessen nahm er sie als seine Konkubine. Und so ging die Geschichte dahin: Kapitel für Kapitel kündete das Hufgeklapper der Pferde von der Ankunft des jungen Anführers, der durch die

Tür stieß, einen lustvollen Blick auf die Heldin warf, die auf besagten dicken Teppichen ruhte, um sich ihrer sogleich in entfesselter Leidenschaft zu bemächtigen.

Seither hegte ich den Wunsch, einmal eine echte Jurte zu sehen.

So viel zum Roman. Die zwei Dutzend Jurten im »Cizi Wanqi Grassland« standen mit der hinteren Zeltwand gegen die vorherrschenden Nordwinde und öffneten sich nach Süden hin. Die Ausstattung beschränkte sich auf ein paar dünne, zusammengestoppelte Matten und kinderbettgroße Schlafstätten. Keine dicken Teppiche, keine mit Schnitzereien verzierten Holztruhen. Allerdings gab es jede Menge rauchende, kleine Kohlenöfen, die jedoch keine wahrnehmbare Wärme absonderten. Noch dazu donnerten ein paar Halbwüchsige auf ihren Kawasakis um die Zelte. Ein magerer Esel trabte duldsam vorüber, zog eine Karre mit beleibten Touristen hinter sich her. Außer ihm und den menschenhassenden Kamelen war kein Vieh weit und breit in Sicht.

Vor einer etwas abseits stehenden Jurte war eine leuchtend rote Kawasaki abgestellt, und ein Schild verkündete auf Englisch: »Room Service«. Die sanitären Anlagen waren in einer gesonderten Jurte untergebracht, doch die Toilette war nicht viel besser als anderswo im ländlichen China, sodass ich mich viel lieber in die Büsche geschlagen hätte, wenn es welche gegeben hätte.

Egal. Immerhin gab es eine Mahlzeit. Beim Abendessen bekam jeder Tisch sein eigenes Hammelstück serviert, das eine vorzügliche, mahagonifarbene Kruste hatte. Jahrelang konnte ich Hammelfleisch nicht einmal riechen, doch hier im Norden Chinas, wo man es richtig zuzubereiten wusste, hatte ich es schätzen gelernt. Zudem bot die Region ohnehin keine reiche Auswahl an Delikatessen. Geschickt stellte die Bedienung den Servierteller in die Mitte des Tisches, stach mit einem Jagdmesser in das Fleisch, verteilte weitere Jagdmesser an die Tischrunde und ließ uns das Abendessen ungestört genießen.

Im Anschluss gaben unsere Gastwirte, die Delegierten des offiziellen Begrüßungskomitees, ein paar Flaschen des scheußlichen *mao-tai* aus. Sie sangen, brachten Trinksprüche aus, versprachen immerwährende Freundschaft mit allen heute Abend vertretenen Nationen, und es wurde gebechert, was das Zeug hielt, als wäre der *mao-tai* Orangensaft. Die Stimmung wurde lebhafter, der betagte Antiquitätenhändler nagte in bester Tom-Jones-Manier an seinem Hammelknochen, und die Amerikanerin neben mir verkündete, sie würde bestimmt einen Kater bekommen, aber was soll's, dagegen habe der liebe Gott schließlich Aspirin erfunden.

Der Geräuschpegel wurde immer lauter und der Gesang immer unmelodischer. In seiner Langmut sah unser Führer Lucky Wang gelassen zu, doch sein Blick sagte: »Ich habe euch gewarnt.«

Schließlich wurden wir zurück in den Bus verfrachtet und von der offiziellen Delegation mit einem weiteren Lied und viel Winken verabschiedet. Über das »Cizi Wanqi Grassland« ging es zurück nach Hohhot. Einige unserer Truppe ließen den Abend in der *Friendly Bar* ausklingen, tranken Tsingtao-Bier und fachsimpelten mit der Sinologin über jene Mongolei, die wir nie zu sehen bekommen würden, die Mongolei, die einst die wahre Heimat der großen Khans war zu einer Zeit, da Helden noch auf gute Pferde vertrauten. Wie großartig und einsam die Steppe einst gewesen sein muss.

Das Licht der Neonröhren flackerte, und ein Trio aus Trompete, Klarinette und Schlagzeug spielte sich durch ein seltsames Repertoire aus uralten Filmmelodien und Schmonzetten aus dem Zweiten Weltkrieg, die in China noch immer gern gehört wurden. Außer uns war nur noch ein junges Paar anwesend, das langsam zu *You Are My Sunshine* tanzte, steif und weit auseinander. Sie hatte den Blick über seine Schulter an die Wand geheftet, und er starrte mit ausdrucksloser Miene über ihren Kopf hinweg. Als die Band dann *Blue Tango* im langsamen Vierteltakt anstimmte, hörten sie auf und setzten sich wieder an ihren Tisch.

Zum Abschluss des Abends erklang *Auld Lang Syne*, ein Lied, das seltsamerweise auch in diesem Teil der Welt sehr populär zu sein schien und bei dem ich jedes Mal sentimental wurde, egal wo ich gerade war. Dieses Mal endete das Lied nicht auf einer Note, vielmehr hörten die Instrumente nacheinander auf zu spielen, verstummten ganz langsam, und ein Ton nach dem anderen verhallte in der Nacht.

Dunhuang: Glühende Leuchtfeuer in der Wüste

Auf der historischen Route war der nächste Halt entlang der Seidenstraße Dunhuang, eine Stadt, die die Alteingesessenen »Glühendes Leuchtfeuer« nannten. Will man heute nach Dunhuang, muss man vom Bahnhof im nächstgelegenen Ort Jiayuguan, ein früherer Außenposten des alten Stammes der Hanzu, eine dreistündige Busfahrt auf sich nehmen.

In meiner Vorstellung war die Wüstenstadt Dunhuang eine Fata Morgana, eine nicht ganz reale Oase, in der sich der Handelsweg in die nördliche und die südliche Route gabelte. »Und wohin jetzt?«, mussten sich hier die Reisenden früher gefragt haben. Nach Süden und sich den Dämonen der Taklamakan-Wüste ausliefern, deren Namen allein schon bedrohlich klangen – oder nach Norden, was die längere Strecke war und in mancherlei Hinsicht noch viel Furcht erregender?

Im 1. Jahrhundert n. Chr. endete für die Chinesen genau hier in Dunhuang das zivilisierte, erquickliche und sichere Leben. Damals war der Ort die westlichste Außenhandelsstation in China. Hier endete die Große Mauer, und wer wusste schon, welch böse Geister dahinter lauerten?

Der Bau der Chinesischen Mauer wurde unter Shi huang-ti, dem ersten Kaiser der Ch'in-Dynastie, begonnen. Von der Idee der Mauer war der Kaiser derart begeistert, dass ihn manche gar für besessen hielten.

Nachdem Shi huang-ti alle Gebiete des damaligen China unter seiner Herrschaft vereinigt hatte, ließ er im Norden die vereinzelten Festungen früherer Kaiser zu einem durchgängigen Schutzwall schließen, der das Land von der Pazifikküste nahe Peking bis zur Provinz Gansu durchzog. Das Grab des Kaisers wurde von der heute weltbekannten und durch Zufall entdeckten tönernen Armee aus 6000 lebensgroßen Terrakotta-Kriegern und Pferden bewacht, die ihm auch im Jenseits uneingeschränkte Macht sichern sollten. Stück für Stück ging der Bau der Mauer voran, die zum längsten Friedhof der Welt wurde. Heute weist nichts mehr auf die letzte Ruhestätte der rund 300 000 rekrutierten Untertanen hin, die beim Bau der Mauer ihr Leben ließen.

Die Mauer sollte das Reich gegen die aus dem Norden drohenden Einfälle durch barbarische Nomadenvölker schützen. Oben am Wehrgang waren Truppen stationiert, die sich von Garnison zu Garnison durch Semaphore und Rauchsignale verständigten und windschnelle, galoppierende Meldereiter aussandten. In militärischer Hinsicht jedoch erwies sich die Mauer des Öfteren als Fehlschlag. Selbst als sie eine Höhe von bis zu 16 Metern erreicht hatte, war sie nicht unangreifbar. Mit jedem neuen Teilstück wanderte die Mauer westwärts, bis sie 1372 kurz vor der Wüste Gobi an einem einsamen Außenposten namens Jiayuguan endete.

Ich hatte das Gefühl, dass ich auf meinem Kamel die Mauer problemlos erstürmen könnte. Jeder Fassadenkletterer hätte sie in null Komma nichts erklommen.

An der Seidenstraße lag der tückischste und Furcht erregendste Abschnitt der Mauer: bei Lop Nur, dem Toten See. Dort sahen Reisende während Sandstürmen Gespenster, hörten Geister im Wind sprechen und aus der Dunkelheit körperlose Stimmen heulen: »Hilfe, Hilfe, so helft doch!« Und folgte der gutgläubige Reisende diesen Stimmen, so verschwand er auf Nimmerwiedersehen in der Wüste, und nur noch seine gebleichten Knochen zeugten vom Ende seiner Reise. Noch heute tuscheln Arbeiter, die regelmäßig auf dem Waffentestgelände bei Lop Nur zu tun haben, geheimnisvoll über die Geister.

Jahrelang war Dunhuang eine buddhistische Stadt, eine Art ethnischer Schmelztiegel, Dreh- und Angelpunkt der Reisenden aus Peking und Xian, die hier auf die Mittelsmänner Zentralasiens trafen – auf Inder, Kuschanen, Parther –, Überlebenskünstler an der Seidenstraße, die man als Führer durch die Wüste anheuern konnte und die einen bis ins ferne Kaschgar brachten und weiter über das Pamir-Gebirge nach Syrien, Persien und Griechenland.

Jeder, der den Ort Dunhuang am Rande der Wüste erreichte oder verließ, drückte seine Bitte um Schutz oder seinen Dank in Form von Spenden aus. Vor allem wohlhabende Reisende, insbesondere die Kaufleute, überschütteten die Mönche mit reichen Gaben. Hier in Dunhuang entstand die größte Schatzkammer buddhistischer Kunst, die Grotten von Mogao, wo Generationen kunstfertiger Mönche Tausende von Höhlen in die Felsabhänge gehauen haben.

Die erste Höhle wurde in den Mingsha-Dünen, rund 15 Meilen südöstlich der Oase, in die weiche Fassade eines mächtigen Sandsteinfelsens gegraben. Ursprünglich als Orte der Meditation gedacht, wurden die Höhlentempel von Mogao unter tibetischer Herrschaft zu einer einzigartigen Stätte buddhistischer Kunst und Kultur, da die Mönche Herz und Seele in ihre Arbeit legten. Sie meißelten gigantische Heiligenstatuen und bemalten die Höhlentempel mit großartigen Wandmalereien, die alle Aspekte des buddhistischen Lebens schildern. Heute bedecken die Fresken eine Fläche von über 45 000 Quadratmetern. Obschon das Überdauern der Kunstwerke an sich ein kleines Wunder ist, erstaunt vor allem der Erhalt der Farben, welche, geschützt vor Licht und Witterung, nach so vielen Jahrhunderten noch immer bemerkenswert kräftig leuchten. Abgesehen von den Zersetzungen durch den Qualm der Räucherstäbchen sind die Blautöne noch immer klar und schillernd, Grün- und Rosatöne noch immer taufrisch. Lediglich die Rottöne scheinen etwas oxidiert zu sein und die Farbe von getrocknetem Blut angenommen zu haben.

Vor der morgendlichen Exkursion zu den Mogao-Grotten hätte ich mich allerdings beinahe gedrückt, da ich, mit einem Wort, ein Feigling bin. Hoffnungslos klaustrophobisch veranlagt, meide ich Höhlen aus Prinzip. Es war dort dunkel und verdächtig kalt, es gab sonderbare, trippelnde Geräusche, kalte Luftwirbel, wenn man sie am wenigsten erwartete, und muffige Gerüche. Rochen so etwa Fledermäuse oder Schlangen? Oder waren jene glänzenden, stecknadelgroßen Lichtperlen etwa die Augen eines Nagetieres? Und falls ich mich verirrte, kam mich dann der schwarze Mann holen? Und so weiter und so fort. Krampfhaft hielt ich meine geliehene Taschenlampe umklammert und trottete hinter dem Führer her. Es freute mich geradezu, als er verkündete, dass von den 500 Höhlen nur 40 der Öffentlichkeit zugänglich seien, Ausländer aber nur zu 30 Zugang hätten – das waren immer noch 29 zu viel für mich.

Alle Höhlen waren durchnummeriert und größtenteils verschlossen, entweder weil sie gerade renoviert wurden oder die Darstellungen für die Augen der Öffentlichkeit als zu obszön erachtet wurden, wie beispielsweise in den Tantrischen Höhlen, wo Götter und Göttinnen sich in deutlich sexuellen Posen vergnügen – zumindest laut unserem kichernden Führer.

Bei den Mengen an Kunst in den Mogao-Grotten geriet man leicht ins Taumeln: nahezu 2000 Statuen und mehr als 45 000 Wandgemälde. Und das waren nur die Überreste, die Werke also, welche muslimische Fanatiker und Rote Garden in ihrer Zerstörungswut irgendwie vergessen hatten, und die auch das archäologische Dreiergespann Sir Aurel Stein, Albert von le Coq und Sven Hedin versäumt hatte fortzuschaffen.

Über eine Holzstiege ging es hinauf zur ersten Höhle. Der Eingang war, wie erwartet, winzig und eng. Ich schluckte und hielt mich an der Wand, um dem Gedränge möglichst auszuweichen.

Elektrisches Licht gab es nicht. Es dauerte einen Moment, bis sich die Augen an die Dunkelheit gewöhnt hatten, doch da tönte auch schon der Führer: »Taschenlampen nach oben, bitte!« Und da, im Schein der vielen Taschenlampenlichter tauchte sie auf – die aus dem Fels gehauene, fein gestaltete und überragende Skulptur eines Buddha. Sein Gesicht hatte beinahe feminine Züge, einen sanften besinnlichen Ausdruck, als hörte er seinen geringfügig kleineren Jüngern neben ihm zu. Sein Blick war nach unten gerichtet, weit nach unten, wo wir Sterblichen kauerten, schwach und klein.

Die Wände um den Buddha erweckten den Anschein, sie seien von kleinen Spalten und Nischen durchzogen, in denen kleine Reliquien standen. Doch der Schein trog, es war nur das matte Licht der Taschenlampen, ein schwacher, flatternder Lichtschein, der unregelmäßig eine winzige, schemenhafte Figur, die Rundung einer Schulter, eine fingerlose Hand oder einen Körper ohne Kopf abbildete. Ich ging hinter den riesigen Buddha (das war erlaubt) und leuchtete mit meiner Lampe die Wand ab, fragte mich, wie es wohl gewesen war in all den langen Jahren einsamer Arbeit hoch oben auf einem Gerüst, nur mit dem Licht einer Öllampe. Möglicherweise hatten die Künstler das steife Genick, die Arthritis in den Fingern oder den raschen Lauf der Tage und Jahre gar nicht wahrgenommen, da ihre Arbeit von Liebe gespeist war.

Dynastien stiegen auf und fielen, doch die Arbeit ging unaufhörlich weiter, und mit ihr entfaltete sich ganz allmählich das große künstlerische Abenteuer des Buddha Sakyamuni in seinen vielen früheren Inkarnationen. Zwar änderte sich im Laufe der Zeit der Stil der Figuren, da alte Mönche starben und neue die Arbeit fortsetzten, doch hier an der Seidenstraße entstand eine einzigartige Stätte buddhistischer Kultur, ein unverkennbares Vermächtnis des indischen Buddhismus. Auch wenn der Hintergrund und die weniger wichtigen Figuren oft einen chinesischen Ausdruck aufweisen, sind die indischen Züge der Hauptfiguren doch unverkennbar.

Und überall auf den Wandgemälden kommt immer wieder die Vorstellung der Mönche vom Himmel zum Vorschein: das westliche Paradies. Es war primitive Kunst, und sie ähnelte in Ansätzen den Bildern, die mein ehemaliger Sonntagsschullehrer entworfen hatte, der offenbar dieselbe Vision vom Garten Eden gehabt hatte: Schäfchenwolken über idyllischer Landschaft, friedvolle, grüne Hügel, dazwischen prächtige Paläste und üppige Gärten, wo wilde Tiere zahm wie junge Hunde sind und die Ernten reichlich, wo Freude und Harmonie regieren und alles auf immer und ewig wunderschön ist.

Beim letzten Tageslicht sah ich mir noch einmal die Kamele an und versuchte, mir eines auszuspähen, das freundlich dreinblickte, denn für den Abend war am Mondsichelsee bei den Mingsha-Dünen eine Party anberaumt, und ich hatte mir vorgenommen, einigermaßen unversehrt und möglichst ohne einen Zwischenfall dort anzukommen. Doch unter all den Kamelen ein freundliches zu finden, war reine Glückssache. Meine Erfahrungen mit Kamelen beschränkten sich bislang auf einen harmlosen Ritt auf einem widerspenstigen Dromedar in Nordafrika und dem kürzlichen Scharmützel mit einem Trampeltier in der Inneren Mongolei. Doch diese Kamele hier schienen Trampeltiere der übelsten Sorte zu sein.

Die Lasttiere entlang der Seidenstraße waren seit jeher Kamele, und daran hat sich bis heute nichts geändert. Das Kamel der Wahl war nach wie vor das Trampeltier, weil es bis zu 500 Pfund Last auf seinem Rücken tragen und schneller und weiter traben kann als sein einhöckeriger Verwandter, das Dromedar.

Die Herde wurde allabendlich mit Streu versorgt, und die schlafenden Tiere hatten einen beruhigenden Stallgeruch an sich. Einige dösten vor sich hin, während andere sozusagen arttypischen Aktivitäten nachgingen: wiederkäuen, aufstoßen, spucken, brüllen, sich miteinander anlegen. Etliche Kameltreiber saßen in trauter Runde im Schneidersitz um ein kleines Feuer, tranken Tee, und alles sah so heimelig aus, dass ich ungern stören wollte. Doch einer der Männer sah mich und winkte mich herbei.

»Warten Sie, Lady, sehr schönes Kamel für Sie! Ich bin Aziz, und das ist mein Kamel Zuzu! Sehr gutes Kamel, Lady! Sehr schnell.« Ich glaube, er fand sogar noch sehr schöne, bildhafte Worte wie »Wir werden darauf wie der Wind reiten« oder Ähnliches. Kameltreiber sind Überredungskünstler.

Zuzu drehte den Kopf und beäugte mich mit dem abschätzigen Blick eines Kamels, das einen Grünschnabel beim ersten Hinsehen erkannte. Es war ja auch zu langweilig, einem weiteren dieser Touristen schön tun zu müssen. Zuzu bleckte das Maul und zeigte mir seine hübsche Reihe aus langen, gelben Zähnen. Dennoch wirkte Zuzu nicht gar so feindlich gesinnt wie mein letztes Kamel, und für ein Kamel war es sogar recht hübsch anzusehen: gepflegt und von sahnekaffeebrauner Farbe. An seinem Zaumzeug hingen glänzende Messingglöckchen, ein Erbe seiner Kamelvorfahren, die sie einst um ihrer Reiter willen trugen, welche mitunter so leichtsinnig gewesen waren, sich von ihrer Karawane zu entfernen, sich verirrten und durch das Gebimmel der Glöckchen dann den Suchtrupp auf sich aufmerksam machten. Sollten wir uns also in einem der berühmt-berüchtigten Sandstürme verirren, hatten wir zumindest Zuzus Glocken.

Und los ging es, hinein in die Dünen, das Kamel murrte, die Glocken bimmelten, und der Kameltreiber spazierte vorneweg, derweil er seinem Tier liebevoll zuredete. Nichts gab es zum Festhalten, außer den pelzigen Vorderhöcker, und so klammerte ich mich verzweifelt an verfilzte Wollknäuel, wenn es trabte, und ließ locker, wenn es vorzog, langsam zu trotten. Unterwegs trafen wir auf andere Reiter, Kameljungen, die über Hügel galoppierten und Staubwolken aufwirbelten, die sich rosarot wie der Himmel verfärbten, als die Sonne hinter den baumlosen Mingsha-Dünen unterging.

Dann gab es nichts als die dunkel welligen Sandhügel gegen den glutroten Horizont, der einst schon Marco Polo empfangen hatte. Zuzus Schritt klang gedämpft; ansonsten waren nur kaum vernehmbares Rascheln und leises Glöckchengebimmel zu hören.

Nach ein bis zwei Meilen erreichten wir eine Art Kamelparkplatz. Vor uns erhoben sich die größten Sanddünen, die ich je gesehen habe: »singende«, wandernde, knapp 80 Meter hohe Hügel, die aussahen wie feiner, braungelber Zucker. Das also waren die Dünen, die Marco Polo die »Klingenden Sandberge« nannte, da sie donnergleiche Geräusche erzeugen, wenn der Wind durch sie hindurchheult.

Am Fuße der Mingsha-Dünen lag ein kleines Gewässer, der so genannte Mondsichelsee, an dessen kleinem Uferstreifen Schilfgras wuchs und unweit der Uferlinie ein paar wenige Bäume standen.

Der See, der in der Reiseliteratur je nach Autor mal als romantisch, mal als magisch, mal als klägliche Pfütze beschrieben wird, hatte die Größe eines kleinen Pfuhls und roch auch in etwa so. Überall sonst auf der Welt hätte man von Tümpel gesprochen, aber wir waren hier schließlich in der Wüste, wo man jegliches Vorkommen von Wasser als geheimnisvoll und wunderbar ansah. Traurigerweise schrumpfte der See, trocknete aufgrund der vordringenden, zerstörerisch wirkenden Desertifikation langsam aus, ein Prozess, der in diesem Teil Chinas bereits etliche Oasen völlig verschluckt hatte und der blühende Gemeinden in Geisterstädte verwandelte, die halb unter dem Sand begraben lagen.

»Schöner See, nicht wahr?«, rief Aziz, als Zuzu widerwillig in die Knie ging, damit ich absteigen konnte. Mag sein, dass dieses Gewässer den gängigen Vorstellungen von See nicht ganz entsprach, aber es war sein See, und er liebte ihn.

Heute Abend war das Ufer belagert von Nachtschwärmern. Touristen und Chinesen waren auf die Dünen geklettert, hatten alle Mühe, im weichen Sand Tritt zu fassen und jaulten begeistert als sie oben angelangt waren. Man hätte meinen können, sie hätten soeben den Mount Everest erklommen. Vom Dünenkamm erschallte ein einziges Kriegsgeschrei, wie es die chinesische Wüste hier wohl noch nie erlebt hatte: »Juuuheee! Fresst Sand, ihr Grünschnäbel!« – und sie ließen sich schreiend den Abhang hinunterrollen. Manche rannten oder wälzten sich, andere rutschten wie auf einer großen Rodelbahn auf dem Hosenboden hinunter.

Wie es schien, waren hier mehrere Partys gleichzeitig zugange, und meine fidele Reisegruppe war gerade dabei, sich geräucherten Lachs und französischen Champagner einzuverleiben, den unser Gastgeber unter weiß Gott welchen Schwierigkeiten aufgetrieben hatte. Zu unserer heiteren Runde hatten sich auch chinesische Nachtschwärmer gesellt. Jemand hatte ein Radio dabei, ein Pärchen tanzte einen staubigen Jive-Hip-Hop im Wüstensand, und auch ich fühlte mich etwas angesäuselt.

Die Wasserblasen im See schienen nicht nur ein sanftes Leuchten, sondern auch eine Frage aufzuwerfen: Wie viele solcher nächtlicher Partys würde der Mondsichelsee wohl noch erleben, bevor er eines Tages endgültig verschwunden ist?

Auf der anderen Seite des Wassers flackerte in einer kleinen, steinalten Hütte, die ganz langsam zerbröckelte, um sich irgendwann aufzulösen im Wüstensand, ein Licht. Eine alte Frau, so hat man mir erzählt, zündete dort Lichter für die Toten an.

Turpan: Der »Feuerofen«

Dort, wo sich die Tai-Berge in zwei Gebirgszüge teilen, liegt etwa 160 Meter unter dem Meeresspiegel eine Talsenke, die Turpan-Senke. Züge halten hier nur kurz an einer verbreiterten Stelle der Seidenstraße, einem kleinen Flecken namens Turpan Zhan, der mit seinen geschlossenen Läden und ihren zerbrochenen Fensterscheiben eine leicht feindselige Atmosphäre ausstrahlt. Von daher hielten sich hier auch keine Touristen auf. Um in die Stadt Turpan zu gelangen, musste man den Bus nehmen und darauf hoffen, im *Turpan Guesthouse* noch ein freies Bett für die Nacht zu finden.

An Ausschlafen war am nächsten Morgen allerdings nicht zu denken. Noch vor Tau und Tag, beim ersten kleinen Lichtstreif am Horizont, setzte die Reiseleitung die öffentliche Weckmaschine in Gang, und in aller Herrgottsfrühe plärrte eine kratzende Version von *The Skater's Waltz,* auf die obendrein aus irgendeinem unerfindlichen Grund auch noch eine Choralfassung von *Joy of the World* folgte. Die Musikauswahl wirkte seltsam an diesem Ort und zu dieser Jahreszeit, aber Turpan war ja auch eine seltsame Stadt, abseits einer einsamen Straße, am Rande der großen chinesischen Wüste gelegen. In diesem Teil Zentralasiens gehörten 90 Prozent der Einwohner der Minderheit der Uiguren an, und wie es für Minderheiten allgemein üblich ist, zeigte auch diese der Mehrheit eine lange Nase. Und das ist in der Tat eines der Hauptprobleme Chinas: Gut die Hälfte seiner Einwohner gehört einer der 55 nationalen Minderheiten an und keine dieser mag die Mehrheit der Hanzu-Chinesen sonderlich. Die Bewohner Turpans sprachen weder Mandarin noch lasen sie es, und wenn sie es lesen konnten, gaben sie es bestimmt nicht zu. Der Ort hatte eine sonderbare Atmosphäre, ein Gemisch aus Nahem Osten mit einem ordentlichen Spritzer Mittelmeer.

Lieber Lee Wing,

du errätst nie, was für Leute hier im Nordwesten leben. Hier in dieser Stadt leben lauter Leute, die aussehen wie frisch aus Sizilien, und sie sprechen eine Sprache, die weder du noch ich je gehört haben… Wusstest du das?

Die ersten Bewohner von Turpan waren indoeuropäischer Abstammung, die eine melodische indopersische Sprache sprachen, was für einen Ort an der nördlichen Route der Seidenstraße durchaus zweckvoll war. Wegen der Durchschnittstemperaturen von über 38 Grad Celsius während der Sommermonate und der heißen Winde, die jährlich zigmal über den Ort hinwegfegen, nannten sie ihre Stadt »Feuerofen«.

Obgleich die Seidenstraße im Laufe der Geschichte über mehrere verschiedene Routen führte, galt der längere nördlichere Weg, der sich am Rande der Wüste Gobi, der Lop-Wüste und der gefürchteten Taklamakan-Wüste entlangzieht, als der sicherere. Die Oasenstadt Turpan war viele Jahre Treffpunkt der Karawanen aus Ost und West, ein Ort, der vom regen Durchreiseverkehr lebte. Händler, reiche Kaufleute und Handelsfürsten, Gelehrte, Priester und Diebe – sie alle fanden sich in Turpan ein.

Falls sie überhaupt so weit kamen, denn nicht selten wurden die Karawanen von mächtigen Räuberbaronen, mongolischen Angreifern aus dem Norden, überfallen. Eine Karawane mit ihren schleppenden, zweihöckrigen Kamelen verhieß leichte Beute. Die Reisenden waren erschöpft, die Führer leichtsinnig im Umgang mit Übermüdung und Durst, was sie zur idealen Zielscheibe für jede halbwegs listige Meuchelbande machte, die kurzerhand die Tiere stahl, die Führer abschlachtete und alles plünderte, was sie erbeuten konnte, ohne dass sie groß auf Gegenwehr gestoßen wäre.

Welch reiche Beute! Eine einzige Karawane bestand mitunter aus Hunderten von Kamelen, voll beladen mit Seidenballen, tonnenweise Gold und Lapislazuli; mit Schnitzereien verzierte Gewürzkisten voll mit Zimtrinden, Muskatnüssen und Safran; mit exotischen Pflanzen und Blumenstecklingen; mit Früchten in Bergschnee verpackt, um sie frisch zu halten; mit Pfirsichen aus Samarkand, Orangen und Birnen; Glasfläschchen mit unbekannten Salben und Pasten und betörenden Duftölen; mit Medizin; Edelsteinen und bündelweise edlen Stoffen – alle nur möglichen Schätze des Fernen Ostens reisten über die Seidenstraße.

Doch manche schafften es, den Räuberbanden irgendwie zu entkommen, und kamen unversehrt in Turpan an, wo sie nach all den Strapazen der Reise eine üppige grüne Oase vorfanden, einen Ort, der friedlich unter einem grünen Blätterdach lag, mit Feigenbäumen und Weinstöcken, Apfelbäumen und Dattelpalmen, duftenden Melonengärten, mit Früchten so süß, wie sie es nie gekannt hatten. Es war ein Ort der Ruhe und Erholung, in dem sich die fremden Ankömmlinge sicher und frei bewegen konnten, sich um nichts weiter sorgen mussten als um die Fliegen und Käfer, denn Turpan war im Großen und Ganzen immer ein friedlicher Ort gewesen, gastfreundlich und tolerant.

Und nicht zuletzt verhalfen die durchreisenden Fremden der Stadt zu wirtschaftlicher Blüte: Die Geschäfte der Seiler, Geldwechsler, Weber und Färber, Schneider und Schuster, Koffer- und Sattelflicker, Schwertverkäufer, Geschichtenerzähler und Wahrsager florierten. Hätte es damals schon eine Handelskammer oder ein Fremdenverkehrsamt gegeben, so hätte das Motto der Stadt gelautet: »Lächeln belebt das Geschäft!«

Über Generationen war die ständig ansässige Bevölkerung durchmischt von Manichäern, Nestorianern und Buddhisten, die trotz ihrer unterschiedlichen Glaubensvorstellungen alle in größtmöglicher Harmonie zusammenlebten. Natürlich gab es nach einem abendlichen Zechgelage auch mal die eine oder andere Zänkerei auf dem Marktplatz oder Meinungsverschiedenheiten auf dem Kamelhof, doch im Allgemeinen vertrugen sich die Bewohner von Turpan. Künstler, Schreiberlinge, Intellektuelle – alle trugen sie bei zu einem lebendigen, freiheitlichen Geist und einer reichen religiösen und sozialen Kultur der Stadt, die sich in den nahe gelegenen Höhlen, in denen die Mönche lebten, fortsetzte.

Doch die leutseligen Jahre endeten, als einige der namhafteren und gern gesehenen Gäste Turpans sich letztendlich als scheinheilige Gauner erwiesen. Der deutsche Archäologe von Le Coq war 1902 und 1903 Dauergast in der Stadt und nahm rund zwei Tonnen Kunstschätze von unbezahlbarem Wert mit sich. Ein Jahr später kehrte er zurück und erbeutete Schätze in solchen Mengen, dass er damit Hunderte von großen Frachtkisten füllte, die er nach Europa verschiffen ließ. Danach unternahm er zwei weitere Expeditionen nach Turpan, im Zuge derer er noch einmal 24 Tonnen antiker Kunstschätze fortschaffte.

Doch damit nicht genug. Auf den unwiederbringlichen Verlust folgte eine weitere Schmach, als 1915 der britische Archäologe Sir Aurel Stein nach Turpan kam, rund 140 Kisten mit den noch übrigen Kunstschätzen auf 45 Kamele packte und sie mit nach England nahm. Heute befinden sich die geplünderten Höhlen in einem derart ruinierten und verfallenen Zustand, dass nur noch ein beflissener Archäologe sie zu retten wüsste.

Bedauerlicherweise waren es nicht nur archäologische Schleichhändler aus dem Westen, die die Schätze der Seidenstraße plünderten. Gegen Ende des 14. Jahrhunderts waren die Uiguren zum muslimischen Glauben übergetreten, und die Fanatiker unter ihnen brachten Jahre damit zu, die Überreste buddhistischer Kunst gewaltsam zu verunstalten, Gesichter und Köpfe der Statuen abzuschlagen. Und was sie nicht zerstört hatten, vernichteten später die Roten Garden während der Kulturrevolution. Zeitgenössische Kunsthistoriker sind deshalb davon überzeugt, dass von Le Coq, Stein und Konsorten den Chinesen mit der Plünderung ihrer Kunstschätze im Grunde einen Gefallen getan hätten, insofern sich das Diebesgut heute gut erhalten in europäischen Museen befindet und somit vor der Schändung durch religiöse und politische Fanatiker bewahrt wurde.

Der ganze Zauber der Oasenstadt Turpan entfaltet sich vor allem im September, wenn das Wetter milder wird und sie nicht mehr der heißeste Ort Chinas ist. Die niedrigen Lehmhäuser muten beinahe biblisch an, mit ihren ummauerten Höfen und beschaulichen Weinspalieren, die voller süßer, grüner Trauben hängen, welche wegen ihrer Form auch als »Stuteneuter« bekannt sind. Diese Sorte Trauben wurden einst, in Schnee vom Tian-Shan-Gebirge gepackt, als Abgabe an den Hof der T'ang-Dynastie verschifft.

Alle Oasen speisen sich aus einer Wasserquelle, und so hat

man zur Bekämpfung der Trockenheit in Turpan ein Netz von unterirdischen Kanälen angelegt, um das Wasser aus den tief liegenden, Gletscher-gespeisten Quellen aufzufangen. Das so genannte *karez*-Bewässerungssystem stammt ursprünglich aus dem persischen Raum. Wie eh und je fließen noch heute schmale Bachläufe zu beiden Seiten der Straßen. An einem Sommertag wurden einmal 48 Grad Celsius gemessen, eine Temperatur, bei der die Bäche mit Sicherheit austrocknen. Wegen dieser sengenden Hitze hat man in der Stadt unzählige dieser Schatten spendenden Weinranken gepflanzt, die in letzter Zeit derart überhand nahmen, dass inzwischen auch viele der Alleen mit Weinranken überwuchert sind.

Unweit östlich der Stadt, eine staubige Straße hinunter, befand sich eine Kommune, die auf Rosinen spezialisiert war. Rosinenverkäufer saßen im Schneidersitz vor ihren übervollen Körben und vertrödelten die Zeit. Sobald ein paar Touristen in Sicht kamen, verscheuchten sie Fliegen vom Obst; ansonsten aber, wenn niemand in der Nähe war, ließen sie die geflügelten Tierchen in Ruhe. Probieren durfte man die süßen Trockenfrüchte gern, doch gerade als sich mir eine Hand mit der klebrigen Rosine entgegenstreckte und ich danach langen wollte, setzte eine riesige schwarze Fliege zur Landung an. Und da schoss mir Mrs. Krienke, meine Lehrerin aus der dritten Klasse, in den Kopf und das grausame, kurze Liedchen von einer alten Dame, die an einer Fliege starb, das wir bei ihr gelernt hatten:

There was an old lady who swallowed a fly,
I don't know why she swallowed the fly.
I guess she'll die …

Und so lehnte ich dankend ab.

Die Trockenhütten für die Rosinen waren genial konstruiert: viereckige Lehmziegelbauten, in denen jeder zweite Ziegelstein ausgespart wurde, sodass sie ein bisschen wie ein Schachbrett aussahen. Die trockenen Wüstenwinde konnten ungehindert durch das Mauerwerk der Hütten blasen, wo abgeschälte Schösslinge auf reihenweise angeordneten Darren zum Trocknen auslagen. Ganz allmählich bekamen die Trauben in der Hitze Runzeln, die süßen Säfte wurden immer konzentrierter, bis schließlich das ganze Aroma der Traube in einer schrumpeligen, honigsüßen Rosine steckte.

Das an der alten Seidenstraße gelegene Turpan ist auf jeden Fall immer einen Abstecher wert. In manchen Hotels bekamen wir ein abendliches Unterhaltungsprogramm geboten: Musik spielte auf, Folkloretänzer, Frauen in gazeartigen Kleidern und Männer in Seidentuniken und Kosakenstiefeln, wirbelten anmutig und mit zunehmend flotter Musik immer beschwingter dahin. Das wirkte auf die japanischen Geschäftsleute in der ersten Reihe so ansteckend, dass sie aufstanden und mitmachten.

Auch heute noch sind durchreisende Fremde in Turpan gern gesehene Gäste, und es gibt stets genug zu essen und zu feiern – Hochzeiten oder Geburten und zuweilen gar eine Busladung voll Seidenstraßenabenteurer, die wie eh und je auf den Basaren ihr Geld unter die Leute bringen; dann veranstaltet man hier ein großes Fest und grillt ein Schaf.

Eines Morgens streckte ich die Nase aus dem Fenster und schnupperte das zu Kopf steigende Gemisch aus Kohlenrauch und warmer, staubiger Luft, die im Nordwesten Chinas mit dem Morgengrauen heraufzieht. Doch was war das? War das denn die Möglichkeit – ein leiser Hauch von frischem Hefeduft wehte mich an: Es roch nach Doughnuts, heiß und frisch aus dem Dampftopf, genau solche, wie sie Lee Wing früher daheim in seinem Café in Saskatchewan gemacht hatte.

Das Frühstück in meinem Hotel war in letzter Zeit nicht sehr berauschend gewesen. Die Quantität ging auf Kosten der Qualität, und die Zusammenstellungen waren recht seltsam: gegorenes Bohnenmus, gedämpfte Hefeklumpen, fette Wurst und ein bisschen Gemüse als einziger Lichtblick. Und just an jenem Spätsommermorgen, als mein Magen schon dabei war zu rebellieren, geschah auf dem örtlichen Freihandelsmarkt gegenüber des Busbahnhofes dieses kleine Wunder – der Brötchenmann fabrizierte etwas, das einem guten, alten Doughnut ziemlich nahe zu kommen schien.

Auf Turpans geschäftigem Basar herrscht ein zentralasiatischer Typus vor, der aus jenen historischen Zeiten stammt, als es Kublai Khan und Marco Polo hierher verschlug. Auch der Brötchenmann war von jenem Schlag. Er hatte die leuchtenden, braunen Augen und das lockige, schwarze Haar seiner türkischen Vorfahren und sah damit eher aus, als stamme er aus dem Nahen Osten oder dem südlichen Mittelmeerraum, aber nicht aus China. An jenem Morgen rollte er den Hefeteig mit einer leeren Bierflasche aus. Er arbeitete nur mit einer Hand, da er mit der anderen seinen Dreikäsehoch, der ihm am Hosenbein hing, mal festhielt, mal fern hielt. Der Teig schnappte immer wieder zurück, wie das bei einem guten Hefeteig eben so ist, doch mit einer Engelsgeduld wälzte er ihn immer wieder von neuem aus, bis die Masse schließlich ausgerollt liegen blieb.

Sie riechen zwar wie Doughnuts, doch *youtiao* sind lang und dünn geformt, wie das frittierte Brot, das man bei den Straßenverkäufern in Danang oder Hanoi bekommt. Mit einem Hackmesser schnitt der Brötchenmann den Hefeteig in saubere Streifen, legte einen Streifen über den anderen und drückte sie mit einem Essstäbchen zusammen. Dann ab in den Wok damit, wo das braune Öl siedete und blubberte, die Hefe aufging, das Brot goldbraun wurde und mit jeder Sekunde besser roch.

»Amerikanerin? Brot? Wie viele?«

Dass ich keine Amerikanerin war, brauchte ich ihm erst gar nicht zu erklären, er hätte es sowieso nicht verstanden, und außerdem ging es hier ja auch nicht um die Nationalität, sondern um das Brot, was im größeren Zusammenhang der Dinge unendlich viel wichtiger ist. Ich entschied mich für ein halbes Dutzend (ein *youtiao* zum Frühstück, den Rest für später) und streckte daher den Daumen meiner linken und alle Finger meiner rechten Hand hoch, um die Zahl sechs anzuzeigen. Geschickt bewegte er seine Stäbchen, fischte die länglichen Laibe heraus und wickelte sie in eine Zeitungsseite der *People's Daily*. »Heiß-heiß-heiß!«, warnte er. »Ha-ha-ha!«, lachte sein Baby, das ihm immer noch am Hosenbein hing. Dieses Kind wird es mal weit bringen.

Die chinesische Küche, besonders die im Norden, ist aus der Not geboren: nie genug Nahrungsmittel, nie genug Brennstoff, viel zu viele Mäuler zu stopfen, sengend heiße Sommer, schneidend kalte Winter. Eine Familie zu ernähren hat in diesem Teil der Welt immer auch sparsames Einteilen bedeutet – mehr aus weniger machen oder verhungern.

Doch Not macht bekanntlich erfinderisch, und so fand bereits Marco Polo auf seiner Reise entlang der Seidenstraße eine vielfältige, auserlesene Küche mit einem Hang zur schnellen Zubereitung vor: zum schnellen Braten ein Wok, zum schnellen Dämpfen übereinander geschichteter Bambusreisig, zum schnellen Backen ein Lehmofen. Die Spezialität dieser Region ist der »Mongolische Feuertopf«: In einem flachen Kupferkessel, der für schnelle Garzeiten geradezu ideal ist und der über Reisig und Kohlen erhitzt wird, bereitet der Koch einen dicken Eintopf aus Gemüse, Hammelfleisch, Reis- oder Sojanudeln zu. So kann er im Handumdrehen ein komplettes Mahl servieren und sich zwischendurch auch mal die Hände über dem Feuer wärmen. Einigen Sinologen zufolge wurden Rezepte von einer Generation an die nächste weitergegeben mit der klugen Anweisung, die Menge immer nur für »ein Bündel Reisig zu bemessen«. Sobald das Reisigbündel niedergebrannt war, musste auch das Essen fertig sein.

Hier in Zentralasien, wo das Klima für den Reisanbau zu trocken ist, haben die Köche eine abwechslungsreiche Palette an Weizengerichten ersonnen: Brötchen, Nudeln, Teigtaschen – gebraten, gebacken, gedämpft, gefüllt oder ungefüllt, glasiert oder gesalzen, flach oder rund, geknotet oder geflochten. Die meisten

Gerichte waren ideal, um sie in ein Stück Zeitungspapier zu wickeln und mit der Hand zu essen.

Gleich hinter der Brötchenbackbude beobachtete ich einen kleinen Nachwuchsunternehmer, der geschäftstüchtig im familieneigenen Betrieb mitarbeitete. Er war um die zehn Jahre alt und werkelte unter den wachsamen Augen seines Vaters, Großvaters und etlicher Onkel in der kleinen Garküche mit Namen *Drei Schafe am Tag,* vor der ein zusätzliches viertes Schaf angebunden an einem Pfosten bereitstand – Nachschub für alle Fälle. Als Muslime verwendeten sie ausschließlich Hammelfleisch, ansonsten aber sahen ihre Teigklöße genauso aus wie die mit Schweinefüllung in Peking oder Shanghai.

Der Kleine brauchte nur rund vier Sekunden, da war ein Kloß auch schon fertig: Teig abreißen, plätten, einen Löffel Fleisch-Kohl-Knoblauch-Mischung darauf geben, zudrücken und ab damit in den Dampftopf. Entweder er verkaufte ihn gleich frisch und heiß oder sein Onkel sautierte ihn später noch einmal. In süßen, schwarzen Gewürzessig getaucht, waren diese Klöße ein köstlicher Leckerbissen.

Ein Rezept hatte er keines. Er bereitete die Klöße so zu wie sein Großvater und sein Vater. Und aller Voraussicht nach würden auch seine Kinder und Kindeskinder später einmal, wenn er selbst schon alt und gebrechlich war, das Geschäft in dieser Tradition fortführen.

Doch eine echte Überraschung in Turpan war der Bagel-Bäcker. Den heimeligen Geruch von frisch gebackenem Brot in der Nase, bog ich um die nächste Ecke, wo der Bäcker mit einem bestickten Käppchen auf dem Kopf vor seinem Haus einen Lehmziegelofen am Glühen hielt, der ihm gleichzeitig als Ladentheke diente. Der Ofen wurde von unten befeuert und sobald er richtig aufgeheizt war, kleidete er das Innere mit Doughnut-förmigen Teigkringeln aus Hefeteig aus, welche, o Wunder, schön brav an der heißen Ofenmauer kleben blieben. Hob er den Deckel vom Ofen, strömte ein Duft durch die Straße, der Alt und Jung herbeilockte: den Lumpenhändler, den Seidenkaufmann, den Schuster, der einem wartenden Kunden gerade maßgeschneiderte Schuhe fertigte, und die Straßenbengel, die man als Tourist sowieso an den Fersen kleben hat: »*Hello*! *Hello, please*!« Sogar das hübsche Mädchen vom Topf-und-Pfannen-Stand unterbrach ihr Getändel mit dem Dolchmacher und eilte herbei, um einen frischen Bagel zu ergattern.

Die Nudelküchen waren ganz in der Nähe, und mit offenem Mund bestaunte ich einen echten Nudelkünstler. Mit einer einzigen gekonnten Bewegung, nicht viel mehr als einer Drehung aus dem Handgelenk, drehte er einen Klumpen Teig zu einem dicken Strang, der lang und länger wurde. Hin und her, vor und zurück, von einer in die andere Hand, schwang er, schlang er und zwirbelte er das Teigseil, zog es zu Dutzenden, zu Aberdutzenden Nudeln zurecht. Dieser Nudelzauberer vollführte seine Kunst derart lässig, derart spontan, und trotzdem wusste er exakt im richtigen Moment zu stoppen, bevor der ganze Strang an seinen Füßen zusammenklumpte.

Nebenan wog ein anderer Nudelkünstler einen großen, weichen Hefelaib im Arm. Mit dem Nudelmesser in der freien Hand schnippelte er davon in Lichtgeschwindigkeit bohnengroße Nudeln ab. Flugs schossen sie in den Topf mit kochendem Wasser, und zwar so blitzartig, dass sie – ich schwöre! – einen Kondensstreifen hinter sich herzogen. Ich konnte nur dastehen und staunen und freute mich auf die heißen *youtiao* in meiner Zeitungsrolle.

Lieber Lee Wing, kanntest du solche Nudelmacher? Und das frittierte Brot? Es gibt so vieles aus der chinesischen Küche, das du uns nie gezeigt hast …

Die heißen gebackenen *youtiao* waren das Beste, was ich seit langem zum Frühstück gehabt hatte. Gleich vor dem Markt setzte ich mich unter Weinlaub auf eine Bank und schmauste genüsslich vor mich hin, zählte Traubenhenkel und hing im kühlen, grünen Schatten meinen Gedanken nach, als mein Blick auf die wohl ungewöhnlichste Frau fiel, die ich hier kennen gelernt hatte:

Lady Prudence. Sie wohnte im selben Gästehaus wie ich, und als wir gestern bei jenem grässlichen Frühstück kurz Bekanntschaft schlossen, gab sie mir ihre Visitenkarte, eine kleine, weiße Karte. Sie zog einen goldenen Füller aus der Tasche und strich mit kurzem, festem Federzug den Titel *Lady* durch.

»Vollkommener Unsinn!«, sagte sie vertraulich, »meine Freunde nennen mich einfach Pru.«

Sie war eine lebenslustige, kleine alte Dame in den Achtzigern, adlige Witwe eines englischen Peer und schon mehrmals rund um die Welt gereist. Als ihr Mann verstarb und sie reich und schuldenfrei zurückließ, verschenkte sie ihr zugiges Landhaus, kehrte ihrem langweilig angepassten Leben den Rücken und zog aus, um die Welt zu sehen. Frei und ungebunden wie ein Vogel, war sie seither kaum mehr in der Heimat gewesen. Auf dieser Reise wollte sie auf den Spuren der Seidenstraße wandeln, von West nach Ost, denn sie kam über den Karakoram Highway aus Islamabad in das nördliche China und war auf dem Rückweg von einer Kamelsafari in Rajasthan:

Unter all den einmaligen Persönlichkeiten, die mir auf dieser Reise begegneten, war Prudence jemand, den ich sofort ins Herz schloss. Sie hatte große Ähnlichkeit mit meiner verstorbenen Großmutter, und es kam mir vor, als würde ich sie schon lange kennen.

Die *youtiao* waren noch warm, also bot ich ihr davon an, und sie strahlte.

»O ja, gern. Die schmecken köstlich«, sagte sie, setzte sich neben mich und kaute vor ich hin. »Das viele Fett macht sie so saftig!«

Sie wollte wissen, was mich an dieses Ende der Welt verschlagen hatte, und als ich ihr erklärte, dass ich seit ich elf war auf der Suche nach China bin, es aber noch immer nicht so ganz gefunden hatte, verstand sie sofort, was ich meinte.

»Die Suche ist es, was zählt, nicht das Finden«, meinte sie, und in ihrem Tonfall schwang etwas Ermunterndes, so wie man ein Kind aufmuntert, wenn es gerade ein Spiel verloren hat, in dem es sich aber eigentlich tapfer geschlagen hatte.

»Die Reise bedeutet alles. Ist man erst einmal angekommen, lüftet sich das Geheimnis, stimmt's? Das Reisen ist das eigentliche Vergnügen. Zu suchen ist viel schöner als zu finden.«

Ein Mann mit einem zottigen Kamel kam vorbei.

»Ich verehre Kamele, Sie auch?«, sagte Lady Prudence mit singender Stimme. »In Rajasthan ritten wir auf herrlichen Kamelen. Doch am ersten Tag, meine Liebe, dachte ich, ich würde sterben.«

Sie riet mir, unbedingt ein Schaffell über den Sattel zu legen, sollte ich je auf einem Kamel einen längeren Ritt unternehmen wollen, »um ein Wundscheuern zu verhindern«. Das werde ich bestimmt tun, versicherte ich ihr, falls ich je in die Verlegenheit kommen sollte.

»Und die Zelte, meine Liebe! Natürlich nicht das *Ritz*, aber wir hatten ein paar nette junge Burschen, die sich um uns kümmerten, mit den schönsten Augen, die ich je gesehen habe, wie schwarzer Samt, und dann die wundervollen Hände …«

Sah ich da ein verruchtes Leuchten in ihren Augen oder einfach nur das Strahlen einer Abenteurerin, die gerade so richtig in Schwung kam? Sie hatte vor, in den nächsten Tagen die Ausgrabungsstätten der Astana-Gräber, östlich von Turpan in der alten uigurischen Hauptstadt Gaochang, zu besuchen. In ihrem jetzigen Lebensabschnitt, so sagte sie, widme sie ihre Aufmerksamkeit vermehrt der nekropolitischen Architektur, wie sie es nannte.

»Es gibt ein paar sehr schöne Gräber dort. Die Alten wussten ihre Toten eben noch zu würdigen«, sinnierte sie, und es hätte mich interessiert, ob und welche Vorkehrungen sie für ihr eigenes Ableben getroffen hatte.

»Ich will mir mal die buddhistische Kunst ansehen«, plauderte sie weiter. »Die ›Tausend-Buddhas-Höhlen‹. Ja, es gibt noch Kunst hier, auch nachdem das deutsche Schwein den Ort geplündert hat.«

Mit dem »deutschen Schwein« konnte sie nur den denkwürdigen Archäologen Albert von Le Coq gemeint haben. Vorsichtig ließ ich einfließen, dass der Engländer Sir Aurel Stein der buddhistischen Kunst hierzulande auch nicht gerade zuträglich gewesen war, ebenso wenig wie der geheimnisvolle japanische Kunstliebhaber namens Count Kozui Otani. Doch sie hörte es nicht. Für sie war von Le Coq der Hauptverbrecher.

»Der Buddhismus war das bedeutendste Gut, das je über die Seidenstraße kam. Bedeutender noch als Seide. Buddhismus war Erleuchtung, verstehen Sie. Unbezahlbar.«

Ich nahm mein Notizbuch zur Hand und fing an, die alltäglich erlebten Kleinigkeiten zu notieren: Markt, Händler, die Unterhaltung mit Prudence.

»Sie haben immer irgendetwas zu kritzeln, das habe ich schon bemerkt«, stellte Lady Prudence fest. »Das ist ein Fehler. Eines Tages verpassen Sie noch etwas Wichtiges vor lauter Kritzeln. Ich mache mir nie Notizen, und ich habe auch keine Kamera dabei. Ich merke mir alles hier«, sagte sie und tippte an ihre bemerkenswert faltenfreie Stirn.

Dankend nahm sie das letzte Stück meiner *youtiao*. Während in diesem Teil der Welt viele Reisende bei jedem Bissen Bedenken haben, sich irgendeine exotische Krankheit einzufangen, war diese Frau den sinnlichen Tafelfreuden äußerst zugetan. Genüsslich verspeiste sie beim Abendessen geschmorte Kamelhaxe oder nahm sich freiwillig von der Schildkrötensuppe, auch wenn das ganze Tier in der Brühe schwamm. Und nun mampfte sie das frittierte Brot derart genießerisch, dass es eine Freude war, ihr dabei zuzusehen.

»Meine Bridge-Runde warnt mich immer vor dem Essen hierzulande«, erzählte sie fröhlich, sah hinauf in die Weinranken und verscheuchte eine Fliege von ihrem Brot.

»›Pru‹, sagen sie, ›du sollst an diesen schmutzigen Orten, wo du dich immer aufhältst, nichts essen. Du wirst dir was holen.‹ Die alten Dummköpfe«, meinte sie, »da kratze ich in meinem Alter doch lieber an so etwas ab, findest du nicht auch?«

Fand ich auch, obwohl ich irgendwo im Hinterkopf noch immer Mrs. Krienke singen hörte: »*There was an old lady who swallowed a fly... I guess she'll die!*«

Und als ob sie Gedanken lesen könnte, setzte sie hinzu: »Noch bin ich nicht tot, im Gegenteil, ich bin quietschlebendig, was von denen nicht mehr viele behaupten können!«

Am nächsten Morgen traf ich im Hotelfoyer erneut auf Lady Prudence, in Wanderstiefeln und schmissigem Hut. Auf dem Rücken trug sie einen Rucksack, der Trinkwasser, ein zweites Paar Socken und ein Schweizer Taschenmesser enthielt, mit Sicherheit aber keine Kamera und kein Notizbuch. Sie wollte zu den Astana-Gräbern, zu den Toten, den alten Vorfahren der Chinesen. Ich war in die andere Richtung unterwegs, nach Urumchi, wo es einen Bahnhof gab und von wo aus ich einen Flug nach Kaschgar bekommen konnte.

»Es tat gut, Sie getroffen zu haben«, sagte Lady Prudence mit steifer Oberlippe, als fürchtete sie, ich würde ihr jeden Moment vor lauter Rührseligkeit in die Arme fallen.

Schon fast aus der Tür, drehte sie sich noch einmal um, als hätte sie etwas vergessen:

»Wir schreiben uns nicht, aber ich behalte Sie in Erinnerung.«

Ich Sie auch, Pru.

Kaschgar: Die letzte Station

Ein älteres Modell eines Xingjiang-Air-Jet kippte jäh nach vorn, setzte hart auf der dunklen Landebahn auf und rollte vibrierend aus. Wir wankten über wackelige Stufen in die warme, tiefschwarze Nacht, in der die Luft untrüglich nach China roch: nach

Kohlenrauch, nach frittiertem Essen, nach dem fast unmerklichen Verfall der uralten Orte.

Und dann plötzlich erhellten die Lichter eines Busses die Rollbahn, und mitten aus der Nacht tauchte eine Ziegenherde auf. Der Ziegenhirte, aufgescheucht vom Licht und all den Leuten, die plötzlich auf seinem Ziegenpfad herumliefen, schwenkte drohend seinen Stock. Hinter ihm wartete die versammelte Taxiriege, die Eselskarren, ein Heuwagen, vor den ein Muli gespannt war, ein paar Mitsubishi-Transporter und ein Kamel – ein ganz normaler Abend in Kaschgar, der letzten Station auf der Seidenstraße.

Es gibt auf der Welt ein paar Orte, die man als echter Weltenbummler gesehen haben sollte: Samarkand, Islamabad, Timbuktu. Und diesen hier: Kaschgar, 2000 Jahre alt, das alte Herz des Islams in China. Doch die guten Bürger von Kaschgar sprechen weder Chinesisch noch schreiben sie es, und sie mögen es auch gar nicht, wenn man sie als Chinesen ansieht.

»Chinesen sind die Hanzu. Wir sind Uiguren«, betonen sie nachdrücklich. In Kaschgar sind 95 Prozent der Einwohner Uiguren. Ihr größtenteils nahöstliches Aussehen verdanken sie ihren Vorfahren, die nicht aus Peking kamen, sondern aus Taschkent oder Islamabad.

Auf der Fahrt durch die dunklen Straßen erhaschte ich einen flüchtigen Blick auf Menschen, die in den Höfen der Häuser schliefen oder in Decken gewickelt am Straßenrand lagen, um sie herum irgendwelche Dinge, die sie zu verkaufen hofften, sobald die Sonne aufging.

Doch auf dem nächtlichen Essensmarkt unweit der Id-Kah-Moschee war man hellwach, die Holzkohlengrills, auf denen die Köche mit ihren weißen Käppchen Lammspieße, kleine Vogelküken und Fladenbrot zubereiteten, rauchten und qualmten in einem fort. Töpfe voller Nudeln, Pfannen voller kurz gebratenem Gemüse, Körbe voller rot gefärbter Eier, alles, was das Herz für einen mitternächtlichen Snack begehrte, und alles nach Kaschgar-Art gekocht.

»*Hey, Lady! Hello, hello!*«

Alles Mögliche bekam ich angeboten: gekochten Schafskopf, einen Happen geschmorte Kamelhaxe, gegrillte Zigeninnereien, Bohnenmus. Ein paar Männer hatten sich vor einem Fernseher versammelt, den man in der Straße aufgestellt hatte. Sie stierten mit offenem Mund auf eine umherwirbelnde, leicht geschürzte Mädchen-Rockband, die via Satellit aus einem fernen Ort namens Hongkong auf den Bildschirm übertragen wurde. Der Besitzer des Fernsehers verkaufte alkoholfreie Getränke, die er aus allerlei gefärbten Sirups zusammenmixte: roten Sirup für Rosenwasser, purpurroten für Mandelmilch, ein hellgrünlicher Schuss Sirup für ein leicht bitterliches Gebräu mit Kräutergeschmack.

Im Halbdunkel hockten Familien in trauter Runde beieinander, spachtelten laut schmatzend ihre Nudeln, schlürften die Brühe, fütterten Babys und zahnlose Großmütter mit kleinen Häppchen. Manche Frauen zogen dichte, braune Schleier vors Gesicht, als sie mich sahen; andere starrten mich an, erstaunt, eine Touristin zu sehen, ganz allein und das nach Einbruch der Dunkelheit. Der nächtliche Essensmarkt war das soziale Zentrum der Stadt, Erholung vom harten Alltag. Glotzende Fremde sieht man hier nicht gern.

Aber egal. Irgendwo gab es hier ein Gästehaus und ein Bett. Eine ausgefahrene Schotterstraße hinunter, durch ein Eisentor, über einen Hof, wo Pferdetaxis warteten, falls irgendein später Gast noch irgendwohin wollte, stand ich vor der Tür eines Hotels. Ein verschlafener Nachtportier öffnete mir.

»Gutes Hotel hier. Das beste der Stadt«, verkündete er und winkte in Richtung des ursprünglichen Seitenflügels. Es gab auch einen neueren Flügel, doch der war meines Erachtens für durchreisende Kader und deren weit verzweigte Verwandtschaft reserviert.

Mit eindrucksvollem Schlüsselgeklimper sperrte der Portier das Zimmer auf. Neben der Tür hing das elektrische Türschild mit der Aufschrift »No Bother« an spaghettidünnen, losen Kabeln aus der Wand. Diese interessante Alternative zur sonst üblichen Aufschrift »Do Not Disturb« stand auf einer roten Plastikscheibe, die eigentlich hätte aufleuchten sollen, wenn man einen mysteriösen Schalter neben dem Bett betätigte. Zumindest hätte es funktionieren können, sofern die Drähte noch in der Wand gesteckt hätten. Doch nun baumelte das Schild einfach so in der Gegend herum, wie eine Flagge auf Halbmast.

Mit dem Hotelteppich hatte es der Reisigbesen wohl etwas zu gut gemeint. Die Toilettenschüssel wackelte, da sie nicht im Boden befestigt war, der einsame Toilettensitz hatte einen Sprung, und die Vorhänge ließen sich nicht ganz zuziehen. In der Schreibmappe lag kein Papier, aber ein maschinengetipptes Schild warnte davor, einen Ofen anzuschließen, unerlaubte sexuelle Handlungen zu vollziehen oder Möbelstücke mitgehen zu lassen. Die rotsamtene Toasterhaube auf dem Fernseher hätte das Herz meiner Mutter erfreut.

Um Mitternacht zog ich ein Stück Vorhangstoff über einen Schlitz im Lampenschirm, schüttelte mein mit Körnern gefülltes Kissen so gut es ging auf und lauschte den nächtlichen Klängen von Kaschgar: Hundegebell, uigurischer Folkloregesang, Eselsschreie irgendwo in der Nacht.

Es gab noch andere Geräusche, ein merkwürdiges, kratzendes Geraschel hinter den Wänden, was mich an die Ausführungen einer anderen westlichen Journalistin in Guangzhou erinnerte, die mir von einer durchwachten Nacht in einem Landhotel erzählte.

»Ich hatte ein paar Pfirsiche auf dem Nachttisch liegen lassen, und mitten in der Nacht hörte ich ein komisches Geräusch«, hatte sie mir erzählt.

Als sie das Licht anknipste, sah sie sich Auge in Auge einer riesigen Ratte gegenüber, die genüsslich einen der Pfirsiche schmauste. »In der Wand war ein Loch, durch das sie hereingekommen war. Ich wusste, dass da etwas in der Wand war, denn schon bevor ich zu Bett ging, hörte ich es dort rascheln, doch ich dachte, es wären vielleicht nur Kakerlaken oder Mäuse«, hatte sie gesagt.

Also ließ ich das Licht an, weil ich das nächtliche Getrippel nicht hören wollte, das Kakerlaken und Nagetiere im Schutze der Dunkelheit veranstalten, und ebenso wenig das Geknarze, wie es in alten Hotels üblich ist. Obendrein stülpte ich einen Papierkorb über ein großes Loch im Badezimmerboden und stellte meine Stiefel darauf.

Am folgenden Tag war Sonntag, und noch bevor es hell wurde, hing eine dichte Staubglocke über den Wüstenstraßen, aufgewirbelt von Hunderten, wenn nicht gar Tausenden von Uiguren auf ihrem Weg zum Sonntagsmarkt in Kaschgar. Kleine, schwarze Esel mit feingliedrigen Knöcheln schleppten Ballen und Bündel, doppelt so groß wie sie selbst. Schellen bimmelten an den Pferden, die schwer beladene Karren zogen: Babys, Ziegen, Hühner, alte Männer, die in hohen, schwarzen Stiefeln und persischen Lammfellmützen vor Hitze schier verschmachteten, verschleierte Frauen.

Der Tag in Kaschgar brach spät an, und der Sonntagsmarkt begann eigentlich erst so richtig um neun Uhr morgens. Bis um diese Uhrzeit wirkte das Gedränge von Mensch und Tier geradezu grotesk. Hunderte von Karren versuchten sich durch ein einziges Tor zu quetschen, und durch die morgendliche Luft klang die allgemeine Marktmusik: eine Kakophonie an quiekenden, schreienden, schlurfenden, blökenden, lachenden und zeternden Klängen.

Ob Alt oder Jung, die Uiguren kreischten in einem fort »Pusch, Pusch!«, als Aufforderung, aus dem Weg zu gehen. Und je nach Dringlichkeit der Situation war der Tonfall mal so, mal so gefärbt: »Aus dem Weg, bitte!«, »Sie halten meinen Esel auf!«, »Aus dem Weg, ich bin in Eile!«, »Weg da, sonst mach ich dich platt!« – Viele kleine Dramen begannen mit diesen zwei Worten: »Pusch, Pusch!«

Ein alter Mann, schwarz gekleidet und gebrechlich, versuchte zwei Ziegen durch das Tor zu führen, doch die Tiere waren störrisch. Sie stießen gegen sein Bein, bis ihr Strick sich an seinen Knöcheln verhedderte und ihn beinahe umriss. Unfähig, sie unter Kontrolle zu halten, spannte er zwei Buben ein, ihm beim Bändigen der widerspenstigen Tiere zu helfen, damit sie endlich brav hinter ihm her gingen. Die kleine Prozession mit den hin und her hüpfenden Ziegen bahnte sich einen Weg durch die Menge. Der alte Mann zog, und die Buben schoben und schrieen: »Pusch, Pusch!«

Ein voll bepackter Wagen, der von zwei Ochsen gezogen wurde, setzte sich in Bewegung, kam den Hügel herunter, der Fahrer trabte nebenher, aß eine Orange. Doch das Gefälle war zu steil, die ungesicherte Ladung rutschte nach vorn, die Schubkraft nahm zu, die Ochsen trappelten schneller und schneller bergab, bis das ganze Gespann an dem hilflosen Fahrer vorbeisauste wie ein außer Kontrolle geratenes Geschoss. Er konnte nicht mehr tun als hinterher zu stürmen und aus Leibeskräften zu brüllen: »Pusch, Pusch!«

Hühner, Ziegen, Mütter mit Kind und Kegel – alle liefen nun Gefahr, niedergetrampelt zu werden, und für einen kurzen Moment schien die Katastrophe unvermeidbar. Doch der Moment war lange genug, um eine Gasse zu bilden, und nicht ein Baby im Arm seiner Mutter wurde angerempelt, nicht eine Hühnerfeder ausgerissen. »Pusch, Pusch!« – In Kaschgar verstanden das sogar die Hühner.

Die Sonntagsfarben der Stadt waren so grell, dass einem die Augen fast schmerzten. Die Händler warfen Seidenballen und Wollknäuel über behelfsmäßige Ständer und stellten das Zickzackmuster der Atlasseide und die reiche Auswahl an weinroten Farbtönen der Wollteppiche zur Schau. Gewürzhändler boten goldenen Safran und orangeroten Cayennepfeffer in offenen Säcken sowie ganze Berge von schwarzem und grünem Tee an. Inmitten seiner braunen und gelben Heilgetränke saß der Apotheker im Schneidersitz und zerstieß vor den Augen seiner wartenden Kunden mit Mörser und Stampfer verschiedene Zutaten für individuelle Rezepturen.

Nichts wurde hier verschwendet. Auf dem Fleischmarkt legte ein Metzger Schafsköpfe, Schafinnereien und Schafslenden aus. Als ein Kunde kam und ein Seidentuch auseinander faltete, um es als Tragetasche für Innereien zu benutzen, legte der Metzger es erst sorgsam mit einer Lage Zeitungspapier aus, gab dann die tropfende Fracht hinein, wickelte das Ganze zum Dreieck und verknotete die Enden oben fest.

Der Markt war der Mega-Supermarkt Nordchinas, ein Warenhaus ohne Wände mit einem kompletten Sortiment und Dienstleistungen für alle Bedürfnisse: Man konnte sich hier rasieren oder die Zähne plombieren lassen, seine Messer schleifen oder das Aussteuermobiliar bestellen. Die besten Messingtruhen wurden an Abous Stand gehämmert, dort, von wo der meiste Lärm kam. Hühner wurden verkauft, Ziegen verhökert. Es gab kleine Teppiche, Esel, Fensterrahmen, Teigkringel, Tee, Kohlköpfe samt neuen Töpfen zu kaufen – und saftige Feigen, goldgrün, leicht zusammengedrückt zwischen frischen Blätterlagen, fertig zum Auffädeln und Trocknen. Man konnte hier alle Neuigkeiten erfahren, eine Verlobung arrangieren und seine Schulden bezahlen.

Alles schien wie ein bunter Wirrwarr, dennoch herrschte auf dem Markt von Kaschgar eine musterhafte Ordnung, die typisch chinesisch war – eine bürokratische Hand hatte im Vorfeld offizielle Papiere, Nummern und Standplätze verteilt und zweifelsohne zuweilen auch Gefälligkeiten, kleine Freundschaftsdienste, erwiesen, denn *guanxi* zu haben, war hier genauso wichtig wie in Peking. Pappelreihen teilten den Markt in zwei Gassen, in denen flache, zementierte Podeste standen, jedes fein säuberlich nummeriert. Damit war jedem Verkäufer sein Platz zugewiesen, und damit wusste auch der Käufer, wo er den Metzger, den Bäcker, den Kerzenständermacher seiner Wahl fand, nämlich wie immer – möglicherweise seit Generationen – auf dem gleichen Fleck.

Auf dem Hutmarkt fiel mein Blick auf eine Pelzmütze mit Ohrenklappen im Snoopy-Stil. Der Verkäufer war ein zahnloser Uigure mit eingefallenen Augen. Kaum bekundete ich ein bisschen Interesse, waren auch schon etliche jüngere Männer zur Stelle, die mir geschäftstüchtig mit Rat und Tat zur Seite standen. Sie zeigten mir ein Dutzend verschiedener Hüte, hoben sie hoch, wirbelten sie um den ausgestreckten Zeigefinger. Freiwillige Models führten mir die Besonderheiten des Hutes vor: Ohrenklappen rauf, Ohrenklappen runter, Ohrenklappen nach innen gesteckt. Sie demonstrierten, warum dieser besser war als jener, jaulten entsetzt auf, als ich zu wenig dafür bot, johlten laut, als ich zu hoch bot. Völlig verwirrt wählte ich eilig einen Hut ganz aus weichem, grauem Pelz aus, zahlte und stopfte ihn in meine Tasche.

Wie sich herausstellen sollte, war der Hut ein Fehlkauf. Stunden später nahm ich einen komischen Geruch wahr, fischte den Hut aus der Tüte, und der süßlich-ranzige Gestank von verfaulendem Fleisch war unglaublich.

Das war die Höhe. Mein heruntergehandelter Hut war nichts als ein paar schlachtfrische, eilig zusammengestoppelte Hasenfellchen, die Stunde um Stunde penetranter stanken. Und außerdem haarte er. Eine frische Brise war aufgekommen und so hängte ich ihn zum Lüften in das offene Fenster, während ich noch einmal rausging, um Luft zu schnappen. Wieder zurück, kam mir der Gestank schon an der Tür entgegen. Das Zimmer stank abscheulich. Was machen? Wie diesen Hut loswerden? Verzweifelt stahl ich mich durch die stickige Eingangshalle zur Rezeption, wo normalerweise die Schlüsselwärterin ihr Nickerchen hielt. Sie war nicht da. Auch recht. Ich ließ den Hut auf ihren Tisch fallen und machte mich schnurstracks wieder auf den Rückweg.

»*Hello! Lady, hello!*«

Mist! Das war die allgemeine Anrede, und genau wie »Pusch, Pusch!« färbte sich der Tonfall je nach Situation: »Hallo, was soll das ganze Gedöns?«, »Hallo, Sie haben eines unserer Gesetze gebrochen!«, »Hallo, Sie bezahlen eine hohe Geldstrafe oder *etwas anderes*!«

Die Schlüsselwärterin war aufgewacht, kam aus irgendeinem Versteck herausgekrochen und ertappte mich, wie ich mir mein vermeintliches Schnäppchen eilends vom Hals schaffen wollte. Ihr scharfer Ton klang drakonisch. Irgendwie musste ich ihr begreiflich machen, dass dieser Hut nicht stank, sondern lediglich ein wenig nach Wild roch. Da kam mir ein glorreicher Einfall. Ich schenkte ihr den Hut. Einfach so. Eine kleine Aufmerksamkeit als Dank für ihren Fleiß und Eifer bei allem, was sie den ganzen Tag tat – was auch immer das war. Ich wünschte ihr viel Freude damit für den nächsten Winter. Sie probierte den Hut auf, strahlte über das ganze Gesicht und hielt eine kleine Dankesrede, dass doch nichts über die internationale Freundlichkeit unter den Hutliebhabern dieser Welt ginge. Darauf schlugen wir ein. Das Geschäft war perfekt.

Kaum war ich zurück auf meinem Zimmer, hörte ich drängendes Klopfen an der Tür. Eine Filipina, die ihre große Geldbörse fest umklammert hielt und recht beklommen aus der Wäsche schaute.

»Hello, Madam. Entschuldigen Sie die Störung, aber dürfte ich Ihre Toilette benutzen?«

Bei ihrer ginge die Spülung nicht, erklärte sie. Sie hätte überhaupt gar kein Wasser – die Wasserhähne seien knochentrocken, und an der Rezeption nähme keiner das Telefon ab.

Ich erklärte ihr, dass es mir mit meinen sanitären Anlagen auch nicht besser ginge. Das sei hier immer so – wie Siesta. Jeden Nachmittag waren regelmäßig Strom und Wasser abgeklemmt. Eventuell gäbe es zum Nachmittagstee wieder Wasser, sagte ich ihr, um sie etwas aufzumuntern.

Sie schielte über meine Schulter in mein halbdunkles Zimmer

mit den auf Halbmast hängenden Vorhängen und dem rissigen Stuhl, als müsse sie erst überlegen, ob sie eine solch laxe Ausrede glauben solle.

»Kaschgar ist ein merkwürdiger Ort«, meinte sie dann und drückte ihre Börse noch fester an die Brust. »Heute Abend fahre ich zurück nach Manila, Gott sei Dank!«

Für den Nachmittag war in der uigurischen Vorschule ein Konzert anberaumt, und als wir eintrafen, wimmelte es dort bereits von Ausländern.

»John, ich habe dir doch gesagt, du sollst mehr Luftballons mitnehmen«, sagte eine Dame mit australischem Akzent. »Wir haben fast keine mehr.«

Eine Seniorenreisegruppe aus Sidney war in die Vorschule geströmt, alle hockten auf winzigen Kinderstühlen und zählten nervös Luftballons.

Das Klassenzimmer war groß und kaum möbliert, hatte weiß gekalkte Wände und einen abgetretenen Linoleumboden. In einer Ecke stand ein arg mitgenommenes Klavier, darauf ein Kassettenrekorder und ein langhalsiges Instrument. Hoch über uns surrte ein Deckenventilator und klapperte, als hätte er ein paar Tropfen Öl dringend nötig. Eine leichte Brise bewegte die Gazevorhänge an den drei hohen Fenstern und trug Straub und Straßenlärm herein.

Die uigurische Vorschule war nicht gerade todschick, strahlte aber eine wärmere Atmosphäre aus, war sauberer und besser ausgestattet als die spartanischen Vorschulen und Kinderkrippen, die ich in Südchina besucht hatte. Alles wirkte etwas nobler, als hätte man für die künstlerische und pädagogische Ausbildung dieser Kinder Gelder locker gemacht, und das Ganze sah sehr viel versprechend aus.

400 Uigurenkinder werden an dieser Privatschule in ihrer Muttersprache unterrichtet und haben zusätzlich Fächer wie Religion oder uigurische Kultur. Das Schulgeld beträgt monat-

lich 25 Yuan, ein enormer Betrag für einen durchschnittlich verdienenden Hanzu-Chinesen, den man sich hier aber offenbar leisten konnte. Alle zusätzlichen Kosten werden durch staatliche Subventionsgelder gedeckt.

Die Lehrerin kam herein – kein Vergleich mit den verstockten und ernsten Frauen in den südchinesischen Vorschulen mit ihren zerknautschten Gesichtern, auseinander stehenden Zähnen und dem Stoppelhaarschnitt. Diese Lehrerin war jung und von anmutiger Schönheit. Ihr dichtes, schwarzes Haar war zu einem glänzenden Chignon frisiert. Das nahezu weiße Make-up, die riesigen Kajal-umrandeten Augen und die dunklen Augenbrauen verliehen ihr ein exotisches Aussehen. Sie trug ein rotes Kleid, schicke, schwarze Pumps und hauchdünne Nylonstrümpfe unter der knöchellangen Unterkleidung, wie sie für Frauen in diesem Teil der Welt gebräuchlich ist. Ich bin nie richtig dahinter gekommen, ob diese Unterkleidung Ausdruck eines gewissen Modebewusstseins ist oder einfach nur ein funktioneller Schutz gegen die Kälte, von der ich im Moment allerdings nichts spüren konnte.

Die Veranstaltung begann, und 14 kleine Tänzer, zwölf Mädchen und zwei Jungen, im Alter zwischen vier und sechs, kamen hereinmarschiert. Geschminkt mit Rouge und Lippenstift lächelten sie in die Menge, verneigten sich, knicksten, drehten kleine Pirouetten. Die Mädchen trugen rosa Ballettkleidchen, die Jungen rote Baumwollanzüge, schwer behangen mit Ziermünzen und einer Menge Pfauenfedern. Ein Mann mit blauem Folklorehut erschien mit feierlicher Miene am Klavier und nahm das langhalsige Saiteninstrument zur Hand, das einer Mandoline glich. Mit übereinander geschlagenen Beinen saß er auf der Klavierbank und schielte nach der Seite zur Lehrerin, die ihre Tänzer durchzählte.

Nach ein paar kurzen Probezupfern spielte er ein schnelles rhythmisches Stück, begleitet vom Tamburin, das die Lehrerin schlug. Beherrscht und gleichmütig führten die kleinen Tänzer die einstudierte Choreografie auf, die eindeutig nahöstliche Züge hatte: anmutige Handgebärden, leicht wiegende Kopfbewegungen und winzige Zierschritte. Die Seniorengruppe aus Sidney war begeistert. Stürmischer Applaus brach los.

Im zweiten Tanzstück trat eine Solotänzerin vor und wiegte ihren Pfauenfederkopfschmuck. Sie war fast blond, höchst ungewöhnlich in diesem Teil der Welt, und unter dem Federschmuck konnte man den Rundschnitt ihrer Frisur erkennen. Um Arm- und Fußgelenke hatte sie kleine Silberglöckchen, und ihre Bewegungen, bei denen sie Hüfte, Brust, Schultern und Augen gleichermaßen einsetzte, glichen einer spielerischen Darstellung der höheren Verführungskunst. Der Federschmuck wiegte dabei sanft hin und her. Ihr kokettes Auftreten, der Schmollmund und die kreisenden Hüften waren für hiesige Verhältnisse doch sehr ungewöhnlich. Die Darbietung hatte eindeutig einen eher nahöstlichen als chinesischen Charakter.

Der blonde Fee mit den Glöckchen erntete donnernden Applaus. Sie schwebte aus dem Raum, wobei sie eine abgefallene Feder hinter sich herzog.

Das nächste Stück. Die blonde Fee war zurück und noch ganz außer Atem vom blitzschnellen Kostümwechsel. Sie trug eine Miniaturausgabe des langhalsigen Saiteninstruments bei sich. Ohne Zögern fing sie zu spielen an, zupfte selbstsicher die Saiten und sang in der laut klagenden Weise der alten Wüstenfrauen. Mit den Zehen tippte sie den Takt, wiegte die Hüften, und der musikalische Schnörkel am Schluss des Stückes ließ das Publikum beben.

Zwei kleine Mädchen schwirrten herein, trugen den Anfang der Tonleiter auf Englisch vor, und die Lehrerin stellte den Kassettenrekorder an.

Aus den Lautsprechern schmetterte Musik, und ein kleines, dunkelhaariges Mädchen wirbelte zu einer kratzigen Version der alten Disconummer *Ra Ra Rasputin*. Dazu mimte sie in ruckartigen Bewegungen die Bewegungen einer perfekten Stripperin. Das Seniorenpublikum war so gebannt, dass es vergaß, Beifall zu klatschen, aber egal, denn nun forderten die lieben Kleinen ihre Gäste zum Tanz auf. Wie alte Hasen eilten sie auf die Gäste zu, zogen sie mit ihren winzigen Händchen von den winzigen Stühlen, und die winzigen Füße tanzten behände zum großen Finale – noch einmal *Rasputin*, diesmal in einer – kaum zu glauben, aber wahr – Charleston-Version.

Applaus. Applaus. Die Kinder strahlten überglücklich, die hübsche Lehrerin wirkte ungerührt, und der Mandolinenspieler, der die ganze Vorstellung über seinen Hut aufbehalten hatte, gähnte und kratzte sich. Alice und John aus Sidney verschenkten im Namen der Reisegruppe Luftballons an die Kinder. Und da ich keinen zu verschenken hatte, stahl ich mich klammheimlich hinaus und machte mich auf die Suche nach einem gemütlichen Teehaus.

Am Spätnachmittag konnte man auf dem Balkon im zweiten Stock des muslimischen Teehauses sehr schön sitzen und in aller Seelenruhe dem Treiben auf der Straße zusehen. Von hier aus blickte man auf einen lebhaften Platz, auf dem mehrere Straßen zusammenliefen. Hinauf ging es durch das Lokal im Erdgeschoss, einen kühlen leeren Speisesaal mit blau-weiß gekalkten Wänden und Holztischen.

Der Koch in seinem weißen Kittel und mit eng anliegender Mütze hatte gerade nicht viel zu tun, stand vor seiner Kochstelle und ließ die Arbeit gemütlich angehen. In aller Ruhe legte er sich schon einmal die Fleischspieße für den Abend zurecht und stellte Schälchen mit mildem und scharfem Pfeffer bereit, mit roten, grünen und grellgelben Schoten. Nach den Abendgebeten würde es hier wieder lebhafter zugehen, dann, wenn Familien aus dem Umland und Nachtarbeiter zum Abendessen und gemütlichen Beisammensein hereinschneiten. Er sah flüchtig auf, ein Kellner setzte seine Teetasse ab und eilte zuvorkommend auf mich zu.

»*Cha?*«, fragte ich vorsichtig, in der Hoffnung, die richtige Tonlage getroffen zu haben und nicht aus Versehen irgendetwas Beleidigendes oder womöglich Obszönes von mir gegeben zu haben. »*Cha soy?*«

»*Tea*«, erwiderte er. »Sehr wohl, Lady. Bitte, kommen Sie«, und er führte mich hinauf auf den luftigen Balkon, wo fünf Männer mit weißen Mützen im Schneidersitz beim Tee auf einem hölzernen Bettgestell saßen. Im ersten Moment starrten sie mich neugierig an, steckten die Köpfe zusammen, brummelten und mokierten sich, fanden es wahrscheinlich allerhand, dass man eine langnasige Frau allein in ihrem Teehaus umherspazieren ließ. Doch so interessant war ich dann auch wieder nicht, und es dauerte nicht lange, da nahmen sie gar keine Notiz mehr von mir, sodass ich in aller Ruhe die Aussicht genießen konnte.

Vom Rauch der Kochstellen, Holzkohlengrills und der kleinen Feuer aus den nahe gelegenen Schmieden war die Luft um diese Uhrzeit zum Schneiden. Dort unten auf der Straße konnte man jetzt kaum atmen: Es war heiß, überfüllt, laut. Hier oben aber, inmitten blühender Kakteen und der Teetrinker, herrschte eine kühle, friedliche Stille, und kein gellendes »Pusch, Pusch!« war zu hören.

Direkt unter uns sah man einen Nudelverkäufer, schmuck gekleidet in Hut und Jacke eines Offiziers der Volksbefreiungsarmee, der dennoch aber salopp wirkte, da er gestreifte, lockere Pumphosen anstatt Uniformhosen trug – zweifellos ein Cop, der sich als Koch hervortat. Ab und zu, wenn drei bis vier Eselskarren auf den Platz zurollten und den Verkehr zu verstopfen drohten, griff er unter seinem tragbaren Nudelstand nach einem amerikanisch aussehenden Baseballschläger, eilte auf sie zu, brüllte und schlug damit wie wild auf die Karren ein: Klatsch, Bumm! – Die Esel stoben wie von der Tarantel gestochen davon, und die verdutzten Fahrer griffen in fliegender Hast nach der Ladung, Hühnern, kleinen Kindern, Lebensmitteln – nach allem, was sie zu fassen bekamen. Zufrieden kehrte der Ordnungshüter an seinen Nudeltopf zurück.

Kurz vor Abenddämmerung ertönte ein Klang, der für eine Ausländerin wie mich sowohl beruhigend als auch sonderbar frostig klang.

»*La ilaha illa-llahu, Mohammed rasul allahi …*« – Es gibt keinen Gott außer Allah, und Mohammed ist sein Prophet.

In hohen, bebenden Tönen rief der Muezzin die Gläubigen zum Abendgebet.

In allen Moscheen der Stadt würden die Männer nun ihre Schuhe ausziehen, gedämpften Schrittes über die Bastmatten gehen und Richtung Mekka niederknien. Frauen nahmen an den Gebeten in der Moschee nicht teil, sie standen bereits in der Küche und bereiteten das Abendessen zu. In den schattigen Räumen des muslimischen Teehauses gingen die Lichter an. Der Koch legte Reisigzweige nach und steckte Fleischspieße auf einen von Hand betriebenen Drehgrill, sodass die Flammen das Fleisch lecken, aber nicht verbrennen konnten. Der Geruch der Grillspieße und die abendlichen Geräusche, die durch die Fenster sickerten, ließen eine sanfte Woge von Déjà-vu in mir aufsteigen, und ich wunderte mich, warum ich mich hier, an diesem Ort, der so fern meiner Heimat ist, inmitten all dieser Menschen, mit denen ich mich nicht einmal unterhalten konnte, so seltsam wohl fühlte.

Seit über 2000 Jahren wachsen in den Oasen entlang der Seidenstraße Melonen. Ohne die Oasen wäre diese alte Karawanenstraße durch das nördliche China für Mensch und Tier unpassierbar gewesen. Doch dank der Oasen gab es Nahrung und folglich auch Karawanen.

Und was seit jeher das Herz eines jeden hungrigen Reisenden am meisten erfreute, war frisches Obst: grüne Trauben, eine süßer als die andere; Aprikosen mit Kernen wie kleine Mandeln und so duftig frisch, dass sie ein warmes Zimmer nachhaltig mit ihrem wohligen Duft erfüllten; Granatäpfel, groß wie Grapefruits, mit blutrotem Saft und festen, perlgleichen Samen; helle Pfirsiche mit samtiger Haut und honigfarbenem Saft; und unzählige Melonensorten mit exotisch klingenden Namen und Aromen, in deren Genuss nur wenige Fremde je gekommen sind.

Wie in allen alten Oasenstädten, in Turpan, Urumchi und Dunhuang, so waren auch hier in Kaschgar die Melonenverkäufer noch vor dem ersten Sonnenstrahl auf den Beinen. Vom frühen Abend an, die ganze Nacht hindurch, trafen sie hier auf Eseln oder Kamelen ein, luden ihre Melonen ab und bauten kleine Festungen um sich herum auf – ein jeder sicherte sich seinen Fleck. In Zweier- oder Dreiergrüppchen strömten sie auf den Platz, wo ein kleines Feuer glühte, angelockt vom Essensduft und der Aussicht auf ein gemütliches Beisammensein. Irgendwer hatte ein Schaf geschlachtet, es gab Fleischspieße, und rissige Schalen wurden voll gehäuft mit Nudeln in einer kräftigen Brühe, die nach Hammel roch und auf der Fettaugen schwammen. Und wenn der Koch gerade etwas Zeit übrig hatte, gab es auch Klöße und eimerweise Tee. Und schließlich, die Bäuche voll, Zigaretten geraucht, Klatsch und Tratsch erledigt, trollten sich die Melonenbauern davon, ein jeder in sein Lager. Sie wickelten sich in die Decken und waren im nächsten Moment zwischen ihren Melonenbergen eingeschlafen.

Im dunstigen Morgengrauen, der Rauch stieg noch immer von den nächtlichen Feuerstellen auf, rieben sie sich den Schlaf aus den Augen, zogen ihre Messer aus den Gürtelscheiden und zerlegten sich eine Melone zum Frühstück.

Ein Uigure mit spärlichem Bartwuchs, in langem, braunem Gewand starrte mich neugierig an, verwundert, was eine Ausländerin an diesem frostigen Morgen hier zu suchen hatte. Er sah zu Boden, betrachtete dann nachdenklich sein Messer, und für den Bruchteil einer Sekunde spürte ich, wie sich meine Nackenhaare aufstellten. Doch dann klopfte er die Fliegen von der Melone, die er sich gerade aufgeschlagen hatte, und schnitt tief in das rotorange Fleisch und bot mir ein Stück davon auf der

Messerspitze an. Blutroter Saft tropfte von der Melone, was mich an rohes Fleisch erinnerte. Ich nahm es dankend an, was für ihn Anlass war, den Handel zu eröffnen, indem er mir die größte Melone aus dem Stapel anbot. Als er sie mir zuwarf, bediente ich mich verlegen der Zeichensprache: kleiner, bitte! Viel kleiner! Sofort waren fünf oder sechs Männer um uns, in braunen Anzugjacken und mit blauen Stoffkäppchen, die eine wie die andere flott und schmissig auf den Köpfen saßen. Sie klinkten sich in den Handel ein, schnappten sich mit jeder Hand eine Melone, feilschten mal untereinander, mal mit mir, mal mit dem Melonenverkäufer, der sie in einer für sein jugendliches Alter erstaunlich vollen Stimme zu übertönen versuchte.

Das gleiche Durcheinander wie bei meinem Pelzhutkauf: »Zu klein, besser die!« – »Nein, zu groß, lieber die!« In einem fort wurden mir von zahlreichen Schaulustigen unzählige Melonen angeboten, die eine angepriesen, die andere wieder aussortiert ... Melonenfeilschen war eindeutig nicht meine Sache, dahinter waren sie schnell gekommen, und so hatten sie nichts Besseres zu tun, als mich zu überrumpeln und sich immer näher an mich heranzudrängen. Die hohen, gellenden Töne, mal schmeichlerisch, mal gebieterisch, machten mich ganz verrückt.

Irgendwann setzte der braun gewandete Verkäufer dem Spiel ein Ende. Er schnappte sich die Melone, die ich hielt, griff eine andere, die genauso aussah, gab etwas Unverständliches von sich, und der Handel war besiegelt. Ich bezahlte den ausgehandelten Betrag für meine fußballgroße *hami gua* mit dem saftigen, durstlöschenden, räucherlachsfarbenen Fleisch. Dem Blick des Verkäufers nach zu urteilen, hatte ich sehr wahrscheinlich viel zu viel bezahlt.

Doch ich wollte nur noch weg. Völlig verwirrt, die Melone unterm Arm, traf ich auf dem Weg zufällig auf eine der Übersetzerinnen aus dem lokalen Touristikbüro, eine Hanzu-Chinesin. Sie lächelte, bestaunte höflich meinen gelungenen Kauf, versicherte mir, dass ich ein Schnäppchen gemacht hätte und dass es eine besondere Symbolik hat, in Kaschgar eine Melone zu kaufen.

»Wir nennen die Uiguren die Melonenmenschen.«

Die Worte gingen ihr rollend von der Zunge, geradezu melodisch, und mir gefiel ihre Aussprache. »Die *hami gua* sind die besten Melonen. Ganz besondere chinesische Melonen, bekommt man nur hier.«

Diese Melonen aus der Wüste interessierten mich. Waren sie mit den Persischen Melonen, den Warzenmelonen oder den Wintermelonen verwandt? Mit den Ogenmelonen vielleicht, die man in Israel anbaut? Doch sie schüttelte bestimmt ihren Kopf.

»Nein. Nur chinesisch. Nur von hier. Nirgendwo sonst gibt es *hami gua*. War die Lieblingsfrucht von Kaiserinwitwe Cixi.«

Natürlich, die alte Kaiserin. Wenn sie nicht gerade Feinde im Brunnen versenken ließ, kühlte sie darin Melonen, vor allem in ihren letzten Lebensjahren. Auf Pferderücken wurden sie ihr in Windeseile in den Palast gebracht, dabei donnerten die kaiserlichen Reiter über die Wüstenpfade der Seidenstraße, lieferten sich ein wildes Staffelrennen, bis zum Sommerpalast, von wo aus Cixi über die Aufständischen während des Boxeraufstandes regierte.

Als eine Hanzu-Chinesin schien die Übersetzerin hier in Kaschgar mit seiner 2000 Jahre alten Geschichte, den arabischen Buchstaben, der uigurischen Sprache, der muslimischen Religion und der Bevölkerung unterschiedlichster Abstammung etwas fehl am Platz. Die Uiguren bildeten hier die Mehrheit, gefolgt von den Kirgisen, Usbeken und Tadschiken. Der unterschwellige Groll gegen Peking war offensichtlich, gärte langsam unter der Oberfläche, steckte in den platten Basarwitzen über den alten Mao, war in den Teehäusern zu spüren, wo sich weißbärtige, alte Männer versammeln und ihren Unmut bei einer Schale Tee ausließen. Manchmal kocht hier die Wut über, und nach Einbruch der Dunkelheit geht zuweilen das eine oder andere Fenster einer

Baracke zu Bruch, in der die Volksbefreiungsarmee unbequeme Genossen verwahrt.

Im abgelegenen Kaschgar, abgeschnitten vom restlichen China durch einen riesigen Sandkasten mit Namen Taklamakan-Wüste, hatte man seine eigenen Vorstellungen von der Volksbefreiung.

Kaschgar war schon immer eine heldenmütige Stadt – ein bisschen wie die alten Grenzerstädte an der amerikanischen Frontier –, in der sich die Revolverhelden des Wilden Westens so richtig zu Hause gefühlt hätten. Hier hätten sie sogar noch etwas lernen können. Bis zu Mao Zedong und der Kulturrevolution hatte dieser Teil Chinas etwas von geheimnisvollem Orient. Die bevorzugte Art und Weise, einen Feind aus dem Weg zu schaffen, war, ihn an den Tresen einzuladen, stockbesoffen zu machen und sein Hors d'œuvre mit irgendeinem zufällig greifbaren Spritzer Gift zu versetzen. Mit ein bisschen Glück krümmte er sich bis zum Dessert am Boden.

Der Autor Peter Fleming erinnert sich an ein ruhiges, kleines Abendessen in einem der Wüstenaußenposten an einem ganz gewöhnlichen Abend während der 1930er-Jahre, als Briten und Russen gleichermaßen wegen der strategisch günstigen Lage ein begieriges Auge auf die Stadt geworfen hatten.

»Automatikgewehre und Henkersschwerter waren allgegenwärtig, und die Mauser-Pistolen der Kellner schlugen bedenklich gegen deine Sitzlehne, jedes Mal, wenn sie sich beim Servieren der Gerichte über dich beugten«, schrieb Fleming in seinem Buch *Tataren-Nachrichten* und fügte hinzu, dass die Anzahl der Todesfälle bei Festessen immer wieder erschreckend hoch ist.

Beim Lesen von Flemings Buch blinzelte mein geistiges Auge förmlich durch den blauen Rauch von türkischem Tabak. Meine Nase zwickte mich bei den verschwitzten Söldnertruppen mit ihren starken Knoblauch- und Weinfahnen, und ich hörte die Tamburine und Balalaikas, während eine Bauchtänzerin ihren nahöstlichen Charme auf diese zentralasiatische Truppe versprühte. Während die Party in meinem Kopf immer lauter und ausgelassener wurde, sah ich Georgier und Afghanen mit herabhängenden Schnurrbärten und schwarzen mongolischen Augen auf die Tische springen, Geschirr zerdeppern und mit in die Seite gestemmten Armen tanzen.

»So ziemlich jeder hielt eine Rede«, schloss Fleming. »(Diese Reden wurden) eifrig ins Englische, Russische, Chinesische und Türkische übersetzt ... und niemand wurde meuchlings ermordet.«

Kaschgars Straßen und Wege, versteckte Winkel und Ecken, laden zu beschaulichen Erkundungstouren ein. Die Stadt erstreckt sich über ein beträchtliches Gebiet alter und neuer Viertel, und zu nahezu allen Ausflugszielen bestehen Verkehrsanbindungen.

Die zentralasiatische Version eines Taxis war eine zweirädrige, flach am Boden liegende, von einem Esel gezogene Karre, hübsch mit Teppich ausgelegt, geräumig genug für ein bis zwei Passagiere plus Gepäck und gegebenenfalls noch mitreisendes Vieh. Der Fahrer, mindestens zwölf, klopfte auf den Teppich: »Auf, wird's bald!« – Er hatte eben nicht den ganzen Tag Zeit.

Natürlich gab es in Kaschgar auch motorisierte Fahrzeuge. Einige sogar mit Sirenen, Polizei und Krankenwagen oder beides in einem, deren Heulen gleich wieder um die nächste Ecke verschwand. Glänzende, gepflegte Mitsubishi-Schlitten mit dem wöchentlichen Kontingent japanischer Geschäftsreisender pfiffen vorbei, und nagelneue Landrover in Militärgrün kamen in den unerwartetsten Momenten um die Ecke geschossen. Busse, die rußige Auspuffwolken nach sich zogen, Motorräder ohne Schalldämpfer, ein paar klapprige Uraltlaster, die mehr standen als fuhren, und an denen häufig zwei, drei Männer herumhingen, die Köpfe unter der offenen Motorhaube. Manchmal standen diese Laster aber auch verlassen in der Gegend herum, als wären dem Fahrer Ersatzteile und Textilklebeband ausgegangen und er auf und davon.

Doch die buntesten Fahrzeuge in ganz Kaschgar schienen mir die Trucks der pakistanischen Händler: übergewichtige Vehikel, farbenfroh bemalt, ausgepolstert und mit vielen Spiegeln versehen. Meist waren sie bis an die Türen voll beladen mit einem wilden Durcheinander: Seide und Wolle, Drogen und Arzneimittel und alle möglichen Gemischtwaren. Sie kamen aus Islamabad, quälten sich den Karakoram Highway hinauf über den Khunjerab-Pass. Zumindest einige der Händler befahren ganz offiziell eine feste Heroinroute, die in den Mohnfeldern Kaschgars beginnt, und nach wie vor ist inoffiziell auch von Mordfällen auf dem Weg die Rede.

1967 begannen die Regierungen von China und Pakistan mit Bauarbeiten am 684-Mile Highway. Arbeiter führten Felssprengungen durch, durchwateten reißende Flüsse und setzten sich täglich neuen Risiken aus. Bis zur endgültigen Freigabe 1986, nach fast 20-jähriger Bauzeit, hatte der Highway mehrere 100 Opfer gefordert.

Diese erstaunliche Wegstrecke war seit mindestens 400 Jahren Teil der Seidenstraße, und der Khunjerab-Pass, dessen Name »Fluss des Blutes« (in manchen Übersetzungen auch »Tal des Blutes«) bedeutet, ist ein sehr geschichtsträchtiger Pass.

Über ihn kursieren die wildesten Geschichten. Nicht nur, dass dort böse Geister und Gespenster ihr Unwesen treiben sollen, dass Feuer nicht zum Brennen und Wasser nicht zum Kochen kommt, obendrein macht die enorme Höhe allen Reisenden, Mensch wie Tier, ganz fürchterlich zu schaffen. Pferde, die über den Pass kamen, litten häufig so große Schmerzen, dass ihre Besitzer ihnen ins Maul stachen, damit sie bluteten, was angeblich den Druck, den die dünne Luft verursachte, lindern sollte. Frühere Reisende mussten außerdem räuberische Überfälle durch die Hunza fürchten, die sich einen Sport daraus machten, über Kamelkarawanen herzufallen und die Reisenden auszurauben und zu töten.

Heute ist der Pass von Mai bis November geöffnet, mit Ausnahme gelegentlicher Schließungen wegen Steinschlag, Erdrutsch oder politischen Querelen. Unerschrockene Touristen, die von Kaschgar aus die atemberaubende Schönheit des Khunjerab-Passes im gemieteten Toyota-Geländewagen erleben wollen, sollten für die relativ kurze Strecke einen ganzen Tag einplanen. Zunächst fährt man ein paar strapaziöse Stunden am Gez River entlang. Doch dann, rund 100 Meilen hinter Kaschgar, geht es über die Vorberge langsam bergan, hinauf in die kahle Hochgebirgslandschaft des Pamir, in die windgepeitschten Berge, zu den in Jurten wohnenden Kirgisen, den wahren Nomaden hier oben auf dem Dach der Welt. Hinter dem Gebiet der Kirgisen liegt die Grenze, und dort ist China ganz offiziell zu Ende.

Fast 2000 Jahre lang war Kaschgar die Drehscheibe an der alten Seidenstraße, und die Stadt hat möglicherweise eine der weltweit ältesten Tourismusindustrien. Örtliche Gästehäuser atmen hier Geschichte, von Schnüfflern und Spionen, von exotischen Totenkopfgräbern in den geheimnisumwittertsten Regionen Asiens, und unleugbar haftet ihnen ein verlockender Zauber an.

Das *Seman*-Hotel zum Beispiel, das auch *Lao Binguan* genannt wird, war bis 1956 das Konsulat der Sowjetunion. Es hat einen neuen, fast fertig gestellten Anbau, doch ich persönlich mag den alten Gebäudetrakt am liebsten, schon allein wegen der Einrichtung: hohe Decken, reich verzierte Stucksimse, überladenes Mobiliar, Schonbezüge aus blauem Stoff und Antimakassaren, Schutzdeckchen gegen Haarölflecken auf den abgewetzten Sofas. Es versprühte eine verblichene Eleganz, eine Stimmung wie aus alten Kaisertagen, die mich an Filme über Indien während der letzten Herrschertage der Radschas erinnerte.

An jenem Morgen hatte es sich der einzige Gast in einem Stuhl im Hotelfoyer gemütlich gemacht – ein griesgrämiger Mann im weiten Arbeitsanzug, der sich geschäftig mit einem Bleistift ein paar Notizen auf einem dicken, gelben Block machte;

es gab für diesen Literaten der jüngsten Zeit hier keinen tragbaren Laptop. Er blickte mich durchdringend an, mich, eine Frau, die es wagte, in seine Atmosphäre kreativen Schaffens einzudringen. Würde ich mich jetzt setzen und mein Notizbuch herausholen, dann würde er auf mich einreden, bis mir die Ohren klingelten.

Doch da ich mich nur ein wenig umsehen wollte, störte ich ihn nicht weiter bei seiner Schreiberei und ging an ihm vorbei. Auf den dunklen Holzbodendielen, die knarzten, als ich darüberlief, lagen schöne, abgenutzte Teppiche. Es roch stickig, als ob diesem alten Ort Frischluft fehle und er neu durchatmen müsse. Aus einem Hinterzimmer kam ein hübsches Mädchen in Hotellivree und bot sich an, mich herumzuführen. Ihre Lippen waren leuchtend orangerot geschminkt, und ihre Stimme hatte den miauenden Ton eines jungen Kätzchens, wie ihn junge Chinesinnen oft haben. Ich wusste nicht recht, ob sie als Touristenführerin arbeitete oder einfach nur da war, um neugierige Besucher vom Souvenirklau abzuhalten.

»Viele berühmte Gäste hier«, erzählte sie, woraufhin ich erwiderte, dass ich bislang nur einen einzigen Gast gesehen hatte, den schreibtüchtigen Mann mit dem Bleistift, und sie hielt die Hand vor den Mund und kicherte.

»Ja, *jetzt* ist es nur einer«, erklärte sie. »Aber vor langer Zeit, viele berühmte Gäste. *Überall.*«

Sie führte mich durch die muffigen öffentlichen Räume, öffnete die Türen zu einfach, aber geschmackvoll eingerichteten Zimmern mit eisernen Bettgestellen und ausgeblichenen Bettüberwürfen, sie schwatzte ununterbrochen, fragte, ob ich ein Zimmer buchen oder ein traditionelles Abendessen haben wolle.

»Wir braten ganzes Schaf für Sie«, sagte sie und machte dabei ganz große, runde Augen. »Sehr guter Chefkoch hier. Wird Ihnen schmecken.«

Ich gab zu bedenken, dass ein ganzes Schaf, und wenn es noch so gut gebraten war, für eine Person viel zu viel wäre, doch sie machte wieder ganz große Augen und miaute in ihrer sanften Kätzchenstimme: »O nein! Nicht für eine Person. Sie machen Party!«

Aha! Eine Party. Wie die meisten freundlichen Chinesen konnte auch sie nicht glauben, wie man als gesunder Mensch in ihrem Land ganz allein herumreisen kann.

Wir kamen an den Swimmingpool, der zu seinen Glanzzeiten wohl einige ausschweifende Partygesellschaften mit diplomatischen Vertretern einschließlich hochbezahlter Spione erlebt hatte, bei denen reichlich russischer Sekt geflossen war. Doch die ausgelassenen Abende sind längst vorbei. Der Pool war leer, die Beckenwände schlierig und grün mit trüben, schmutzigen Wasserlachen am Beckenboden. Der Hof war ungepflegt, die Rosenbüsche hochgeschossen und überwuchert, und das *Lao Binguan*, alias *Seman*, wirkte traurig und verlassen.

Dennoch, gleich neben dem großen Tor gab es eine ansehnliche Bar unter freiem Himmel, mit einem Blätterdach aus Weinreben, an dem üppige Traubenhenkel baumelten, wo ein Kellner aus seinem Nickerchen erwachte, wenn man nur lange genug auf den Tresen klopfte, wo es Bier zu fünf Yuan die Dose gab, und wo man sich ein abgegriffenes englisches Taschenbuch mit Eselsohren aus den Regalen hinter der Glastür einer längst ausrangierten Kühlvorrichtung nehmen konnte. Verweilte man lange genug, konnte es passieren, dass sich jemand auf den Stuhl neben einem setzte, einen Packen dreckiges Papiergeld durch die Finger blätterte und dein ganzes Geld wechseln wollte.

Ganz in der Nähe des *Seman* gab es noch ein anderes Hotel, das *Biniwake*, das frühere *Chini Bagh*, ehemals das Britische Konsulat. Während ich durch das Speisezimmer spazierte mit all den Plastikblumen und dem abgestandenen Essensgeruch, hätte ich am liebsten gegen die Wände gepocht und ein paar alte Geister aus dem Schlaf gerissen, denn dies war einst eine reizvolle Herberge, bevor man sie mit übertriebenem Eifer in ein neues Gewand gesteckt hatte.

Heute wird das moderne Hotelfoyer Abend für Abend von pakistanischen Händlern bevölkert, die mit ihren voll bepackten Trucks über das Pamir-Gebirge gekommen sind. Samt ihren Waren stehen die meist schlanken, gut aussehenden Männer in ihrer traditionellen Kleidung – lange Seidengewänder über weiten Pumphosen – herum, machen Geschäfte oder rennen mit Sack und Pack die Treppen rauf und runter.

Das war nicht immer so. Wie das *Seman*, so hatte auch das *Biniwake* seine Geschichte. Zu Zeiten, als hier noch das Britische Konsulat untergebracht war, sorgte die Frau des Konsuls, Mrs. Macartney, eine lebenslustige, gastfreundliche Frau, für einen vergnüglichen Aufenthalt der durchreisenden Gäste im einsamen Kaschgar. An ihrem Tisch hielt sie stets einen Platz für einen Gast bereit. Sie gehörte zu der Art Mensch, die nie geduldet hätte, dass ein Fremder Weihnachten allein war, nicht daheim in England, und erst recht nicht in Kaschgar.

Am Weihnachtsabend im Jahre 1905 trug es sich zu, dass die gastfreundliche Gattin des britischen Konsuls den russischen Konsul, einen Herrn Petrovsky, zum Essen einlud. Schließlich war Weihnachtszeit und er fern der Heimat.

Doch es gab ein kleines Problem: Herr Petrovsky und Mr. Macartney hassten einander abgrundtief. Weihnachten hin oder her, Petrovsky brachte während des ganzen Essens nicht die Zähne auseinander. Er sprach keine Silbe mit seinem Gastgeber.

Die kräftig gebauten russischen Gefolgsmänner, die er im Schlepptau hatte, brachten ohne Zweifel einen Mordskohldampf mit, doch wie konnten sie essen, wenn ihr Boss die ganze Zeit mit spitzen Lippen dasaß? Zu ihrem eigenen Wohl blieb ihnen nichts anderes übrig als es Petrovsky nachzutun und das Festmahl zu ignorieren, das für sie bereitet war.

Der Weihnachtsabend neigte sich dem Ende zu, und keiner der Gäste hatte Mrs. Macartneys prächtiges Mahl angerührt. Keiner hatte auf das gegenseitige Wohl und die Kameradschaft angestoßen und in überschwänglicher Festtagslaune Kristallgläser ins Feuer geworfen, keiner lobte die Fischpastete, keiner hatte auch nur das kleinste Stückchen Kuchen oder Käse verspeist. Ein Reinfall für alle Beteiligten – sagt man bei uns daheim in Saskatchewan, wenn eine Party missglückt war.

Die großen Städte Chinas

Peking: Die alte Hauptstadt

Ich glaube, dass manche Plätze auf der Erde aufgrund natürlicher Gegebenheiten dazu auserwählt sind, dass an ihnen große Städte entstehen. Vielleicht, weil dort ein Fluss verläuft oder eine Höhenlage mit Rundumblick zu geschichtlichen Zeiten den Vorteil hatte, herannahende Fremde frühzeitig zu entdecken. Oder einfach, weil sich manche Plätze als Treffpunkt und Rastort für Reisende mehr eignen als andere.

So muss es auch mit Peking gewesen sein. Egal wie sehr die Stadt heute ausufert, jahrhundertelang haben die Menschen hier verstreut in kleinen Gemeinden gelebt. Vor rund 3000 Jahren war das heutige Peking nicht viel mehr als eine kleine, unscheinbare, befestigte Siedlung am Rande der weiten nordchinesischen Ebene. Eisig kalt im Winter und kochend heiß im Sommer war Ji, wie die Stadt damals hieß, und mit jedem neuen Kriegsherrn, der die Stadt befehligte, schienen sich die Lebensumstände der Bürger von Ji immer weiter zu verschlimmern.

Erst mit dem Auftauchen des Mongolenherrschers Dschingis Khan im Jahr 1215 begann sich das Blatt für die Stadt zu wenden, was nicht bedeutete, dass sich die Beziehung der Bewohner zu den Mongolen von Anfang an rosig gestaltete. Zunächst nämlich belagerten und plünderten die Mongolen die Stadt, richteten ein Blutbad sondergleichen an und brannten alles nieder. Doch anstatt Ji in Schutt und Asche seinem Schicksal zu überlassen, wie es anderen asiatischen Städten zuvor ergangen war, folgte

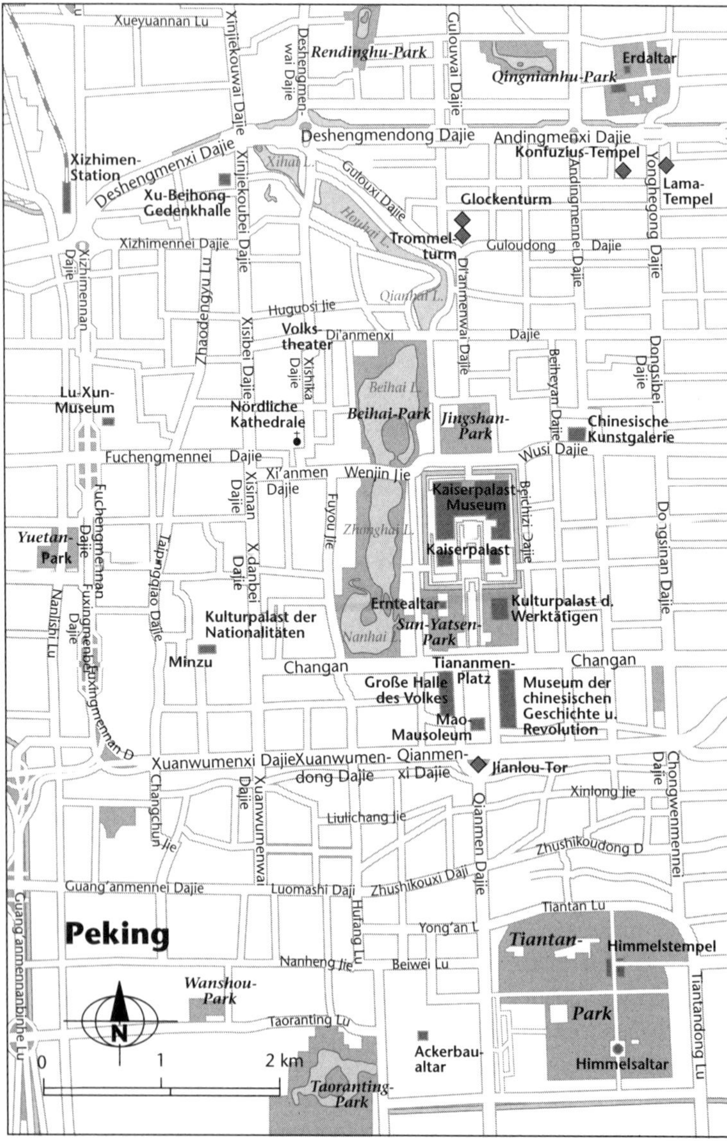
Peking
Xueyuannan Lu
Xinjiekouwai Dajie
Deshengmen-wai Dajie
Rendinghu-Park
Gulouwai Dajie
Qingnianhu-Park
Erdaltar
Deshengmendong Dajie
Andingmenxi Dajie
Konfuzius-Tempel
Lama-Tempel
Xizhimen-Station
Deshengmenxi Dajie
Xu-Beihong-Gedenkhalle
Xinjiekoubei Dajie
Xihai L.
Gulouxi Dajie
Houhai L.
Glockenturm
Trommelturm
Andingmennei Dajie
Yonghegong Dajie
Xizhimennei Dajie
Guloudong Dajie
Xizhimennan Dajie
Zhaodengyu Lu
Di'anmenwai Dajie
Huguosi Jie
Qianhai L.
Volkstheater
Di'anmenxi Dajie
Xisibei Dajie
Xishiku Dajie
Beiheyan Dajie
Dongsibei Dajie
Lu-Xun-Museum
Nördliche Kathedrale
Beihai L.
Beihai-Park
Jingshan-Park
Chinesische Kunstgalerie
Fuchengmennei Dajie
Wusi Dajie
Xi'anmen Dajie
Wenjin Jie
Xisinan Dajie
Fuyou Jie
Kaiserpalast-Museum
Beichizi Dajie
Dongsinan Dajie
Yuetan-Park
Fuchengmennan Dajie
Zhonghai L.
Kaiserpalast
Taipingqiao Dajie
X danbei Dajie
Nanlishi Lu
Fuxingmenbei Dajie
Ernteältar
Kulturpalast d. Werktätigen
Kulturpalast der Nationalitäten
Sun-Yatsen-Park
Nanhai L.
Minzu
Tiananmen-Platz
Changan
Große Halle des Volkes
Museum der chinesischen Geschichte u. Revolution
Mao-Mausoleum
Fuxingmennan D
Xuanwumenxi Dajie
Xuanwumen-dong Dajie
Qianmen-xi Dajie
Jianlou-Tor
Chongwenmennei Dajie
Changchun Jie
Xuanwumenwai Dajie
Xinlong Jie
Liulichang Jie
Qianmen Dajie
Zhushikoudong D
Guang'anmennei Dajie
Luomashi Daji
Zhushikouxi Daji
Tiantan Lu
Hufang Lu
Yong'an L
Tiantan-Park
Himmelstempel
Guang'anmennanbinhe Lu
Nanheng Jie
Beiwei Lu
Wanshou-Park
Tiantandong Lu
Taoranting Lu
Ackerbaualtar
Himmelsaltar
N
0
1
2 km
Taoranting-Park

Dschingis Khan einer inneren Eingebung. Er blieb vor Ort und machte sich die Stadt nutzbar. Kaum hatte sich der Rauch verzogen, ließ er die Stadt, die fortan Dadu (Große Hauptstadt) hieß, von Sklavenarbeitern neu erbauen.

Der junge Krieger Kublai Khan trat in die Fußstapfen seines Großvaters, folgte der mongolischen Tradition der Eroberungsfeldzüge und erklärte sich 1271 zum Kaiser über ganz China. Auch die südliche Sung-Dynastie, die ihre Hauptstadt Hangzhou zunächst tapfer verteidigte und einer Unterwerfung durch Kublai Khan eisern entgegentrat, erlitt 1276 eine vernichtende Niederlage. Wer nicht niedergemetzelt wurde, rannte um sein Leben.

Nachdem die letzten Widerstandleistenden beseitigt waren, wurde die Stadt Dadu zur Hauptstadt der Khane, hieß fortan Khanbaliq und war Hauptstadt von China. Sie lag am östlichsten Ende der Seidenstraße, so weit östlich, dass diejenigen Händler, die vom entgegengesetzten Ende der Straße kamen, sie nie zu Gesicht bekamen – jene Stadt mit ihren geheimnisvollen Menschen, die jenseits des hochragenden Grenzgebirges Pamir lebten, jenseits der Gebirgszüge des Hindukusch und Himalaja. Sie waren auf die Zwischenhändler Zentralasiens, die Handel mit den Chinesen betrieben, angewiesen.

Nach dem Tod des Großen Khan wurde die Stadt schließlich zu Peking, der nördlichen Hauptstadt. Zunächst war Peking Hauptstadt der Ming-Dynastie, auf die dann die von den Manchu errichtete Ch'ing-Dynastie folgte, die letzte der alten Dynastien Chinas. Mit ihrem Zerfall fand das alte China sein Ende.

Peking war seit jeher eine politische Stadt, egal unter welcher Herrschaft oder welchem Namen. Stets war sie heiß umkämpft und voller hinterhältiger Macht- und Intrigenspiele. Die sozialen Strukturen waren überaus streng, was sich auch im Stadtbild ausdrückte. Bis 1421 bestand die Stadt aus drei ummauerten, quadratisch angelegten Rechtecken, die sich nahtlos aneinander anschlossen – wie ein Zauberkasten: In der inneren Stadt lebte das gewöhnliche, arbeitende Volk, in der Kaiserstadt befanden sich Gerichtshof und Verwaltungsgebäude, und die Verbotene Stadt war der kaiserlichen Familie vorbehalten.

Als die Manchu Peking erobert und auch die drei Städte innerhalb der Stadt eingenommen hatten, waren die von den neuen Herrschern stets verschmähten Chinesen gezwungen, in südliche Bezirke auszuweichen, in die »Chinesische Stadt« – wie sie später hieß.

Weshalb die Verbotene Stadt, durch die das Volk völlig von seinen Herrschern getrennt war, die normalen Sterblichen mit einer so großen Bewunderung und Furcht erfüllte, konnte ich selbst heute noch leicht nachvollziehen: Von Ehrfurcht ergriffen trat ich durch das Mittagstor in die Verbotene Stadt. So viele Geheimnisse lagen hinter den knapp elf Meter dicken, zinnoberroten Mauern! Wie viele unbekannte Rätsel bargen die Hofanlagen und diese vergoldeten Räume? Welche verbotenen Freuden mögen sich hier abgespielt haben? Und welch großes Leid – Füße binden, Geburten, Blinddarmdurchbruch, Vergiftungsfälle aller möglichen Art, erzwungene Selbstmorde und Ertränkungen im Brunnen.

Die Verbotene Stadt entfaltet auch heute noch eine so erhabene Größe, eine solche Pracht, dass ausländische Touristen wie Chinesen gleichermaßen aus dem Staunen nicht herauskommen. Wer das Mittagstor passiert, nordwärts über den großen Hof wandelt und weitergeht durch noch ein Tor in einen sich anschließenden Innenhof, muss innehalten und Atem schöpfen. Denn dieser Hof ist riesig, riesiger als ein Fußballfeld, so riesig, dass er 90 000 Menschen auf einmal fassen kann. Eunuchen rezitierten hier einst monotone Gesänge, weise blickende Staatsdiener kamen in Seidengewändern und Rat gebende Mandarine spannen hinterrücks Intrigen. Durch die weitläufige, baumlose, gepflasterte Anlage fließt ein künstlicher Fluss, der Goldwasserfluss, über den fünf Marmorbrücken zur eindrucksvollen Halle der höchsten Harmonie führen.

Diese 35 Meter hohe Halle wird von keinem Gebäude außerhalb ihrer Mauern überragt, denn kein gewöhnlicher Sterblicher sollte von außen einen zufälligen Blick auf die Sänfte, die den Kaiser trug, erhaschen können. Das geheime Leben der kaiserlichen Familie muss dem Volk ein ewiges Rätsel geblieben sein, denn alles, was es von seinem Kaiser je zu Gesicht bekam, waren die Füße der Träger, die mit seiner Sänfte vorbeieilten. Wer es wagte, einen Blick auf das kaiserliche Gesicht zu werfen, musste mit der umgehenden Strafe rechnen – die Familie eines solchen Missetäters hätte dessen Kopf aufgepfählt vor den Toren der Stadt gefunden, schwarz verkohlt von der Sonne.

Abgeschieden vom Rest der Welt verbrachten manche Mitglieder der kaiserlichen Familie ihr ganzes Leben in der Verbotenen Stadt, setzten nie einen Fuß vor die Tore. Junge Mädchen, die als Konkubinen für den Kaiser auserwählt wurden, verabschiedeten sich unter Tränen von ihren Familien, verschwanden für immer hinter den Mauern, und man sah oder hörte nie wieder etwas von ihnen. Keine Familie hätte gewagt, eine solche Ehre auszuschlagen. Und schließlich betraf es ja auch nur eine Tochter.

Falls der Kaiser dann überhaupt nach der Auserwählten verlangte, indem er ihren Namen auf die Jadetafel neben seinem Bett schrieb, wurde ein Eunuch nach ihr ausgeschickt, der sie nackt auszog, wie eine Wurst in eine gelbe Decke wickelte, aufschulterte, und sie dann eilig über die Innenhöfe in das kaiserliche Schlafgemach beförderte, wo er sie in einem Akt letzter Demütigung wie ein Sack Kartoffeln einem Mann vor die Füße warf, der nicht selten viel zu besoffen, krank, müde oder schlichtweg uninteressiert war, um sich mit ihr abzugeben. Dass das kaiserliche Schlafgemach ein romantischer Ort zärtlicher Verführung war, ist mehr als fraglich.

Schönheit allein war für eine Konkubine nicht alles. Schönheiten gab es zuhauf. Sie musste obendrein mit den Überlebensinstinkten einer wildernden Katze ausgestattet sein. Denn war die auserwählte Konkubine gewitzt, helle und humorvoll genug (allerdings nur in dem Maße, dass sie die erste Frau des Kaisers nicht verärgerte), dann konnte sie hinter den Palastmauern überleben, möglicherweise sogar glücklich leben, zumindest so, wie man als eine Leibeigene glücklich leben konnte.

War eine Konkubine eher von durchschnittlicher Schönheit oder ein hässliches Entlein und nur auserwählt, weil ihr Vater zufällig ein bedeutender Mann war, dann blühte ihr ein freudloses Dasein in einer entlegenen Kammer, wo ihr niemand Beachtung schenkte und sie den Rest ihres Lebens allein und einsam zubrachte. Andererseits gab eine Konkubine von außergewöhnlicher Schönheit nicht selten Anlass zu Eifersüchteleien unter den einstigen Lieblingsfrauen oder um die Gunst des Kaisers eifernden Neuankömmlingen, die sie am liebsten aus dem Weg geschafft hätten.

Von der Schönheit einer Konkubine, eine Manchu namens Cixi, war der Ch'ing-Kaiser Xiangfeng (auch bekannt als Hsienfeng) derart angetan, dass sie Kaiserin von China und schließlich Kaiserinwitwe wurde. Cixi gilt als eine der gefürchtetsten und umstrittensten Frauen der chinesischen Geschichte.

Nach allem, was man weiß, hielt die junge Cixi auch hinter den Kulissen des kaiserlichen Schlafgemachs die Fäden in der Hand. Sie war nicht nur von auffallender Schönheit, sondern verfügte darüber hinaus über einen klugen Verstand und ein ausgezeichnetes Geschick, ihre Umgebung für sich einzunehmen. In bester Dschingis-Khan-Manier wusste sie, wie man die eigenen Feinde gegeneinander aufhetzt, und verstand sich hervorragend auf Intrigenspiele innerhalb des Palastes. Ihr Erfolg gründete auf Korruption, und ihr boshaftes Naturell wurde nur noch von ihrer unverhüllten Sucht nach Macht übertroffen.

In einem Land, wo Frauen nur wenige Rechte hatten und gemeinhin weniger galten als ein Stück Vieh, war die Macht, die Cixi ausübte, absolut, ja mutete sogar ein wenig grotesk an. Abgeschirmt von einem Wandschirm saß sie hinter dem Thron und teilte all ihre Entscheide den jeweiligen kaiserlichen Thronerben mit. Die Kaiser, die nach Xiangfeng zu Cixis Lebzeiten und unter ihrem Einfluss an die Macht kamen, waren alle im Knabenalter. Zuerst wurde ihr leiblicher Sohn Tongzhi Kaiser. Dieser verstarb jung, und Cixis Neffe, Guangxu, bestieg den Thron. Diesen ließ sie letztlich im Palast einkerkern und hielt ihn isoliert, bis er starb. Kurz vor ihrem eigenen Tod erwählte sie einen dritten Marionettenkaiser, den einsamen und bedauernswerten Pu Yi, einen unglücklichen Knaben, der im Laufe seiner jungen Jahre den Verfall des dynastischen Systems miterleben sollte.

Auch wenn ihre eigene Karriere als Konkubine begann, hegte Cixi keinerlei Bedauern für andere Konkubinen, im Gegenteil – der geschlossene Brunnen in einem der Innenhöfe der Verbotenen Stadt ist heute noch als Konkubinenbrunnen bekannt, eine Art Gedenkstätte für eine jener Frauen, die Cixi wegen einer kleinen Meinungsverschiedenheit in den Brunnen werfen ließ. Die Lieblingskonkubine des eingekerkerten Neffen von Cixi soll hier ertränkt worden sein, und wie es heißt, sollen die Eunuchen, die ihr den Garaus machten, eine geradezu sadistische Freude daran gehabt haben, ihren qualvollen Tod in die Länge zu ziehen.

Peking war Cixis Stadt, ihr Spielplatz, auf dem sie für jedes Spiel die Regeln aufstellte, wie sie Lust und Laune hatte. Sie führte ein verschwenderisches Leben, leistete sich unwahrscheinlichen Luxus und unglaubliche Marotten. Steuergelder rannen durch ihre Hände wie Wasser, und als man sie warnte, dass sich ihr Finanzschatz allmählich aufbrauchte, forderte sie Gelder aus dem Budget der kaiserlichen Flotte, um ein Schiff renovieren zu lassen. Sie hatte ihren Beratern nicht gesagt, dass sie gedenke, damit das Marmorschiff renovieren zu lassen, das lange Zeit im See vor dem Sommerpalast vertäut lag. Dort, in den kühlen Bergen nördlich von Peking, brachte Cixi die Sommermonate zu.

Das Marmorboot liegt dort noch heute und zieht ganze Horden von Touristen an. Hätte Cixi vorhergesehen, wie die in ihren

Augen Unzivilisierten und Bauern einmal über ihr Schiff herfallen würden, sie wäre in hellen Zorn ausgebrochen.

Wie hatte sie auf ihre alten Tage wohl ausgesehen, diese ruchlose Person, mit winzigen, gebundenen Füßen, langen Fingernägeln unter goldenen, filigranen Schutzhüllen, den Körper in Seide gewickelt, während sie vornehm an ihrer Opiumpfeife zog, gestopft von ihrem Lieblingseunuchen und ständigen Begleiter Li Lianying.

Doch die Vertraulichkeit mit einem Eunuchen hatte klare Grenzen, selbst wenn er noch so nützlich und unterhaltsam war wie Li Lianying, zumal Cixi keinerlei sentimentale Ader hatte. Skrupellos und willkürlich wie sie war, ließ sie Eunuchen foltern und enthaupten, sobald sie ihr zu mächtig wurden. Nachdem Li Lianying die Gunst Cixis verloren hatte, blieb er gerade noch so lange am Leben, bis er sein machtgieriges Verhalten bereut hatte.

»Lieber gebe ich China an Fremde, als es meinen eigenen Sklaven zu überlassen«, sagte sie, denn ihr Leben lang war sie der festen Überzeugung, dass es ihr Manchu-Blut war, das sie den Chinesen, über die sie herrschte, so unendlich überlegen machte. Ironischerweise wurde ihr Heer aus Eunuchen durchweg von chinesischen Männern gestellt, da es einem Manchu verboten war, sich kastrieren zu lassen. Somit wurde die zweifelhafte Ehre der chirurgischen Entmannung im Namen der Manchu-Kaiserin ausschließlich chinesischen Männern zuteil.

Ein Foto aus dem Jahre 1903 zeigt Cixi aufgedunsen und schwammig, aber noch immer kokettierend. Die Aufnahme stammt von einer Kostümfeier im Sommerpalast, bei der sich Cixi als ihre Lieblingsgöttin verkleidet hatte. Ironischerweise war diese Kwan Yin, die Göttin der Barmherzigkeit.

Peking. Januar, im Jahr des Hundes. Es war grau und kalt, und die Lichter, sofern es welche gab, gingen gegen vier Uhr am Nachmittag an, schimmerten gelbgrün durch die Dunstglocke der Stadt. Der Lichtschein war so schwach, dass er kaum bis auf die Straße hinunterreichte. Angesichts der Tatsache, dass es so wenige Straßenlampen und kaum Beleuchtung gab, fürchtete ich, auf einem meiner nächtlichen Streifzüge vom chaotischen Verkehr regelrecht niedergemäht zu werden. Jedes Mal, wenn ich eine breite Straße überqueren musste, schlug ich einen stakkatoartigen Zickzackkurs ein, der ziemlich lächerlich ausgesehen haben muss.

Einmal, an einem frostigen Abend, hatte ich mich auf diese Weise über mehrere Fahrspuren auf der Changan, der Avenue des Ewigen Friedens, bis zur Mitte der Fahrbahn laviert und war dabei, erneut zu einem meiner wilden Stakkatosprünge anzusetzen, als plötzlich ein Chinese neben mir stand und mit der Aktentasche in der ausgestreckten Hand wedelte. Die Autos bremsten, und er überquerte die Fahrbahn ruhig und gelassen, ohne sich umzuschauen. Mir dagegen wollte das nie gelingen.

Doch so schlimm, wie immer behauptet wird, ist der Verkehr in Peking nicht. In Rom ist er weitaus chaotischer und auch in Shanghai, ganz zu schweigen von New York. Das Problem in Peking ist eine Art Boxautomentalität unter den Fahrern, ein natürliches Chaos, das hauptsächlich dadurch entsteht, dass kaum ein Linksabbieger es für nötig erachtet, Zeichen zu geben. Besonders frech sind die kleinen, gelben Taxis, die mich an Brötchen auf Rädern erinnerten, aber auch die vielen Mercedes-Neuwagen, die kreuz und quer über die Straßen fahren. Inmitten des Chaos stach mir ein vereinzelter roter Ferrari ins Auge, der auch nicht besser fuhr, und hie und da sah ich weiße Stretchlimousinen, in denen sich die Neureichen gern chauffieren lassen, und dazwischen alte, schwerfällige Lastautos, voll beladen mit Bauern und Vieh.

Hinzu kommt, dass die drei Millionen Fahrräder in Peking auch gefahren werden. Und da in jenem Winter offenbar gerade Dufflecoats in allen Regenbogenfarben groß in Mode waren, schien es, als rolle eine farbenfrohe Modenschau auf Rädern durch die Stadt, so als wolle man das jahrelange Einheitsblaugrau der maoistischen Kulturrevolution endgültig übertünchen.

Und mit einem roten Farbton war es da nicht getan, nein, es gab alle möglichen Nuancen: Kirsche, Tomate, Lachs, Melone, Pflaume. Eine bunte Palette von bauschigen Seidendufflecoats radelte an mir vorbei. Selbst die Mundschutzmasken, die die Radler gegen den Smog und den Staub trugen, den der Wind aus den nördlichen Wüsten in die Stadt bläst, hatten nicht mehr ihr ursprüngliches Naturweiß, sondern waren jetzt eher blumenmusterartig rosablau. Lediglich die Bauern, die steif und verwirrt aus den Überlandbussen quollen, trugen noch Mao-Kleidung.

Doch die modebewussten Radfahrer rasten nicht, bewegten sich eher in gemäßigtem Tempo durch den Verkehr. Eigentlich bewegte sich nichts mit rasanter Geschwindigkeit. Zumindest nichts auf Rädern. An Rasanz zugenommen hat hier, in der alten Hauptstadt, in jüngster Zeit aber der Fortschritt. Es wird nicht mehr lange dauern, bis so gut wie alle Pekinger Haushalte an die Gasversorgung angeschlossen sind und nicht mehr im Rauch der stinkenden Briketts ersticken. In Kürze werden die meisten Einwohner der Stadt ununterbrochen fließend heißes Wasser und Toiletten mit Spülung, die rund um die Uhr funktionieren, haben, und Stromausfälle werden eher die Ausnahme sein. Und auch in den wuchernden Vorstädten hinter den noblen Hotelkomplexen und dem Botschaftsgelände erfährt der technologische Fortschritt Pekings einen raschen Aufstieg.

Doch es gibt auch noch das alte Peking, in dem die moderne Technologie kaum ihre Spuren hinterlassen hat. Trotz der Baukräne, die über der Stadt schweben wie ein Schwarm langhalsiger Vögel, die heißhungrig auf alles einhacken, was ihnen vor die Füße kommt, haben zahlreiche alte Straßenzüge, die so genannten *hutong*-Viertel, bis heute überdauert.

Hutong kommt vom mongolischen Wort für Gasse. Sie führen durch umschlossene Viertel hindurch, in deren Innerem traditionelle Hütten und Höfe zu finden sind. Die *hutong*-Viertel sind wie Inseln des alten China inmitten der Boomtown Peking. Noch heute lieben die Pekinger die ruhige, gemütliche Atmosphäre dieser *hutong*-Viertel, die zu Zeiten der Ming- und Ch'ing-Dynastien von reichen Familien bevölkert waren und in denen mehrere Generationen zusammenlebten: Großeltern, verheiratete Söhne, ihre Frauen, Kinder und Konkubinen. Ein paar tausend *hutong*-Viertel gibt es noch, deren Ziegel-Lehm-Gemäuer heute am Fuß des neuen Kolosses langsam verfallen und deren Bewohner allmählich aussterben. Ihre Zeit neigt sich dem Ende zu.

Unweit meines Hotels, auf der anderen Seite des zugefrorenen Flusses am Sanlitun-Botschaftsgelände, lag ein solches *hutong*-Viertel. An einem grauen Nachmittag im Januar war der Smog über der Stadt zum Schneiden dick, dennoch waren auf dem Fluss Menschen, brachten ihren Kindern das Schlittschuhlaufen bei oder zogen sie auf Gummireifenschlitten. Alle hatten offenbar Spaß und ignorierten die klaffenden Löcher im Eis, die umherziehende Autowäscher geschlagen hatten, um die dreckigen Lumpen zu waschen, mit denen sie vor den Autos herumwedelten. Der Fluss war von Bäumen gesäumt. An einem lauen Sommerabend lässt es sich hier unter den Weiden bestimmt schön spazieren gehen, doch nun im Winter stand das Wasser im Fluss niedrig, und aus dem Eis ragte aller möglicher Abfall: eine Holzkiste, ein kaputter Babybuggy, ein weggeworfener Weihnachtsbaum. Über einem Stapel zerbrochener Mauersteine, die bis vor kurzem noch Dutzenden oder mehr Familien ein Dach über dem Kopf geboten hatten, schwenkte ein Kran.

Ein *hutong*-Viertel besteht meist aus ungefähr fünf quadratischen Blocks, die von einer schmalen Hauptstraße in zwei Hälften geteilt sind. Charakteristisch für die *hutong*-Viertel sind winzige Geschäfte wie der Friseursalon *Lucky Face* oder das *Welcome To Us Café* mit nur zwei Tischen. Unmittelbar daneben war in einem dunklen, höhlenartigen Raum ein staatlicher Markt eingerichtet, in dem nie viel los war, wohl deshalb, weil es sämtliche Delikatessen eines Pekinger Winters draußen auf der Straße zu kaufen gab: geröstete Nüsse, haufenweise eingelegter Knoblauch, Fleisch und Fisch auf zweirädrigen Marktkarren, Zigaretten und Orangen. Daneben gab es jede Menge Höker, die alles Mögliche und Unmögliche verkauften. Frühmorgens radelten die Verkäufer mitsamt ihren Waren von den riesigen Großmarkthallen durch die Straßen. Eine Verkäuferin fiel mir auf – mit freundlicher Miene, rot gefrorenen Backen, eingepackt in dicke Schals und Tücher. Sie strahlte über das ganze Gesicht und blies sich die schrundigen Hände warm. Ihre Waren hatte sie wohl sortiert: Aufgetriebene, fahle Winterkohlköpfe waren auf einer Decke ausgelegt, elegante, langstielige *tiensin* aufrecht in eine Kiste gestellt und die restlichen Lebensmittel auf Emailleschalen verteilt. Gesalzen, süß, eingelegt, gegoren, getrocknet, gehackt, geschnitten oder gewürzt: Egal wie man seinen Kohl haben wollte, sie hatte ihn.

Ein alter Mann in einem viel zu großen Mantel trottete mit einem Korb voller Datteln vorbei, pries mit gellender, keuchender Stimme die Vorzüge seiner Früchte an, hielt dann und wann inne, um ernst und suchend in das Gesicht eines potenziellen Kunden zu schauen. Die Datteln waren von einer so intensiv orangeroten Farbe, dass sie in der Dunkelheit an elektrische Glühbirnen erinnerten, und sie waren so reif und saftig, dass sie beim bloßen Berühren mit dem Finger aufsprangen. Auf einem Wagen dampften Bohnen in einem riesigen Kochtopf; ein Erdnussröster spie Holzkohlenrauch und tanzende, gelbe Funken in die Luft; und von einer Teigtaschenbude wehten feine Düfte in die Gassen; bei einem Bierbrauer konnte man aus kleinen Blechbechern gratis kosten, und natürlich war auch der unentbehrliche Fahrradmechaniker vertreten; ein Schuhmacher zeichnete auf ein Stück Leder den Umriss eines Frauenfußes; ein Topf- und Pfannenmann schlug und klopfte auf einen Kessel ein, reparierte ihn, indem er den Boden mit einer Blechschere ausschnitt und einen neuen einhämmerte, denn nur ein Trottel würde einen solch guten Topf ausrangieren, vor allem dann, wenn es der einzige war, den man besaß und es keinen Platz gab, einen zweiten aufzubewahren, selbst wenn man einen hätte.

Über ein paar Kisten mit Eiern hockte eine Frau in meinem Alter, hatte sich einen alten Armeeüberzieher umgelegt und hustete. Sie bot alle möglichen Eiersorten an: von Enten, Hühnern, Wachteln, jung und frisch, alt und teuer, weiß und braun, in Schlamm gepackt, mit Stroh bedeckt. Ein paar Schritte weiter duftete es köstlich nach frittiertem Sesambrot, dennoch traute eine alte Frau in Pantoletten und Strickweste dem Frittieröl nicht, kaufte deshalb nur eine Hand voll Teig und schlurfte zurück in ihre Gasse, hielt den Teig in der Wärme ihrer Handflächen gut umschlossen. Was sie wohl damit anstellen würde? Wollte sie ihn backen? Kochen? Oder frittieren? Mit einer Hand voll Hefeteig lässt sich ganz schön viel anstellen.

Am Ende der Straße verkauften zwei Frauen Spielzeughunde, ein einträgliches Geschäft, da seit dem 31. Januar alle echten Hunde auf das Land verbannt wurden und Hundehaltung als dekadentes Vergehen streng geahndet wurde. Damit hatte man den besten Freund des Menschen zum Feind erklärt, zum nutzlosen Vierbeiner, der mit den Menschen um Nahrung konkurriert und das, obwohl das Mondjahr des Hundes unmittelbar bevorstand.

»Es gibt 1000 Gründe, sämtliche Hunde zu vernichten, doch nicht einen einzigen vernünftigen Grund, sie am Leben zu lassen«, erklärte ein Sprecher der Hundevernichtungsbewegung in der *China Daily*. Heute schwadronieren Häscher durch die Stadt, spähen Hunde aus und bringen sie um mit Methoden, die man sich nicht ausdenken mag. Die Verkäuferinnen der Spielzeughunde jedenfalls waren umringt von lärmenden Kindern, die die Stoffhunde drückten und herzten, und nachgiebigen Eltern, die dem Treiben geduldig zusahen.

Die Straße schien schmal, doch die Gässchen, die von ihr abzweigten, waren noch viel schmaler, fast nicht einmal eine Armlänge breit. In den *hutong*-Vierteln roch es nach Holzkohlenrauch, frittiertem Fisch und Abfall. Sämtliche Häuser der *hutong*-Viertel sind klein und ärmlich und gehen direkt auf Innenhöfe mit Fässern, Kübeln, vertrocknetem Kohl, Fahrradersatzteilen, alten Kisten, dazwischen auch mal ein scharrendes Huhn – für meine westlichen Augen wirkten sie alles andere als einladend. Jedoch gab es hier ein so lebendiges Miteinander der Nachbarn, wie es in den aus dem Boden gestampften, neuen Etagenhäusern der Reichen oder in den Kastenbauten der Arbeitseinheiten kaum zu finden war. Hier kannte man sich untereinander, war befreundet, traf sich auf der Straße, hielt ein Schwätzchen, plauderte über Familie, allerlei Zipperlein und teilte Freud und Leid. Hier in den *hutong*-Vierteln war die Vergangenheit greifbar zu spüren – ein Kontinuum bis in die Gegenwart, wenn nicht gar bis in die Zukunft dieser alten Stadt.

Wer an Geister glaubt, der hört sie auf dem riesigen, grauen, planierten Tiananmen-Platz umgehen. Doch trotz der Menschenmassen, die sich dort in den langen Schlangen bis zur Mao-Zedong-Gedenkhalle oder zur Großen Halle des Volkes vorwärtsschieben, wirkt der Platz auf eine Art verlassen.

Tiananmen bedeutet Tor des Himmlischen Friedens und ist seit der frühen Ch'ing-Dynastie ein öffentlicher Platz. Doch trotz seines Namens hat er reichlich wenig Friedliches, Himmlisches oder Ähnliches erlebt. Einst war er Schauplatz von Militärparaden und Hinrichtungen. Am 1. Oktober 1949 rief Mao Zedong, der Große Steuermann, hier die Volksrepublik China aus, und heute prangt sein überlebensgroßes Porträt über dem Tor des Himmlischen Friedens.

Doch der Tiananmen-Platz ist weit mehr als nur eine Bühne für Auguren und gefallene Kaiser. Diese riesige, graue Fläche bildet den historischen und kulturellen Mittelpunkt der Stadt, den offiziellen Versammlungsort der bevölkerungsreichsten Nation der Welt, auf dem früher oder später alle Chinesen einmal gestanden haben wollen. Der Gang quer über den Tiananmen-Platz, von der Mao-Zedong-Gedenkhalle bis zum Tor des Himmlischen Friedens, ist ein Gang durch Herz und Seele von 1,2 Milliarden Menschen.

Für die Chinesen, die in Peking wohnen, hat der Platz gar noch größere Bedeutung. Hier kommen sie zusammen, um Freunde zu treffen, um zu klatschen und zu tratschen, besonders an Sommerabenden, wenn es zum Schlafen zu heiß ist. Hier versammeln sie sich, um lebensverändernde Proklamationen zu hören, um berühmte Leute kommen und gehen zu sehen, um zu feiern, zu trauern und nach alter Sitte auch, um zu protestieren.

Man stelle sich diesen Ort am größten Festtag Chinas vor, als eine Million Menschen still und ehrfurchtsvoll, mit Herz und Seele den Worten des Großen Steuermannes Mao Zedong zur Feier der Geburt ihrer Nation lauschten. Welch großes Gefühl der Kameradschaft muss das gewesen sein, als tausende rotwangiger Kinder in einem riesigen Chor den Platz mit ihren glockenhellen Stimmen erfüllten und *Ich liebe Tiananmen* schmetterten.

In der jüngeren Vergangenheit jedoch hat der Platz mit einem weiteren traurigen Geschehnis seiner Geschichte eine ganz andere Art von Kameradschaft erlebt. Am 13. Mai 1989 traten hier rund 2000 Studenten in Hungerstreik, um für die Demokratie zu demonstrieren, für Rede- und Pressefreiheit, und um die vollständige Offenlegung der Vermögenswerte der Politiker zu fordern. Mit dieser Aktion begann eine Tragödie, die sich bis in den Sommer hineinzog und ihren Höhepunkt in der Nacht zum 4. Juni 1989 fand, als der Aufstand brutal niedergeschlagen wurde und eine unbekannte Zahl junger, unbewaffneter Zivilisten, zumeist Studenten, den Tod fand.

In der westlichen Welt spricht man vom Tiananmen-Massaker, und wer damals die Bilder im Fernsehen verfolgt hat, wird diese so schnell nicht vergessen.

In Hongkong hingegen werden sich künftige Generationen an

dieses traurige Geschehnis womöglich nicht erinnern, denn sonderbarerweise ließ die Colonial Education Authority, das Amt für Bildungswesen, im Juli 1994 alle Textstellen mit Bezug auf das Massaker von 1989 aus den Schulbüchern entfernen. Die Aufsehen erregende Zensur erklärte Bildungsdirektor Dominic Wong Shing-Wah einer verblüfften Zuhörerschaft damit, dass der »Vorfall« seiner Einschätzung nach zu frisch sei, als dass man ihn objektiv beurteilen könne. »Vielleicht«, sinnierte er, »in zehn oder 15 Jahren einmal.«

Doch was am meisten auffällt, ist die Tatsache, dass von chinesischer Seite keine offizielle Zahl der Toten vom Tiananmen-Massaker angegeben wurde. Über die Zahl der Leichen konnte die ausländische Presse daher nur spekulieren. Der 4. Juni 1989 – der Tag, an dem die *Volks*armee das *Volk* niedergeschlagen hat – ruft bei vielen Chinesen ganz persönliche, schmerzliche Erinnerungen wach. Für viele war dieses Ereignis ein schwerer Schock, ein unfassbares und unverzeihliches Vorgehen seitens der Armee.

In jener Nacht wurde aus der Changan, der Prachtstraße des Himmlischen Friedens, die Avenue der Aussichtslosigkeit. Obwohl die Demokratiebewegung nach der Ausrufung des Kriegsrechts schnell unter Beschuss geriet, gab es zwischen Soldaten und Bürgern zu Beginn der Aufstände immer noch ein Gefühl der Verträglichkeit. So versorgten gewöhnliche Bürger die Soldaten mit Speis und Trank. Immerhin waren auch sie Söhne dieser Stadt – eine Armee des Volkes, für das Volk.

Doch dann wurde am östlichen Ende der Changan das Feuer eröffnet, und kurz darauf fielen auch am westlichen Ende Schüsse. Was nun im Zentrum Pekings vor sich ging, war nicht mehr zu überhören, und die Wahrheit zeigte langsam ihr Gesicht.

In der Hoffnung auf mehr Informationen zu den Ereignissen damals suchte ich den angesehenen Chinaexperten William Hinton auf, ein mitteilsamer Amerikaner mit faltigem, freundlichem

Gesicht. Er hatte die Geschehnisse auf dem Tiananmen-Platz vor Ort miterlebt.

Bevor er auf das Thema zu sprechen kam, erzählte er von einem aktuellen Problem: die Krise in der chinesischen Landwirtschaft und wie es dazu gekommen war. Mit seiner unerschütterlichen Liebe zu diesem Land und seiner ausgesprochenen Unterstützung für einige der politischen Ansätze Maos machte er sich nicht nur in den Vereinigten Staaten, sondern auch in China Feinde. Während ich ihm zuhörte, hielt ich mich mit meinem ansonsten eher zynischen Naturell zurück; denn hier sprach freimütig ein sehr offener Mensch. Seit vielen Jahren lebt Hinton mehr oder weniger ständig in China, und seine Bücher *Fanshen* und *Shenfan* gelten unter Sinologen und allen, die sich für den Aufstieg und Niedergang landwirtschaftlicher Kommunensysteme interessieren, als Klassiker.

Wir saßen in seinem Apartment zwischen Umzugskartons, zusammengerollten Teppichen und seltenen, traumhaft schönen Porzellanstücken, die noch darauf warteten, verpackt zu werden. Er erzählte von jenem China, an das er sich gern erinnerte, von der frühen Mao-Zeit, als eine Brigade zur Nahrungsmittelproduktion im verarmten Dorf Dazhai in der Provinz Shanxi zum Paradebeispiel dafür wurde, was eine gut geführte landwirtschaftliche Kommune alles zu leisten vermag. Seine Schwester Joan Hinton lebte dort mit ihrem Gatten Sid Engst, einem Milchbauern, und unterrichtete junge Chinesen in Landwirtschaft. Noch heute leben sie in China, allerdings nicht mehr in der einstigen Vorzeigekommune Dazhai, die Hinton mittlerweile für eine Katastrophe hält, und zwar nicht wegen der Mao-Regierung, sondern wegen der Reformen Deng Xiaopings. In seiner Stimme schwangen Traurigkeit und Zorn, von beidem ein bisschen, als er auf die schmalen Miniparzellen zu sprechen kam, in die man die einst so ertragreichen, weiten Anbaufelder zerlegt hat, auf denen Maschinen zum Einsatz kamen, die er mit entworfen hatte und mit deren Hilfe Chinas Landwirtschaft reformiert wurde.

»Die Felder sind so schmal, dass kein Pflug durchkommt. Deng hat China mit seiner landwirtschaftlichen Reformpolitik zurückgeworfen, von der modernen Landwirtschaft zurück zur Feldhacke«, erklärte er.

Zwar räumte Hinton ein, dass damals nicht alle Kommunen florierten und dass das Reformprogramm Dengs manchen durchaus reizvoll erschien, da Privatbesitz lange Zeit verboten war, dennoch trauerte er über das, was damit verloren ging.

Hinton war im Begriff umzuziehen. Er wollte aus Peking weg, um in der Mongolei zu leben. Die vielen Erinnerungen an diese Stadt nahm er jedoch mit, darunter auch die an jene grausamen Tage und Nächte im Frühjahr 1989 am Tiananmen-Platz, als er miterlebte, wie die Geschichte Chinas einmal mehr aus den Fugen geriet. Er erinnerte sich an einen tragisch-komischen Moment am Abend jenes 3. Juni: 8000 Panzer fielen auf dem Platz ein, und das Chaos schien vorprogrammiert. Als die Menge dann mit Tränengas beschossen wurde, ergriffen Hinton und seine Kameraden die Flucht, rasten auf ihren Rädern eine Straße entlang, bis sie irgendwo plötzlich an einer Filiale von *Kentucky Fried Chicken* vorbeikamen, wo der Betrieb ganz normal weiterlief: *business as usual.*

»Da standen diese Mädchen in ihrer *Chicken*-Uniform, reichten uns eiskalte Cola und fragten, ob wir zwei oder fünf Hähnchen wollten, während die Stadt hinter uns in der Hölle versank!«

Er fuhr sich durch die Haare und sprach in einem Ton, der noch immer Bestürzung über das verriet, was in jener Nacht in Peking geschehen war, als die Wirklichkeit alles übertraf, was an Radikalität vorstellbar war.

»Der Kontrast war bizarr«, sinnierte er. »Aber – so ist China.«

Eines Abends wollte ich in einer Wohnung auf dem Botschaftsgelände eine Journalistenkollegin besuchen und verirrte mich prompt.

Auf dem Gelände lagen rund 50 Wohnhäuser, eines glich dem

anderen, alle waren nummeriert, und vor jedem stand ein uniformierter Wachposten, der für gewöhnlich eher neugierig als dienstbeflissen war.

Ich hatte die Hausnummer vergessen und machte den Fehler, den Wachposten nach dem Weg zur Wohnung der Journalistin zu fragen, woraufhin er nicht mehr locker ließ. Nach einigem Hin und Her hatte ich ihn schließlich überredet, dass ich sein Telefon benutzen durfte, und er beäugte mich aufmerksam, wie ich eine beliebige Nummer wählte, anfing zu reden und so tat, als hätte ich meine unauffindbare Freundin erreicht.

Inzwischen hatte am anderen Ende der Leitung tatsächlich jemand abgenommen, und irgendwo in Peking schrie eine aufgebrachte fremde Stimme die übliche Grußformel in den Hörer: »*Wai?*« »*Wai?*«, brüllte ich zurück und redete auf die verdutzte Frau am anderen Ende auf Englisch ein: »Ich habe deine Hausnummer vergessen, aber dieser Mann hat mich netterweise sein Telefon benutzen lassen, ich bin gleich da!«

Ich legte auf, winkte dem Wachposten und brachte die nächste Stunde damit zu, über das Gelände zu irren, falsche Klingeln zu drücken, frisch und fröhlich auf die französischen, russischen, afrikanischen Bewohner einzureden – eine wahrhafte Vollversammlung der Vereinten Nationen –, bis ich endlich in das richtige Gebäude stolperte.

Schließlich saß ich in einer geräumigen Wohnung, die teils als Wohnzimmer, teils als Arbeitszimmer fungierte, und redete mit fünf Kollegen meiner Branche bei Pulverkaffee mit Kondensmilch über die Ereignisse von 1989 am Tiananmen-Platz. Alle außer mir waren in jenem Frühjahr in Peking vor Ort gewesen. Die Erinnerungen an jene Nächte holten sie auch heute noch ein, rissen sie aus dem Schlaf, verwandelten Träume in Albträume. Eine der Kolleginnen kehrte hervor, dass die internationale Berichterstattung ihrer Meinung nach einen ganz wichtigen Teil der Geschichte vergessen hatte, nämlich die kleinen Heldentaten am Rande, über die niemand berichtet hatte.

»In den Randgebieten der Stadt gingen Tausende von Menschen jede Nacht auf die Straße. Sie blockierten die Straßenkreuzungen mit allem, was sie finden konnten, stoppten Autos, Busse, Rikschas, Fahrräder.«

Empört und sich ihrer Sache sicher, und im Nachhinein betrachtet auch fürchterlich naiv, glaubten diese Leute damals allen Ernstes, die Armee auf ihrem Weg nach Peking aufhalten zu können. Zur Sprache kamen auch der Idealismus und Mut der Chinesen sowie der ergreifende Augenblick, als ein unbekannter junger Mann der ganzen Welt vormachte, was es bedeutete, Mut zu haben, indem er sich mutig und beherzt einer Panzerkolonne in den Weg stellte.

»Man sah es diesem jungen Mann aus der Menge nicht an, aber er hatte wirklich Mumm. Er konnte einfach nicht mehr anders. Er stand da in seinem weißen Hemd, unbewaffnet, und riskierte, von einem Panzer überrollt zu werden.«

Ein anderer erzählte weiter.

»Vier Panzer standen in der Kolonne, aber wie viele es waren, war auch egal. Was zählte, war dieser enorme Mut, den dieser eine Mensch aufgebracht hat, allein dazustehen und mit dieser Geste nein zu sagen. Als ich ihn sah, dachte ich: Genau das hat Gandhi gemacht.«

An einem anderen Abend hatte ich ein Gespräch mit einer kanadischen Journalistin, die bereits zwölf Jahre in China lebte. Sie erinnerte sich an die Aussicht auf den Platz von ihrem Zimmer im *Beijing-Hotel* aus, wo sie und ihr Mann auf dem Boden des Balkons lagen, unfähig, irgendetwas zu tun, außer zuzusehen. Sie erinnerte sich, wie das Massaker seinen Anfang nahm.

»Hinter den Soldaten standen dichte Panzerkolonnen und hinter den Panzern gepanzerte Einsatzfahrzeuge. Eine kleine Menge scharte sich zusammen und schrie auf die Soldaten ein. Als die Menge dann groß genug war, traten die Soldaten ein paar Schritte vor, und die Kanonen feuerten los. Die Studenten waren wehrlos. Sie wurden erschossen, einer nach dem anderen.«

»Was habt ihr dann gemacht?«, fragte ich.

»Das Einzige, was wir tun konnten, war: daliegen und die Leichen zählen.«

Peking 1994. Je mehr sich die Dinge ändern, desto unveränderter bleiben sie. Riesige Hotelkomplexe schießen aus dem Boden wie Pilze nach einem Regen, Geschäftszentren mit lächelnden Empfangsdamen und Gesellschaftsräumen, wo Kaffee sechs US-Dollar die Tasse kostet und scharfe Sachen zwölf US-Dollar das Glas.

Um sieben Uhr früh drehte ich in meinem teuren Hotelzimmer das heiße Wasser auf, aber alles was herauskam, war eine braune Brühe, und dann gar nichts mehr. Das passierte mehrmals pro Woche.

Es gab eine gut bestückte Minibar, einen Fernseher, auf dem ich problemlos CNN empfangen konnte, und ein Telefon, von dem aus ich in die ganze Welt telefonieren konnte. Und jeden Morgen pünktlich um halb sieben wurde die Zeitung unter meiner Tür durchgeschoben – die englische Ausgabe der *China Daily* voller optimistischer Statistiken: *Die Regierung investiert 3,6 Milliarden Yuan in eine neue Schnellstraße zur Großen Mauer; in Südchina werden 5,8 Millionen neue Telefonanschlüsse installiert; die Busgesellschaften von Shanghai melden für das vergangene Jahr 4232 Fundsachen; laut einer aktuellen Studie sind chinesische Frauen den Männern seit der Gründung des neuen China 1949 gleichberechtigt*. Auf den Zeitungsbildern strahlten Bauern mit faulen Zähnen und bündelweise Geldscheinen in Händen. *Wu Huainian, Bauer aus Lujiang, zählt seine Einnahmen aus einer Rekordernte, bevor er sie zur Bank bringt*, lautete eine Bildunterschrift.

Doch dass 44 Menschen beim Einsteigen in den Zug auf einem Bahnsteig in Hunan zu Tode getrampelt wurden, war mit keiner Meldung erwähnt. Ich musste an die Verwandten der Toten und Verletzten denken, die schließlich durch die Nachrichten aus Hongkong über das Unglück informiert wurden.

Eines Abends plauderte ich am Telefon mit einem Freund, der auf dem Botschaftsgelände wohnte, als wir plötzlich ein seltsames Klicken in der Leitung hörten.

»Komisches Geräusch«, meinte er. »Atmosphärische Störungen. Ist wohl ein Sturm im Anzug.«

Er lachte. Er wusste, dass er abgehört wurde, und fand es offenbar lachhaft. Doch dann, am nächsten Tag, saßen wir mit zwei weiteren Kollegen beim Essen, als mich eine der Frauen halblaut, in scherzend verschwörerischem Tonfall vorstellte: »Nicht weitersagen, aber sie ist Journalistin!«

Und sogleich fauchte er sie todernst an: »Nicht laut sagen!«

Ting aus Peking

Ein früher Wintermorgen in Peking. Der graue Morgennebel lag wie eine Maske vor der aufgehenden Sonne. Ich stand mit einer Frau namens Ting in der Menge hinter einer Absperrung am Tiananmen-Platz, wo eine Kundgebung stattfand. Ting war Chinesin, und während sie für mich übersetzte, vermittelte sie mir nebenher allerlei Wissenswertes – etwa wie man in Peking die Tücken des Alltags überlebt: wie man die U-Bahn benutzt, wie man sich einen Weg in und aus dem Bus bahnt, wie man kühn und mutig auf die Straße tritt, den Arm ausstreckt und ein kleines, gelbes Taxi mit quietschenden Reifen zum Halten bringt. Gemeinsam besuchten wir die Basare und Supermärkte, sprachen mit Händlern, die mitten in der Nacht ein Schwein schlachten, es in aller Herrgottsfrühe in die Stadt radeln und es küchenfertig zerlegt haben, bis die ersten Kunden kommen.

Ting war unbezahlbar und machte alles mit: einen Ausflug mit dem öffentlichen Bus zu den Ming-Gräbern oder nach Badaling, um dort einen der besterhaltenen Abschnitte der Großen Mauer zu besichtigen, oder einen Streifzug durch die *hutong*-Viertel. Heute allerdings schien sie etwas nervös. Sie mochte keine großen Menschenansammlungen, ließ sie mich wissen, nicht am Tiananmen-Platz. Nicht mehr.

Das Massaker auf dem Platz war nun fünf Jahre her. Heute Morgen hatte man sich hier versammelt, da ein Staatsrepräsentant irgendeines aufstrebenden afrikanischen Landes in der Stadt war. Wer dieser Vertreter war, wusste keiner, und es interessierte auch niemanden. Die eigentliche Attraktion waren die Ehrenwachen, die Einheiten der Volksbefreiungsarmee.

Ein Riesenspektakel war das. Hier, auf dem größten öffentlichen Platz der Welt, soll jeder Pflasterstein nummeriert sein, sodass auch heute ein jeder der makellos uniformierten Soldaten genau wusste, wo er zu stehen hatte. Jeder auf Hochglanz polierte Stiefel würde im Gleichschritt marschieren, 108 Schritte pro Minute, 76 Zentimeter pro Schritt.

Bewegung kam in die Menge, die Soldaten setzten sich in Marsch, und die chinesischen Flaggen wurden aufgerollt, flackerten blutrot vor einem dunklen Himmel. Doch der Jubel aus den Zuschauerreihen blieb aus, als die Kolonne vorüberzog. Dafür, dass Chinas Militärelite nur wenige Meter hinter den Barrikaden großspurig vorbeistolzierte, waren die Zuschauer sonderbar still, ihre Mienen merkwürdig ernst. Und unweigerlich fragte ich mich: Wart ihr das damals? Trägt irgendjemand von euch das Tiananmen-Heldenabzeichen, mit dem ihr für den Mord an unbewaffneten Zivilisten ausgezeichnet wurdet?

Doch einer Außenstehenden wie mir standen derlei Fragen hier nicht zu. Ting blickte feierlich ernst, hatte einen leicht entrückten Ausdruck in den Augen. Sie erinnerte sich an andere Geschehnisse und Gemütserregungen an diesem Ort.

»Ich war eine von der Roten Garden. Kannst du dir das vorstellen?«

Ihr kleines Bekenntnis verdutzte mich völlig, und sie lachte mit ihrem glockenhellen Lachen darüber hinweg, als wäre ihr das im Nachhinein peinlich.

»Manchmal denke ich darüber nach, was wir gemacht haben.

Es war nicht richtig«, sinnierte sie. »Aber uns Chinesen geht es ein bisschen so wie in eurem Märchen von den roten Schuhen. Haben wir sie erst einmal an, können wir nicht aufhören zu tanzen.«

Die Sonne hatte vergeblich versucht, den Nebelschleier zu durchdringen, und der Himmel war nun metallgrau. Große, flaumige Schneeflocken schwebten auf den Platz, rieselten nieder vor der Großen Halle des Volkes, vor der Mao-Zedong-Gedenkhalle, wo der Große Steuermann in seinem Kristallsarkophag im ewigen Schlaf lag, und vor dem riesigen Porträt, auf dem er über dem Tor des Himmlischen Friedens mit dem zinnoberroten Unterbau verewigt ist. Leise legten sich die Flocken auf die dunklen Pelzmützen der Militärs, die mit unbewegter Miene das Tor bewachten, und leise rieselten sie auf die marschierenden Soldaten nieder.

Die Soldaten marschierten in Reih und Glied festen Schrittes an uns vorbei, die Bajonette aufgepflanzt, die roten Wimpel flatternd im Wind. Ting betrachtete sie nachdenklich und murmelte auf Chinesisch vor sich hin.

Wir verließen den Platz in östliche Richtung, gingen den Dongchang Boulevard hinunter zum *Beijing-Hotel,* das einmal die beste und einzig gute Adresse für Touristen gewesen war. Die öffentlichen Räume, die schon viele Geheimnisse gehört und viele der Großen und Mächtigen gesehen hatten, sahen mittlerweile etwas heruntergekommen aus. Das weitläufige, finstere Foyer mit seinem roten und goldenen Säulenwald war leer, und unsere Schritte hallten darin. Mit dem modernen, verspiegelten Pomp des *Great Wall Sheraton* konnte es beileibe nicht mithalten, aber die Japaner, die heute eigentlich kaufkräftigen Gäste, würden sich ohnehin nicht mehr im alten *Beijing-Hotel* einquartieren wollen. Ting jedoch gefiel dieser Ort, weil sie damit viele schöne Erinnerungen verband. Als sie mir all die Räume zeigte, in denen sie einst selbst den Hauch chinesischer Geschichte geschnuppert hatte, klammerte sie sich fest an meinen Arm.

»Das hier ist der große Ballsaal. Einmal, als ich als Übersetzerin gearbeitet habe, fand hier ein Fest statt, und ich hätte um ein Haar mit Premierminister Chou En Lai tanzen müssen. Er tanzte so – ganz steif«, erzählte sie und drehte einen imaginären Tanzpartner, der anscheinend einen Besenstiel verschluckt hatte, hörte aber sogleich wieder auf, als ein alter Mann in grauem Kaderanzug vorbeikam, Hände auf dem Rücken, und Ting abschätzig über seinen Brillenrand musterte.

»Ich hätte mit ihm tanzen können, habe es aber nicht. Ich war zu schüchtern. Aber er hat mit zwei meiner Freundinnen getanzt.«

Sie zeigte mir den Raum, wo sie für Liu Shaoqi übersetzt hatte, und einen weiteren, in dem sie sogar einmal auf den Großen Steuermann Mao Zedong höchstpersönlich getroffen war.

»Was war er für ein Mensch?«, wollte ich wissen.

»Er war alt.«

»Hat er mit dir gesprochen?«

»Nein, natürlich nicht. Ich war ja nur Übersetzerin.«

»Für wen hast du denn übersetzt?«

»Für ihn.«

Nicht weit von meinem Hotel gab es eine Filiale der *Pizza Hut*-Kette, die wie alle typisch in Weiß und Rot eingerichtet war und wo es nach frisch gebackenem Hefeteig und so etwas wie Mozzarella roch. Ting war ganz versessen auf diese Art von Essen, und so bummelten wir eines schönen Sonntagnachmittags dorthin, schafften es sogar, einen freien Tisch zu ergattern, während das Lokal sich nach und nach bis unters Gebälk mit gut gekleideten Chinesen füllte, die mit Kind und Kegel einfielen. Es waren keine *echten* Chinesen, wie Ting betonte, da sie mehr als das offiziell verordnete eine Kind im Schlepptau hatten und anders als üblich gekleidet waren, was nicht heißt besser, denn die Pekinger seien heutzutage wirklich gut angezogen, aber sie seien eben anders. Sie lauschte aufmerksam und wisperte mir dann zu: »Übersee-Chinesen. Aus Hongkong.«

An der Salattheke schöpften wir unsere Holzschalen randvoll und holten uns obendrein eine große, im tiefen Blech gebackene Pfannenpizza und zwei Cola. Die Pizza hätte nicht besser sein können, der Boden knusprig, die Tomatensoße mild, wie es bei Pizza amerikanischer Art sein soll, der Käse reichlich und fadenziehend. Ting verputzte ihre Hälfte und fragte, ob ich den Rest von meiner schaffen würde. Die Reste ließen wir uns zum Mitnehmen einpacken. Auf dem Weg nach draußen kamen wir an einem Chauffeur in Livree vorbei, der auf seine Pizza zum Mitnehmen wartete und seinen dunkelblauen Mercedes am Bordstein geparkt hatte.

Ting verabschiedete sich von mir, quetschte sich in einen Bus, und ich schlenderte durch das baufällige *hutong*-Viertel hinüber zu meinem Hotel. Straßenverkäufer zogen ihre zweirädrigen Karren durch die Straßen und priesen marktschreierisch ihre Ware an, so wie es die Händler hier seit mehr oder weniger 5000 Jahren getan haben. Ein bemitleidenswerter Hund kam vorbeigehumpelt, nichts auf den Rippen, hängende Ohren, eingeklemmter Schwanz, ziellos, hoffnungslos. Ich konnte ihm nicht in die Augen sehen, doch er war bestimmte derjenige, den ich nachts und frühmorgens schon heulen gehört hatte. Sein Leid würde bald ein Ende haben, nun da die große Hundehatz begonnen hatte. Ich hoffte für ihn nur, dass es schnell gehen würde und er nicht so leiden müsste wie das arme Tier, dem ich gestern begegnet war, das man an den Vorderbeinen gefesselt die Straße hinunterschleifte, der geschundene Körper in einem blutigen Sack.

Niedergeschlagen stellte ich den Fernseher an und sah auf BBC einen nostalgischen Beitrag aus einem fernen Ort namens Saskatchewan am anderen Ende der Welt, wo eine Delegation von Indianern aus dem Norden Einnahmeverluste aus dem Pelzhandel beklagte, da Tierschützer Beschwerden gegen Fangschlingenfallen eingelegt hatten.

Und unten vor meinem Fenster hörte ich einen Hund heulen.

Wenige Tage später machten Ting und ich uns auf zum Beihai-Park nahe der Verbotenen Stadt, wo eine Akrobatentruppe aus Shanghai eine Darbietung im Freien gab. Ting trug eine schicke schwarze Mütze mit Ohrenschützern, und ich war in mehrere Lagen Schals gepackt. Ting war ganz aufgeregt, da sie einen der Truppe kannte, einen Jongleur.

Eine kleine Menge hatte sich bereits versammelt. Ting und ich standen dicht beieinander, reckten die Hälse, stemmten uns gegen Wind und Kälte. Glücklicherweise schien die Kälte unserem Akrobaten nichts auszumachen, denn er trug nicht mehr als einen schwarzen Seidenumhang und die rote, mit Knöpfen versehene Mütze der Mandarine, und stieß beim Sprechen große Dampfwolken aus. Mit seinem lustigen Geplapper wärmte er die Menge auf, schwenkte einen Seidenschal und zauberte, Hokuspokus, ein Hutfederbüschel aus roten Tulpen hervor. Er plapperte munter weiter, löste von Zauberhand feste Knoten, zauberte verschlossene Handschellen auf und zeigte ein besonders raffiniertes Kunststück mit der Guillotine.

Ich liebe diesen Trick. Als Kind sah ich einmal in unserer örtlichen Legion Hall die Vorstellung eines fahrenden Zauberers, der Gary Slobodan den Kopf abschlug, ihn neben sich auf eine Kiste setzte und ihm befahl, zu blinzeln. Gary Slobodan blinzelte erst mit einem Auge, dann mit dem anderen und verzog sein Gesicht zu einem grausigen Grinsen. Schließlich setzte der Zauberer Garys Kopf wieder auf seinen ordnungsgemäßen Platz, was mich irgendwie enttäuschte. Seither wollte ich immer wissen, wie dieser Trick funktioniert. Die Menge war wie ich gespannt und bereit, sich von dem trickreichen Zauberer im schwarzen Seidenumhang in eine Welt der Illusion entführen zu lassen.

Seine hübsche Assistentin reichte ihm einen riesigen Rettich, um die Schärfe der Klinge zu demonstrieren. *Ratsch!* – »Ahhh!«, hauchte die Menge. Dann gab sie ihm eine Yamswurzel, die so groß war wie ein Kinderköpfchen. Er stach das Messer hinein, zog die Klinge heraus, und die Menge schnappte nach

Luft: »Aajjjj!« Als Nächstes schlug er mit einem einzigen Hieb einen riesigen Winterkohl entzwei und fragte dann nach einem Freiwilligen aus dem Publikum. Wer will einmal tapfer sein? Wer will seinen Mut beweisen? Ein junger Mann in blauer Arbeiterkluft wurde von seinen Kumpels angestachelt. Los, auf, mach schon, zeig diesem Schlaumeier von Zauberer mit seinem Fummel, wie tapfer du bist! Mit einem Grinsen auf dem roten Gesicht stolperte er auf die Bühne.

»Steck den Kopf da hinein, mein tapferer, junger Freund!«, rief der Zauberer, so jedenfalls übersetzte es Ting. Der junge Mann tat wie geheißen, doch als der Countdown heruntergezählt wurde, zog er den Kopf wieder zurück. Noch einmal zählte das Publikum gemeinsam mit dem Zauberer herunter, und abermals zog der Mann den Kopf zurück. Sein Gesicht war nun noch roter, und seine Kumpel feuerten ihn immer heftiger an. Ting hatte sichtlich Spaß.

»Sie rufen ihm zu, den Kopf nicht immer wegzuziehen, der sei sowieso nicht zu gebrauchen!«

Das Publikum brüllte vor Lachen. Erneut positionierte die Assistentin den Kopf des jungen Mannes an der richtigen Stelle unter der Klinge. Sie streichelte sein Genick und lächelte in die Menge. Dann mit einem lauten Lacher und schnell wie der Blitz sprang sie vor ihn und hielt ihn an beiden Ohren fest. Laut und schnell wurde der Countdown gezählt, während die hübsche Frau den armen Kerl fest im Griff hielt. Die Klinge stieß herab, der kalte Stahl blitzte, und es schepperte – zack! – »Aahhhiii!«, kam es aus dem Publikum. Wundersamerweise blieb der junge Mann heil, stattdessen war ein riesiger Kohlkopf entzwei geschlagen. Das war zwar nicht ganz der Trick, den ich erwartet hatte, aber auch nicht schlecht. Donnernder Applaus brach los. Ting sprang auf und ab und lachte und lachte.

Enthauptungen gehören in China noch nicht so lange der Vergangenheit an. Die Guillotine gibt es heute zwar nicht mehr, doch die Todesstrafe durch Genickschuss steht noch immer auf

65 Kapitalverbrechen. Die Kugel, so wurde mir gesagt, wird den Angehörigen der Opfer in Rechnung gestellt. Mitglieder der Menschenrechtsorganisation Asia Watch verfolgen mit wachsender Sorge Berichte über den Schwarzhandel mit lebenswichtigen Organen, insbesondere mit Nieren und Cornea, die den Gefangenen routinemäßig entnommen werden, solange ihr Leichnam noch warm ist.

Doch daran dachte hier niemand. Die Menge lachte und tobte und schrie nach Zugabe.

»Als Nächstes kommt mein Freund! Da, das ist er, ein großartiger Jongleur! Schau nur – er ist super!«, brüllte Ting, um die lärmende Menge zu übertönen.

Und da kam er. Auf einem Einrad radelte er auf die Bühne, mit nacktem Oberkörper trotz der Kälte, und sein Atem bildete kleine Dampfwölkchen um seinen Kopf. Er hatte ebenfalls eine hübsche Assistentin zur Seite, die in tänzelnden Schritten hinter ihm her hüpfte, und er legte einen gelungenen Start hin, rotierte jede Menge Silberreifen zur Musik, die von einem leiernden Kassettenrekorder kam. Das Leiern verzerrte sich plötzlich derart, dass das Kassettenband gewechselt werden musste, was seine aufgeregte Assistentin erledigte, während er einige Reifen erst am Arm, dann am Fuß rotieren ließ und wartete.

Das Publikum war jetzt ruhiger als vorher. Der Jongleur fing an, mit drei bunten Tellern zu jonglieren, dann vier, dann fünf, doch mittendrin fiel der wackelige Tisch, auf dem ein Stapel Metalltöpfe und andere Utensilien standen, mit einem lauten Krachen in sich zusammen. Die Menge lachte schallend. Tings Freund versuchte, den Vorfall zu ignorieren, da er gerade wie wild sechs Teller jonglierte, doch als er einen davon seiner Assistentin zuwarf, verfehlte diese ihn und der Teller knallte auf die Bühne. Ein Raunen ging durch das Publikum. Einige lachten, andere johlten höhnisch, und Ting zischte: »Dummes, dummes Gör.« Sie kniff die Augen zu, wollte nicht zusehen, wie ihr Freund sein Gesicht verlor. Und als das Pärchen neben uns über seine Ungeschicklichkeit witzelte, konterte sie erst mit einem Schwall Chinesisch, schaltete dann zu meinem Vorteil auf Englisch um und redete sich mehr und mehr in Rage.

»Nein! Das war nicht sein Fehler!«, brauste Ting auf, schrie so laut, dass tatsächlich alle Leute in unserer Nähe aufhörten zu lachen und diese Chinesin anstarrten, die auf Englisch herumbrüllte. Sie ignorierte sie und tobte weiter: »Diese blöde Göre, sie hat alles vermasselt! Pah! Die ist viel zu blöd für ihn!«

Sein Einrad war so ziemlich das Einzige, was funktionierte, und Tings Held radelte schneidig ein paarmal im Kreis, während das Publikum ihn grölend auspfiff, er aber weiter tapfer gute Miene machte. Kein Zweifel, er hatte mit seinem verpatzten Auftritt auch das Image der ganzen Truppe vermasselt und radelte schließlich von der Bühne, um die unglückliche Assistentin zusammenzustauchen.

Doch die Vorstellung war längst nicht vorbei. Als Nächstes sorgte eine Truppe junger Muskelprotze in leuchtend roten Pumphosen für Unterhaltung. Sie glitten mit nackten Oberkörpern durch kalte Metallreife, durchschlugen Backsteine mit der bloßen Hand, zersplitterten dicke Bretter mit einem Kopfstoß zu Spänen und gingen barfüßig über rasierklingenscharfe Hackmesser. Einer von ihnen hielt ein Streichholz zwischen den Zähnen, während ein anderer mit verbundenen Augen eine Rindslederpeitsche knallte und das Streichholz entzündete. Donnernder Applaus.

Danach kam der Zauberer zurück auf die Bühne, kündigte die nächste Nummer an, und stürmischer Beifall brach los.

»Reise nach Westen!«, schrie Ting und applaudierte wie wild, vergaß ihren Akrobatenfreund, der kurz zuvor sein Gesicht verloren und mit dem sie eben noch gelitten hatte. »Die beste von allen Peking-Opern ist das. Die beste Geschichte, die beste Musik! Das gefällt dir bestimmt!«

Und ich war in der Tat Feuer und Flamme, denn das war zufällig die einzige chinesische Oper, die ich kannte, die Legende vom schelmischen Affenkönig.

Hinter der Bühne kam große Bewegung auf, und mit einem Farbengewitter aus Seide, unter lautem Trommelwirbel, zu einem Gongschlag und dem heiseren Sägen einer zweisaitigen Violine sprang der Affenkönig mit Riesensätzen und markantem Stil auf die Bühne. Er war nicht irgendein Affe, sondern ein schlaues, listiges, verschlagenes Tier, das trotz seiner ganzen Affengeschäftigkeit seinem Herrn unerschütterlich die Treue hielt. Seine Bewegungen waren von der Anmut eines Balletttänzers, voller Kraft, und sein Gesicht strahlte eine fröhliche Gelassenheit aus: die Augenbrauen hochgezogen, der Blick hochmütig. Kein Finger wurde gehoben, kein Fuß gestreckt ohne besondere Bedeutung.

»Siehst du, wie er den Fuß hebt? Das bedeutet, durch eine Tür gehen«, flüsterte Ting.

Er hatte sein eigenes Orchester dabei, ein Quartett, das mit Lautstärke wettmachte, was ihm vielleicht an Können fehlen mochte. Aber woher sollte ich das wissen? Für mein ungeübtes Ohr klangen chinesische Opern seltsam dissonant, als spiele jeder, wie er wolle.

Doch selbst für Uneingeführte wie mich konnte die Peking-Oper in kleinen Dosen sehr unterhaltsam sein, wenn auch nicht wegen der Musik so doch wegen des Spektakels an sich. Ting und ich hatten schon zweimal eines der örtlichen Opernhäuser besucht. Mir gefiel es, in den gemütlichen Logen des alten Theaters zu sitzen, auf einem bequemen Sitz vor einem zierlichen Rosenholztisch, auf dem hauchdünne Tassen aus chinesischem Porzellan standen, in die aufmerksame Diener aus dem nie versiegenden Teekessel einen duftenden Aufguss von Jasmin- oder Pu-Erh-Tee servierten und dazu kleine Snacks und heiße Handtücher reichten. Ich liebte die leuchtend grellen Farben der geschminkten Schauspieler: Schwarz stand für Tapferkeit, Rot für Treue und Weiß für Verrat. Dem rotbärtigen, golden gewandeten, kleinen, weißen Drachen, dessen athletische Freudensprünge so lustig anzusehen waren, hatte ich bei meinem letzten Besuch begeistert Beifall geklatscht. Und auch die greinenden Stimmen der weiblichen Darsteller mit ihrem affektierten Lächeln und das allgemeine Chaos des chinesischen Orchesters versetzten mich immer wieder in flammende Begeisterung. Hingerissen vor Erstaunen saß ich in der wohligen Wärme des verdunkelten Theaters. So war das China, von dem ich immer geträumt hatte, von dem ich gelesen hatte – und wenn die alte Kaiserinwitwe samt Hofstaat plötzlich durch die Tür gekommen wäre, hätte mich das nicht einmal überrascht. Allerdings versuchte ich zu ignorieren, dass der Großteil des Opernpublikums ausländischer Herkunft war.

»Chinesen gehen nicht mehr in die Oper. Sie können es sich nicht leisten! Nur reiche Ausländer wie du haben so viel Geld«, erklärte mir Ting, tätschelte meine Hand und gab dem Diener entschlossen ein Zeichen, noch mehr Snacks und frisches Teewasser zu bringen.

Doch die Oper in einem Opernhaus war etwas völlig anderes als die hier im eiskalten Park, wo die Zuschauer stampften und keuchten, um sich warm zu halten. Auf der Bühne veranstalteten die Musiker wildes Gerassel, und der Affenkönig setzte zum großen Finale an, kreischte, brüllte und vollführte die unglaublichsten Sprünge, tobte und keuchte in der Kälte. Erneut gab es donnernden Applaus.

Letzter Akt. Vier Schönheiten in farbig schillernden Gewändern und mit kunstvollem, goldenem Kopfputz boten mit prächtigen Straußenfederfächern eine Art Schauer erregenden Fächertanz. Die Musik dazu kratzte zwar ein wenig, aber die Choreografie war ganz entzückend und das Publikum hingerissen – eine gelungene Darbietung chinesischer Oper in einem für die Verbotene Stadt traditionellen Stil: hübsche Frauen in Seidenroben, von denen jede Einzelne eine bestimmte Rolle spielte und jede Einzelne hinter ihrem Fächer wisperte.

Welch seltsame Stadt dies war! Welch ungewöhnliche Menschen! Nach allem, was die Stadt schon erlebt hatte, war es für

Peking bestimmt nicht leicht, sich einen Sinn für Humor zu bewahren – doch hier standen wir, halb erfroren im bitterkalten Wind, lachten Tränen und verlangten Zugabe.

An meinem letzten Abend in Peking nahmen Ting und ich eines der billigen, gelben Taxis zu einem Feuertopf-Restaurant. Kaum war ich ausgestiegen, umringte mich eine Schar von Kindern, die mich am Ärmel zogen und zupften und um Geld bettelten. Angestachelt wurden sie von zwei älteren Frauen, die in mir eine lohnende Devisenquelle sahen, doch Ting brüllte sie an, fuchtelte wie wild mit ihrer Handtasche herum, und sie zogen schließlich ab.

»Das ist neu«, beteuerte sie. »Letztes Jahr keine Bettler. Jetzt sehen sie eine gut gekleidete Person, und schon greifen sie an. Wie die Fliegen!«

Ting war eine Frau mit Niveau, und was sie an den bettelnden Kindern besonders hasste, war, dass sie so schmuddelig waren. Sie hatte auch keinerlei Verständnis für Eltern, die ihre Kinder anstandslos auf die Straße machen ließen – was viele Eltern taten, da sie es ganz praktisch fanden, denn die Babys trugen bis ins Kleinkindalter Höschen, die am Popo geknöpft waren. »Dermaßen unzivilisiert«, rümpfte sie die Nase und sah mit funkelndem Blick auf die junge Mutter, die gerade ihr Kind unter den Büschen eines Grünstreifens sein Geschäft verrichten ließ. Dass sie ebenso wie ich die Plumpsklos hasste, auf die man hierzulande gelegentlich trifft, überraschte mich. Da lief sie lieber in große, öffentliche Gebäude hinein, wie etwa die der Luftverkehrsgesellschaften, um die sanitären Einrichtungen dort zu nutzen, in denen es separate Waschkabinen und auch Toiletten mit Spülung gab.

Nachdem Ting die Straßenbengel verscheucht und ihre Abrichterinnen voll Zorn ausgescholten hatte, drängte sie mich durch eine mondförmige Tür in ein großes Restaurant. Die Feuertopf-Räume befanden sich im Obergeschoss, hinter den Fischwannen, in denen sich Aale und riesige Karpfen tummelten und kistenweise Pferdemuscheln standen, die von den Chinesen auch als stimulierende Medizin verspeist werden. Die Luft war blau vom Holzkohlenqualm der Feuertöpfe, und der Rauch ließ meine Augen tränen, doch Ting war in ihrem Element. Sie schleppte mich durch zwei Räume und an drei Tische, bevor wir schließlich einen Platz gefunden hatten, der ihr gefiel. Ting hatte kaum eigenes Einkommen, und daher war für sie das Essen in einem Restaurant ein seltenes Ereignis. Wie viele geschiedene Frauen in China, so hatte auch Ting nach den Jahren der Ehe und Kinderaufzucht keinerlei finanzielle Unterstützung. Obendrein versuchte ihre Arbeitseinheit, sie dazu zu drängen, in den Ruhestand zu gehen. Ihre Pension jedoch wäre nur ein äußerst geringer Betrag, und sie würde sich damit in die Reihen der verarmten Frauen in China einreihen. Und ein Essen in einem Restaurant wäre damit tatsächlich nicht mehr drin.

Doch heute wollten wir auf meine Rechnung feiern. Sie bestellte ein kulinarisches Allerlei aus Hammel, Tigerkrabben und Hühnchen, zwei ganze Knollen eingelegter Knoblauch, vier Entenfüße und ein paar Kutteln. Die Bedienung sah sie fragend an, woraufhin zwischen den beiden ein heftiges Wortgeklingel losbrach. Hätte mich nicht gewundert, wenn Ting die Bedienung aufgefordert hätte, das Essen hopp, hopp zu servieren, da ihre ausländische Begleiterin hungrig wie ein Wolf war. Vielleicht hatte sie aber auch die Wahrheit gesagt, nämlich dass sie vorhatte, genügend Essen mit nach Hause zu nehmen, um Abendessen für die nächsten zwei Tage zu haben. Ting machte ihren Job gut, keine Frage, aber sie war keine Mutter Teresa.

Später nahmen wir einen Bus zurück zu meinem Hotel. Es war Stoßzeit, und gerade als ich mich hinter Ting in den übervollen Bus quetschen wollte, wurde ich von einem Drängler jäh zurückgestoßen und verlor irgendwie das Gleichgewicht. Just in diesem Moment fuhr der Bus an, dabei kippte ich nach hinten und landete ziemlich unsanft auf dem Bordstein. Tings schrilles Gekreische brachte den Busfahrer zum Anhalten, doch noch ehe sie es schaffte, durch die Menge der Gaffer zu mir zu gelangen, wurde mir aufgeholfen, und Tausende von Händen klopften mich nach gebrochenen Knochen ab. Der Bus wartete nicht, nahm förmlich Reißaus vor der wutentbrannten Ting, die weiterhin schimpfte, zeterte und mit der Faust dem entschwindenden Vehikel hinterherfuchtelte. Mittlerweile hatten wir jede Menge Schaulustige angezogen, darunter ebenso ernstlich besorgte wie bloß neugierige, und ein paar meiner guten Samariter demonstrierten in einem fort, wie alles passiert war: holprige Straße, unverschämter Fahrer, Rempelei, und die Ausländerin rutschte ab.

»Sie sagen, es ist nicht deine Schuld«, beruhigte mich Ting. »Man sollte den Fahrer anzeigen.«

Unterdessen hatte jemand ein Taxi angehalten, eines der großen, teuren, und man half mir sachte hinein, besorgt, ich könne noch einmal fallen. Stilvoll und bequem fuhren wir los, und die Leute winkten hinterher. Im Hotel angekommen, setzten wir uns an die Bar und tauschten Geschenke aus. Ting schenkte mir eine Packung Tee, und ich überreichte ihr eine Schachtel Schokolade, die ich in meinen schönsten Schal gewickelt hatte. Teils weil es unser letzter Abend war und teils weil ich meine Kinder vermisste, zeigte ich ihr einen Schnappschuss von meinen beiden großen Söhnen. Sie hatte »nur eine Tochter« und wollte das Foto gegen eines von ihr eintauschen, auf dem sie mit ein paar ihrer Auftraggeber zu sehen war, Männer, die mir irgendwie bekannt vorkamen.

»Premier Li Peng«, sagte sie, deutete auf einen dunkelhaarigen Mann mit Brille und dann auf einen kleineren, »Phan Van Khai, vietnamesischer Gesandter. Sehr hohes Tier.« In ihrer Stimme schwang leichter Sarkasmus, und ich wollte mehr über Vietnams Machthaber Nummer zwei erfahren, doch Ting war sehr zurückhaltend, wenn sie über frühere Kunden sprach.

Stattdessen erzählte sie mir von ihrer Scheidung.

»Wir waren kein Liebespaar. Mein Mann war ein Chauvi, wenn du weißt, was ich meine. Ich habe ihm eine Tochter geboren, und von da an behandelte er mich grausam. Also gingen wir vor das Straßenkomitee und ließen uns scheiden. Das war sehr einfach. Und ich bereue es nicht.«

Der Januar ging zu Ende. Zum letzten Mal hielt ich eines der gelben, kleinen Taxis an und ließ mich zum Pekinger Hauptbahnhof fahren. Die Straßen waren gesäumt von jungen Autowäscherburschen und Orangenhändlern, die hinter einem improvisierten Windfang aus alten Laken oder dünnen Leinenfetzen Schutz vor dem kalten Wind suchten, sich eng aneinander schmiegten oder gerade aus einer Decke unter dem Tisch hervorgekrochen kamen mit zerzaustem Haar, denn eine Haarbürste gehörte für einen fahrenden Obsthändler in einem so kalten Land wahrlich nicht zum allerdringlichsten Bedürfnis. Ihre Gesichter waren ausgemergelt, hatten das typisch knochige Aussehen der Armen und Mittellosen, die wohl nie im Leben solche Pausbacken bekommen würden wie ihre wohlhabenden und gut genährten Landsleute.

Auf den Straßen wimmelte es nur so von Menschen; es schienen mir mehr Leute als sonst unterwegs zu sein. Zum Bahnhof hin wurde das Gewühl immer dichter, sodass der Fahrer ungefähr zwei Blocks vorher aufgab und mich aussteigen ließ. Ich schnappte mir meinen Koffer, meine riesige Handtasche, meine Einfach-Fahrkarte für den Shanghai-Express und tauchte ein in das Getümmel.

Doch irgendwie war diese Menschenmenge anders als sonst. Sie hatte nichts gemein mit den üblichen fröhlichen Einkaufsbummlern und Spaziergängern, an die ich mich inzwischen gewöhnt hatte. Vielmehr kennzeichnete ein finsterer Ausdruck die Gesichter, die mich anstarrten, eine unterschwellige Feindlichkeit, die mich nervös machte. Unweigerlich musste ich an die 44 Menschen denken, die auf dem Bahnsteig in Hunan zu Tode getrampelt worden waren, als sie in den Zug einsteigen wollten.

Die heutige Ausgabe der *China Daily* beinhaltete die üblichen Statistiken über besondere Sicherheitsvorkehrungen im öffentlichen Reiseverkehr während der Neujahrsfeiertage. Den Lesern wurde versichert, dass mehr Flüge, mehr Züge, sauberere Waschräume und Hunderte von motivierten, freiwilligen Reisehelfern eingesetzt würden. Das Foto zum Artikel zeigte ein junges Mädchen mit Pferdeschwanz, das mit riesigen Paketen unterm Arm und einer verwirrten, alten Frau im Schlepptau geradewegs in die Kamera lächelte.

Beim Anblick der Heerscharen von Menschen, durch die ich wohl oder übel hindurchmusste, fragte ich mich, wo sich die ganzen Reisehelfer heute nur versteckt hatten. Am Rande der Menge drängten sich die üblichen Bettler, Geldwechsler und Kleinunternehmer des neuen chinesischen Kapitalismus. Ich ignorierte sie und drängte weiter, doch je weiter ich zum Bahnhofsplatz vorstieß, desto dichter wurde die Menge. So weit mein Auge reichte, vor mir und ringsum Menschen über Menschen, Abertausende von verzweifelten Reisenden, die auf nichtexistente Züge warteten. Ein Weiterkommen war völlig unmöglich, und so verharrte jeder auf dem Fleck, auf dem er gerade stand, und wer zu müde zum Stehen war, hockte sich einfach hin. Keine Ahnung, wie lange sie schon da standen oder saßen, vielleicht schon die ganze Nacht, vielleicht sogar schon länger. Phlegmatisch warteten sie ab, dicht an dicht, Taschen und Kisten rings um sich getürmt.

Es gab nur einen Weg durchzukommen – mit kanadischer Höflichkeit entschuldigte ich mein Benehmen, keilte mir mit meinem Gepäck voran einen Weg durch die Menge, versuchte, auf niemanden draufzutreten und schob mich Stück für Stück vorwärts. Doch die Vorahnung, die mich beschlichen hatte, als ich aus dem Taxi stieg, wurde stärker und bestätigte sich im nächsten Moment – direkt vor mir versperrte ein hoher, schmiedeeiserner Zaun jeglichen Zugang zum Bahnhof. Diese Art von mobilem Zaun wurde in China zu Anlässen wie etwa jetzt vor Neujahr eingesetzt, wo der Massenandrang vorhersehbar und damit gefährlich, wenn nicht unkontrollierbar werden konnte. Ich nahm an, dass es irgendwo einen Durchgang gab, und ging so lange am Zaun entlang, bis ich ihn tatsächlich gefunden hatte – zu und verriegelt. Ich rüttelte an den Stangen, wedelte mit meiner Fahrkarte, flehte und schrie abwechselnd, doch der Wachposten hinter dem Zaun ignorierte mich. Die drängelnde, schiebende Menschenmasse hatte ihn wohl derart eingeschüchtert, dass er niemanden mehr durchließ. Fahrkarte hin oder her, der Durchgang blieb geschlossen, da konnte eine hysterisch schnatternde Ausländerin darauf einschlagen, wie sie wollte.

In knapp einer Stunde würde der Shanghai-Express den Pekinger Bahnhof verlassen und wenn nicht auf der Stelle ein Wunder geschah, würde ich bis dahin immer noch auf der falschen Seite dieses verdammten Zaunes stehen. Verpasste ich diesen Zug, würde ich weder eine Bleibe noch die Möglichkeit, an eine andere Fahrkarte ranzukommen, haben. Womöglich würde ich bis zum nächsten Neujahrsfest, mindestens aber zwei Wochen lang warten müssen. Auf meinen Touren durch China hatte ich schon des Öfteren reisende Pechvögel erlebt, die in Wartesälen oder Abfahrtshallen zum Ausharren verdammt waren, nachdem man ihnen aus heiterem Himmel mitgeteilt hatte, dass ihr ordnungsgemäß gebuchter Reiseplatz kurzfristig gestrichen, überbelegt oder einfach nicht verfügbar sei. Mitunter hingen sie schon seit Tagen fest, wurden mit jeder Stunde hungriger, verlotterter und grantiger. Hin und wieder unternahmen diese Unglücksraben einen Vorstoß, mal winselnd, mal forsch, doch immer stießen sie auf taube Ohren, und ich will mir gar nicht vorstellen, was aus ihnen geworden ist.

Ich eilte verzweifelt am Zaun entlang, schleifte mein Gepäck hinterher und rempelte gegen jeden, der mir im Weg war. Bitte, bitte! – richtete ich ein Stoßgebet an alle Götter, die gerade zuhörten –, lasst dies nicht den einzigen Zaun in China ohne Loch sein.

Und gottlob! Da war sie, die ersehnte Lücke im Zaun: Dort, wo ein Gitterstab fehlte, war ein Loch, gerade breit genug, um meine Tasche hindurch und mich hinterher zu schieben. Ich schlüpfte mitsamt Gepäck hindurch und rannte los.

Das Gedränge im Bahnhof drinnen war noch schlimmer als draußen und hatte eine ganz eigene Dynamik. Ich wurde in den Haufen hineinbugsiert und mitgeschoben an falsche Durchgänge und Gleise, bis mein Blick zufällig auf eine versteckte Tür zum »Wartesaal für internationale Reisende« fiel – ein Lichtblick in einem Meer aus drängelnden, schwitzenden Menschen. Nur mit vollem Einsatz meiner Ellenbogen schaffte ich es, mich aus der Menge herauszudrängeln, und fiel buchstäblich durch die Tür.

Keine Flughafenwartehalle der ersten Klasse hat je so einladend ausgesehen wie dieser leere Bahnhofswartesaal mit seinen schäbigen, gelben Lehnstühlen und den staubigen Gummibäumen. Das Beste daran war, dass der Ausgang direkt zum Zug Nummer 13 führte, dem Shanghai-Express.

Für die nächsten 18 Stunden rollte der Express von Peking aus nach Südosten. Mein Abteil der »weichen Klasse« teilte ich mit zwei Chinesen und einer Japanerin. Doch nach ein paar anfänglichen Höflichkeitsfloskeln beschlossen wir, dass eine Unterhaltung zu mühsam war, und so verschanzte sich jeder hinter seiner Zeitung, bis die Lichter ausgingen. Die Japanerin auf der Liege über mir warf sich im Schlaf so heftig herum, dass ich Angst hatte, sie würde jeden Moment herunterfallen und sich das Genick brechen. Die Männer waren Schnarcher, und ihr Schnauben und Schnaufen hallte in dem stickigen Abteil wider. In den Laken auf meiner Liege hatte eindeutig schon vorher jemand geschlafen, und so legte ich mich vor Hitze verschmachtend in Kleidern hin, hasste dieses überhitzte, schwarze Loch der chinesischen Eisenbahngesellschaft, hasste meine lärmenden Mitreisenden und harrte dem Ende der Nacht.

Gegen vier Uhr morgens hielten wir ohne Grund mitten im Nirgendwo an. Von draußen hörte man schnelles Rennen, sah Lichter sich bewegen, hörte Leute rufen. Da fielen mir Tings Worte beim Abschied ein, als ich ihr sagte, dass ich lieber im Zug reise als mit dem Flugzeug: »Ich nicht! Zu viele Überfälle heutzutage. Straßenräuber halten Züge auf dem Land an. Schrecklich, wenn dir das passieren würde!«

Und gerade als ich endlich am Einschlafen war, knarzte der Lautsprecher im Abteil, Militärmusik schepperte und scheuchte den Mann in der oberen Schlafkoje mir gegenüber derart auf, dass er mit einem Satz heraussssprang, wild um sich blickte und einen lauten Schrei ausstieß. Unsere freundliche Zugbegleiterin hämmerte an die Abteiltür, verlangte nach den Laken und betonte, dass der Speisewagen noch nicht geöffnet sei. Das war er zwar, aber wohl nicht für Ausländer.

Morgendämmerung. Perlender, grauer Nebel lag über der Landschaft, die von kleinen Ackerlandparzellen durchzogen war. Auf unzähligen Kilometern reihten sich die dünnen, handtuchförmigen Felder aneinander, von denen mir William Hinton erzählt hatte. Bereits zu dieser frühen Stunde sah man Frauen mit der Hacke bei der Feldarbeit. Eine von ihnen stapfte über einen schmalen Pfad mit zwei Eimern an jedem Ende ihrer Schulterstange. Neben den Feldern stand ein kleiner Pflug, den man wohl ausrangiert hatte, da die Felder zu schmal dafür waren, und der dort nun vor sich hin rostete.

Mein Blick fiel auf die vielen Landbewohner, die zu den neuen Arbeitslosen gehören, auf die auf Arbeit wartende Landjugend, die wenig Hoffnung hatte, je einen Job zu finden. Aufgewacht von der Kälte oder vom Lärm oder vielleicht vom hungrigen Rumoren ihrer Bäuche trotteten sie an den Schienen entlang. Einige saßen gebückt im Unkraut, die Augen halb geschlossen, das Haar zerzaust, zu steif oder zu durchfroren, um sich zu bewegen. Noch Meilen lagen vor uns bis Shanghai, als wir an einer jungen Frau mit einem kleinen Kind an der Hand vorbeifuhren. Die beiden sahen gewaschen und gekämmt aus, liefen zielstrebig vor sich hin, immer an den Gleisen entlang, das Kind hüpfend und springend, um Schritt zu halten, als hätten sie einen fröhlichen Anlass für diesen frühmorgendlichen Ausflug in die große Stadt.

Als wir in den Bahnhof von Shanghai einfuhren, machte eine weibliche Stimme die erste und einzige Ansage auf Englisch: »Goodbye, liebe Freunde. Ganz Shanghai umarmt euch aufs Allerherzlichste.« Und damit wurden wir in das morgendliche Chaos der am dichtesten bevölkerten Stadt Chinas entlassen.

Shanghai: Die mitreißende Metropole

Umarmen war nicht das richtige Wort. *Umarmen* drückt eine gewisse Sanftheit aus, doch Shanghai ist nicht sanft. Shanghai ist knallhart, aufdringlich, aufsässig und vorlaut wie eine abgetakelte Prostituierte, die dem spießigen Peking eine lange Nase zeigt.

Eine Taxiriege stand bereit, und der Fahrdienstleiter schrie laut in sein Mikrofon, doch die aufdringlichen Schlepper waren geschickter und schneller, packten einen am Arm, schnappten sich Gepäck und Handtasche. Irgendwie wurde ich geradewegs an der Taxiriege vorbeigezerrt und in eine klapprige, dreirädrige Rikscha bugsiert, mit dicken Gummireifen und einer Bank, die mit einer blauen Plastikplane überzogen war. Hocherfreut bemerkte ich die glitzernden Steinchen auf dem blauen Überzug – so niedergeschlagen war ich also, dass ich mich sogar über eine solche Beiläufigkeit freute.

Die Frau, die mich in die Rikscha bugsierte, übertönte meinen leisen Protest mit lautem Gekreische in schnellem, abgehacktem Englisch.

»Sicher, sicher! *Peace Hotel*! An der Promenade«, brüllte sie und schrie dem Fahrer, der an die 90 zu sein schien, ein paar Anweisungen zu. »Los geht's! Bye-bye!«

Und weg waren wir, verschwunden in einer schmutzigen Abgaswolke.

Der Fahrer trug einen Ledermantel, einen prächtigen Lederhut mit pelzumsäumten Ohrenklappen, die eine hoch-, die andere runtergeschlagen. Doch die Frage war, ob er überhaupt etwas hören konnte? Diesbezüglich hegte ich große Zweifel, denn in keiner anderen Stadt der Welt herrscht ein derart hoher Lärmpegel, eine wahre Kakophonie von Knattern, Quietschen, Rattern, Klirren, Knallen, Ächzen, Kreischen, Tuten und Hupen. Was Shanghai wirklich nötig hätte, wäre eine Generalüberholung.

Selbst mit Höchstgeschwindigkeit kam eine Rikscha hier nicht sonderlich schnell voran, doch gerade als es schien, als hätten wir Fahrt aufgenommen, machte der Fahrer einen unverhofften und unmöglichen Schlenker nach links. Ich krallte mich an meinen Taschen fest und sah, dass wir einem großen Bus ausgewichen waren, der uns seitlich zu rammen drohte. Eigentlich hätten in diesem Moment die Bilder meines Lebens noch einmal in Sekundenschnelle an mir vorüberziehen müssen, aber die Nacht im Zug hatte mich mürbe gemacht, und so klammerte ich mich einfach nur fest.

Wie durch ein Wunder fuhren wir irgendwann am altehrwürdigen *Peace Hotel* vor. Mit weichen Knien wankte ich aus der Rikscha, geleitet von einem eifrig bemühten Portier mit schickem, flachem, rundem Hut. Seit Ende der 1920er-Jahre gilt das *Peace Hotel*, das damals als *Cathay* bekannt war, als Wahrzeichen von Shanghai. Das prächtige Hotelfoyer ist vornehm ausgestattet mit erlesenem Tafelholz, buntem Fensterglas und atmet Geschichte. Aus irgendeinem unerfindlichen Grund wurde der Preis für mein Zimmer, der ursprünglich mit 99 US-Dollar angegeben war, auf satte 160 US-Dollar plus zehn Prozent Servicegebühr erhöht. Doch als ich mich beschwerte, hieß es nur, das sei das einzige noch verfügbare Zimmer, und falls ich es nicht wolle, auch gut, andere stünden schon Schlange.

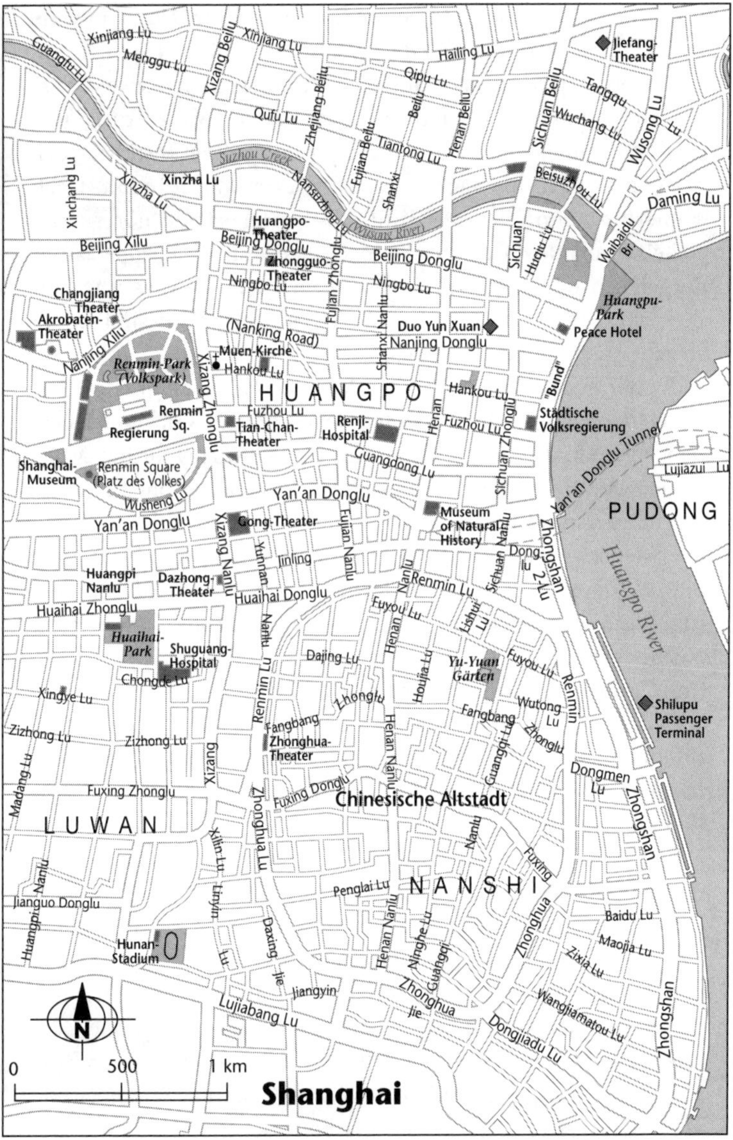
Shanghai
HUANGPO
PUDONG
LUWAN
NANSHI
Chinesische Altstadt
Xinjiang Lu
Guangfu Lu
Menggu Lu
Xizang Beilu
Hailing Lu
Jiefang-Theater
Qipu Lu
Tangqu
Quful Lu
Zhejiang Beilu
Beilu
Henan Beilu
Sichuan Beilu
Wuchang Lu
Wusong Lu
Fujian Beilu
Tiantong Lu
Suzhou Creek
Xinchang Lu
Xinzha Lu
Xinzha Lu
Nansuzhou Lu
Shanxi
Beisuzhou Lu
Daming Lu
(Wusong River)
Waibaidu Br.
Huangpo-Theater
Beijing Xilu
Beijing Donglu
Zhongguo-Theater
Fujian Zhonglu
Beijing Donglu
Sichuan
Huqiu Lu
Ningbo Lu
Ningbo Lu
Changjiang Theater
Akrobaten-Theater
Huangpu-Park
Duo Yun Xuan
Peace Hotel
Nanjing Xilu
(Nanking Road)
Shanxi Nanlu
Nanjing Donglu
Renmin-Park (Volkspark)
Muen-Kirche
Hankou Lu
"Bund"
Hankou Lu
Xizang Zhonglu
Renmin Sq.
Regierung
Fuzhou Lu
Tian-Chan-Theater
Renji-Hospital
Henan
Fuzhou Lu
Sichuan Zhonglu
Städtische Volksregierung
Yan'an Donglu Tunnel
Lujiazui Lu
Shanghai-Museum
Renmin Square (Platz des Volkes)
Guangdong Lu
Wusheng Lu
Yan'an Donglu
Yan'an Donglu
Gong-Theater
Fujian Nanlu
Museum of Natural History
Sichuan Nanlu
Zhongshan Dong-lu 2 Lu
Huangpo River
Xizang Nanlu
Yunnan
Jinling
Huangpi Nanlu
Dazhong-Theater
Huaihai Donglu
Nanlu
Renmin Lu
Huaihai Zhonglu
Fuyou Lu
Lishui Lu
Huaihai-Park
Shuguang-Hospital
Nanlu
Henan
Dajing Lu
Yu-Yuan Gärten
Fuyou Lu
Renmin Lu
Chongde Lu
Houjia Lu
Xingye Lu
Zhonglu
Wutong Lu
Shilupu Passenger Terminal
Fangbang
Fangbang
Zhonglu
Henan Nanlu
Guangqi Lu
Zizhong Lu
Zizhong Lu
Zhonghua-Theater
Xizang
Dongmen Lu
Madang Lu
Fuxing Zhonglu
Fuxing Donglu
Zhongshan
Zhonghua Lu
Nanlu
Xilin Lu
Fuxing
Huangpi Nanlu
Jianguo Donglu
Linyin Lu
Penglai Lu
Baidu Lu
Henan Nanlu
Ninghe Lu
Zhonghua
Maojia Lu
Hunan-Stadium
Daxing Jie
Guangqi
Zixia Lu
Jiangyin
Zhonghua Jie
Wangjiamatou Lu
Zhongshan
Lujiabang Lu
Dongjiadu Lu
N
0
500
1 km

Ich folgte dem Portier über endlose Korridore, wobei mir die abgenutzten Teppiche und der leicht muffige Geruch auffielen. In meinem riesigen aber düsteren Zimmer gingen zwei Fenster direkt auf eine andere Hauswand. Die Ausstattung war ganz in Braun gehalten: brauner Teppich, brauner Bettüberwurf, brauner Lehnstuhl. Sogar die Handtücher waren braun. Doch immerhin konnte ich die Schiffssirenen im Hafen hören. Wie es heißt, soll Noël Coward hier drei Tage lang mit Grippe daniedergelegen und *Intimitäten* geschrieben haben. Alles war hier möglich, und nur wenige Städte der östlichen Welt sind so geschichtsträchtig wie Shanghai.

Früher einmal war die Stadt auch bekannt als »Hure des Orients« oder »Perle des Orients«, je nachdem, welcher Machthaber gerade das Sagen hatte. Mit der Kulturrevolution Maos jedoch verschwanden diese Begriffe. Erst heute taucht dieser lebendige Geist der Stadt wieder auf, der spürbar ist inmitten der Menschenmassen, die durch die Nanking Road drängen, dies verkaufen, jenes kaufen, hasten und hetzen, Geld wechseln und hierhin und dorthin jagen. Überall finden sich Restaurants, Nachtclubs, Karaoke-Lokale schießen wie Pilze aus dem Boden, und Country- und Westernmusik sind allseits groß in Mode.

Doch in der Jazzbar im Foyer des *Peace Hotels* war die Uhr offenbar 1935 stehen geblieben. Die Band, die dort aufspielte, bestand aus sechs älteren Herren in dunklen Anzügen und weißen Hemden. Mit dem Gebälk an der Decke, den halb getäfelten Wänden und den gelangweilten australischen Geschäftsmännern, die an der auf Hochglanz polierten Bar ihre Drinks einnahmen, verströmte der Ort eine geradezu geisterhafte Atmosphäre. Es war, als hätte man in diesem Teil Shanghais nichts von den Entwicklungen der neueren Zeit mitbekommen. Ich saß allein an einem schummrig beleuchteten Tisch, sah zu und wartete ab, wartete beinahe darauf, dass einer der australischen Burschen aufsprang und verkündete: »Alle mal herhören, der Zweite Weltkrieg ist vorbei. Ausländische Konzessionen sind Geschichte. In Shanghai gibt es keinen Außenposten des Kaiserreichs mehr.«

Aber nein. Der Trompetenspieler sprang flink auf die Beine, gab ein Solo zum Besten, *Tea for Two*, und der Trommler schmetterte auf seiner Wirbeltrommel ein ohrenbetäubendes Ratata-ta, ehe die Band auf vielfachen Wunsch des Publikums dann *Waltzing Matilda* anstimmte. Die Australier an der Bar applaudierten und gegen elf Uhr beendete die Band ihre Vorführung mit einem bravourösen Trommelwirbel, woraufhin die Musiker ihre Instrumente zusammenpackten.

Auch die alten Stadtviertel mit ihren niedrigen dreistöckigen Häusern aus den frühen 1920er-Jahren versprühten einen geisterhaften Charme. Früher einmal waren die blumenreichen Balkone geschmückt mit hübschen, jungen Sängerinnen in feinen Kleidern und Pelzen, die Jasmin- und Lotusblüten im Haar trugen und vorbeifahrenden Matrosen zuriefen. Irgendwie haben diese Gebäude auch die schlimmsten Kriegswirren, Belagerung und Revolution überlebt und waren heute voll mit Vogelkäfigen und Pflanzen. Ringsum hingen gerupfte Enten und tote Fische an losen Räucherhaken, wurden mit jeder Stunde starrer und rauchiger, Kohlköpfe trockneten im Wind, und Wäsche flatterte, wo man nur hinsah.

Am Spätnachmittag kamen die alten Frauen aus den Häusern, um ein paar Wintersonnenstrahlen abzubekommen, die durch die Dunstglocke waberten. Eingehakt trotteten sie durch die Straßen mit winzigen, trippelnden Alte-Damen-Schrittchen, stützten sich, wenn nicht gegenseitig, dann auf ihren Stock oder einen jüngeren und stärkeren Begleiter. Manche sahen vom Balkon, vom Bett oder von einer Bank aus dem Treiben auf den Straßen zu. Wie gern hätte ich mich mit ihnen unterhalten. Ich hätte so viele Fragen gehabt, zum Beispiel an die alte Dame mit der Wollmütze, die in ihrer Haustür stand und mich taxierte: Wo waren Sie 1942? Wie sahen Sie vor 50 Jahren aus, als Sie noch Zähne hatten, schlanke Beine und feste Brüste? Was hat Ihnen am meisten Vergnügen bereitet? Was waren Ihre Laster? Erzählen Sie mir alles, lassen Sie nichts aus! Doch sie starrte nur auf mein seltsames ausländisches Gesicht und blieb stumm.

Ein anderer Tag. Ein anderes Hotel. Ein Gästehaus an der Wulumuchi Road mit einem vornehmen Aufzug aus Mahagoni und vergoldeten Spiegeln sowie einer Digitalansage mit einer warmen, weiblichen Stimme, die in honigsüßem Englisch jedes Stockwerk ankündigte: »15. Stock. Aufwärts.«

Die Broschüre versprach Filmvorführungen, Zimmerservice, Fitnessbereich, Schönheitssalon, Einkaufsmöglichkeiten und einen Buchladen. Doch als ich eine erste Runde drehte, waren all diese Einrichtungen entweder nicht verfügbar, geschlossen oder eingestellt. Scheinbar hatte keiner der Bediensteten dieser zweifellos gefragten Geschäfte es für nötig befunden, am Empfangsschalter einen Stock tiefer Bescheid zu geben. »Zeitung? Natürlich, Madam. Buchladen, zweiter Stock. Friseur? Zweiter Stock. Fitnessbereich? Zweiter Stock, Madam«, informierte mich der Portier in gereiztem Ton, als wäre ich zu blöd gewesen, meine Augen aufzumachen.

Sofern man Licht und Beleuchtung zum Maßstab nehmen kann, müsste die Nacht in Shanghai aufregender sein als der Tag. Nicht nur wegen der vielen Leuchtreklamen an der Uferpromenade Bund und in der Nanking Road, sondern auch wegen der vielen weißen Minilichterketten, die in den alten Vierteln an Restaurant- oder Clubtüren baumelten und mitunter auch um blätterlose Bäume geschlungen waren. Nach Einbruch der Dunkelheit blinkte und glitzerte es von den baufälligen Gebäuden, und der Schmutz der kaputten Gehwege blitzte funkelnd auf. Aus den offenen Türen schallte gelegentlich heiße Rockmusik oder das Gejohle eines Country- oder Westernsängers, und ich konnte im Vorbeigehen einen flüchtigen Blick auf zuckende rote und blaue Lichter und tanzende Körper erhaschen.

Von meinem Zimmer aus ging der Blick auf eine Notfallambulanz, und entsprechend laut waren die Nächte. Ich hörte das schrille Heulen der Sirenen und manchmal auch die schrillen Schmerzensschreie von Kranken auf dem Weg in die Klinik. Eines Morgens sah ich hinunter und erblickte eine Tragbahre mit einem zugedeckten Körper darauf, die von zwei weiß gekleideten Begleitern in voller Chirurgenmontur rasch durch das Tor geschoben wurde. Sie bogen nach links in die Wulumuchi Road und tauchten ein in den morgendlichen Verkehr, als wären zwei Ärzte, die mit einer belegten Krankentrage mitten durch eine Hauptverkehrsstraße während der Stoßzeit trabten, das Normalste auf der Welt. Verwundert sah ich ihnen nach, bis sie außer Sicht gerieten.

Mein Zimmer lag gleich neben dem des Etagenwärters. Eines Morgens blieb ich wegen einer Erkältung auf dem Zimmer. Das Zimmermädchen kam herein und machte sauber. Während sie sich über mein Bett beugte, um es frisch zu beziehen, kam der Wärter durch die geöffnete Tür hereinspaziert und begrapschte sie von hinten. Sie kicherte, gab ihm scherzend einen Klaps auf die Hand und deutete stumm in die Ecke, in der ich kauerte, mit glasigen Augen und verschnupft. Er stapfte hinaus, brummelte in seinen Bart, und sie fuhr mit ihrer Arbeit fort, als wäre nichts passiert.

»Die Nutten sind zurück«, erzählte mir eine Amerikanerin. »In jedem Hotel, in jeder Bar. Eine hübsche Frau allein in einer Bar? Eine Nutte. Zwei Frauen zusammen in einer Bar? Nutten. Wenn ein Ausländer mit einer Prostituierten erwischt wird, wird das angeblich mit einem besonderen Zeichen in seinem Pass vermerkt. Dieses Zeichen soll Hurerei bedeuten, doch soweit ich weiß, prahlen taiwanische Männer damit.«

Spätabends klingelte es an meiner Tür. Durch den Spion sah ich ein junges Mädchen, hübsches Gesicht mit viel zu viel Schminke, Haare bis an die Taille, große, verschüchterte Augen. Als ich öffnete, blickte sie mich verwirrt an.

»Mr. Wong?«, fragte sie und schielte vorsichtig an mir vorbei, als könnte sich jener Mr. Wong hinter mir oder unter dem Bett versteckt haben und ihr heimlich Zeichen geben. »Mr. Wong hat mich bestellt«, verkündete sie in gebrochenem Englisch und sah nach der Seite zu dem kleinen, abgeteilten Raum, in dem der Etagenwärter normalerweise saß.

Offensichtlich hatte dieser Idiot von Mr. Wong ihr die falsche Zimmernummer gegeben. Wo war dieser Wong? Und wer war er? Kinderprostitution war unter Mao definitiv ausgelöscht worden, und obgleich sie nach chinesischem Recht noch immer unter Strafe stand, deutete diese traurige, kleine Person vor meiner Tür darauf hin, dass an den Gerüchten über die Rückkehr der Nutten etwas Wahres war. Am liebsten hätte ich sie hereingebeten, ihr Tee angeboten und ihre Mutter angerufen, damit sie sie abholen kam. Das Mädchen war kaum zwölf Jahre alt.

Sarah aus Shanghai

Am nächsten Morgen stand Sarah vor meiner Tür. Sarah aus Shanghai, eine Frau, die ich vor ein paar Jahren in Guangzhou kennen gelernt und auf Anhieb gemocht hatte. Uns verband eine jener seltenen Freundschaften, die zufällig zustande kommen, aus einer Mischung von Neugier und Sympathie heraus, die Fremde bisweilen zusammenbringt. Eines Morgens war ich ihr im Frühstücksraum eines Hotels aufgefallen, als ich über einer chinesischen Speisekarte brütete, und sie bot an zu übersetzen. Wir machten uns bekannt, stellten fest, dass wir beide an jenem Morgen noch nichts vorhatten, und beschlossen, zusammen den weitläufigen, lebhaften Qingping-Markt zu besuchen.

Wir hatten viel gemeinsam, wie wir auf unserem ersten Rundgang über den Markt schnell feststellten. Beide waren wir im gleichen Alter, verheiratet und mühten uns mit dem Kunststück ab, Karriere und Familie unter einen Hut zu bringen. Sie hatte ein Kind, ich zwei. Zu unserem beiderseitigen Erstaunen sorgten wir uns sogar um dieselben Dinge. Wie würden unsere Kinder wohl in etwa 30 Jahren leben? Und wie würde es dann um uns selbst bestellt sein? Dann, wenn wir alt sind. Würden wir hilflos und verbittert sein, oder wären wir dann weiser, freundlicher, großzügiger, dann, wenn uns die Zeit davonrennt? Wir redeten den ganzen Morgen lang und verabredeten uns für die folgenden Tage, gingen zum Tee ins *White Swan Hotel,* ließen uns neben dem Wasserfall im Foyer fotografieren, damit Sarah ein Bild für ihr Fotoalbum hatte, standen am Kai und sahen zu, wie die Sonne langsam im Pearl River versank. An unserem letzten Abend in Guangzhou gingen wir stundenlang spazieren, spähten in erleuchtete Türöffnungen, drängten uns durch die Menschenmenge an den Garküchen, lachten beim Puppentheater und zogen den Abend so lange es ging hinaus, da wir beide wussten, dass wir uns am nächsten Morgen nur schweren Herzens trennen würden. Ich spürte, dass Sarah und ich enge Freundinnen geworden wären, hätten wir die Möglichkeit gehabt.

Alljährlich zu Weihnachten schickten wir einander eine Karte, ihre leuchtend rot und immer viel hübscher als meine, *Gung Hei Fat Choy* wünschte sie mir, und immer versprachen wir uns, uns irgendwann wieder zu sehen, doch ehrlich gesagt hatte ich nicht damit gerechnet, sie noch einmal zu treffen.

Und nun stand sie vor mir, außer Atem, die Brille schief auf der Nase, mit neuer Kurzhaarfrisur und demselben sanften Lächeln, an das ich mich so gut erinnerte.

»Du bist in einer Riksch a gefahren? Nein! Das hättest du besser bleiben gelassen! Viel zu gefährlich!«, rief Sarah, erschrocken über so viel Naivität meinerseits. »Du hättest mich anrufen sollen, damit ich dich abholen komme!«

Typisch Sarah. Sie hätte sich kurzerhand frei genommen, wäre mit ihrem Drahtesel eine Stunde lang durch das unzumutbare Verkehrschaos geradelt, um mich zu treffen, hätte mich dann im Taxi in mein Hotel gebracht und den nächsten Bus zurück zu ihrem Fahrrad genommen.

Allerdings hatte ich ein fortlaufendes Problem in unserer Beziehung. Sarah wusste nicht, dass ich Journalistin war, und ich konnte es ihr nicht sagen. China toleriert kaum seine eigenen Journalisten, und seit dem Tiananmen-Massaker von 1989 sah man keinen Grund, großmäuligen Ausländern, die über Menschenrechte und Pressefreiheit lamentierten, freundlich entgegenzutreten. Ausländische Journalisten brauchten für China ein Sondervisum und mussten zudem dem staatlichen Journalistenverband beitreten, der ihnen einen offiziellen Leiter zur Seite stellte, welcher jeden ihrer Schritte kontrollierte. Die Liste der Auflagen ließe sich endlos fortsetzen, und die Genehmigung, von einer Stadt in die nächste zu reisen, wurde öfter verweigert als erteilt. Insofern fand ich es leichter, als Touristin ein- und auszureisen, und soweit Sarah im Bilde war, gehörte zu meiner Arbeit auch irgendein Forschungsprojekt über Nahrung und Ernährung. Natürlich erlebte sie mich als Ausländerin, die hin und wieder in ihr Land kam, aber das machte sie nicht stutzig, da sie wie selbstverständlich annahm, dass ich, wie alle Westler, im Geld schwamm und mir ausgedehnte Reisen bei jeder passenden und unpassenden Gelegenheit leisten konnte.

Dieses Mal jedoch hatte mich ein Beamter des Auswärtigen Amtes in Kanada gewarnt. Ich könnte mich mit meiner Touristennummer womöglich auf dünnem Eis bewegen:

»Ich muss Ihnen sagen, dass die chinesische Regierung es nicht gern sieht, wenn Leute ohne die entsprechenden Beglaubigungen und Bescheinigungen nach China einreisen«, meinte er ernst. »Die westlichen Zeitungen werden scharf unter die Lupe genommen, und wenn Sie irgendetwas Negatives über China schreiben, könnten Sie bald auf der schwarzen Liste stehen.«

Und im Nachsatz fügte er hinzu: »Und Sie könnten damit Ihre Freunde in China in Schwierigkeiten bringen.«

Sarah bekam ihre einzige Tochter, die heute 13-jährige Li-Li, im Alter von 36.

»Spät geboren«, lachte sie, als wäre es ein guter chinesischer

Witz, wenn man sein erstes und einziges Kind, und dazu eine Tochter, erst mit 36 bekommt. Es erschien mir, als steigerte Sarah die sprichwörtliche Unergründlichkeit des chinesischen Lächelns in neue Dimensionen, denn jedes Mal, wenn sie auf Situationen in ihrem Leben zu sprechen kam, die ihr Anlass zu Verlegenheit geben könnten, lächelte sie darüber hinweg. Ganz so, als sei das Leben selbst ein zwar schlechter Witz, aber immerhin ein Witz. Verbitterung war bei Sarah nicht zu spüren, nichts von den vielen Wunden, welche die Kulturrevolution und das Tiananmen-Massaker dem Land geschlagen und über die so viele Schriftsteller geschrieben haben. Wenn Sarah von der schlimmen alten Zeit erzählte, lachte sie leicht gequält.

»Als ich 24 war, wurde ich aufs Land geschickt, um von den Bauern umerzogen zu werden, und sie haben mich zehn Jahre lang vergessen.«

Und wieder lachte sie vergnügt in sich hinein bei der Vorstellung, eine gesichtslose, statistische Größe unter Millionen von jungen Leuten gewesen zu sein, die man weggeschickt und für ein ganzes Jahrzehnt vergessen hatte.

»An dem Tag, an dem ich abreisen sollte, wartete ich am Bahnhof auf meinen Zug. Der Zug war umsonst. Man musste keine Fahrkarte bezahlen, aber so viele Menschen waren unterwegs, das kannst du dir nicht vorstellen! Wir hörten den Zug, und die Menge drückte nach vorn. Ich fiel hin und brach mir das Bein.«

»Du meinst, jemand hat dich niedergetrampelt?«

Sie warf den Kopf zurück und schloss die Augen, lachte fröhlich angesichts meiner Dummheit.

»*Viele* Leute haben mich niedergetrampelt! Ich rettete meine Haut, indem ich mich bei irgendjemanden ans Hosenbein klammerte. Daran hielt ich mich fest, ganz fest, oder sie hätten nicht aufgehört. Ich wäre zerquetscht worden. Gestorben, ha-ha-ha.«

In den Zug schaffte sie es nicht. Ihr Bein war dreifach gebrochen, und obwohl man sie schließlich aufhob und ins Krankenhaus brachte, wo ihr Bein wieder hergestellt wurde, hatte man sie auch dort dann irgendwie vergessen. Niemand dachte daran, ihr etwas zu essen oder zu trinken zu bringen.

»Drei Tage lang hatte ich nichts zu essen. Ich fragte jeden: ›Wo gibt es denn hier Essen? Ich verhungere!‹ Am dritten Tag sah endlich ein Arzt nach mir. Er sagte: ›Ich höre, du hast Hunger.‹ Und dann brachte er mir Klöße. So viele Klöße, dass ich sie gar nicht alle essen konnte! So viel Essen!«

Wieder lachte sie über die ganze Tonleiter – wie komisch, drei Tage lang vergessen worden zu sein, ohne Nahrung, ohne Wasser, wie witzig, Austrocknung und Hunger, wie dumm, so viel Aufhebens darum gemacht zu haben!

Der Bruch war schlimmer als anfangs gedacht, und sie blieb zwei Monate lang im Krankenhaus. Die ganze Zeit kam kein Mensch sie besuchen. Zwar lebten ihre Eltern in Shanghai, aber man hatte sie nicht über Sarahs Unfall informiert.

Doch auch danach sah Sarah sie nicht. Am Tag ihrer Entlassung aus dem Krankenhaus wurde sie ohne Umwege wieder aufs Land geschickt. Das Dorf, wo sie für die Arbeit in der Kommunenküche und später als Feldarbeiterin eingeteilt war, wurde ihr zum Verbannungsort für viele Jahre.

»Zehn Jahre kein einziges Mal zu Hause gewesen. Keine Chance.« Breites Lächeln. »Bis 1974 durfte ich nicht zurück.«

»Hat dir die Kulturrevolution auch irgendetwas Gutes gebracht?«

»Nein.«

»Gar nichts? Es gab doch sicher auch mal schöne Zeiten, irgendwelche Beziehungen vielleicht …«

»Nein. Keine Einzige. Ich habe mein junges Leben verschwendet. Das kannst du dir nicht vorstellen.«

Sarah beendete unsere Gespräche über ihr Leben, insbesondere über die Zeit der Revolution, oft mit dem Satz, dass ich mir das nicht vorstellen könne, und ich hatte den Eindruck, dass es ihr ganz recht war, wenn ich es erst gar nicht versuchte.

Die Februartage in Shanghai waren meist nasskalt und so grau, dass es aufs Gemüt drückte. Als Ausländerin wie ich hätte man sich da am liebsten die Decke über den Kopf gezogen und den nächsten Flug nach Hause genommen. Doch kaum lachte die Sonne, dann, o ja, dann lachten auch die Menschen wieder und die ganze Stadt war auf den Beinen. Scharenweise liefen oder radelten sie, hockten auf dem Gehweg in der Sonne, badeten die Gesichter in der Wärme, denn ein so seltener und wundervoller Moment durfte keine Sekunde lang vergeudet werden – es war wie daheim im westlichen Kanada bei einem Chinook, wenn eine plötzlich aufkommende, warme Brise milde Luft bringt, sanft wogend und lau. Jeder Käfigvogel, jedes Kleinkind, jeder Blumentopf wurde dann aus dem Haus geschleift, um Sonne zu tanken.

An einem solchen Tag schlenderten Sarah und ich eine Straße entlang, in der auf eilig aufgezogenen Leinen haufenweise Wäsche im Wind flatterte. Nasse Laken, Unterwäsche und Babykleider hingen quer über den Gehsteigen, wetteiferten um einen Platz zwischen all den Steppdecken, die zum Lüften aushingen – den chinesischen Flaggen, wie Sarah sie nannte. »Sie hängen sie zum Lüften in die Sonne«, erklärte sie und deutete auf ein Fenster im zweiten Stock eines Hauses, aus dem bauschige Daunendecken quollen, die eine Frau kräftig klopfte und schüttelte.

Bald würde Mondneujahrsfest sein, das einzige dreitägige Fest im Jahr, Zeit der Festessen, Familie und Freunde. An diesem Morgen waren die Obststände bestückt mit kleinen, busenförmigen Melonen und rotbackigen Tianjin-Äpfeln – jeder Einzelne zur Hälfte ausgepackt, sahen sie aus wie in schulterfreien Pullovern, die verführen sollen. Der Händler war emsig damit beschäftigt, eine kleine Minilichterkette durch die hängende Auslage von Ananas hindurch zu schlingen, während seine Frau versuchte, einen Strauß verschiedenfarbiger Weidenkätzchen an den Mann zu bringen. Sie nannte sie Winterweidenkätzchen und hatte sie rot, blau, gelb und hellgrün gefärbt – alle Farben wiesen sie auf, nur nicht das weiche Silbergrau, das sie von Natur aus haben.

Das geschäftige Treiben auf dem Markt glich einem bunten Dorfleben. Ein Barbier war auf dem Gehweg mit Haareschneiden beschäftigt. Ein Schuhmacher und ein Fahrradmechaniker saßen auf ihren kleinen Klappstühlen und machten ein gutes Geschäft. Mitten in einem Haufen Trümmergestein, das von einem Abriss stammte, hatte ein fahrender Händler auf einem Klapptisch Strümpfe ausgelegt, ein paar Tuben Zahnpasta sowie roten und goldenen Neujahrsschmuck: Grußkarten, Amulette, Hausgötter, Schnüre mit Knallfröschen groß wie Schrotkugeln.

»Ich habe gehört, Feuerwerkskracher sollen dieses Jahr verboten sein«, sagte ich zu Sarah. »In Peking habe ich das gelesen.«

»In Peking gehorchen die Leute auch. Wie die Schafe. Shanghai ist da anders. Wir gehorchen nicht!«

Aus den dunklen Vierteln, von dort, wo es keine Beleuchtung gibt und die Straßen keine Namen haben, drangen Nacht für Nacht die stakkatoartigen Explosionen der Kracher bis an mein Bett.

Ich liebte es, mit Sarah in einem Café zu sitzen und bei einer Tasse Kaffee zu reden. Sie aber bemäkelte diese unnötigen Ausgaben, war ohnehin nicht verrückt nach Kaffee und machte lieber ausgedehnte Spaziergänge. Dagegen machte ein Schaufensterbummel im vornehmen Teil von Huaihai Lu nahe dem alten französischen Amt für die Vergabe von Konzessionen uns beiden Spaß. Vor kurzem hatten dort mehrere Designerläden eröffnet. Sarahs Blick fiel auf das Preisschild an einem schwarzen Nerzmantel einer blonden Schaufensterpuppe, und sie konnte es kaum fassen. Und die Bedeutung der englischsprachigen Aufschrift auf einem kleinen Schild mit der rhetorischen Frage »Was wird am ehesten zur Legende?« habe auch ich nicht begriffen und konnte sie ihr auch nicht erklären.

Shanghai steckte voller Überraschungen, und die Architektur in den ehemaligen Vierteln der Ausländer faszinierte mich. Es war schon ein seltsames Gefühl, über einen freien Markt zu schlendern, der so durch und durch chinesisch ist – chinesisch aussah, chinesisch klang, chinesisch roch –, dann um eine Ecke zu biegen und plötzlich vor einem imposanten französischen Château oder einem Anwesen im englischen Landhausstil zu stehen.

Sarah machte mit mir eine kleine Stadtführung durch das Viertel, in dem ihr Büro lag, nahm eine Abkürzung über einen schmuddeligen, freien Markt, auf dem Kohlköpfe, verwelktes Blattgemüse, stinkende Eier und jene getrockneten, braunen Früchte feilgeboten wurden, die Sarah »Drachenaugen« nannte. Es gab hier kein buntes, lärmendes, geschäftiges Spektakel wie sonst auf den chinesischen Märkten, und so beeilten wir uns weiterzukommen. Wir tauchten ein in enge Gassen, wo zweistöckige Klinkerhäuser mit winzigen Einzimmerwohnungen die Alten und Armen dieser übervölkerten Stadt beherbergen.

»Kein Ofen, kein Wasser«, hob Sarah hervor. Stattdessen standen kleine Ziegelöfen vor ein paar wenigen Häusern oder Blecheimer, in denen Holzkohlen qualmten. Am Ende der Straße gab es ein öffentliches Waschbecken mit Wasserhahn. Hier und da hatte man einen klapprigen Tisch mit einem tragbaren Gaskocher aufgestellt und bereitete Brötchen, *jao zhe* und Nudeln zu – und schon strömten die ersten Abnehmer herbei, Blechschalen in der Hand.

In dem Viertel schienen Hühner besonders beliebt zu sein, denn man begegnete ihnen überall, tot oder lebendig; sie hingen von Balkonen, bekamen vor der Haustür das Genick umgedreht, wurden gerupft oder spazierten herum, als gehöre ihnen die ganze Straße. Die meisten dieser stelzenden Hühner hatten das übliche rostbraune Gefieder. Doch in einer der Gassen sah ich auch ein paar exotische weiße Hühner mit leicht kräuseligen Fußhäuten, flaumigen Kopfbüscheln und Schwänzen wie Pompons, die eigentlich viel zu hübsch waren für diese schmutzigen Gassen.

Am Ende der Straße stank der Geruch von Desinfektionsmittel gegen den viel stärkeren Fäkaliengeruch an.

»Weißt du, was das ist?«, fragte Sarah naserümpfend. »Das ist für plötzliche Notfälle, mitten in der Nacht. Da ist man froh, dass es so was gibt, ha-ha-ha!« Sarah konnte zuweilen recht prüde sein und brachte es nicht fertig, mir einfach zu sagen, dass das eine öffentliche Toilette war.

Die Gasse führte zu einer größeren Straße, die in eine breite Promenade überging, die sich an einem Kanal, dem so genannten Souzhou Creek, entlangzog. Das Wasser darin war so verschmutzt, dass es braun und dick wie Melasse aussah. In der Nähe gab es einen Supermarkt, vor dem uniformierte Mädchen an einem Probierstand eingelegten Tintenfisch aus Taiwan und Nudeln aus Japan ausgaben. Die Regale waren gut bestückt, voll von Zutaten für die schnelle Küche – Instant-Nudeln, Instant-Reis, und in den Gefriertruhen gab es Tiefkühlklöße, die Sorte, von der ich dachte, dass sie jede Hausfrau selbst macht. »Kocht denn niemand mehr?«

»Keine Zeit zum Kochen.«

Seltsam, dachte ich bei mir. Da hat dieses Land das älteste kulinarische Erbe der Welt und kein Mensch hat mehr Zeit zum Kochen. Schon Konfuzius machte sich Gedanken über die rechte Zubereitung von Speisen. Er hatte noch Zeit.

»Bringen Eltern heute ihren Kindern noch das Kochen bei?«

»Nein, die sind immer arbeiten.«

»Aber was passiert denn dann mit der alten chinesischen Kochkunst? Was isst man denn, wenn keiner mehr kochen kann?«

»Ja, klar, wenn wir essen wollen, müssen wir kochen«, erwiderte sie leicht gereizt und wunderte sich wahrscheinlich, wie ich überhaupt so eine Frage stellen konnte. »Aber so gut kochen wir gar nicht. Keine Zeit, aus dem Nichts zu kochen, ha-ha-ha, nicht so gute Küche wie in Amerika.«

An einem Sonntagmorgen vor dem Frühstück fuhr Sarah im großen Stil vor meinem Hotel vor, mit geliehenem Auto samt ihrer Familie sowie der ihres Bruders.

Gegenseitige Bekanntmachung: Sarahs Bruder Ho, Elektroingenieur in einem Industriezentrum, wo er Teile chinesischer

Herstellung in japanische Fernsehgeräte einbaute. Schwägerin Jin, Chemielehrerin. Deren Tochter Ming-Ming, die um die 14 war, aber viel jünger wirkte. Sarahs Mann Ren, ein kleiner, ernster Mann mit dicker Brille, ebenfalls Lehrer. Sarahs Tochter Li-Li, ein fröhliches, intelligentes Kind, das die stämmige Statur ihrer Mutter hatte. Mit Sarah und mir waren wir sieben. Das mittelgroße, dunkelblaue, japanische Auto war der Firmenwagen von Hos Chef, dem man wahrscheinlich Gott weiß was erzählt hat, warum man diesen wichtigen, ausländischen Gast nicht auf einem geliehenen Fahrrad durch die Stadt radeln lassen konnte.

Wenn es in China um die Frage des Gesichtwahrens geht, ergeben sich für einen Ausländer immer wieder aufs Neue Situationen, in denen er sich leicht blamieren kann. So jedenfalls war es mir bei meinen Aufenthalten in China immer vorgekommen.

Der Auftritt im Hotelfoyer war eine jener befriedigenden gesellschaftlichen Gelegenheiten, bei der man nach allen Seiten ein gutes Gesicht zeigen konnte. Dieses stattliche Grüppchen gut situierter Chinesen, die eindeutig erfreut waren, mich zu sehen, »verliehen mir, der Ausländerin, mit ihrer Akzeptanz meiner Person Gesicht«. Und durch meine Bekanntschaft mit ihnen wiederum »gab ich ihnen Gesicht«, da ich als Ausländerin ihr Land geschäftlich bereiste und damit ihre eigene Bedeutung herausstellte, ihre überdurchschnittliche Bildung, ihre internationalen Verbindungen und die wohlgelittene Möglichkeit zu *guanxi*. Und das Beste an allem: Sarah »erlangte Gesicht«, indem sie mit dem Auto vorfuhr, nachdem sie tagelang nur mit dem Rad zum Hotel gekommen war.

Die Mädchen kicherten und tuschelten, waren aufgekratzt und herausgeputzt. Ming-Ming sah besonders hinreißend aus in ihrem purpurroten Mantel mit passendem Filzhut und ihrem makellosen Gesicht, das nicht einen Tupfer Schminke aufwies. Sie wirkten so jung, so glücklich, dabei sein zu dürfen, und ich fragte mich, an was es wohl liegt, dass diese schönen Kinder hierzulande von der schrecklichen negativen Grundhaltung, wie sie westliche Jugendliche oft an den Tag legen, nicht berührt werden.

Erhobenen Hauptes schritten wir am verdutzten Portier vorbei, der Sarah bis dahin als Durchschnittsperson abgestempelt hatte, und stapelten uns in das geliehene Auto. Mit Bruder Ho am Steuer rollten wir vornehm aus dem Tor und auf die Wulumuchi Road, weiter auf die Nanking Road und über die als Bund bekannte Uferpromenade bis zur Huaihai Road, einer breiten, modernen Hauptverkehrsstraße, in der es von teuren Läden nur so wimmelt. Die Straße war wie frisch gewaschen, die Sonne schien, und die üblichen Menschenmassen verstopften um diese Tageszeit noch nicht den Verkehr – alles war bestens.

Sarah reichte eine Tüte mit kandierten Tangerinenschalen herum und ein paar Scheiben zähes gepökeltes Fleisch, das sich als Entenkutteln herausstellte. Li-Li und Ming-Ming fingen an, ihr englisches Lieblingslied zu singen; und zu den leicht falschen Tönen von *Do, a deer, a female deer* fuhren wir fröhlich dahin, über eine imposante Brücke, hinein in die kaum entwickelte Sonderwirtschaftszone im Stadtteil Pudong.

Pudong ist wie ein Schwamm, den man eigens dafür geschaffen hat, sich mit Auslandsinvestitionen, die als Jointventures bekannt sind, voll zu saugen. Obgleich Pudong heute die größte Sonderwirtschaftszone in China ist, bietet es keinen ganz so schrecklichen Anblick wie Shenzhen, und es gibt auch weniger Korruption. Doch eine Straße glich der anderen – eilig hochgezogene Wohnblocks und kein einziger Baum oder Grashalm, was bedrückend und deprimierend wirkte. Und nachdem Ho eine halbe Stunde lang ziellos umhergefahren war, musste er zugeben, dass er sich völlig verfranst hatte. Vor einem blank geputzten, neuen Einkaufszentrum in einer leeren Straße stellte er den Wagen ab, schlug vor, dass wir uns ein wenig die Beine vertreten, während er sich zu orientieren versuchte und wir dann weiterfahren.

Keiner von uns hatte den wachsamen Beamten der Volksbefreiungsarmee in seiner olivfarbenen Uniform und dem glänzenden spitzen Hut bemerkt, der um die Ecke gelauert haben muss. Als er auf uns zukam und wichtig mit den Armen wedelte, waren wir alle verdutzt.

Bruder Ho hatte den Wagen widerrechtlich geparkt, so viel hörte ich am Tonfall. Allerdings war auch weit und breit kein Parkverbotsschild zu sehen. Das Bußgeld betrug übertriebene 50 Yuan. Dass Verkehrsbeamte Halsabschneider sind und obendrein eine sofortige Begleichung der Strafe erwarten, war mir bekannt.

Insofern fühlte ich mich verpflichtet, das Bußgeld zu bezahlen. Andererseits war mir klar, dass niemand in der Familie mein Angebot annehmen würde. 50 Yuan! Das war für Ho mindestens ein Wochenlohn, und seine Frau sah absolut betreten aus.

Traurig und niedergeschlagen fuhren wir über die Brücke zurück nach Shanghai. Das Singen war uns vergangen.

Sarah bewahrte mich stets und ständig vor den Unmengen an Auflagen, die Ausländern erteilt werden, wenn sie sich länger als einen Monat in China aufhalten. Zudem war sie besonders geschickt, wenn es darum ging, mir unnötige Geldausgaben zu ersparen. So zum Beispiel bestand sie bei jedem Restaurantbesuch darauf, dass sie die Rechnung bezahlte, auch wenn sie erwartete, dass ich ihr die Auslagen zurückerstattete, sobald wir aus der Tür waren.

»Wenn du zahlst, dann probieren sie, deine Wolle abzuziehen«, erklärte sie. »Sie denken, dass du eine reiche Ausländerin bist und wollen dich abziehen, ha-ha-ha!«

»Wie meinst du das?«

Sie fasste an meine Toque, den randlosen Hut auf meinem Kopf, tat so, als ob sie den Stoffbezug abreiben wollte, und sagte dann:

»Sie *ziehen* dir die Haut *ab*! Das Fell.«

»Du meinst, sie schröpfen mich?«

Ich wusste, dass Sarah nicht viel Geld hatte, dennoch überraschte mich zuweilen ihre Genügsamkeit. In der Nähe meines Gästehauses lag ein hübscher, kleiner Park, den sie mochte, doch der Eintritt kostete ein paar Yuan. Sarah wusste, dass die Hintertür eines bestimmten Restaurants auf den Park ging, und meinte, dass wir den Eintritt doch sparen könnten, wenn wir einfach die Abkürzung durch das Lokal nähmen. In unseren Gesprächen ließ sie immer mal wieder geldliche Dinge anklingen, und ich versuchte, mehr über ihre finanzielle Situation zu erfahren, ohne meine Nase offensichtlich in ihre persönlichen Angelegenheiten stecken zu wollen.

»In China sieht heute alles gut aus, Sarah. Viel besser als früher. Viele Lebensmittel auf den Märkten. Schöne Kleider. Gute Zeiten. Oder?«

»Nein, nicht so gut«, erwiderte sie.

»Aber besser als früher? Mehr Geld?«

»Nein, nicht genug«, meinte sie. »Nicht genug Geld.«

»Wenn du mehr Geld hättest, was würdest du dann kaufen?«

Sie überlegte kurz und sprang dann sofort auf das an, was für sie der Inbegriff des kapitalistischen Luxus war.

»Hast *du* ein Auto?«

»Ja, ein kleines Auto«, sagte ich. »Ein sehr altes.«

»Ich habe ein Fahrrad«, gab sie mit ihrem bezaubernden Lächeln zurück. »Sehr klein. Sehr alt.«

Doch Sarahs Traum war aus einem anderen Grund unerreichbar; selbst wenn sie durch irgendein Wunder an ein Auto kommen würde, dürfte sie es nicht fahren.

»Ich bin zu alt, um den Führerschein zu bekommen«, sagte sie. »Ich bin über 40.«

Sie lachte ihr Das-ist-nicht-lustig-Lachen und fuhr dann fort: »Du kannst dir alles kaufen, was du willst«, meinte sie. »Ich dagegen muss jeden Yuan umdrehen. Ich kann mir nicht kaufen, was ich will. Ich möchte dich besuchen, aber das geht nicht. Selbst wenn ich die Genehmigung dazu hätte, ich kann es nicht.«

»Ist das der Grund, warum noch immer viele Chinesen versuchen, das Land illegal zu verlassen?«

»Ja. Das kannst du dir nicht vorstellen.«

Im übervölkerten Shanghai, wo Lebensraum kostbar ist, zieht das bisschen dürre Gras und Grün in diesem Park tagtäglich scharenweise Besucher an. Alt und jung, Babysitter, einsame Leseratten, Schachspieler und jede Menge Leute, die ihre Mittagspause dort verbringen, ein Nickerchen machen oder ihr Gesicht in der winterlichen Sonne baden. Eine Weile sahen wir drei Leuten beim Tai-Chi zu. Sie bogen und wiegten sich, bewegten sich langsam wie zu einer Musik in ihrem Kopf.

Sarah nahm eine Tangerine aus ihrer Tasche, schälte sie, und anstatt dass sie mir die Hälfte reichte, fütterte sie mich gedankenverloren, Schnitz für Schnitz, hob mir jedes Stück einzeln an den Mund und sah mir beim Kauen zu. Das Ganze war ein bisschen entnervend, und ich hätte ihr gern gesagt, dass ich auch ganz gut meine eigene Frucht schälen könne, aber ich hatte Angst, ihre Gefühle zu verletzen, und so kaute ich brav weiter.

An einem anderen Tag besuchten wir die Yu-Yuan-Gärten. Es war Sarah mehr als unangenehm, dass ich ihren Eintritt bezahlte und als Ausländerin obendrein für mein »Goldsouvenirticket« einen hundertprozentigen Preisaufschlag blechte. Doch der Preis war mir egal. Ich mochte die Gärten und wollte auf der oberen Etage im Wuxingting-Teehaus gemütlich einen Tee trinken und dabei den Blick auf die Zickzackbrücke, die Fischteiche und das bunte Treiben der Parkbesucher genießen. Sie aber hatte dafür kein Verständnis.

»Viel zu viel Geld«, schnaubte sie beim ersten Schritt in die Parkanlage. »Die netten Leute dort oben im Teehaus werden dir *das Fell abziehen*!« Das war nun Sarahs Spezialausdruck für *Schröpfen* geworden. »Außerdem ist es dort droben viel zu voll. Das kannst du dir nicht vorstellen!«

Bei einem nächsten Ausflug nahmen wir Li-Li zum Jadebuddhatempel mit, wo gerade eine Beerdigung für einen Chinesen aus Übersee stattfand. Dutzende von Mönchen in schwarzen Gewändern saßen um ein Foto des Verstorbenen, singend, klagend. Der Anblick eines religiösen Rituals erstaunte mich, da mir in Sarahs Büro und Wohnung bislang nur das völlige Fehlen religiöser Gegenstände aufgefallen war – keine rotgoldenen Kästchen, keine Räucherstäbchen oder Kwan-Yin-Figuren, nicht einmal ein kleiner Buddha. Hier schien man mit Religion völlig anders umzugehen als in Hongkong, wo es Feng-Shui-Experten gab, oder in Taiwan, einem Land, das beinahe mittelalterlich wirkte mit seinem Festhalten an Bräuchen aus der schönen alten Zeit, den Leichenzügen und dem Verbrennen von Geld für die Geister der Toten in den Straßen.

Doch langsam kehrte das religiöse Leben nach China zurück, nicht nur in ein oder zwei große Tempel, sondern an die traditionellen Orte. Die Alten, die jahrzehntelang ihre Götter verleugnet hatten, saßen heute wieder Modell für Begräbnisporträts, damit alles bereit ist für den Tag, an dem sie zu ihren Ahnen gehen werden. Der Großteil der buddhistischen und taoistischen Tempel wurde zwar von den Roten Garden zerstört oder während der Kulturrevolution zweckentfremdet, doch die überdauert haben, werden seit den Reformen unter Deng Xiaoping und der Erkenntnis, dass sie ein beliebtes Touristenziel sind, der Öffentlichkeit allmählich wieder zugänglich gemacht. Als wir über einen der Innenhöfe gingen, rannte Li-Li voraus, fiel auf einem Kissen auf die Knie und machte drei Kotaus vor einem vergoldeten Buddha. Ich war erstaunt, und Sarah gefiel das Benehmen ihrer Tochter ganz und gar nicht.

»Sie albert nur herum«, sagte sie, sah Li-Li streng an und hob den Zeigefinger. »Wir sind nicht religiös. Sie weiß nichts über Religion.«

Kaum aber hatte sich ihre Mutter umgedreht, grinste Li-Li, hob die rechte Hand und bekreuzigte sich so professionell, als hätte der Papst persönlich sie den Katechismus gelehrt.

Sarah wohnte im vierten Stock eines achtstöckigen Wohnhauses ohne Fahrstuhl, Hausnummer 23, in einer Wohnanlage aus 40 oder mehr identischen Wohnblocks. Am örtlichen Standard gemessen war ihre Wohnung geräumig: winzige Küche, nicht größer als eine Toilette, mit einem einzigen Gaskocher und einem kleinen Waschbecken mit fließendem kaltem Wasser. Im Wohn-Esszimmer gab es einen Klapptisch, vier Klappstühle, einen kleinen Schwarzweißfernseher auf dem Klavier, das Sarahs ganzer Stolz und ganze Freude war und das sie bemerkenswert gut spielte. Und sie war stolz auf ein winziges Klosett hinter einer Falttür in der Küche: eine Toilette mit Spülung. Überdies gab es eine kleine, verglaste Veranda mit einem Tisch, ein paar Klappstühlen und Regalen. Li-Li und Ren nutzten diesen Raum als Arbeitszimmer.

Als Schlafzimmer dienten zwei abgeteilte Nischen mit einer Schiebetür dazwischen. In Li-Lis Nische lag eine leuchtrosa Decke auf dem Bett, und an der Wand hing ein Poster mit zwei jungen Hunden darauf. Am Fuß des Bettes imitierte ein Spitzenvorhang ein Fenster.

In Sarahs und Rens Nische waren am Fußende des Doppelbettes fein säuberlich vier große Koffer aufeinander gestapelt.

»Zum Verreisen?«, fragte ich

»Stauraum«, antwortete Sarah. »Es gibt keinen anderen Platz, unsere Sachen zu verstauen. Doch diese Wohnung ist größer als meine erste. Die hatte nämlich nur 16 Quadratmeter, das war viel zu klein für uns alle drei. Als ich einen besseren Job bekommen habe, sind wir in die größere Wohnung gezogen.«

Sie sah mich an, suchte in meinem Gesicht meine Gedanken zu lesen, und wie so oft schien sie genau zu wissen, was ich dachte.

»Meine Wohnung ist sehr ärmlich. Denkst du das nicht? Hm?«

»Ich bin nicht nach Shanghai gekommen, um deine Wohnung zu sehen, Sarah.«

Die Arbeitseinheit hatte strenge Sparmaßnahmen verordnet,

und solange es nicht so kalt war, dass die Wasserleitungen einfroren, wurde die Heizung im Haus auch nicht aufgedreht. In Sarahs Wohnung war es so kalt, dass man den Atem vor dem Mund sehen konnte, doch sie hatte eine Thermoskanne mit heißem Wasser bereitstehen, und während wir unsere Hände an einer Tasse Tee wärmten, spielte Li-Li für uns Klavier, gab mühelos ein paar Mozartsonaten zum Besten. Ich brachte ihr die vierhändige Version von *Chopsticks* bei – so ungefähr das Einzige, was ich aus meiner etwa zehnjährigen Klavierunterrichtszeit behalten hatte.

Unterdessen stellte Sarah eine Packung Kochbeutelklöße heraus und eine Schale mit Grundmasse für die Füllung, und während Ren und Ho in der Küche hantierten, standen wir beide um den Klapptisch, in Mantel und Schal, und machten *jao zhe*, die leckeren, kleinen, gefüllten Klöße, die zu einem chinesischen Festmahl unbedingt dazugehören.

»Zuerst zweimal falten, dann noch einmal – wie einen Rocksaum«, instruierte mich Sarah und zeigte mir, wie man die glitschige Füllung mit einem Essstäbchen aufnahm, den Teig zu einem Halbmond faltete und ihn richtig versiegelte. Ihre Schwägerin sprach kein Wort Englisch, und die beiden Mädchen konnten nur rein mechanisches Papageien-Englisch. Exakte Aussprache, leere Sätze. Nach meiner Meinung war ihr Englischunterricht nur geringfügig besser als damals unser Französischunterricht in Saskatchewan, und somit ging unsere Unterhaltung nicht über einen gewissen Rahmen hinaus.

Li-Li: »Miss Judy, was ist Ihre Lieblingsfarbe?«

Ich: »Meine Lieblingsfarbe ist Rot!«

Li-Li: »Miss Judy, mögen Sie Eiskrem?«

Ich: »Ja, ich mag Eiskrem. Danke der Nachfrage.«

Li-Li: »Gern geschehen.«

Doch da Sarah eine nimmermüde Übersetzerin war, hielten wir an jenem Nachmittag ausgedehnte Frauengespräche, was in diesem kalten, dämmrigen Zimmer auf eine Art seltsam entspannend war: leichtes Geplauder über Klavierstunden, Filme, Hunde, Familie und die Möglichkeit, über mich für die Mädchen in Kanada eine Brieffreundin zu finden. Ich wollte sie ein bisschen mit dem Thema Jungen frotzeln, doch Sarah blockte ab. Die Mädchen seien noch zu jung, als dass sie sich für »solche Sachen« interessieren würden, ha-ha-ha. Auch Li-Li, die 13 war und schon in der Pubertät, hatte eine so unschuldige Naivität an sich, die mich immer wieder erstaunte.

Trotz ihrer Intelligenz und ihrem Sinn für Humor hatte Sarah doch immer wieder Anwandlungen von Prüderie, die in ihrer Generation wohl anerzogen war. Dennoch war sie eine überzeugte und ausgesprochene Feministin, und wir sprachen oft über die heutige Stellung der Frau in einer eindeutig männerdominierten Welt, insbesondere in Asien.

»Mao sagte, dass Frauen den halben Himmel hochheben. Aber es gibt keine gleiche Bezahlung für unsere Hälfte, ha-ha-ha.«

Ich spürte, dass Sarah sich mit ihrer eigenen Sexualität schwer tat und diesbezüglich wahrscheinlich genauso unwissend war wie Frauen aus der Generation meiner Mutter in Kanada. Sie war wie eine Frau aus den 1950er-Jahren: übertrieben angepasst, wenige Beziehungen zu Männern vor der Heirat und sicherlich nichts Intimes. Sex in der Ehe war ihr vermutlich zuwider, einen Liebhaber hatte sie wahrscheinlich nie gehabt und wird sie wohl auch nie haben.

Auch wenn diese Frauen einen Versuch zur sexuellen Befreiung wagen, scheinen sie mit sich zu ringen, wollen ihr neu erwachtes Interesse gleich mit pseudowissenschaftlichen Erklärungen legitimieren. In Peking überredete ich Ting zu einem Besuch des brandneuen Adam and Eve Love Shops, eines Ladens, in dem es neben aphrodisierenden Cremes und Duftwässern auch extrem aufreizende Männerunterwäsche zu kaufen gab, die allerdings nur auf Nachfrage von gelehrig aussehenden Verkäufern in weißen Laborkitteln über die Ladentheke geschoben wurden. In einer hinteren Ladenecke stand auf einem riesigen

Schild auf Chinesisch und Englisch: »Wissenschaft respektieren, Unwissenheit beseitigen.«

Auf der anderen Seite tat ich mich gelegentlich mit Sarah schwer, weil sie stets und ständig körperlichen Kontakt suchte, was mir unangenehm ist. Andauernd hakte sie sich ein oder hielt meine Hand. Ständig spielte sie an meinen Kleidern herum – stellte meinen Kragen hoch, knöpfte den oberen Verschluss meiner Jacke auf, zupfte mir den Schal zurecht.

Selbst in unseren vertrautesten Gesprächen gab es nie die leiseste Anspielung auf das Thema Sex. Dabei stammt aus China der weltweit erotischste und sinnlichste pornografische Roman, der bereits im 16. Jahrhundert verfasst wurde: das umfangreiche Werk *King Ping Meh*, das in China noch heute verboten ist, wenngleich es in Hongkong ohne weiteres zu bekommen ist.

Der Pekinger Laden Adam and Eve war zumindest ein Anfang, und die heutigen Chinesen über 30 stehen im Allgemeinen allem, was mit Sex zu tun hat, aufgeschlossen gegenüber. Vielleicht hängt das ja damit zusammen, dass viele in den beengten Wohnungen absolut keine Privatsphäre haben. Sarahs und Rens Schlafnische beispielsweise war nur durch eine dünne Pappwand von Li-Lis Bett getrennt. Die Vorstellung, miteinander zu schlafen, während die 13-jährige Tochter nur wenige Zentimeter weit weg liegt und aufmerksam zuhört, kam mir absurd vor.

Als wir den letzten Kloß in den Dampftopf gaben und uns zum Essen setzten, war es schon fast dunkel. Licht machten wir aber nicht. Da es in der Küche nur eine Gasflamme gab, hatten die Männer zuvor bereits eine gedämpfte Mehlspeise mit Erdnüssen zubereitet und ein paar Frühlingsrollen gebraten, während wir die Klöße füllten. Ein Großteil des Essens war deshalb schon kalt, aber ich hatte einen solchen Kohldampf, dass ich auch Eiszapfen gegessen hätte. Ren füllte ein paar Gläser mit warmem Pflaumenwein, dunkel und süß wie Melasse, und wir brachten ein paar einfache Trinksprüche aus. Dann waren die Klöße fertig, die weich und heiß hinunterrutschten und eingetunkt in Reisessig einfach traumhaft schmeckten. Anschließend verschwand Schwägerin Jin in der winzigen Küche und kam triumphierend mit einem ausgezeichneten Nachtisch zurück: acht Reiskostbarkeiten, glatt geformt, zuckerglänzend und leuchtend verziert mit roten Datteln. Auch Jins Gesicht leuchtete.

»Krass«, sagte das ältere Mädchen, das gern so cool wie ein amerikanischer Teenager sein wollte. »Wunderschön!«, rief Li-Li. »Oh, Miss Judy, haben Sie jemals so ein schönes Reisdessert gesehen?«

Hatte ich nicht. Die roten Datteln wirkten in dem dunkel werdenden Raum wie kleine Leuchtfeuer. Die Mädchen reichten noch ein paar Orangen herum. Da der warme Pflaumenwein alle war und wir noch immer froren, nippten wir an heißem Tee. Irgendwie hatte ich das Gefühl, dass an jenem Abend wahrscheinlich nur wenige Menschen auf dieser Welt so gut und so gern gegessen hatten wie wir.

Nach dem Abendessen machten wir es uns auf den Klappstühlen im kleinen Arbeitszimmer gemütlich, während Ren ein Instrument herbeiholte, eine *erhu*. Es war nun acht oder neun Jahre her, dass ich damals unter dem Oleander in Südchina dem *erhu*-Spiel von Chans blindem Onkel gelauscht hatte, und ich muss heute noch oft daran denken. Als Ren anfing zu spielen, traute ich meinen Ohren kaum – es war die gleiche Weise, die gleiche wehmütige, pentatonische Melodie, die Geschichte vom Mond, der sich im Wasser spiegelt, und dem Blinden, der den Mond nicht sehen kann, aber weiß, wie er aussieht.

Zum ersten Mal waren die Mädchen still. Ho saß mit verschränkten Armen da, die Augen geschlossen, summte mit und wiegte sich sacht auf dem wackeligen Stuhl zum Rhythmus der Musik. Ren spielte ausgezeichnet, und als er fertig war, gab er uns einen Ton an, damit wir in das nächste Lied mit einstimmen konnten. Dann spielte er *Red River Valley*. Als ich erzählte, dass ich früher einmal ganz in der Nähe dieses Red-River-Tals gewohnt hatte, wollten sie unbedingt mehr darüber erfahren, denn jeder in China, erzählten sie mir, kannte Text und Musik zu diesem Lied.

Danach spielte Ren *Auld Lang Syne*, und da alle so schön mitsangen, spielte er es gleich noch einmal. Ich lehnte mich zurück und lauschte den nächtlichen Klängen von China. Von der Straße her tönte ein Bierhändler, der marktschreierisch seine Ware anpries, und eine Frau rief irgendetwas im Dialekt von Shanghai zurück. Knallfrösche krachten, und Sarah lächelte mir zu.

»Da hörst du es, Knallfrösche«, sagte sie fröhlich. »Ich habe es dir ja gesagt – Shanghai ist eben anders als Peking.«

Aus der Ferne hörte ich eine leise, traurige Schiffssirene auf dem Huangpo River. Ich fühlte mich herzlich aufgenommen, ich war unter Freunden, doch ich war einsam.

Zeit, nach Hause zu gehen.

»Ticket? Ha-ha-ha. Ich hatte ein Flugticket, von Peking nach Shanghai. Am Flughafen sagte man mir: ›Dein Flieger ist schon weg. Heute geht kein Flieger mehr. Am nächsten Dienstag wieder.‹« Sarah erzählte die Geschichte mit einem empörten Kopfschütteln.

»Ich protestierte, aber das interessierte keinen!«

Aus diesem Grund sorgte sich Sarah über meine bevorstehende Abreise. Sie fürchtete, ich könnte den alltäglichen Stornierungen und dem üblichen Schlamassel zum Opfer fallen, an dem das chinesische Verkehrssystem aus den 1950er-Jahren noch heute, Mitte der 1990er, krankte, wo aus heiterem Himmel Reservierungen vom Computer verschwinden, was die Passagiere vor Wut hilflos schäumen lässt.

Ich teilte Sarahs unsicheres Gefühl. Auf einer früheren Reise hatte man mir einmal mitgeteilt, dass meine Reservierung nun nicht mehr zur Verfügung stünde, da man »die Sitzordnung im Flugzeug geändert« habe. Ich versuchte es mit Diskutieren, Zureden, flehenden Bitten und war schließlich soweit, dass ich dem nächstbesten Bediensteten an die Gurgel gegangen wäre, aber

Sarah hatte Recht: Es nützte alles nichts, es interessierte keinen. Meine Reservierung war dahin. Keine Reservierung. Kein Platz.

Wenn dir in China das System keinen Strich durch die Rechnung macht, dann tut es das Wetter, so die weit verbreitete Meinung unter Reisenden in China. Im Winter kann es durchaus passieren, dass Shanghai tagelang völlig im dichten Nebel versinkt, was den Verkehr lahm legt, Flugzeuge festsetzt und Tausende von Menschen auf 180 bringt, die vergeblich in der Abflughalle mit ihrem Ticket umherwedeln.

Selbst die Schiffe auf dem Huangpo River liegen dann vor Anker, sitzen fest und harren aus, tuten eifrig mit den Nebelhörnern, für den Fall, dass irgendwo da draußen im dichten Nebel ein verrückter Seemann umherirrt. Vor ein paar Jahren war hier im Huangpo River bei Nebel eine Fähre gesunken. Dabei ertranken so viele Menschen, dass die Schiffskapitäne seither besonders achtsam sind.

Doch sofern das Wetter es zulässt, legt in Shanghai alle fünf Tage ein Passagierschiff ab, fährt langsam die Küste entlang, vorbei an Jiaojiang und Dalian, Qwingdao und Ningbo, und erreicht nach drei Nächten Hongkong.

Sicherheitshalber kaufte ich dieses Mal also zwei Tickets: ein Schiffsticket und ein Flugticket der Dragonair. Sollte das Schiff fahrplanmäßig ablegen, würde ich es nehmen. Wenn nicht, hatte ich zwei Tage später noch mein Flugticket. Ein teures Vergnügen, das meine schwindenden Geldreserven strapazierte, aber das war es mir wert.

Fahrkartenkauf in China war stets eine zeitaufwendige Angelegenheit. Allein um an das Flugticket zu kommen, musste ich durch vier verschiedene Abteilungen in zwei Büros: die Reservierung beantragen, dieses Dokument dann abholen, ein zweites Dokument besorgen, das scheinbar nur den Zweck erfüllte, auf Chinesisch zu bekräftigen, was auf Englisch geschrieben stand, und zu guter Letzt das Ticket abholen. Und anschließend konnte man nur noch hoffen und warten.

Am Abend vor meiner Abreise war der Nebel so dicht, dass selbst die Seemöwen am Boden blieben. Am Morgen dann zeigte sich ein rosa Lichtstreif am Rand des grauen Himmels. Mein Schiff, die *SS Shanghai*, lag im Huangpo Harbour und sollte am Nachmittag ablegen.

Für mein letztes Frühstück in Shanghai ging ich zu dem kleinen Laden in der Wulumuchi Road. Dort musste ich nur an das Fenster klopfen, das an diesem Morgen beschlagen war, dann öffnete es die Frau einen Spaltbreit und schob mir eine heiße, gefüllte Teigtasche durch. Die heiße Teigtasche tat gut in der kalten Hand. Und da ich nie vorher wusste, welche Füllung der deftige, sättigende Teigkloß hatte, war ich immer wieder aufs Neue gespannt. Mal war er mit würzigen Rindfleischstückchen gefüllt, mal mit Schweinefleisch, Zwiebeln und einem Schuss scharfer Soße. Ein anderes Mal war zähes, altes Hammelfleisch darin, und ich brachte es nicht herunter. Und wieder ein anderes Mal war die Fleischfüllung sehr mysteriös, roch übel und stechend, vielleicht ja auch nur pikant, jedenfalls gab ich den Kloß einem hungernden Hund. Danach hatte ich für die nächsten paar Tage erst einmal genug von Teigigem. Doch meistens haben mir die Teigtaschen aus ihrem Fenster morgens und manchmal auch abends immer gut geschmeckt, sofern ich nicht an einem der zwei Tische im *Luck Restaurant* speiste, wo der Besitzer während der Stoßzeiten seine geliebte Kawasaki zwischen den Tischen parkte. Das *Luck Restaurant* liegt auf halbem Weg zwischen dem Blumenladen Faithful Friend und dem Schönheitssalon Nice Face Good Hair. Zwar konnte ich mich weder im einen noch im anderen Laden mit den Inhabern unterhalten, dennoch nickten wir uns immer freundlich zu und hatten so eine Art persönliche Bekanntschaft. All diese fremden Gesichter, die mir so lieb und vertraut geworden waren, würde ich vermissen.

An jenem feucht-nebligen Morgen lagen auf der Straße vor dem Teigtaschenfenster Pomeloschalen verstreut, hutgroße, lederartige gelbe Obstschalen, als hätte jemand hier in der Nacht vorher eine Pomelo-Orgie veranstaltet, ein Bacchanal nach Shanghai-Art. Zum ersten Mal erlebte ich die Straße mit relativ wenig Verkehr, und mit meiner warmen Teigtasche in der Hand machte ich mich auf in das Viertel mit den ummauerten Gärten und deplatzierten Palmen hinter der Wulumuchi Road. Die Straßenkehrer mit Mundschutz waren schon fleißig bei der Arbeit, kehrten mit Reisigbesen den Staub von der Straße. Ein paar alte Männer standen dicht beieinander, Hände auf dem Rücken, und lasen die Zeitung, die an dieser Mauer dort jeden Morgen aushing. Das Viertel war ruhig gelegen, abseits des Verkehrslärms, und viele Leute waren hier nie unterwegs, lediglich ein paar Tai-Chi-Artisten, die sich in dem kleinen Park dehnten, streckten, drehten, sich hin und her wiegten, in Zeitlupe tanzten.

Der einzige Lärm, der an jenem Morgen zu hören war, war das anhaltende Gequietsche, das ein kufenloser Schlitten verursachte, den ein Mann zu Fuß durch die Straße schleifte. Der kufenlose Schlitten war ein Tisch. Diesen hatte der Mann auf den Kopf gestellt, drei schwenkbare Laufräder anmontiert, und um ihn ziehen zu können, hatte er sich ein Seil zuerst um die Hüfte und dann um die Schultern geschlungen. Auf dem Tisch zog er seinen gesammelten Restaurantbestand mit sich: zwei zylindrische Stahlpfannen, um Holzkohlen darin zu verbrennen, Woks in allen Größen, aufeinander gestapelte Bambustöpfe, jede Menge Säcke, Dosen und Eimer, Gestänge und eine Regenplane. Beim Gehen beugte er seine magere Gestalt so weit nach vorn, wie es ging, stemmte sich fest in das Schulterseil, und wie er seine sperrige, quietschende Last so um die Ecke schleifte, dachte ich bei mir, dass er, lebte er nicht in China, schon längst aufgegeben hätte, sich hingehockt und gewartet hätte, bis ein Pferd oder ein Traktor vorbeikommen würde.

Wieder einmal war China zu viel für mich. Ich fühlte mich überfordert und nutzlos, wollte mit jemandem reden, mit irgendjemandem. Außer dass ich ein paar nette Brocken Lehrbuchenglisch mit der Teigtaschenfrau austauschte, hatte ich mich immer auf Sarah gestützt, die jedes Wort und in jeder Situation für mich übersetzte. Wozu war ich überhaupt hier, in einem Land, wo ich kein vernünftiges Gespräch führen und nicht einmal ein Straßenschild lesen konnte? Die letzten paar Meter zurück zu meinem Gästehaus rannte ich.

Zeit zu gehen. Sarah kam auf ihrem geliebten Drahtesel angefahren, den wir in die Obhut des adleräugigen Fahrradaufsehers gaben, in dessen Ansehen sie seit dem Tag, als sie mit dem Auto vorgefahren war, um einiges gestiegen war. Hochachtungsvoll hielt er uns die Tür auf, als wir mein Gepäck in ein Taxi verfrachteten, um dann ein letztes Mal einen Spaziergang an der Uferpromenade, dem Bund, zu machen. Arm in Arm gingen wir durch den kleinen Park, in dem sich früher einmal ein Schild mit der Aufschrift »Keine Hunde oder Chinesen« befunden hatte. Sarah zeigte mir den Torpfosten, an dem es angeblich gehangen hatte, und ich fragte mich, wie ich darauf wohl reagieren sollte. Was sollte ich sagen? So etwas wie Kollektivschuld war mir ohnehin völlig fremd.

Wir fanden eine sonnige Bank, doch kaum hatten wir uns gesetzt, wurden wir von drei Bettlern angesprochen, magere, kleine Rotznasen, die uns mit offen hingehaltenen Händen bedrängten. Einer der Jungen war so groß wie Sarah und gut und gern schon zehn oder elf, während die anderen beiden etwas jünger waren. Sie waren aufdringlich, lächelten aber, versuchten, den richtigen Ton zu treffen – Mitleid erregend, freundlich, drohend –, egal wie, Hauptsache möglichst viel Geld mit möglichst wenig Zeitaufwand.

Sarah war fuchtig, stieß sie weg, schrie sie an, packte sie am Arm, drängte mich zur Seite.

»Grässlich. Die sind nicht arm – die sind reich! Sie arbeiten für einen ›alten Onkel‹ – der nimmt das Geld. Beachte sie nicht! Grässlich!«

Dann erzählte sie mir eine Geschichte, die ich schon einmal gehört hatte, aber kaum glauben wollte: von den Problemen mit Bettlern im Süden, in Shenzhen, der Sonderwirtschaftszone bei Guangzhou. Dort sollen Kinder angeblich entführt und absichtlich verkrüppelt werden. Man bricht ihnen die Beine, verdreht sie oder verstümmelt ihnen die Arme. Dann werden sie zum Betteln gezwungen und bestraft, falls sie nicht genügend Geld anschaffen. So genannte »alte Onkel« unterhalten richtige Bettlerbabyställe und sammeln die Einnahmen. Zuhälterei mit Kinderbettlern ist auf ihre alten Tage ein einträglicher Nebenerwerb für diese Männer.

»Eine Schande ist das«, meinte Sarah. »Das kannst du dir nicht vorstellen.«

Doch, das konnte ich und dachte an den kleinen verkrüppelten Jungen mit dem verdrehten Bein, den ich vor Jahren in Shenzhen gesehen hatte.

An der Schiffsanlegestelle hatte Sarah einen Freund, der sie an der Schranke zum International Passenger Terminal durchließ, und so konnte sie mich bis zur Zollabfertigung begleiten. Wir standen noch ein paar Minuten beieinander, wobei uns plötzlich ganz beklommen zumute wurde. Sarah gluckste, räusperte sich komisch und sagte dann schnell:

»China ist doch seltsam. Das kannst du dir nicht vorstellen!«

Sie lachte ihr Das-ist-nicht-lustig-Lachen.

»Selbst heute kann man noch Schwierigkeiten bekommen.«

»Wegen was?«, fragte ich und spürte, wie sich mir die Nackenhaare aufstellten.

»Oh, zum Beispiel wenn man nett zu den falschen Leuten ist.«

Sie wusste Bescheid.

Ich spürte mein Herz klopfen, während sie die möglichen Konsequenzen einer Freundschaft zu einer illegalen ausländischen Journalistin in der Volksrepublik heruntersagte.

»Man kann gefeuert werden. Seine Wohnung verlieren. Dein Kind kann womöglich die Schule nicht weiter besuchen und dadurch seine Chance auf ein besseres Leben verlieren.«

Das kam alles wie aus der Pistole geschossen, und ich brachte kein Wort heraus. Li-Li der Schule verwiesen, weil ich ihr *Chopsticks* auf dem Klavier beigebracht habe? Ren gefeuert, weil er für mich die *erhu* gespielt hat? Und meine liebe Sarah aus ihrer Wohnung geschmissen, weil sie meine Freundin war? Das war alles zu grausam, um wahr zu sein. Dabei war ich nicht einmal eine politische Journalistin. Ich schrieb doch nur über Essen und Reisen. Um Himmels willen! Was für eine Regierung würde das als bedrohlich empfinden?

Ich wollte, dass sie ihr anderes Lachen lachte, das echte, das bedeutet, dass es sich hierbei nur wieder um einen chinesischen Witz handelte. Doch ich sah ihr an, dass es kein Witz war.

»Das kannst du dir nicht vorstellen«, sagte sie ruhig.

Dann drückte die Menge vorwärts, und wir wurden auseinander gerissen von irgendwelchen Dränglern, die sich in die Reihe quetschten.

Ich hörte Sarah rufen: »Du musst noch Geld wechseln! Du brauchst Hongkong-Dollar auf dem Schiff…«

Ich drehte mich zu ihr um, doch sie wurde von der Woge schiebender Körper immer weiter abgedrängt. Da stand sie, Mund offen, Brille verrutscht, und irgendwie sah sie besorgt aus.

Dann war Sarah verschwunden, von der Menge verschluckt.

Ich versuchte, mich auf den Beinen zu halten. Im Kampf um einen Stehplatz war das Handgepäck die Waffe der Wahl, jedoch waren diese Reisenden allesamt saisonerprobte Veteranen. Ich wurde von hinten gestoßen, fiel nach vorn und rempelte einen Mann vor mir an. Das gefiel diesem ganz und gar nicht. Ich stieß meinen Ellenbogen zurück, so fest ich konnte, und wurde mit einem zufriedenen Knurren belohnt.

Abfahrt hieß Krieg, und Krieg hieß Hölle. Grollend verharrte ich auf meinem Fleck, sagte mir, dass es gleich vorbei und mit Sarah auch alles in Ordnung sein würde. Bald würde ich zurück sein im freundlichsten Land der Welt, wo selten gespuckt, gedrängelt, geschubst oder niedergetrampelt wird und wo eine Reservierung auch eine Reservierung ist.

Immerhin war die Zollabfertigung gleich null. Der hagere Zollbeamte in seiner grünen Uniform der Volksbefreiungsarmee warf kaum einen Blick auf meinen kanadischen Pass und winkte mich durch. Als ich durch die Tür schoss, kam ich mir vor wie ein Sektkorken, der aus einer Flasche knallte – mit einem Mal Platz und Luft zum Atmen und nichts vor mir außer einem langen Weg zum Schiff. Natürlich gab es keine Gepäckträger, keine Gepäckkarren, nur einen Haufen Mitreisender mit gequälten Mienen, die ihre riesigen Gepäckstücke zum entfernten Landungssteg schleppten.

Der Hafen von Shanghai zog heute nicht mehr viele Luxusliner an. Der Huangpo River war eine zähflüssige braune Brühe und voll mit Frachtern: Getreideschiffe, Tanker, Schleppkähne, die beladen mit Kohle, Kiesel, Zeitungspapier und Bauholz flach im Wasser lagen. Die Frachtschiffe kamen von überall her. Fischerkähne jedoch waren weit und breit nicht zu sehen. Aber welcher Fisch würde in dieser Dreckbrühe schon leben können?

Die *SS Shanghai* war das schönste Schiff in diesem Gewässer. Ihr weißer Bug war frisch gestrichen, und nur um die Nietnägel hatte sie ein wenig Rost angesetzt. Die *SS Shanghai* gehörte zu einer Viererflotte – zusammen mit der *Haixing, Haida* und *Huahua* gehörte sie zu dem florierenden Unternehmen Shanghai Haixing Shipping Company. Nach allem, was man hörte, war eine Schiffsfahrt im Sommer ein echtes Erlebnis: Australische und britische Touristen bräunten sich am Pool in der Sonne; Neuseeländer waren die ungeschlagenen Champions bei den Tischtennisturnieren; und jeden Abend gab es Karaoke-Partys.

Auf meiner Reise hingegen, Ende des Winters, waren außer mir nur noch zwei weitere Ausländer mit an Bord: ein schwedisches Paar, das sich in seiner Kabine verbarrikadierte, bis am dritten Abend der Mann auftauchte, blass und erschöpft, auf der Suche nach etwas Essbarem.

Am Fuße des Landungsstegs gab ich mein Ticket ab, und an

Deck erwartete mich eine uniformierte Stewardess, die im Dialekt von Shanghai auf mich einredete und mich zu meiner kalten Einzelkabine auf dem B-Deck führte. Die Kabine war klein und dunkel, der kleine Bettvorleger ausgetreten und schmutzig, und als ich die Tür zum Waschraum öffnete, fiel mein Blick als Erstes auf eine verdächtig dreckige, leuchtorangefarbene Rettungsweste und dann auf einen Spiegel, der mit Stock- und Schimmelflecken überzogen war. Eine Decke und ein sauberes Laken lagen auf dem Bett bereit, und ich nahm an, dass noch irgendjemand kommen würde, um es zu beziehen. Falsch gedacht. Niemand kam, weder am Abend noch am nächsten Tag, noch überhaupt. Immerhin gab es ein paar andere, wichtigere Annehmlichkeiten: eine Thermoskanne mit heißem Wasser und ein kleines, gelbes Gefäß mit Jasmintee.

Für die nächsten Tage würde das Schiff mein schwimmendes Zuhause sein und so ging ich auf Erkundungstour. Auch die anderen Passagiere durchstreiften das Deck, untersuchten das »Einkaufszentrum«, wo es an der einzigen Theke Süßigkeiten, Papiertaschentücher und T-Shirts gab, drehten Knöpfe an den Videospielen im Foyer, saßen Probe in der Bibliothek, inspizierten Bar und Spielsalon. Oben auf dem A-Deck befand sich die Lounge der ersten Klasse, die zugesperrt war, in der man aber durch die Glastüren einen Flügel, der mit einem samtenen Tuch abgedeckt war, und eine runde Tanzfläche erspähen konnte. Irgendwo im Unterdeck gab es auch ein Kino (für das ein Jackie-Chan-Thriller angekündigt war) und einen Speisesaal.

Unsere Abfahrtszeit verzögerte sich immer wieder, ohne dass das kleinste Murmeln aus dem Maschinenraum zu hören gewesen wäre. Unterdessen lehnten die Passagiere an der Reling, spuckten und warfen allerlei Zeug in das schon mit Abfall übersäte Wasser: Pappbecher, Styroporschachteln, vom oberen Deck kam gar eine Windel geflogen, woraufhin die ältere, vornehme Frau neben mir an der Reling ein paar missbilligende Laute von sich gab.

Schließlich ertönte doch noch ein Rumpeln vom unteren Schiffsteil her, als ob die Maschinen nun endlich erwacht seien und sich noch einmal ordentlich schüttelten, bevor sie die lange Reise begannen. Langsam, beinahe schmerzlich, drehte das große, weiße Schiff bei, und die kleinen Schlepper tauchten neben uns auf, leiteten uns in den Kanal, wo uns eine stattliche Schlepperprozession erwartete, die jeweils paarweise schneidig durch die braunen Wasser des Huangpo River pflügte. Das mag nicht schön aussehen, aber es funktionierte.

Beim letzten Blick auf das verschwindende Shanghai wurde mir klar, dass mein chinesischer Winter nun endgültig zu Ende ging.

Heimreise

Am frühen Abend Schlag sechs Uhr gab es einen Massenansturm auf die Treppe, und die Passagiere der *SS Shanghai* strömten hinunter in den Speisesaal. Die runden Zehnertische waren bald von fröhlich lärmenden Grüppchen belegt, während Singles und Paare zum langen Tisch in der Mitte strebten. Alle Gedecke waren gleich: hölzerne Essstäbchen, Schale, ein Glas mit lauwarmem Tee.

Am ersten Abend standen Spiegelei mit Krabben oder Hühnerbein zur Auswahl; dazu gab es Lauch. Ein Steward wankte unter der Last zweier riesiger, abgenutzter Kessel voll dampfender Brötchen groß wie Golfbälle herein. Erneut stürzten die Massen los, und da ein winziges Brötchen nie genug ist, nahm sich jeder fünf bis sechs oder vor lauter Gier noch mehr. Ich hielt mich dummerweise zurück, wartete ab, bis ich an der Reihe war, und binnen drei Minuten stand ich allein da und guckte in die leeren Kessel.

Da fiel mir Sarah wieder ein, die mir beigebracht hatte, wie man an einem überfüllten Lebensmittelstand die Aufmerksamkeit auf sich lenkt – drängeln, mit Geld winken, auf das Gewünschte zeigen und schreien.

»Abwarten, bis man dran ist?«, platzte sie heraus, als ich ihr einmal vorschlug, dass wir doch der Fairness halber warten sollten, bis wir an die Reihe kämen. »An die Reihe kommen? Da kannst du in China lange warten. Damit kommst du nie zu deinem Essen. In China gibt es zu viele Menschen. Wenn da jeder warten wollte, bis er an die Reihe kommt!«

Ich kam mir ziemlich dämlich vor und ging zurück an meinen Tisch, wo mir netterweise jemand eine Schale Suppe hingestellt hatte.

Im Speisesaal war es kalt, weshalb alle im Mantel dasaßen. Mit an Bord waren etliche alte Männer, allesamt mit Toque, runder Wollmütze oder irgendeiner anderen Sorte von Kopfputz. Und alle ließen sie beim Essen ihre Kopfbedeckungen auf. Gegenüber von mir saß die alte Dame, die mich beim Zoll beinahe umgestoßen hätte, mit ihrem huttragenden Gatten. Ihre Schale war randvoll mit frittierten Brötchen, und jedes Mal, wenn er zwischen den Bissen eine kleine Pause machte, schaufelte sie ein paar beliebige Stückchen aus ihrer Schale und fütterte ihn damit. Ohne eine Miene zu verziehen, ließ er sie wortlos gewähren, sperrte den Mund auf wie ein übergroßes Vogelküken, das nie flügge geworden ist. Ein Häppchen nach dem anderen fütterte sie ihm. Er kaute vor sich hin, und sie lächelte ihn an. Aus irgendeinem Grund sah ich ihr an, dass sie diesen alten Gierschlund liebte.

Wer ohne Anhang am Tisch saß, hockte über seiner einsamen Schale, aß schnell, beinahe verstohlen, fast so, als könne jeden Moment einer mit einem noch größeren Appetit daherkommen und einen Bissen wegschnappen, wenn man nicht aufpasste.

Nach dem Abendessen war die Bibliothek hell erleuchtet, zudem gut geheizt, und so saßen wir alle auf den bequemen Stühlen beieinander, sogar ohne Mantel. Auf Englisch gab es eine Auswahl an Werken von Marx und Engels sowie Lyrik des Vorsitzenden Mao, des Weiteren optimistische Propagandapamphlete der alten Reihe *China Pictorial*, die heute nicht mehr aufgelegt wird. Die drei Jahre alten Ausgaben von *China Pictorial* machten die Runde, alle waren bedächtig still, traten dieser Bibliothek in altehrwürdiger Kultiviertheit entgegen.

Die Gänge draußen an Deck waren nicht erleuchtet. Fiele jemand über die niedrige Reling, würde das wohl kaum einer merken. Auf dem Wasser herrschte an jenem Abend reger Verkehr, ringsum sah man die schweren Frachtschiffe der Chinesischen See, und über die ganze Küste, soweit mein Auge reichte, zogen sich Tausende von Lichtern wie ein endloses Band immer weiter nach Süden Richtung Hongkong.

Wieder in meiner Kabine machte ich mein Bett. Doch kaum hatte ich mich vor Kälte schlotternd zwischen die kalten Laken gebettet, brach im Badezimmer ein Höllenlärm los. Es gurgelte, brauste, brodelte und rauschte, als spielten alle Leitungen verrückt, die Toilette lief voll, sturzbachartig wie die Niagarafälle. Mit einem Satz war ich aus dem Bett, um jemanden zu rufen, darauf gefasst, mit den Füßen im Wasser zu landen, doch der Rufknopf fehlte und außerdem: Wen überhaupt wollte ich rufen? Es war ohnehin schon umständlich genug, dem Personal zu verklickern, dass ich gern eine Tasse für meinen Tee hätte. Es blieb mir also nichts anderes übrig, als abzuwarten, und obgleich das wasserfallartige Rauschen so ungefähr im Minutenabstand kam, blieb die erwartete Überschwemmung aus. Schließlich mischten sich alle Geräusche zu einem Einheitsrhythmus: das Knarzen und Stöhnen des Schiffes, das Hämmern der Maschinen, das immer wieder aussetzende Platschen und Rauschen – und alles zusammen klang auf eigentümliche Weise sehr einschläfernd.

Am nächsten Morgen um halb sieben schepperte ein Lautsprecher, und obwohl ich noch kein einziges Wort Englisch gehört hatte, seit ich mich an Bord befand, war die Botschaft eindeutig: aufstehen und antreten. Laut Speiseplan war das Frühstück für sieben Uhr angesetzt, doch als ich um zehn nach hinkam, waren schon alle Tische besetzt. Mein spätes Erscheinen stach allen in die Augen, so kam es mir jedenfalls vor, und ich durchstreifte den Saal auf der Suche nach einem freien Platz, bis eine Bedienung mich an einen langen Tisch winkte. Zum Glück – ein freier Platz!

Gut gelaunt löffelten die Leute an meinem Tisch aus großen Schalen *congee*. Dazu gab es frittierte Teigkringel, von denen ich allerdings nichts mehr abbekam. Ich musste also mit dem Reispudding vorlieb nehmen, und wie ich ihn genüsslich verspeiste, war plötzlich ein lauter Rülpser vernehmbar. Es dauerte einen kurzen Moment, bis ich erstaunt merkte, dass ich es war, die diesen Ton von sich gegeben hatte, und die Chinesen um mich herum lächelten nachsichtig.

Um mir Bewegung zu verschaffen und um etwas zu tun zu haben, marschierte ich über die Decks. Sie waren ungestrichen, und überall lagen Kabel, Seile, Schläuche und sonstiger Kram, den man für die tägliche Schiffsarbeit braucht, herum. Es herrschte ein so unüberschaubares Durcheinander, dass ein kanadischer Kapitän längst verzweifelt zur Flasche gegriffen hätte. Doch hier, unter all den achtsamen Menschen, war das kein Problem. Zeit ihres Lebens waren sie es gewohnt, sich auf sich selbst zu verlassen und achtsam zu sein; und wer zu blöd war, über einen Schlauch oder ein Kabel zu steigen und deshalb über Bord fiel, der hatte es womöglich nicht anders verdient.

Vorne auf dem Schiff machten etwa ein Dutzend Senioren Tai-Chi, und auf dem B-Deck war ein spannendes Tischtennisturnier im Gange. Doch die meisten Passagiere lehnten an der Reling und sahen aufs Meer hinaus. Von überallher hörte man trockenes, stoßweises Husten und die üblichen Geräusche von Atembeschwerden, die bei der Luftverschmutzung Shanghais nicht ausblieben.

Gleichmäßig fuhren wir durch die schäumenden Wellen immer weiter nach Süden, und in der Sonne wurde es langsam wärmer. Die Atmosphäre auf dem Schiff war freundlich, lauter lächelnde Leute. Auf meinem Rundgang über das Schiff liefen mir zwei kleine Mädchen hinterher und wisperten kichernd: »Hello, schön, Ihre Bekanntschaft gemacht zu haben.« Dann rannten sie schnell davon.

Mittlerweile hatten noch etliche andere Leute mit ein paar Kindern im Schlepptau beschlossen, mit dieser Ausländerin an Bord Bekanntschaft zu machen. Zur Kontaktaufnahme schoben sie ihre Kinder vor. Doch sobald sie sich überwunden hatten, verloren sie ihre Scheu und waren die allerliebsten Reisegefährten.

»*Hello*«, stammelten sie mit zauberhaftem Lächeln.

»*Nee hou*«, erwiderte ich auf Mandarin getreu nach Berlitz-Lehrbuch. Quieken, Kichern und höflicher Applaus von den lächelnden Eltern: Klein Xia hat mit einer Ausländerin auf Englisch gesprochen! – Da werden die Daheimgebliebenen in Hongkong aber staunen!

Die Frauen in Shanghai sind sehr modebewusst, und das fing offensichtlich früh an. Ein kleines Mädchen trug ein schwarzes, ärmelloses Trikot und einen schwarzen Pullover mit großen bunten Pailletten darüber wie ihre Mutter. Ihr Haar, schwarz und mit Dauerwelle, war seitlich zu einem kecken Pferdeschwanz gebunden, und sie hatte leuchtrosaroten Lippenstift aufgetragen.

Auch etliche kleine Jungen waren an Bord. Kleine Kaiser, dick verpackt in buntscheckige Klamotten mit Pandabärenmustern, sahen sie richtig knödelförmig aus; sie rollten förmlich über Deck, mit abstehenden Armen, Bäckchen wie ein rosiger Pfirsich, stoppelig hochstehenden Haaren und kohlschwarzen Augen, die mich erschrocken oder neugierig anblickten. Wunderschöne Augen – die Augen, die ebenmäßige Pfirsichhaut, das kannte ich doch. Richtig, Lee Wings kleiner Sohn hatte so ausgesehen, und ich fragte mich, wie er wohl heute aussehen mochte, mit 40.

Bis zum späten Nachmittag hatte sich das Meer gewandelt, war jetzt schmutzigbraun und gelblich. Das Mädchen, das die Abfalleimer leerte und die Thermoskannen auffüllte, aber nicht die Betten machte, zeigte mir Schnappschüsse von der *SS Shanghai* auf ihren Fahrten bei wärmerem Wetter: Poolpartys, lustige Eierrollwettbewerbe, Karaoke.

»Sommer«, sagte sie lächelnd und zeigte auf all die blondhaarigen Menschen auf den Fotos. »Australien. Neuseeland. Sommer!«

Zum Abendessen gab es Hühnchenklauen oder irgendein mysteriöses Fleischgericht, das ich von der chinesischen Speisekarte weder übersetzen noch auf dem Teller erkennen konnte. Eine große Shanghaier Schönheit setzte ihre kleine Tochter neben mir ab, die im ersten Moment schmollte, sich dann aber interessiert über meine Schale beugte und plötzlich laut nieste. Ihre Mutter war entsetzt, während ich ihr zu erklären versuchte, dass das wirklich nicht so schlimm sei, dass ich selbst zwei Kinder großgezogen hätte und nicht das erste Mal angeniest wurde und ich die Hühnchenklauen sowieso nicht mochte, doch meine 50 Wörter Mandarin reichten dafür nicht aus.

Am zweiten Abend auf See öffnete die Lounge der ersten Klasse zu einem Karaoke-Abend. Kaum war ich durch die Tür, wurde ich auch schon wieder hinauskatapultiert – keine Hongkong-Dollar, kein Eintritt. Doch gerade als ich gehen wollte, gab es am Eingang ein kleines Durcheinander, und plötzlich stand die Mutter der kleinen Nieserin neben mir, packte mich am Handgelenk, steckte dem Türsteher 15 Hongkong-Dollar zu und zog mich zurück in den Partyraum, organisierte mir einen Sitzplatz und bestellte ein Glas Tee. Und ehe ich mich versah, kam die kleine Nieserin an, stützte die kleinen Ellenbogen auf meine Knie und grinste zu mir hoch.

»*Hello, Lady?*«

Die Zöpfe der Kleinen mit den roten Schleifen standen an jenem Abend fast im rechten Winkel ab. Rot war auch der Hauch von Rouge auf ihren Wangen.

Es war eine richtige Familienparty. Überall rannten Kinder umher, turnten auf den Möbeln herum, hämmerten auf das Klavier ein und veranstalteten ein heilloses Chaos. Während der Show liefen auf einem Großbildschirm Bilder vom Hongkonger Hafen, und an bereitwilligen Interpretinnen mangelte es nicht. Die jungen Mädchen schienen völlig vertraut im Umgang mit dem Handmikrofon, in das sie die ganze Palette der chinesischen Herzschmerzlieder sowie alte, traurige Klassiker plärrten. Auch die Mutter der kleinen Nieserin machte mit, stand auf der Bühne, das Gesicht zum Bildschirm gewandt, und gab vor einem überdimensionierten Jackie Chan, der vor der Hongkonger Skyline an der Reling eines Schiffes lehnte, mit rauchiger Stimme eine Ballade zum besten.

Frauen tanzten mit anderen Frauen, vollführten steife Gesellschaftstanzschritte. Dann wechselte der Rhythmus und jeder tanzte für sich, eine Art Disco-Tai-Chi mit ein wenig Samba darin.

Mittlerweile hatte sich herumgesprochen, dass ich Kanadierin war und ein ganz zugänglicher Mensch, allerdings nur ein paar Brocken Mandarin konnte und folglich keine tief schürfenden Gespräche möglich waren. Dennoch blieben ein paar besonders Freundliche am Ball und versuchten immer wieder, sich mit mir zu unterhalten. So zum Beispiel drängte mich ein älteres Frauentrio aus meinem Stuhl, taxierte mit den Armen meine Körpergröße, sprach mit mir, strahlte und lächelte mich in einem fort an, bis ein Mann sich hinzugesellte, Hände in den Taschen, und sich anbot zu übersetzen.

»Sie sagen, Sie sind wie ein chinesisches Mädchen! Sportliche Figur!«

Mit diesem schmeichelhaften Kompliment fühlte ich mich glattweg amazonenhaft und schlenderte an Deck, um frische Luft zu schnappen. Die Außendecks lagen wie immer völlig im Dunkeln. Die Nacht war mondlos und das Chinesische Meer an jenem Abend ein schwarzer, rauschender, leerer Raum, hörbar zwar, aber nicht sichtbar.

Am nächsten Morgen fuhren wir mitten durch ein Fischereigebiet, waren umringt von kleinen Fischerkähnen und großen Schiffen. Das Wasser hatte die milchig grüne Farbe von alter Jade, und es wehte eine sanfte, laue Brise.

»Sie sind also Kanadierin«, sprach mich jemand von der Seite an. »Sie haben also den begehrten Pass. Sind Sie auch Christin?«

Die Stimme klang ein wenig spöttelnd. Wollte der Herr sich nur unterhalten? Er war Anfang 40, gut gekleidet, salopp, aber geschmackvoll, und hatte seine Hände lässig in den Taschen seiner sandgewaschenen Seidenbomberjacke.

»Ich bin Unternehmensberater und auf dem Weg nach Deutschland. Wie hat Ihnen Shanghai gefallen?«

Er lachte, als wäre das eine ironische Frage, als könnte es sein, dass mir als mutmaßlicher Christin mit einem begehrten kanadischen Pass Shanghai möglicherweise nicht gefallen hatte. Ohne meine Antwort abzuwarten, fuhr er fort.

»Shanghai war einmal eine schöne Stadt. Die Partei wurde dort gegründet. Heute ist die Stadt überschwemmt von Ausländern und ungebildeten Bauern. Die verstehen nichts von Reformpolitik. Sie begreifen nicht, warum die Ein-Kind-Politik für China so wichtig ist.«

Ich gab einen einigermaßen unverfänglichen Kommentar dazu ab, doch er hörte eine gewisse Missbilligung heraus, wovon er gar nichts wissen wollte.

»Sie sind also der Meinung, dass die Ein-Kind-Politik nicht gut ist. Vielleicht nicht für *ihr* Land, aber für China auf jeden Fall«, raunzte er.

»Wir sind frei, wissen Sie. Freier als Deutschland. In Deutschland bekommen Sie einen Strafzettel und müssen blechen«, meinte er mit strengem Blick und sah sehr deutsch dabei aus, marschierte ein paar Schritte mit versteiften Knien, um mir in aller Deutlichkeit vorzuführen, wie stocksteif und korrekt die Deutschen sind.

»Bekommen Sie einen Strafzettel in China, dann verneigen Sie sich, lächeln und sagen: ›Ja, sicher, Onkel, war mein Fehler. Soll nicht wieder vorkommen!‹ Kein Strafzettel! Kein Problem!«

Wozu er dann überhaupt nach Deutschland ginge, wollte ich wissen. Er zuckte mit den Schultern und blickte melancholisch – das war die große Frage.

»Kunst. Musik. Wa-ge-nerr! Beethoven! Neue Welt Symphonie!

La-di-da«, stimmte er die ersten paar Takte an. Dann plauderten wir eine Weile über Musik und Deutschland, darüber, wie schön der Rhein im Herbst ist, wenn die Bäume golden werden, die Zeit der Weinlese ist und jedes noch so winzige Kaff sein Weinfest feiert.

Ob er gern in Deutschland leben würde, fragte ich ihn, in einem Land, wo alles sauber und ordentlich ist, niemand spuckt oder drängelt, wo die Leute große Mercedes fahren, zwar rasen, aber das ganz gut können? Er machte ein trauriges Gesicht, als schmerzte ihn allein das Nachdenken über die Antwort – wie das Nachdenken über eine Ehe, die vollkommen wäre, wären beide nicht schon anderweitig verheiratet.

»Nein, ich kann nicht in Deutschland leben. Zu einsam. Die Deutschen sind nicht freundlich. Das macht mich traurig. In China träume ich von Deutschland. Und in Deutschland träume ich von China.«

Das könne ich gut verstehen, ließ ich ihn wissen, denn auch in meinem Land denkt man immer, dass das Gras auf der anderen Seite des Zaunes grüner ist. Er blinzelte mich an, sinnierte über den bildhaften Ausdruck, warf dann den Kopf zurück und lachte laut.

»Ja, das ist komisch! Ein guter kanadischer Witz!«

Unmittelbar vor Steuerbord tauchten plötzlich wie aus dem Nichts drei kleine Boote auf, kleine Dschunken mit braunen, nachtfalterartigen Segeln, die in den schaukelnden grünen Wellen ganz zerbrechlich wirkten.

»Die tun so, als ob sie fischen, in Wahrheit aber tauschen

sie Waren von einem Schiff zum anderen. Wir sind hier in der Straße von Taiwan. Die Dschunken haben keine Eisenbestandteile und können daher nicht vom Radar erfasst werden.«

»Sie meinen, das sind Schmuggler?«

»Das meinen *die* nicht«, er zog die Schultern hoch und lächelte ob meiner Naivität. »Das ist eben eine Art, Geschäfte zu machen.«

Die Hongkonger Zeitungen waren voll von Geschichten über Piraterie im Südchinesischen Meer und der Straße von Taiwan, und ich fragte ihn, ob er glaubte, dass wir in Gefahr seien.

»Hier gibt es nicht so viele Piraten. Hauptsächlich weiter südlich. Die Thai sind die schlimmsten. Sie haben Gewehre und töten jeden, *peng-peng*!, versenken das Schiff.«

Ich wusste, dass er sich über mich lustig machte, dabei war er an sich kein fröhlicher Mensch.

»Sie müssen keine Angst haben. Ihr kanadischer Pass wird Sie beschützen«, sagte er, »Ihr Pass und Ihr Christengott.«

Im Gesellschaftsraum war das laute Geklapper der Mah-Jongg-Spielsteine zu hören. Eine Viererrunde hatte die ganze Nacht durchgespielt, und auf dem Boden rings um den Tisch lagen haufenweise Erdnussschalen. Übervolle Aschenbecher standen herum, die Geldschubladen unter den Tischen quollen über, und gesalzene Rechnungen wurden hin und her gereicht. Dabei waren Glücksspiele in China verboten, doch diese Shanghaier, die ja bekanntlich gern Extrawurst spielten und nach ihrer eigenen Musik tanzten, pfiffen auf Peking. Zuschauer scharten sich um die Tische, wetteten aus Spaß mit. Die kleine Nieserin und ich gingen herum und schauten zu. Sie war mittlerweile mein wandelnder Schatten geworden, lief ständig hinter mir her, lehnte sich neben mir an die Reling, und beim Essen saßen wir einträchtig beisammen und schlabberten Nudeln und gesalzenen Fisch.

In der letzten Nacht auf See waren jede Menge Schiffe unterwegs. Ringsum Lichter. Vom sanften Schaukeln des Schiffes wurde mir plötzlich übel, sodass ich mich in der Karaoke-Lounge verabschiedete und mit fürchterlichem Kopfweh zu Bett ging. Als am nächsten Morgen wie üblich der Weckruf durch den Lautsprecher schmetterte, stand mir der Sinn ganz und gar nicht nach Frühstück. Mir war kotzübel, und mein Gesicht glühte.

(Frage: Würden die Hongkonger Behörden einen Grippefall aus China einreisen lassen? Antwort: Nicht, wenn sie davon wüssten.)

Kurz vor Mittag bogen wir mit der Nase in den »Duftenden Hafen«, fuhren langsam an den bleistiftförmigen Hongkonger Wolkenkratzern und der überfüllten Taifunschutzzone vorbei in Richtung Liegeplatz, wo ein Hongkonger Zollbeamter uns in Empfang nehmen würde. Alle Passagiere wurden hinunter auf ein Abreisedeck gedrängt. Dort standen wir dicht an dicht wie in einer Sardinenbüchse auf dem schaukelnden Schiff. Die Luft war zum Schneiden dick. Um mich herum nur Alte und Schwache, die geduldig warteten, wie das nur Chinesen können. Mit Sicherheit würde gleich einer umkippen, dann würden alle Platz machen, und ich bekäme vielleicht wieder Luft, aber nein, aufrecht standen sie da wie die Zinnsoldaten, alt, zerbrechlich, aber zäh wie Leder. Mein Gesicht brannte, in meinem Ohr hörte ich ein komisches Brummen, und der Raum schien zu kippen. Ich spürte, wie meine Knie weich wurden, drückte mich fest gegen die Wand, rutschte langsam daran hinunter und hoffte, keiner würde es merken.

Aber nein. Alle starrten mich an, neugierig, tuschelnd. Das war wirklich ein ernsthafter »Gesichtsverlust« – eine ausländische Mimose. Ich muss ausgesehen haben wie eine Leiche. Irgendwer sprach mich auf Englisch an. Ich hörte krampfhaft zu, strengte mein träges Gehirn an, die Worte zu erfassen, aber es ging nicht.

Es war der Möchtegerndeutsche, der mich angesprochen hatte. Er sah in mein fleckiges Gesicht und schnalzte mit der Zunge, genauso wie meine Großmutter es immer getan hatte, wenn ich mal wieder etwas ausgefressen hatte.

»Ist Ihnen schlecht?«

Dann erschien die kleine Nieserin, quetschte sich mit ihrem kleinen Körper durch den Wald aus Beinen hindurch, hockte sich vor mich hin, drückte die Beine dabei flach an den Boden, eine Sitzart, wie sie scheinbar nur Chinesinnen fertig brachten, und als wir auf einer Augenhöhe waren, streckte sie ihre Hand nach mir aus.

»Keks, Lady?«

Während ich dankbar auf ihrem Pfeilwurzkeks herumkaute, wartete ich krampfhaft darauf, dass der Raum zu kippen aufhören würde. Doch da kam der Zollbeamte, schwang eine Tür auf, und ein kalter Luftzug strömte herein. Die Mutter der kleinen Nieserin beugte sich über mich, streckte ihre Hand zu mir herunter und zog mich mit ihren langen dünnen Fingern am Arm hoch.

»Aufstehen«, sagte sie in ganz passablem Englisch und zog mich an der Wand entlang hoch. »Gleich geht es Ihnen besser.«

Das war keine Frage; das war ein Befehl.

»Zeit, dass Sie nach Hause kommen.«

Das war die beste Idee in den ganzen drei Monaten! Und in der Tat, in der frischen Luft und inmitten der ansteckenden Aufregung bei der Ankunft ging es mir gleich besser. Eine halbe Stunde später waren alle vom Schiff und schoben sich in der Schlange am Zoll vorwärts. Ich setzte eine unbeteiligte, aber frische Miene auf und wartete, bis ein ebenfalls unbeteiligt blickender Beamter mit dicker Brille meinen Pass durch den elektronischen Scanner geschoben hatte und ihn mir wortlos zurückgab. Er hatte mich nicht einmal angesehen.

Als ich vor der Reihe der wartenden Taxis stand, eilten die kleine Nieserin und ihre Eltern noch einmal an mir vorbei, winkten und quetschten sich in ein Auto, das vor lauter Gepäckstücken und Verwandten regelrecht ausgebeult war. Erleichtert sank ich in ein Taxi, hörte mit halbem Ohr dem Fahrer zu, der sein Englisch übte, indem er die üblichen Fragen stellte.

»Zum ersten Mal in Hongkong?«

»Nein, etliche Male.«

»Urlaub?«

»Nein, Recherche für ein Buch.«

»Sie schreiben Buch? Was für ein Buch? Vielleicht lese ich es.«

»Das Buch heißt *Looking for China* (dt.: *Im Land des Himmelsdrachen*).«

Verdutzt sah er mich im Rückspiegel an.

»Sie kommen nach Hongkong so viele Male und suchen China noch immer? Pah!« Er schüttelte den Kopf. »Vielleicht finden Sie es nie.«

Ich drückte meinen schmerzenden Kopf in das Polster des Rücksitzes und dachte über die tiefe Weisheit eines Taxifahrers nach. Seit einem Jahrzehnt spielte ich die ewige Touristin, reiste nach China und Hongkong, wann immer sich die Gelegenheit dazu bot, und machte sogar einmal einen Abstecher nach Taiwan. Bei jeder Reise hoffte ich aufs Neue, etwas hinzuzulernen, um eventuell zu irgendwelchen Schlüssen zu gelangen, was Land und Leute anging, die mir ein ewiges Rätsel blieben.

Und nun schwirrten mir die Gesichter in meinem duseligen Kopf herum: Sarah, die auf ihrem Drahtesel die Wulumuchi Road hinunter ihrer ungewissen Zukunft entgegenradelt; Ting, die tapfer Revolution und Scheidung überlebt hat und heute auf ihre alten Tage in roten Schuhen tanzt; Auntie Fong, die immer so schön mit mir gackerte und jetzt wohl bei ihren Ahnen weilt, wo sie auf Du und Du steht mit den Göttern ihrer Wahl; die hübsche Mai mit ihrem besorgten Blick, die noch immer von ihrer Vergangenheit eingeholt wird; und schließlich Chan, mein guter und getreuer Führer in seinen Nike-Schuhen. Auf seiner Schulter sitzt ein schwarzer Vogel, der zu mir spricht: »Auf Wiedersehen, Madam! Bis 1997!«

Manche Gesichter waren namenlos: der Eierverkäufer zum Beispiel aus meiner Straße in Peking; die alte Hakka-Frau, die unter ihrem schwarzen, platten, runden Hut finster blickte; der

Polizist vor dem Zugfenster, der mit einem Stock auf einen Vagabunden einschlug; die Käppchen tragenden Händler in den Gassen hinter der Pedder Street; das kleine Mädchen im Teehaus mit den vielen Vögeln; der bettelnde Junge mit dem verdrehten Bein in Shenzhen; der Schlangenmann, der Melonenmann; Kellner, Verkäufer, Wahrsager, gute Gesichter, böse Gesichter, leere Gesichter …

Und dann waren da die vielen Vielleichts – vielleicht, wenn ich gewillt gewesen wäre, das zu tun, was Lee Wing in umgekehrter Weise getan hatte, mein westliches Leben für irgendeinen Dienstleistungsjob in irgendeinem chinesischen Dorf einzutauschen, chinesische Kleider zu tragen, gebrochenes Mandarin zu sprechen, ja, dann vielleicht hätten sich die Dinge auch anders entwickeln können. Dann wäre ich eine Ausländerin mit ständigem Wohnsitz in China gewesen, eine *gweilo*, die jeder kannte und die doch keiner wirklich kannte, immer mit einem Bein in China und dem anderen mitten in der kanadischen Prärie. Und immer ein bisschen einsam.

Epilog

An einem Septembermorgen im Jahr des Hundes machte ich einen Besuch in dem Präriestädtchen, das ich einst so gut gekannt hatte.

Das Städtchen war sichtlich geschrumpft, da viele kleine Farmen von den größeren geschluckt wurden, die jungen Leute in die Städte abwanderten und Geschäfte schließen mussten. Unser Haus an den Schienen stand längst nicht mehr. Und auch der hölzerne Bahnsteig und die Erntemaschinen, die Wolkenkratzer der Prärie, waren nicht mehr da. Komisch, aber ich hatte geglaubt, sie würden ewig bestehen bleiben.

Irgendjemand hatte meine Schaukel abmontiert, und es gab auch keine Spur mehr von dem Sandkasten, in dem mein kleiner Bruder seinen Spielzeugtraktor durch seine Spielfarm gezogen hatte. Nur eines deutete darauf, dass wir einmal hier gelebt hatten, und das war eine überwucherte Perltanghecke und die große Russische Weide. Ohne das Zurückschneiden, das mein Vater alljährlich vorgenommen hatte, war die Weide (oder auch ihr Sämling) schließlich so groß und schief gewachsen, wie das Bäume in den Prärien eben so tun, wenn sie sich selbst überlassen sind.

Eds Friseur- und Spielsalon wurde schon vor Jahren platt gewalzt. Zuerst gab es Pläne, an der Ecke zur Hauptstraße neue Geschäfte zu errichten, doch daraus wurde nichts, und so standen an dem leeren Fleck jede Menge Schilder, welche Versteigerungen ankündigten und die Stadt als großen Getreideproduzenten und Mekka für Entenjäger propagierten.

Doch das Café gab es noch, mit der Scheinfassade, der knarzenden Fliegengittertür und allem Drum und Dran. Der Geruch von gebratenem Fleisch und Zigarettenrauch hing noch in der Luft und rief ganz persönliche Geister wach, wie lang vergessene Gerüche das tun. Für eine Sekunde war ich wieder elf, kaute Kaugummi und setzte alles daran, um cool zu wirken.

Aber irgendetwas passte nicht ins Bild. Das Café schien ganz und gar nicht chinesisch. Keine roten Holzschreine für die Hausgötter, kein vergoldeter Drache an der Wand, keine Poster, die Reklame für Aktionen der chinesischen Wohlfahrtsgesellschaft machten.

Im Grunde hatte das kleine, alte Café überhaupt nichts Chinesisches mehr an sich. Es passte exakt dorthin, wo es stand: in die kanadische Prärie.

In diesem Moment erst begriff ich, wie viel Lee Wing sein großer kanadischer Traum gekostet hatte. Er hatte dafür seine Identität gegeben. 5000 Jahre Geschichte müssten im Leben eines Menschen doch eigentlich von Bedeutung sein, doch wie es manchmal so ist: In der Prärie hinkt man der Geschichte hinterher. Was wussten wir schon groß von diesem alten Volk und seinen Träumen?

Für Lee Wing war China Erinnerung und möglicherweise keine gute. Aber für mich, ein behütetes Einzelkind mit blühender Fantasie, erwachte das China meiner Träume in seinem Café mit all den Papierlaternen und Seidenbildern zum Leben.

Ich sah mich um, suchte nach etwas Vertrautem. An den grau lackierten Stehtischen hatte sich inzwischen eine fettige Schmierschicht abgesetzt, und ihre Farbe sah ein bisschen wie Würstchensenf aus. Die Südwand war mit Mahagonifurnier verschalt, von der Sorte, wie sie die Aufschneider im Dorf in den 1960er-Jahren gern zum Auskleiden ihrer Partykeller benutzten. Die Theke mit den roten und chromfarbenen Barhockern war braunen Holztischen gewichen. Ein chinesisches Bild war noch da, aufgequollen, verzogen und wulstig locker wie eh und je, doch es hing jetzt an der Nordwand zusammen mit einem Vogelkäfig voller Plastikblumen.

Am hinteren Stehtisch neben der Küchentür saß ein grauhaariger Chinese und las Zeitung. Lee Wing?

Er war kräftiger, als ich ihn in Erinnerung hatte, und er musterte mich durch seine dicke Brille, als ich auf ihn zuging, behielt aber Platz. Immerhin war alles schon 40 Jahre her.

»Mr. Lee? Lee Wing?«

»Nein. Ich bin Mah.«

Sein Englisch hatte einen starken Akzent. Nicht den musikalischen Singsang eines Kantonesen, sondern den platteren, tieferen Klang eines mandarinsprachigen Chinesen.

»Kannten Sie Lee Wing?«, fragte ich. »Er war einmal der Inhaber dieses Cafés.«

»Nein, ich kenne keinen Lee Wing. Ich bin hier neun, zehn Jahre.«

Er sah mich uninteressiert an.

»Möchten Sie etwas? Kaffee?«

Ich kaufte ein paar Müsliriegel und nahm sie mit auf den Weg zur Senior Citizen's Lodge, dem Altenheim, wo ich auf einen alten Bekannten meines Vaters traf, der gestützt auf einem Metallspazierstock den Gang entlanggeschlurft kam. Er hatte mehrere leichte Schlaganfälle gehabt, und als ich ihm meinen Namen sagte, sah ich, wie er krampfhaft überlegte, wo er diese Mittvierzigerin, die da vor ihm stand, einordnen sollte. Er gab sich alle Mühe, mich mit irgendeinem Kind, das er gekannt hatte, in Verbindung zu bringen. Doch als ich Lee Wing erwähnte, klingelte etwas bei ihm.

»Weg. Nach Vancouver. Die Kinder sind noch in der Gegend. Ein paar in Saskatoon. Ein paar in Regina.«

Ich erkundigte mich nach dem ältesten Sohn, und er nickte. Nun fiel es ihm wieder ein, auch wenn er immer noch nicht genau wusste, wer diese Frau vor ihm war, die immer weiterfragte.

»Das muss Kenny sein. Arzt. Dann Danny. Rechtsanwalt. Oder Richard… vielleicht ist Richard auch der Rechtsanwalt…«

In seiner Stimme schwang ein gewisser Stolz, und es war mehr als nur der Stolz eines alten Mannes, dessen schwindende Erinnerungskraft noch einmal aufgeflackert war. Vielmehr war es wegen der Café-Familie, fast so, als wären sie für ihn eine Art erweiterte Verwandtschaft gewesen. Als ich ihn fragte, ob er sich an die Dorfspiele erinnerte, die Lee Wing sponserte, lachte er lauthals und sagte: »Ja, war das nicht das Tollste, was dieser verrückte Chinese hatte machen können?« Und er wollte von mir wissen, ob ich mich daran erinnerte, wie Lee Wing für das Rote Kreuz Geld lockergemacht hatte, und auch für die Hockeymannschaft in den mageren Zeiten, als kein Mensch ein paar Cents zusammenbekam. Ich erinnerte mich zwar nicht, aber das überraschte mich nicht.

»All seine Kinder kamen zurück zu seiner großen Feier '82. Damals hat er die Auszeichnung bekommen. Sie wissen schon, Bürger des Jahres. Großes Bankett in der Legion Hall. Die ganze Stadt kam.«

Nicht nur eine Auszeichnung war das, vielmehr eine Belohnung. Und nicht nur weil er aktiver Förderer der Gemeinde war oder ein Mann mit tiefen Taschen. Es war auch, weil er die Isolation ertragen hatte, die kleinen Kränkungen, die Einsamkeit des Lebens unter neuen Barbaren. Weil er 5000 Jahre seiner Geschichte eingetauscht hatte gegen ein Dorf im hinterletzten Winkel von Saskatchewan und ihm treu geblieben ist.

Sechs Kinder, fünf davon Söhne, ein jedes ein Muster an anständigen konfuzianischen Tugenden der familiären Verpflichtung und des eifrigen Studierens. Wie müssen sie stolz gewesen sein, als ihr Vater nach vorne schritt, um sein Ehrenabzeichen in Empfang zu nehmen:

Lee Wing, Bürger des Jahres.

In einem kanadischen Dorf, Tausende von Meilen fern seiner Heimat, schmiedete Lee Wing immer weiter an seinem Glück, so lange, bis er letztendlich den Lohn des Tüchtigen erhielt. Und danach schüttelte er sich den Staub dieses Ortes von den Schuhen und ging nach Vancouver.

Dieser Ort in der Prärie mit seinen eigensinnigen Bewohnern, deren Geschichte auch die meine war und die am Ende Lee Wings Erfolg krönten, gab mir ein gutes Gefühl.

Wie gern wäre ich bei der Feier dabeigewesen! Ich hoffe, dass irgendwer in China davon berichtet hat.

Dank

Auf meiner Suche nach China haben mich viele unterstützt, denen ich aufrichtig danken möchte. Mein ganz besonderer Dank gilt folgenden Menschen und Organisationen:

In Kanada

- dem *Edmonton Journal*, das Magazin, das meine Entdeckungsreisen über Jahre unterstützt hat
- der Asia Pacific Foundation of Canada, die Stiftung, die mir meine letzte und schönste Reise nach China ermöglicht hat
- Ron Richardson von der Asia Pacific Foundation und Satya Das vom *Edmonton Journal*, für ihre Hilfe und ihren Zuspruch
- Clifford H. Philips (Lei Houtian), Autor von *China Beckons*, für seine praktische Hilfe und guten Ratschläge
- der Canadian International Development Association, der Verband, der mir Türen geöffnet hat, die mir sonst verschlossen geblieben wären
- Maria Flannery von Conference Travel in Toronto, deren Vision und Enthusiasmus mich an die Seidenstraße geführt haben
- meinem Verleger und Lektor, Dennis Johnson, der an dieses Projekt glaubte

In Asien

- Hong Kong Tourism für den Zugang zu ihrem Fotoarchiv und die zur Verfügung gestellte Reiseliteratur
- David Wong vom Canadian Trade Office in Taiwan, der mir mit seiner liebenswerten Familie ein anderes China gezeigt hat
- Agnes Wong aus Taipeh für ihre unschätzbare Hilfe und Freundschaft
- Jan Wong, ehemals am Pekinger Büro von *Globe and Mail* in Toronto, für gutes Essen und gute Gespräche
- Botschafter Fred Bild, Minister Jeff Nankivil und dem Personal der kanadischen Botschaft in Peking für Gastfreundschaft und Unterstützung
- Sid Engst und Joan Hinton in Sha He für ihre Gastfreundschaft, ihr Verständnis, die nie versiegende Kanne mit Pulverkaffee und die unvergesslichen Abende
- William Hinton aus Peking für die Einblicke in die Zeit unter Mao
- Doktor Lila Mah und Doktor Xia Chu aus Guangzhou für Gastfreundschaft und Geschichtsstunden sowie Steven Woo aus Suzhou für die Führung durch seine wunderschöne Stadt
- James Lam aus Shenzhen und Anne Lam aus Guangzhou für Problemlösungen und den Zuspruch
- Sarah aus Shanghai, die mir alle Gefallen dieser Welt tat

Manche Passagen dieses Buches sind in etwas abgeänderter Form auch im *Edmonton Journal* erschienen.